AF842801

Katrin Nagovnak

Informationsressourcen für Slawisten

Bibliotheks- und Informationspraxis

Herausgegeben von Klaus Gantert
und Ulrike Junger

Band 62

Katrin Nagovnak

Informationsressourcen für Slawisten

DE GRUYTER
SAUR

Bibliotheks- und Informationspraxis ab Band 42:
Herausgegeben von Klaus Gantert und Ulrike Junger
Das moderne Bibliotheks- und Informationswesen setzt sich mit vielfältigen Anforderungen auseinander und entwickelt sich ständig weiter. Die Reihe Bibliotheks- und Informationspraxis greift neue Themen und Fragestellungen auf und will mit Informationen und Erfahrungen aus der Praxis dazu beitragen, Betriebsabläufe und Dienstleistungen von Bibliotheken und vergleichbaren Einrichtungen optimal zu gestalten.
Die Reihe richtet sich an alle, die in Bibliotheken oder auf anderen Gebieten der Informationsvermittlung tätig sind.

ISBN 978-3-11-051874-0
e-ISBN (PDF) 978-3-11-052127-6
e-ISBN (EPUB) 978-3-11-051885-6
ISSN 2191-3587

Library of Congress Cataloging-in-Publication Data
A CIP catalog record for this book has been applied for at the Library of Congress.

Bibliografische Information der Deutschen Nationalbibliothek
Die Deutsche Nationalbibliothek verzeichnet diese Publikation in der Deutschen Nationalbibliografie; detaillierte bibliografische Daten sind im Internet über http://dnb.dnb.de abrufbar.

© 2017 Walter de Gruyter GmbH, Berlin/Boston
Satz: Konvertus, Haarlem
Druck und Bindung: CPI books GmbH, Leck
♾ Gedruckt auf säurefreiem Papier
Printed in Germany

www.degruyter.com

Vorwort

Das vorliegende Werk soll eine Einführung in das Arbeiten mit wissenschaftlichen Informationsressourcen für Slawisten geben. Bislang fehlte am Buchmarkt ein solches Werk für die fachspezifische slawistische bzw. osteuropabezogene Recherche. Obwohl bereits einige sehr gute Publikationen existieren, die Studierende und Forscher der Geisteswissenschaften bei ihrer Recherchearbeit unterstützen, sind diese für Slawisten und Osteuropawissenschaftler leider nicht immer nützlich. Auf fachspezifische Bedürfnisse derselben wird nur mangelhaft eingegangen. Ein fachlich zugeschnittenes Werk soll nun bei der Beseitigung einiger Desiderate helfen und wesentliche Aspekte der slawistischen Recherche besprechen. Zu diesen gehören u. a. das Angebot slawischer Informationsmärkte, der Anteil an slawischen bzw. slawistischen Medien in internationalen und interdisziplinären Ressourcen und der Einsatz von speziellen Arbeitsmethoden (z. B. das Transliterieren nach verschiedenen nationalen und internationalen Normen).

Zu diesem Zweck gliedert sich das Werk in zwei Teile. Der erste Teil soll Recherchierenden einen Überblick über die Funktionsweise des wissenschaftlichen Informationsmarktes geben. Dazu werden verschiedene Typen von Informationsressourcen erklärt, wie eine erfolgreiche Recherche am besten abläuft und was es als Slawist bei der Recherche zu bedenken gilt. Der zweite Teil besteht aus einer Aufstellung der wichtigsten slawischen Informationsressourcen – eingeteilt nach Ländern. Dies soll bewirken, dass man je nach behandelter slawistischer Unterdisziplin (Russistik, Polonistik etc.) möglichst schnell fündig wird. Für Studierende in der Anfangsphase ihrer Ausbildung und für Wissenschaftler ohne tiefere informationswissenschaftliche Kenntnisse gibt es im Anschluss an den zweiten Teil ein kleines Glossar mit der verwendeten Fachterminologie.

Bei der Beschreibung der einzelnen Informationsressourcen werden statistische Angaben wie etwa Anzahl der enthaltenen Medien nur grob wiedergegeben, da sich diese schnell ändern können. Wichtiger ist es, den Umfang einer Ressource einigermaßen einschätzen zu können. Alle Zahlen beziehen sich – soweit nicht anders angegeben – auf den Stand im Januar 2017. Nicht aufgezählt werden einzelne institutionelle Repositorien, elektronische Nachschlagewerke, Fachportale zu historischen Persönlichkeiten, Textkorpora und andere Ressourcen, deren Zahl den Umfang des Buches sprengen würde. Crowdsourcing-Ressourcen werden nur in den Kapiteln der ostslawischen Länder aufgezählt, da sie dort besonders zahlreich sind.

Für Personen- und Berufsgruppen wird aus praktischen Gründen ausschließlich die männliche Form verwendet, die sich aber auf Männer und Frauen gleichermaßen bezieht. Ebenso wird aus praktischen Gründen der viel diskutierte

DOI 10.1515/9783110521276-202

Begriff *Osteuropa* für die Gesamtheit der slawischen Staaten benutzt. Eine geografische Einteilung derselben erfolgt nach dem in der Slawistik gern genutzten Schema *west-*, *süd-* und *ostslawisch*, dessen theoretische Besprechung hier ebenfalls leider keinen Platz hat.

Zum Schluss möchte ich mich noch bei meinen Kollegen im Forschungsservice und an der UB Salzburg bedanken, von denen ich im Laufe meiner dortigen Arbeit viel gelernt habe. Ein besonderer Dank gilt meinem Kollegen Mario Eder und meinem Partner Manuel Fernández, deren fachlicher Input und laufende Unterstützung eine große Hilfe war.

Salzburg, März 2017

Inhalt

1 Informationskompetenz in der Slawistik — 1

1.1 Wissenschaftliche Recherche im Internet — **1**

1.1.1 „Die Nadel im Heuhaufen" – Informationsflut vs. Informationskompetenz — **2**

1.1.2 Analoge, digitale und hybride Informationsräume — **7**

1.1.3 „Virtuell" oder „digital"? Fachterminologie verstehen — **10**

1.2 Digitalisierte Forschung in Ost und West — **16**

1.2.1 Wer treibt Digitalisierung voran? Internationale Initiativen und Akteure kennenlernen — **17**

1.2.2 Open Access in der Wissenschaft — **22**

1.2.3 Ein Ausblick: Forschungsinfrastruktur in den Geisteswissenschaften — **33**

1.3 Altes Wissen neu verpackt – Regionale Wissenstraditionen und Informationskulturen beachten — **38**

1.3.1 Informationsinfrastrukturen im westslawischen Raum — **39**

1.3.2 Informationsinfrastrukturen im ostslawischen Raum — **41**

1.3.3 Informationsinfrastrukturen im südslawischen Raum — **45**

2 Das Wie und Wo in der Recherche — 51

2.1 Ein Überblick über die verschiedenen wissenschaftlichen Ressourcentypen — **51**

2.1.1 Bibliotheks-, Verbund- und Metakataloge — **52**

2.1.2 Bibliografische Datenbanken: National-, Fach- und Zeitschriftenbibliografien — **58**

2.1.3 Digitale Bibliotheken, Repositorien und Volltextdatenbanken — **65**

2.1.4 Fachportale und virtuelle Bibliotheken — **71**

2.2 Interdisziplinär oder doch lieber fachspezifisch? — **74**

2.2.1 Europeana, World Digital Library & Co – International suchen — **74**

2.2.2 CyberLeninka, Kulturnik & Co – Osteuropäische Fachangebote — **79**

2.2.3 FAQ – Wo suche ich was? — **84**

2.3 Allgemeines zur Suche im Web 2.0 — **87**

2.3.1 Was taugen wissenschaftliche Suchmaschinen? — **88**

2.3.2 Ein Recherche-Leitfaden für Slawisten — **93**

2.3.3 Suchstrategien für Fortgeschrittene: Russische Zitationsdatenbanken — **97**

3 Informationsressourcen nach Region und Sprache — 103
3.1 Bosnien-Herzegowina — **103**
3.1.1 Bibliografische Datenbanken — **107**
3.1.2 Fachportale und Metasuchdienste — **108**
3.2 Bulgarien — **110**
3.2.1 Bibliografische Datenbanken — **116**
3.2.2 Fachportale und Metasuchdienste — **117**
3.2.3 Digitale Bibliotheken, fachspezifische Volltextdatenbanken und Textsammlungen — **123**
3.3 Kroatien — **126**
3.3.1 Bibliografische Datenbanken — **132**
3.3.2 Fachportale und Metasuchdienste — **134**
3.3.3 Digitale Bibliotheken, fachspezifische Volltextdatenbanken und Textsammlungen — **136**
3.4 Mazedonien — **141**
3.4.1 Bibliografische Datenbanken — **146**
3.4.2 Fachportale und Metasuchdienste — **146**
3.4.3 Digitale Bibliotheken, fachspezifische Volltextdatenbanken und Textsammlungen — **148**
3.5 Montenegro — **151**
3.5.1 Bibliografische Datenbanken — **154**
3.5.2 Fachportale und Metasuchdienste — **154**
3.5.3 Digitale Bibliotheken, fachspezifische Volltextdatenbanken und Textsammlungen — **155**
3.6 Polen — **156**
3.6.1 Bibliografische Datenbanken — **164**
3.6.2 Fachportale und Metasuchdienste — **168**
3.6.3 Digitale Bibliotheken, fachspezifische Volltextdatenbanken und Textsammlungen — **172**
3.7 Russland — **177**
3.7.1 Bibliografische Datenbanken — **189**
3.7.2 Fachportale und Metasuchdienste — **192**
3.7.3 Digitale Bibliotheken, fachspezifische Volltextdatenbanken und Textsammlungen — **199**
3.7.4 Private und Crowdsourcing-Ressourcen — **206**
3.8 Serbien — **208**
3.8.1 Bibliografische Datenbanken — **213**
3.8.2 Fachportale und Metasuchdienste — **213**

3.8.3 Digitale Bibliotheken, fachspezifische Volltextdatenbanken und Textsammlungen — **214**
3.9 Slowakei — **220**
3.9.1 Bibliografische Datenbanken — **223**
3.9.2 Fachportale und Metasuchdienste — **225**
3.9.3 Digitale Bibliotheken, fachspezifische Volltextdatenbanken und Textsammlungen — **227**
3.10 Slowenien — **230**
3.10.1 Bibliografische Datenbanken — **234**
3.10.2 Fachportale und Metasuchdienste — **238**
3.10.3 Digitale Bibliotheken, fachspezifische Volltextdatenbanken und Textsammlungen — **241**
3.11 Tschechien — **244**
3.11.1 Bibliografische Datenbanken — **247**
3.11.2 Fachportale und Metasuchdienste — **253**
3.11.3 Digitale Bibliotheken, fachspezifische Volltextdatenbanken und Textsammlungen — **257**
3.12 Ukraine — **259**
3.12.1 Fachportale und Metasuchdienste — **266**
3.12.2 Digitale Bibliotheken, fachspezifische Volltextdatenbanken und Textsammlungen — **269**
3.12.3 Private und Crowdsourcing-Ressourcen — **272**
3.13 Weißrussland — **277**
3.13.1 Bibliografische Datenbanken — **284**
3.13.2 Fachportale und Metasuchdienste — **286**
3.13.3 Digitale Bibliotheken, fachspezifische Volltextdatenbanken und Textsammlungen — **288**
3.13.4 Private und Crowdsourcing-Ressourcen — **290**
3.14 Slawistik allgemein – Deutschsprachige Ressourcen — **291**
3.14.1 Bibliografische Datenbanken — **293**
3.14.2 Fachportale und Metasuchdienste — **297**
3.14.3 Digitale Bibliotheken, fachspezifische Volltextdatenbanken und Textsammlungen — **302**
3.15 Slawistik allgemein – Englischsprachige Ressourcen — **304**
3.15.1 Bibliografische Datenbanken — **306**
3.15.2 Fachportale und Metasuchdienste — **309**
3.15.3 Digitale Bibliotheken, fachspezifische Volltextdatenbanken und Textsammlungen — **312**

Glossar — 316

Literaturverzeichnis — 324
Webadressen — **325**
Abbildungsnachweis — **326**

Register — 327

1 Informationskompetenz in der Slawistik

Die wissenschaftliche Recherche verläuft heutzutage zunehmend digital. Gesucht wird nicht mehr in staubigen Archiven und Bücherregalen, sondern in den unterschiedlichen Ressourcen, die das Internet anbietet. Einfacher ist die Recherche dadurch allerdings nicht geworden. Wer umfangreich recherchieren möchte bzw. muss, sollte auch heute noch eine grobe Vorstellung haben, wie und wo die Suche verlaufen wird, was bei der Vielzahl an Angeboten nicht immer leicht ist. Informationskompetenz ist hier gefragt.

Das Internet löst nicht nur die analoge Recherche langsam ab, sondern macht es möglich, ganze Wissenschaftsdisziplinen in den digitalen Raum zu verlagern. Durch die Digitalisierung von Kulturerbe, Forschungsliteratur und Quellenmaterialien entstehen neue Arbeitsmethoden und Publikationstrends, die die Recherche wesentlich mitgestalten.

Obwohl das Internet eine homogenisierende Wirkung hat, haben länderspezifische Strukturen nach wie vor einen großen Einfluss auf die Gestaltung und den Inhalt von Informationsressourcen. Dies ist ein Aspekt, der vor allem in der Slawistik zum Tragen kommt. Die größten Stärken und Schwächen slawischer Informationsmärkte sollte man daher kennen, damit das Rechercheergebnis am Schluss zufriedenstellend ausfällt.

1.1 Wissenschaftliche Recherche im Internet

Die wissenschaftliche Recherche gehört zum „Handwerkszeug" eines jeden Forschers. Erste Erfahrungen macht man mit ihr in der Regel zu Beginn eines Studiums, wenn es an das Verfassen des ersten Referats oder der ersten Seminararbeit geht. Zu Beginn noch simpel, wird die Recherche im Laufe des Studiums schrittweise komplexer. Es wird zunehmend Eigeninitiative z. B. im Erkunden der vorhandenen Forschungsliteratur oder von unbearbeiteten Quellenmaterialien verlangt. Spätestens bei der ersten großen Abschlussarbeit ist man als Studierender auf ausreichend Fähigkeiten im „Recherchehandwerk" angewiesen, denn eine solide Literatur- und Quellenbasis sind mitentscheidend für den Erfolg der Arbeit. Ist man im wissenschaftlichen Bereich beruflich tätig, kommen zusätzlich zur Literatur- und Datenrecherche noch andere Aufgaben hinzu – so etwa die Arbeit mit virtuellen Forschungsumgebungen oder bibliometrischen Maßstäben.

An welcher Stelle der wissenschaftlichen Laufbahn man sich auch befindet – Recherche kann heute auf vielfältige Weise betrieben werden. Studenten und Wissenschaftler haben in der Regel die Möglichkeit, analoge Ressourcen zu

DOI 10.1515/9783110521276-001

konsultieren, das Internet oder eine spezialisierte Kombination aus beidem. Alle Ressourcen haben dabei eines gemeinsam: Sie sind Teil eines großen Angebotsspektrums. Anders als früher zeichnet sich die wissenschaftliche Recherche heute durch besondere Vielfältigkeit aus und in Folge dessen durch eine hohe Komplexität. Diese tritt u. a. im Rahmen der gefürchteten „Informationsflut" auf und hat Auswirkungen darauf, wie Ressourcen im Internet angeboten oder strukturiert werden.

Konzentriert man sich bei der Forschungsarbeit auf ein bestimmtes Land oder eine bestimmte Region – wie es in philologischen Disziplinen wie der Slawistik oft der Fall ist – so ist es hilfreich zu wissen, wie eine regional fokussierte Internetrecherche aussehen sollte und was eine solche überhaupt leisten kann. Nachfolgend gibt es anhand dreier Kapitel einen ersten Überblick über diese und viele andere Eigenheiten der modernen wissenschaftlichen Recherche.

1.1.1 „Die Nadel im Heuhaufen" – Informationsflut vs. Informationskompetenz

Wer heute im Internet nach wissenschaftlicher Literatur, Quellenmaterial oder Forschungsdaten recherchiert, dem kann es gelegentlich vorkommen, als suchte er die Nadel im Heuhaufen. Schuld an diesem Umstand ist der komplexe Informationsmarkt, an dem sich auch Wissenschaft und Forschung zunehmend beteiligen. Dieser sammelt, verarbeitet und vertreibt Massen an Information ohne sich je in einem ruhenden Zustand zu befinden. Sein Angebotsspektrum wächst beständig und kann selbst erfahrene Nutzer herausfordern. Im Zusammenhang mit der wissenschaftlichen Recherche wird dann oftmals von „Informationsexplosion", „Informationsflut" oder „Information Overload" gesprochen. Dabei kommt die Komplexität des Marktes weniger durch die Menge an vorhandener Information zu Stande, als vielmehr durch ihre Aufbereitung.

Über das Phänomen der „Informationsexplosion" wurde in den Bibliotheks- und Informationswissenschaften bereits viel diskutiert. Auch lässt es sich anhand von Zahlen und Statistiken eindrucksvoll darstellen. So sind Forscher bereits in den 1980er Jahren zum Schluss gekommen, dass sich das menschliche Wissen durchschnittlich alle zwölf Monate verdoppelt (gemäß der bekannten *Knowledge Doubling Curve* in R. Buckminster Fullers Werk *The Critical Path*, 1982). Eine etwas modernere Untersuchung nimmt an, dass die Zahl wissenschaftlicher Publikationen jährlich um acht bis neun Prozent steigt (Bornmann/Mutz 2015: 2220). Obwohl diese Zahlen allenfalls grobe Schätzungen sind, unterstreichen sie doch, wie wichtig Informationen in Form von Daten und Literatur geworden sind und wie viel Platz diese in der wissenschaftlichen Arbeit mittlerweile einnehmen. Konkret lässt sich sagen, dass es im deutschsprachigen Raum noch nie so viele Wissenschaftler gab wie heute und dass diese sehr viel mehr publizieren als früher. Das Wissen wächst damit exponentiell und verstärkt den Anschein der „Informationsflut", insbesondere, wenn man sich als Einzelner der Masse an fachrelevanten Daten und Literatur stellen möchte.

Recherchiert man heute nach wissenschaftlicher Information, tut man dies in erster Linie über das Internet. Das Medium ist schnell und vielseitig und unterstützt in allen Phasen der Recherche. Durch neue informationstechnische Möglichkeiten haben auch Wissenschaft und Forschung das Internet für sich entdeckt – jedoch nicht nur, um zu recherchieren, sondern auch, um Information zu analysieren und vertreiben. Die Gesamtheit der Ressourcen, die aus wissenschaftlichen Aktivitäten entstehen oder im Rahmen von solchen genutzt werden, nennt man *Informationsinfrastruktur*. Die „digitale Revolution" hat mit dieser neue Formen der Wissenschaft möglich gemacht, wie z. B. quantitative Analysen von Literatur, Crowdsourcing oder Open Science. Ein großer Teil der aktiven wie passiven wissenschaftlichen Arbeit ist heute abhängig von elektronischer Informationsinfrastruktur. Diese zu kennen und optimal zu nutzen macht eine gelungene wissenschaftliche Recherche aus.

Das Phänomen der Informationsflut ist grundsätzlich nicht neu. Wichtig für die Verarbeitung von Information ist, wie diese strukturiert wird. So kann eine unsortierte kleine Institutsbibliothek einen Nutzer genauso überfordern wie eine fehlerhaft programmierte Datenbank mit mehreren Millionen Datensätzen. Verfügt die vorhandene Information über eine benutzerfreundliche Verwaltung, wird die Menge hingegen zum Vorteil für den Recherchierenden. Geht man etwa davon aus, dass der Online-Katalog einer Universitätsbibliothek eine Million Referenzen auf Printmedien enthält, wird es trotz der großen Zahl an Daten kein Problem darstellen, ein bestimmtes Buch darin zu finden. Die Herausforderungen einer guten Recherche liegen also nicht in der Konfrontation mit dem wachsenden Wissen, sondern im Umgang mit dessen Strukturen.

Zunächst ist festzuhalten, dass sich das Internet als Recherchemedium durch andere Eigenschaften auszeichnet als analoge Medien. Zu diesen gehören etwa der Hypertext sowie die Vermischung von linearen und nichtlinearen Strukturen (siehe Kapitel 1.1.2). Hat man einmal verstanden, wie der digitale Raum „tickt", muss man sich anschließend mit der Komplexität des wissenschaftlichen Informationsmarktes auseinandersetzen. Diese Komplexität ist großteils der Tatsache geschuldet, dass sich das Internet mit rasanter Geschwindigkeit weiterentwickelt und es zu keinem kontrollierten, sinnvollen und einheitlichen Wachstum kommt. Fragen und Probleme ergeben sich dann aus folgenden Umständen:

a) Steigende Zahl der Informationsressourcen

Fast jede Hochschule entwickelt heute ihre eigenen Datenbanken, Repositorien und Fachportale und stellt diese der Öffentlichkeit zur Verfügung. Hinzu kommen Ressourcen von internationalen Organisationen und Verbänden, nationalen und regionalen Stellen. Ressourcen, die wiederum diese Ressourcen beinhalten und überschaubar machen, gibt es nur in wenigen Fällen, wie z. B. im Bereich des Open Access.

b) Heterogenität der Informationsressourcen

Ob fachspezifisch, interdisziplinär, kommerziell, öffentlich, international, referenzierend oder mit Volltext – eine Typologie der Informationsressourcen zu erarbeiten ist schwer. Hinzu kommen verschiedene regionale Wissenstraditionen, die bei der Gestaltung von Informationsinfrastruktur eine entscheidende Rolle spielen.

Siehe Kapitel 2.1 Ein Überblick über die verschiedenen wissenschaftlichen Ressourcentypen

---

c) Wirre Fachterminologie

Die Mischung aus theoretischen Begriffen der Informations- und Bibliothekswissenschaften und eher marketingorientierten Bezeichnungen einzelner Ressourcen macht es kompliziert, diese konkret zu benennen. Einige Begriffe werden mittlerweile einheitlich benutzt, für andere hingegen muss sich erst eine gemeinsame Gebräuchlichkeit entwickeln.

Siehe Kapitel 1.1.3 „Virtuell“ oder „digital“? Fachterminologie verstehen

---

d) Fließender Übergang von reinen Rechercheressourcen zu Analyseressourcen

Durch die Entwicklung von sogenannten *elektronischen Forschungsinfrastrukturen* ist es möglich geworden, Information computergestützt und in großen Mengen zu verarbeiten. Viele dieser Analyseressourcen verfügen über Repositorien oder umfangreiche Sharing-Funktionen, so dass Recherche und Analyse nicht mehr vollständig voneinander getrennt werden können.

Siehe Kapitel 1.2.3 Ein Ausblick: Forschungsinfrastruktur in den Geisteswissenschaften

---

e) Globalisierung und Vernetzung von Informationsinfrastrukturen
Auf europäischer und internationaler Ebene gibt es mittlerweile zahlreiche Netzwerke und Verbände, die großen Einfluss auf die Entwicklung wissenschaftlicher Informationsinfrastruktur haben. Diese Dynamik zu verstehen erfordert etwas Einarbeitungszeit, lohnt sich jedoch, wenn man in Sachen digitaler Weiterentwicklung auf dem Laufenden bleiben möchte.

Siehe Kapitel 1.2.2 Wer treibt Digitalisierung voran? Internationale Initiativen und Akteure kennenlernen

---

Um im Studium bzw. in der Forschung erfolgreich zu sein, ist es aufgrund der Komplexität wissenschaftlicher Informationsinfrastrukturen nötig, sich Wissen darüber anzueignen, wo Fachliteratur und fachrelevante Daten gespeichert werden. In den Informations- und Bibliothekswissenschaften spricht man bei diesem Wissen von *Informationskompetenz* (im englischsprachigen Raum bekannt als *Information Competency* oder *Information Literacy*). Genau genommen ist Informationskompetenz aber noch mehr – im Rahmen einer wissenschaftlichen Recherche umfasst der Begriff konkret

> [...] die Fähigkeit, die es ermöglicht, bezogen auf ein bestimmtes Problem Informationsbedarf zu erkennen, Informationen zu ermitteln und zu beschaffen sowie Informationen zu bewerten und effektiv zu nutzen. (Definition des Deutschen Bibliotheksverbandes e. V.)

Bibliotheken sind heutzutage nicht mehr nur reine Wissensspeicher, sondern übernehmen auch eine didaktische Funktion. In Form der *Teaching Library* bieten sie Kurse zu Literaturrecherche und -verwaltung an und helfen bei vielen Fragen rund um das Thema Informationsbeschaffung. Informationskompetenz setzt sich aus vielen „kleinen" Kompetenzen zusammen, die unterschiedlich benannt werden können. So spricht man in der Fachliteratur u. a. von *Evaluierungs- und Validierungskompetenz* (Bauer 2010), *Library Literacy* und *Digital Literacy* (www.findingheroes.co.nz, Stand Januar 2017) oder *Fach- und Findwissen* (Franke 2014).

Slawisten haben es bei der Aneignung von Informationskompetenz etwas schwerer als Wissenschaftler anderer Disziplinen. Der Grund dafür ist, dass bei der Vermittlung von Informationskompetenz selten auf genuin slawistische bzw. slawische Ressourcen eingegangen wird. Informiert wird großteils über deutsch- und englischsprachige Ressourcen, die – sofern sie keine auf die Slawistik zugeschnittenen Ressourcen sind – sich in den seltensten Fällen für eine slawistische Recherche eignen. Dabei gäbe es eine Vielzahl an qualitativ hochwertigen und umfangreichen Ressourcen für Slawisten.

Generell gilt bei der Vermittlung von Informationskompetenz, dass jeder Wissenschaftszweig seine eigene Form der Recherche betreibt und dass auf diese Rücksicht genommen werden muss. So recherchiert ein Jurist anders als ein Biologe, ein Theologe anders als ein Linguist. Dieser Umstand resultiert aus verschiedenen Wissens- und Publikationstraditionen, die wiederum die Gestaltung von fachrelevanten Informationsressourcen prägen. Aber auch die Dissemination disziplinärer Literatur am digitalen Informationsmarkt und die Nachfrage nach solcher Literatur spielen hierbei eine Rolle. Beschäftigt man sich mit Slawistik, sollte man zusätzlich zu einem Basisrecherchewissen auch die Eigenheiten seines Faches kennen und diese in die Recherche miteinbeziehen. Für die Slawistik bzw. für slawische Länder relevante Besonderheiten sind folgende:

a) Verschiedene regionale Informationskulturen und -traditionen

Jedes Land bzw. jeder Kulturraum zeichnet sich durch seine eigenen Informationsstrukturen aus. So findet eine wissenschaftliche Recherche in Russland unter anderen Bedingungen statt als etwa im südslawischen oder deutschsprachigen Raum. Hier gilt es, sich vor der Recherche zu informieren, um optimale Ergebnisse zu erzielen.

Siehe Kapitel 1.3 Altes Wissen neu verpackt – Regionale Wissenstraditionen und Informationskulturen beachten

---

b) Wenig Nachfrage am internationalen Markt

Obwohl Länder wie Russland prestigereiche (insbesondere naturwissenschaftliche) Forschung betreiben, ist die Nachfrage nach slawischen Forschungsergebnissen am internationalen Informationsmarkt gering. Bei der Recherche in internationalen Ressourcen ist es daher wichtig, über den durchschnittlichen Anteil an slawischen Medien und etwaige alternative Adressen Bescheid zu wissen.

Siehe Kapitel 2.2 Interdisziplinär oder doch lieber fachspezifisch? und Kapitel 2.3.3 Suchstrategien für Fortgeschrittene: Russische Zitationsdatenbanken

---

c) Deutschsprachige und englischsprachige Ressourcen komplementieren das Angebot

Generell lässt sich sagen, dass sich deutsch- und englischsprachige Informationsressourcen mit Slawistik als Fach beschäftigen, während slawische Ressourcen zumeist auf den eigenen Kulturraum bezogen sind. Auf der Suche nach z. B. historischen Quellentexten sind die Ressourcen slawischer Länder daher vorzuziehen.

Siehe Kapitel 3.14 Slawistik allgemein – Deutschsprachige Ressourcen und Kapitel 3.15 Slawistik allgemein – Englischsprachige Ressourcen

---

Obwohl Slawisten am wissenschaftlichen Informationsmarkt nicht immer fündig werden, können sie von bestimmten Trends profitieren. So macht etwa die Open Access-Bewegung immer mehr moderne, qualitativ hochwertige Sekundärliteratur aus den slawischen Ländern verfügbar. Der Anteil an slawischen Fachzeitschriften und Repositorien auf Open Access-Plattformen steigt zunehmend. Stark sind die slawischen Länder auch im Bereich der Retrodigitalisierung. So wird Kulturerbe z. B. in Form von Bildmaterial oder wertvollen Handschriften nach und nach digitalisiert und der Öffentlichkeit in hochauflösenden Formaten zur Verfügung gestellt. Wichtig ist dabei zu wissen, *wo* diese Medien gespeichert sind. Arbeitet man sich in die Heterogenität des Informationsmarktes ein, kann man bei einer Recherche anschließend erstaunliche Quellen zu Tage fördern. Dies erfordert jedoch etwas Geduld und Ausdauer.

1.1.2 Analoge, digitale und hybride Informationsräume

Um gute wissenschaftliche Recherche betreiben zu können, ist es nicht nur wichtig zu wissen, wo man Information findet, sondern auch, in welchen räumlichen bzw. technischen Kontexten Information eingebettet ist und welche Auswirkungen diese Kontexte auf Information haben. Diese Kontexte werden im Folgenden als *Informationsräume* (wie *Informationskompetenz* ein weiterer, sehr „flexibler" Begriff aus den Informationswissenschaften) bezeichnet. Die Informationsinfrastruktur z. B. einer Hochschule oder eines bestimmten wissenschaftlichen Fachs ist in der Regel in verschiedenartige Kontexte bzw. Räume eingebunden: in analoge, digitale und hybride. Diese machen die wissenschaftliche Recherche zunehmend vielseitig. Während man sich zum Recherchieren früher in Bibliotheken oder Archive begab, haben sich durch die „digitale Revolution" neue Möglichkeiten aufgetan, Literatur, Bildmaterial, Forschungsdaten etc. ausfindig zu machen und zu lagern. So erfolgt heute ein Großteil der wissenschaftlichen Recherche nicht mehr vor Ort in der Bibliothek, sondern zu Hause vor dem Computer. Wer sowohl mit den analogen (z. B. einer Hochschulbibliothek) als auch digitalen Informationsräumen (z. B. einem Fachportal) vertraut ist, benutzt diese in der Regel komplementär.

Der Übergang verläuft oft fließend und wird mitunter gar nicht mehr wahrgenommen. Ein Beispiel für dieses Phänomen ist die *hybride Bibliothek*. Dabei handelt es sich um eine klassische Bibliothek, die neben analogen Medien auch elektronische Informationsressourcen bzw. E-Medien anbietet. Für eine komplementäre Recherche ist es allerdings wichtig zu bedenken, dass analoge Informationsräume anders aufgebaut sind als digitale und dass beide unterschiedliche Leistungen erbringen.

Im Gegensatz zu früher erfolgt der Zugang zu verschiedenen Informationsräumen – seien es analoge oder digitale – heute ganz intuitiv. Die Generation der „digital natives" zeichnet sich durch eine große Offenheit gegenüber neuen technischen Entwicklungen aus und erlernt deren Handhabung zumeist durch den praktischen Umgang. Etwas anders war dies früher, als man in Bibliotheken in den Gebrauch von Zettelkatalogen oder in die Veranlassung einer langwierigen Fernleihe eingeführt werden musste. *Usability* – der benutzerfreundliche Aufbau von Informationsressourcen und -systemen – macht diese gezielte Heranführung in vielen Fällen überflüssig. So recherchiert man bequem über den OPAC der Bibliothek und füllt gegebenenfalls ein elektronisches Fernleiheformular aus – diese erklären sich dem Benutzer von selbst. Noch intuitiver ist der Umgang mit elektronischen Informationsressourcen, die von Anfang an sehr benutzerfreundlich gestaltet werden. Nachteilig am hohen „Recherchekomfort" ist allerdings, dass ein umfassendes Wissen zu diesen Räumen oftmals fehlt. Die Benutzerfreundlichkeit des digitalen Raums macht es nämlich ebenso überflüssig, sich näher mit ihm auseinanderzusetzen. So ist es heute der Fall, dass ein Großteil aller Recherchierenden kaum Kenntnisse zu Zeichensystemen, Datenschutz, Urheberrechten oder Suchmaschinentechnologien besitzt.

Der digitale Informationsraum

Der digitale Informationsraum – sprich das Internet – zeichnet sich durch ein besonderes Charakteristikum aus: den Hypertext. Im Internet bestehen Texte nicht nur aus der eigentlichen textuellen Struktur, sondern verweisen in vielen Fällen durch Hyperlinks auf andere Texte, die ihrerseits auf andere Texte verweisen. Der so entstehende Hypertext ist ein Netzwerk aus vielen Texten, Multimedia-Elementen, Attachments etc. Um die gewünschte Information aus dem Hypertext zu filtern, ist eine bestimmte Lesart notwendig, denn Informationen werden anders als in analogen Medien nichtlinear, d.h. nebeneinander stehend, dargestellt. Dazu kommt, dass Wichtiges von Unwichtigem nicht getrennt und durch die oftmals große Menge an Information deren Vollständigkeit suggeriert wird. In analogen Texten – z. B. in Büchern oder Zeitungen – wird das Lesemuster dem Lesenden vorgegeben. Die Textgliederung erfolgt hierarchisch bzw. linear und Information wird selektiv wiedergegeben. Der Leser muss sich dabei der Herangehensweise des Textes unterordnen ohne auf ihn Einfluss zu haben.

Ein großer Vorteil des Hypertextes ist, dass Information assoziativ organisiert ist, d. h. der Leser wählt sein Lesemuster selbst und kann damit entscheiden, was er liest und wann er es liest. Das intuitive Wechseln zwischen den einzelnen Texten macht dies möglich. Dieser individuell gestaltbare Zugang zu Information ergibt den Reiz des Hypertextes, weshalb er sich besonders gut zur Aneignung von faktischem Wissen eignet. Nachteile können sich jedoch durch den oftmals unüberschaubaren Umfang des Hypertextes ergeben, insbesondere, wenn der Leser aufgrund der vielen möglichen Lesarten so verwirrt ist, dass es zum *Lost in Hyperspace*-Phänomen kommt. Für geübte Leser ist die Orientierung im Hypertext im Normalfall aber kein Problem. Zudem wird die Navigation heutzutage durch Hilfsmittel vereinfacht, z. B. durch Vor- und Zurück-Buttons, Lesezeichen, Sitemaps, Inhaltsverzeichnisse oder Brotkrumenpfade.

Liest man gerne im Internet, wird man früher oder später festgestellt haben, dass der Autor im Hypertext eine nebensächliche Rolle spielt. Das Textgeflecht und der wandelbare Inhalt der einzelnen Texte sind oft wichtiger als die Frage, von wem sie verfasst wurden. Für wissenschaftliche Zwecke bedeutet dies zumeist die Unbrauchbarkeit des Textes, da für eine Zitation der Autor bzw. die Herkunft der Information gebraucht wird.

Analoge und hybride Informationsräume

Der Begriff *hybride Bibliothek* stammt ursprünglich aus dem angelsächsischen Raum (*Hybrid Library*) und bezeichnet eine traditionelle Bibliothek, die neben analogen auch digitale Medien anbietet. Demnach ist jede Universitätsbibliothek heute eine hybride Bibliothek, die in verschiedenen Gewichtungen über Printmedien und elektronische Ressourcen verfügt. In der Regel wachsen bei fachlich breit aufgestellten Hochschulen sowohl die analogen wie auch die digitalen Bestände. Bei spezialisierten Universitäten – z. B. im medizinischen Bereich – gibt es hingegen eine Tendenz zur Umstellung auf elektronische Medien, da Fachbücher sehr schnell überholt sind und das Lagern von Printmedien mitunter viel Geld kostet. So kommt es, dass die bibliothekarischen Angebote von Hochschule zu Hochschule sehr verschieden sein können.

Der Ausgangspunkt einer wissenschaftlichen Recherche ist zumeist die eigene Universitätsbibliothek. Gerade für Geistes- und Sozialwissenschaftler ist die Mischung aus analogen und digitalen Informationsräumen besonders geeignet. Hochschulbibliotheken bieten für ihre Studierenden auch entsprechende Hardware bzw. Computerräume an, wo analoge und digitale Medien gleichzeitig konsultiert werden können. Der für den Nutzer meist unsichtbare

Verwaltungsaufwand für eine solche Bibliothek ist in Abhängigkeit ihrer Größe beträchtlich. So müssen durch die Anbindung an den globalen Informationsmarkt verschiedene technische und datenrelevante Standards eingehalten werden. Zudem kommt eine breite Palette an Entwicklungsmöglichkeiten, die gut abgeschätzt werden muss, damit das Angebot der Bibliothek möglichst einheitlich und sinnvoll bleibt. Auch universitätsinterne Wissensquellen werden zunehmend für den bibliothekarischen Service erschlossen, z. B. durch den Einsatz von digitalen Repositorien. Diese Form der Erschließung von Wissen nennt man *Wissensmanagement* (auch *Knowledge Management*), während man im Bibliotheksumfeld von *Informationsmanagement* (*Information Management*) spricht.

Für den Einzelnen bedeutet der informationskompetente Umgang mit hybriden Informationsräumen zu wissen, was analoge (lineare) und digitale (lineare oder nichtlineare) Strukturen jeweils leisten können. Hypertexte bzw. nichtlineare Texte eignen sich gut zum Sammeln von faktischem Wissen, sind aber für die hermeneutische Arbeit weniger geeignet. In den Geistes- und Sozialwissenschaften spielen umfangreiche Texte – z. B. Monografien – immer noch eine wichtige Rolle, da sie von der linearen Struktur profitieren. Dort ist es möglich, Thesen mit Hilfe von umfangreichem strukturiertem Textmaterial aufzubauen und zu begründen, was der Hypertext nicht vermag. Fast alle großen geisteswissenschaftlichen Werke werden in Form von Monografien veröffentlicht. Ebenso ist es bei der Aneignung neuer Fähigkeiten, wo strukturierte und anleitende Werke geeigneter sind. Auch für Slawisten spielen analoge Informationsräume daher noch eine wichtige Rolle. Entscheidend ist für alle hermeneutischen Disziplinen eine ausgewogene Recherche anhand von digitalen und analogen Ressourcen bzw. Strukturen.

1.1.3 „Virtuell" oder „digital"? Fachterminologie verstehen

Eine große Hürde bei der Vermittlung von Informationskompetenz ist das Fehlen einer einheitlichen Fachterminologie für die verschiedenen Ressourcentypen. Anstelle klarer Bezeichnungen wird eine Bandbreite an Eigennamen und Begriffen verwendet, die oftmals Unterschiedliches bedeuten können. Dies ist ein Problem, das sich in fast allen größeren Sprachräumen wiederfindet. Da sich das Internet schnell und unkontrolliert entwickelt, gibt es auch im wissenschaftlichen Bereich keine Möglichkeit, bei der Verwendung von Fachbegriffen eine gewisse Einheitlichkeit durchzusetzen. Als Recherchierender sollte man sich von den verschiedenen Termini und Eigennamen aber nicht verwirren lassen. Insbesondere im Bereich der Volltextressourcen steht eine relativ simple Typologie einer großen Bandbreite an Bezeichnungen gegenüber. Hilfreich ist es zu wissen, warum ein bestimmter Ressourcentyp verschiedene Bezeichnungen bzw. Namen besitzt und wie man diesen trotzdem identifizieren kann.

Wissenschaftliche Informationsinfrastrukturen folgen keiner einheitlichen Terminologie, da jeder User und jeder Anbieter Begriffe ohne Einschränkungen benutzen kann. So gibt es keine eindeutigen Fachausdrücke wie *neurophysiologisch* oder *Privatrecht*, die nur in einem bestimmten Kontext verwendet werden können bzw. dürfen. Gut ersichtlich wird dies am Beispiel der *digitalen Bibliothek*, die auch *elektronische Bibliothek* bzw. *Archiv*, *digitales Archiv* oder *Online-Bibliothek* genannt wird. Auch im Bereich der „Metadienste" ist nicht immer sofort ersichtlich, was mit *Metakatalog*, *virtuellem Katalog* und *Metasuchmaschine* tatsächlich gemeint ist. In einigen Fällen wird durch die missbräuchliche Verwendung eines Begriffs deutlich, dass der Anbieter selbst nicht über die Art seines Angebots Bescheid weiß. Wie viele unterschiedliche Bezeichnungen eine Informationsressource tragen kann, sieht man auch am Beispiel des vielverwendeten Begriffs *Datenbank*. Obwohl es im Informationsmanagement eigentlich nur zwei große Typen von Datenbanken gibt (Datenbanken, die Medien beinhalten und solche, die auf Medien verweisen), ist die Bandbreite an Bezeichnungen groß: *Fachdatenbank*, *Literaturdatenbank*, *Aufsatzdatenbank*, *Zeitschriftendatenbank*, *Faktendatenbank*, *Volltextdatenbank*, *bibliografische Datenbank*, *Referenzdatenbank*, *Aggregatordatenbank* etc. Einige davon werden synonym verwendet, andere wiederum weisen auf einen speziellen inhaltlichen oder typologischen Schwerpunkt hin. Auch in der analogen Fachliteratur ist man sich nicht immer über die Verwendung bestimmter Termini einig. Gut ersichtlich wird die Problematik bei der Beschreibung international bekannter Ressourcen wie *Europeana*. Hier werden in der Fachliteratur häufig verschiedenste Bezeichnungen verwendet, darunter *digitales Portal* (Haug 2012: 71), *digitales Archiv* (Haug 2012: 62), *digitale Bibliothek* (Gantert 2011: 61), *Suchportal* (Karasch 2013: 84), *virtuelle Bibliothek* (deutschsprachige *Wikipedia*, Stand Mai 2016) oder *digital platform* (englischsprachige *Wikipedia*, Stand Mai 2016). Dies macht es für den Recherchierenden schwer, unterschiedliche Angebote gemäß ihrer Funktion und ihrer Inhalte richtig einzuschätzen.

Mangelnde Übereinstimmungen in der Fachterminologie resultieren auch daraus, dass es im digitalen Raum kaum geschützte Begriffe gibt. So können Privatpersonen eine eigene Webseite erstellen und diese dann „digitale Bibliothek" nennen. Inhaltliche Qualität und hochwertige technische Lösungen können somit nicht immer garantiert werden. Um diesem Problem entgegenzuwirken und die vielen verschiedenen Varianten von Ressourcentypen zu vereinheitlichen, gibt es auf internationaler Ebene mehrere Initiativen. Zu diesen zählen u. a. das *DL.org Reference Model* (www.dlorg.eu/index.php/outcomes/reference-model) und das *IFLA/UNESCO Manifesto on Digital Libraries* (www.ifla.org/publications/iflaunesco-manifesto-for-digital-libraries). Diese beinhalten genaue Anforderungen zur Erstellung und zum Inhalt hochwertiger elektronischer Ressourcen. Aber auch die Definitionen einzelner Netzwerke wie etwa der US-amerikanischen Digital Library Federation dienen als Richtlinien.

Zu guter Letzt wird die Problematik von unterschiedlichen fachlichen Hintergründen und Motivationen vergrößert. Zu den drei Zweigen, die an der Erstellung von Informationsinfrastruktur beteiligt sind, zählen die Informations- und Bibliothekswissenschaften, das Informationsmanagement (z. B. die klassische Bibliothek) und die Informationstechnologie bzw. IT. Jeder Zweig benutzt dabei eine eigene Terminologie, die nicht immer die Aufgabenfelder der jeweils anderen Zweige anspricht. Während in der Informationswissenschaft viele theoretische und deskriptive Begriffe im Umlauf sind (siehe etwa die verschiedenen Bezeichnungen der *Europeana* oder den Begriff *Informationskompetenz* in Kapitel 1.1.1), bemüht sich das Informationsmanagement vor allem um praktische Lösungen und kümmert sich weniger um terminologische Details. Wird in einer Bibliothek ein Name für eine neue Informationsressource vergeben, spielen dabei eher marketingorientierte Überlegungen eine Rolle. So klingt „Digitale Bibliothek der tschechischen Poesie" besser als „Fachspezifische Volltextdatenbank für tschechischsprachige Poesie des späten 19. und frühen 20. Jahrhunderts". Bei der Benennung von Informationsressourcen gibt es grundsätzlich keine Vorgaben. So geben manche Eigennamen überhaupt keinen Hinweis auf den Inhalt – etwa das russische Repositorium *CyberLeninka* oder *Europeana*. Andere Namen wiederum sind so allgemein, dass man sie für einen Fachausdruck halten könnte. Dies betrifft z. B. die Regensburger *Zeitschriftendatenbank* (*ZDB*). Über eine klare Terminologie verfügt die Informationstechnologie, die für die technische Umsetzung der Ressourcen verantwortlich ist. Diese ist für Nicht-Techniker jedoch schwer verständlich, wenig benutzerfreundlich und fällt damit weg.

Besonders unübersichtlich wird die Terminologie durch die Vermischung mit Eigennamen. Großprojekte wie Volltextressourcen sind aufwendig zu erstellen und bekommen – auch aus Marketinggründen – oftmals Eigennamen oder leicht zu merkende Akronyme zugewiesen. Typische Beispiele sind das Zitationssystem *Web of Science*, die *CyberLeninka* oder die Volltextdatenbank *JSTOR*. Dies gilt auch für bibliothekarische Netzwerke und ganze Digitalisierungsinitiativen, wie z. B. für den südslawischen Verbund *COBISS* oder das tschechische *Kramerius*-Programm. Im angloamerikanischen Raum tragen große Volltextdatenbanken oftmals den Namen ihrer Betreiber. Dies ist etwa der Fall bei den Datenbanken von East View (z. B. *East View Information Services*) oder der ProQuest Company (z. B. *ProQuest*). In anderen Fällen wiederum werden Ressourcen namentlich als *digital* oder *virtuell* bezeichnet, allerdings nicht immer einheitlich. Bekannte Beispiele sind die *World Digital Library*, die *Deutsche digitale Bibliothek* oder die *Virtuelle Fachbibliothek Osteuropa*. Egal wie Ressourcen im Endeffekt genannt werden – es gibt nur drei große Ressourcentypen: Datenbanken, die Medien beinhalten (*digitale* bzw. *Volltextressourcen*), Datenbanken, die auf Medien verweisen (*bibliografische* bzw. *Referenzressourcen*) und *Metasuchdienste*, die beim Durchsuchen der ersten beiden Typen helfen.

a) Digitale bzw. Volltextressourcen

Am internationalen Informationsmarkt hat es sich mittlerweile durchgesetzt, dass der Ausdruck *digital* im Gegensatz zu *virtuell* eine Ressource mit Volltexten bezeichnet. Es gibt nur wenige Ausnahmen, wo digitale Ressourcen das Wort *virtuell* im Namen tragen – z. B. *Virtualna biblioteka „Ivan Šišmanov"*. Digitale Ressourcen können alle möglichen Inhalte besitzen, von Kulturerbe bis zur wissenschaftlichen Sekundärliteratur. Auch die Größe und die fachliche Ausrichtung können sehr verschieden sein. Dies erschwert natürlich eine einheitliche Bezeichnung der Ressourcen. Grob unterscheiden lassen sich diese vier Volltextressourcen:

Eine *digitale Bibliothek* (auch *digitales Archiv*, *elektronische Bibliothek* und *Online-Bibliothek*) meint in den meisten Fällen eine Datenbank mit Volltexten, Bild-, Audio- und Videomaterial, die von einer analogen Bibliothek betrieben wird. Die Inhalte kommen zumeist durch Retrodigitalisierung, d. h. durch die rückwirkende Digitalisierung von analogen Titeln, zu Stande. Die meisten digitalen Bibliotheken offerieren einen gewissen bibliothekarischen Service und sind frei zugänglich.

Beispiele: World Digital Library; Deutsche digitale Bibliothek; Digitalna narodna biblioteka Srbije

---

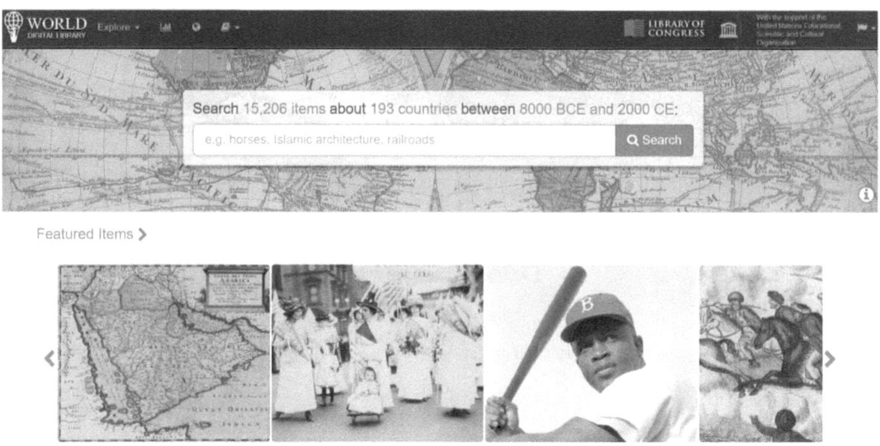

Abb. 1: Homepage der *World Digital Library* mit Suchfunktion

Eine *Volltextdatenbank* (auch *Literaturdatenbank* oder *Aufsatzdatenbank*) bedient im Gegensatz zur digitalen Bibliothek einen fachlichen oder typologischen Schwerpunkt. Betreiber sind zumeist einzelne wissenschaftliche Institutionen oder kommerzielle Anbieter (sogenannte *Aggregatoren*). Volltextdatenbanken sind in der Regel lizenziert.

Beispiele: Česká elektronická knihovna; JSTOR; ProQuest; Integrum World Wide

---

Der Begriff *digitales Repositorium* (auch *digitales Archiv* oder *Dokumentenserver*) bezeichnet eine Volltextressource, in der Studenten und Wissenschaftler ihre Forschungsergebnisse publizieren können. Unterschieden wird zwischen dem lokalen Hochschulrepositorium und dem überregionalen Fach- bzw. disziplinären Repositorium. Repositorien unterliegen zumeist dem Open Access-Grundsatz.

Beispiele: Open Access LMU; OstDok; Repositorium Steirisches Wissenschaftserbe

---

Abb. 2: Das slawistische Fachrepositorium *OstDok*

Die *digitale Textsammlung* (auch *elektronische Textsammlung*) ist keine Datenbank, sondern eine Zusammenstellung verschiedener Textdokumente an einem

Ort. Kleine Institutionen, die sich die Erstellung oder Wartung einer Datenbank nicht leisten können, veröffentlichen alternativ – z. B. auf der eigenen Webseite – ihre digitalisierten Dokumente. Eine Sammlung kann natürlich auch aus Bild-, Audio-, Video- oder kartografischem Material bestehen.

Beispiele: Gaida.com; Czech medieval sources online; Čitanka

b) Bibliografische bzw. Referenzressourcen

Die Bezeichnung *virtuell* meint im Gegensatz zu *digital* Ressourcen, die Medien referenzieren anstatt diese direkt zur Verfügung zu stellen. Ein bekanntes Beispiel sind die *Virtuellen Fachbibliotheken* des Vascoda-Verbundes, die für verschiedene wissenschaftliche Disziplinen wichtige Links, Datenbanken und Newsmeldungen sammeln. Neben diesen gibt es noch die klassischen Bibliografien in Form von bibliografischen Datenbanken.

Bibliografische Datenbanken (auch *Literaturdatenbank* oder *Fachdatenbank*) bedienen ebenso wie Volltextdatenbanken einen fachlichen oder typologischen Schwerpunkt. Unterschieden werden Fachbibliografien, National- bzw. Regionalbibliografien sowie Zeitschriften- und Aufsatzbibliografien.

Beispiele: Sovetskaja bibliografija; Bibliografia almanachov, ročeniek a zbornikov na Slovensku 1701–1918; Europäische Zeitschriftenbibliothek

M259 S 152-1896
Križko, Pavol, 1841-1902
Sľuby a verolomstvo u našich predkov / Pavel Križko.
In *Sborník Museálnej Slovenskej Spoločnosti*. - 1896. - Turčiansky Sv[ätý] Martin : Tlačou kníhtlačiarsko- účastinárskeho spolku.- Nákladom vlastným, 1896 . - S. [5]-12.

súdnictvo - dejiny - Slovensko - stor. 15.-16.

Poznámky: Poznámky a odkazy na lit. pod čiarou. Dokument obsahuje príspevok o význame sľubov, záväzkov a následných postihoch pri ich nedodržaní na základe archívnych prameňov z 15.-16. storočia.
Odkazy: Križko, Pavel POZRI Križko, Pavol

325

M260 S 152-1896
Sasinek, František Víťazoslav, 1830-1914
Pravek Slovanov / Píše: Fr[antišek] V[íťazoslav] Sasinek.
In *Sborník Museálnej Slovenskej Spoločnosti*. - 1896. - Turčiansky Sv[ätý] Martin : Tlačou kníhtlačiarsko- účastinárskeho spolku.- Nákladom vlastným, 1896 . - S. [13]-20.

Jordanes (stor. 6.) - dielo historické; Nestor (stor. 11.) dielo historické
Slovania - osídlenie

Poznámky: Poznámky a odkazy na lit. pod čiarou. Dokument obsahuje príspevok o územiach osídlených Slovanmi na základe spisov historikov Jordanesa a Nestora.
Odkazy: Sasinek, Fr. V. POZRI Sasinek, František Víťazoslav (1830-1914);

325

Abb. 3: Bibliografische Trefferanzeige in der Datenbank *Bibliografia almanachov, ročeniek a zbornikov na Slovensku 1701–1918*

In einer *virtuellen Bibliothek* (auch *Fachportal*, *Webportal* oder *Informationsportal*) finden Recherchierende Informationen zu Bibliografien, Datenbanken, bibliothekarischen Sondersammelgebieten, Projekten, Veranstaltungen etc. Betreiber sind zumeist analoge Bibliotheken mit fachlichem Schwerpunkt.

Beispiele: Virtuelle Fachbibliothek Osteuropa; Slavistik-Portal; Bibliotheca Slavica

c) Metasuchdienste

Metasuchdienste erweisen sich bei der wissenschaftlichen Recherche oft als besonders nützlich, da sie effizient und zeitsparend sind. Über Metasuchdienste lassen sich verschiedene Ressourcen mit einer einzigen Abfrage durchsuchen, sowohl Volltext- als auch Referenzressourcen. Besonders oft findet man solche Dienste im Bibliothekswesen, wo sie aber ganz unterschiedlich bezeichnet werden.

Ein *Metakatalog* (auch *virtueller Katalog*, *Suchportal*, *Directory* oder *Metasuchmaschine*) schickt die Suchanfrage an verschiedene Datenbanken weiter und gibt die Ergebnisse gesammelt aus. Aus Benutzersicht sind Verbundkataloge identisch mit Metakatalogen.

Beispiele: Karlsruher Virtueller Katalog; Europeana; FIDKAR; Directory of Open Access Journals; Kulturnik

1.2 Digitalisierte Forschung in Ost und West

Die Herausforderungen der Online-Recherche liegen vor allem in den vielen unterschiedlichen Ressourcentypen und deren großem Angebotsspektrum. Jenes Spektrum wird von einer Vielzahl an Informationsdienstleistern Stück für Stück zusammengestellt, ohne dass es in seiner Gesamtheit einer besonderen Logik oder Absicht folgen muss. Abgesehen von der wachsenden Zahl an kommerziellen Anbietern sind die meisten Informationsdienstleister öffentliche Stellen wie z. B. Hochschulen oder Bibliotheksverbunde. Sie erstellen im Rahmen ihrer lokalen, nationalen oder gar internationalen Wirkungsbereiche Informationsinfrastrukturen für Forscher und Studierende.

Wichtige Impulse in der Weiterentwicklung dieser Strukturen kommen von den großen internationalen Organisationen und Netzwerken, die für eine Vielzahl von regionalen und nationalen Mitgliedern sprechen. Über solche Stellen werden Bewegungen wie etwa Open Access oder Retrodigitalisierung ins Rollen gebracht und mit Hilfe von Förderungen, Programmabsprachen, technischen und rechtlichen Hilfseinheiten etc. koordiniert. Sie haben wiederum Auswirkungen auf die Ausformung lokaler und nationaler Informationsinfrastrukturen. Einen Überblick über all diese Organisationen und ihre Aktivitäten herzustellen ist nicht leicht – lohnt sich aber, um technische oder inhaltliche Vorsprünge nutzen zu können.

Zusätzlich zu dieser Digitalisierung für Recherchezwecke gehen viele Anbieter noch einen Schritt weiter und machen es durch elektronische Forschungsinfrastrukturen möglich, Literatur bzw. Daten vollständig digital zu verarbeiten. Dies erlaubt den Einsatz von modernsten Forschungsmethoden, was zur Entstehung einer neuen Disziplin innerhalb der Geistes- und Kulturwissenschaften geführt hat: der Digital Humanities. Elektronische Forschungsinfrastrukturen und Open Access sind somit zwei wesentliche Entwicklungen, die die Digitalisierung der Wissenschaften heutzutage prägen.

1.2.1 Wer treibt Digitalisierung voran? Internationale Initiativen und Akteure kennenlernen

Beginnt man eine Recherche mit dem Vorsatz, alle potentiell interessanten Informationsressourcen zu konsultieren, kann die dazugehörige Angebotslage schnell verwirren. Die Herausforderung, einen Lageüberblick herzustellen, liegt aber nicht nur in der großen Anzahl von Informationsressourcen, sondern auch in den vielen Initiativen, Netzwerken und Organisationen, die die Urheber dieser Ressourcen sind. Von der kleinen Fachbibliothek bis zur internationalen Organisation kann sich jeder an der Gestaltung wissenschaftlicher Informationsinfrastrukturen beteiligen und das auf vielfältige Weise, z. B. durch Retrodigitalisierung, Open Access-Initiativen oder die Erstellung elektronischer Forschungsinfrastruktur. Der Trend, Forschung und Wissenschaft in den digitalen Raum zu verlagern, hat dazu geführt, dass das Angebot an Ressourcen fast unüberschaubar geworden ist. Das große Angebot erschwert damit auf paradoxe Weise die Recherche.

Der elektronische Zugang zu Literatur und Kulturgut deckt in vielen Fällen neue Möglichkeit auf, Forschung zu betreiben – insbesondere auch für Studierende in der Endphase ihres Studiums. Um geeignete Ressourcen zu finden, ist es von Vorteil, die klassischen Anbieter näher zu kennen und zu wissen, warum diese an der „digitalen Revolution“ überhaupt interessiert sind. Akteure und Initiativen findet man dabei auf drei Ebenen – auf der lokalen bzw. regionalen, der nationalen und internationalen Ebene.

a) Lokale und regionale Ebene

Jeder Wissenschaftler bzw. jeder Student kennt für gewöhnlich die Informationsressourcen seiner Hochschuleinrichtung. Dies sind im deutschsprachigen Raum in der Regel der OPAC bzw. das Bibliotheksportal, ein Datenbankinformationssystem, eine Zeitschriftendatenbank und gegebenenfalls ein digitales Repositorium. Zweck dieser Ressourcen ist die Bereitstellung von Information für die Hochschulangehörigen im Rahmen lokaler Sinnhaftigkeit. Darüber hinaus stellen einige Regionen (z. B. Bundesländer) Ressourcen wie kleine Verbundkataloge oder Fachbibliografien zur Verfügung. Klassische lokale bzw. regionale Informationsressourcen sind folgende:

- OPAC bzw. Bibliotheksportal der Hochschulbibliothek
- Universitäre Forschungsinformationssysteme
- Digitale Repositorien zur Publikation von Hochschulschriften und Abschlussarbeiten
- *DBIS* (*Datenbank-Infosystem*) oder *DigiBib*
- Kleine Fachportale
- Regionale Verbundkataloge
- Regionalbibliografien

b) Nationale Ebene

Eine Ebene über den lokalen Angeboten findet man die Verbundkataloge und die Nationalbibliografie, die für den gesamten Staat erstellt werden. Bis zu diesem Punkt ähneln sich die lokalen und nationalen Informationsressourcen in fast jedem europäischen Land. Viele nationale Bibliotheksverbünde leiten zusätzlich eine landesweite Digitalisierungsinitiative, die meistens die Entstehung von Metasuchdiensten und Fachportalen zur Folge hat. Hier tun sich erste sichtbare Unterschiede in der Ausprägung der einzelnen nationalen Informationsinfrastrukturen auf. Typische nationale Informationsressourcen sind folgende:

- Nationaler Verbundkatalog
- Metasuchdienst (etwa bei einem bibliotheksübergreifenden Digitalisierungsprogramm)
- Nationalbibliografie
- Große Fachportale
- Fachrepositorien

c) Internationale Ebene

Schwierig wird der Überblick auf internationaler Ebene, wo sich Trends und Standards für die Digitalisierung der Wissenschaft entwickeln. Umfangreiche Informationsressourcen wie etwa *World Digital Library* oder *The European Library* werden nicht auf nationaler Ebene geschaffen, sondern kommen in der Regel durch die Zusammenarbeit nationaler und lokaler Akteure zu Stande. Seit Beginn der „digitalen Revolution" wurden zahlreiche Konsortien, Verbände und Netzwerke gegründet, die die dazugehörigen Interessen vertreten und Probleme in der Zusammenarbeit beheben. Allein für das europäische Bibliotheks- und Archivwesen gibt es mehrere sehr einflussreiche Organisationen und Netzwerke, die z. B. die Digitalisierung von wertvollem Schriftgut vorantreiben. Wie genau solche Initiativen aussehen und in welchem Ausmaß diese stattfinden, ist sehr unterschiedlich. So kann eine Initiative die Erstellung einer Informationsressource zum Ziel haben, die Vereinheitlichung von Bibliotheks- oder Datenstandards, die Entwicklung technischer Schnittstellen oder die Förderung von E-Books. Durch die Zusammenarbeit ergeben sich Trends, die dann wiederum Einfluss auf die Entwicklung nationaler und lokaler Ressourcen haben. Gemeinsame Projekte bergen eine Reihe von Vorteilen, werfen aber auch Fragen auf.

Vorteile:

- Geteiltes Know-how in Sachen Informationsmanagement, Technologie, PR etc.
- Geteilte Kosten sowie größere Ressourcenvielfalt
- Größerer Marketingeffekt, größere Reichweite und mehr potentielle Nutzer

Nachteile und Unklarheiten:

- Wer stellt die nötigen technischen und administrativen Ressourcen zur Verfügung (Server, Wartung, Entwicklung etc.)?
- Wie lassen sich die verschiedenen nationalen Urheberrechte vereinbaren?
- Welche Standards zur Erschließung der Medien werden angewendet (z. B. Metadatenstandards, Auszeichnungssprachen etc.)?
- Wer identifiziert sich mit welcher Open Access-Policy?

Durch die internationale Zusammenarbeit kommt es anhand des Schneeballeffekts auch auf nationaler und regionaler Ebene immer öfter zu Digitalisierungsprojekten. An vielen Hochschulen und Instituten gelten Online-Katalog, Repositorium und eigene Fachportale mittlerweile als gängige Bestandteile der Infrastruktur. Geisteswissenschaftler haben es, was den Überblick über die Ressourcenvielfalt betrifft, noch etwas leichter als Naturwissenschaftler. Grund dafür ist, dass sich die sogenannte *elektronische Forschungsinfrastruktur* (virtuelle Arbeitsumgebungen zur qualitativen Datenanalyse, zur Erstellung von Statistiken etc.) in den hermeneutischen Disziplinen erst jetzt in einem größeren Ausmaß herausbildet. Zudem ist die Open Access-Bewegung in den Geisteswissenschaften noch nicht so weit verbreitet wie in den Naturwissenschaften. Beides bedingt, dass die allgemeine Ressourcenvielfalt im Vergleich (noch) nicht so groß ist.

Bei der Umsetzung von gemeinsamen Digitalisierungsprojekten herrscht auf europäischer Ebene ein gutes Klima – auch die slawischen Länder sind in vielen internationalen Initiativen vertreten. Um sich ein Bild von dieser Zusammenarbeit machen zu können, werden hier die wichtigsten Organisationen und Projekte vorgestellt.

CERL – Consortium of European Research Libraries (www.cerl.org)

CERL ist ein Verband von ca. 190 europäischen Bibliotheken mit wertvollen Beständen in Form von Schriftdenkmälern und frühen Drucken. Der Verband ermöglicht seinen Mitgliedern den Austausch von speziellem Know-how (z. B. in der Provenienzforschung oder in der Retrodigitalisierung von sensiblem Schriftgut) und setzt sich für den Schutz von schriftlichem Kulturerbe ein. Primäres Ziel ist die Fertigstellung der *Heritage of the Printed Book Database* – eines einheitlichen Katalogs für alle in Europa entstandenen Handdrucke und Manuskripte. Der Katalog umfasst zurzeit ca. fünf Millionen Referenzen zu den Jahren 1455 bis 1830. Weitere bekannte Informationsressourcen sind der *CERL Thesaurus* und das *CERL Portal*. Unter den Mitgliedern befinden sich acht polnische Bibliotheken sowie die tschechische Nationalbibliothek. Zusammen mit dem europäischen Bibliotheksverband LIBER (Ligue des Bibliothèques Européennes de Recherche) beteiligt sich CERL an EU-finanzierten Projekten wie *CENDARI* oder *Europeana Cloud*.

EBLIDA – European Bureau of Library, Information and Documentation Associations (www.eblida.org)

EBLIDA ist der europäische Dachverband von nationalen und regionalen Verbänden aus dem Informations-, Bibliotheks- und Archivwesen. Hauptziel von EBLIDA ist die Vertretung aller bibliothekarischen Einrichtungen und Lobbying für das europäische Informationswesen („Lobbying for Librarians"). Der Verband verfügt über verschiedene Expertengruppen zu Urheberrechten oder Entwicklungen in der Informationsgesellschaft. Im Bereich der Digitalisierung unterstützt EBLIDA vor allem den Einsatz von E-Books (sogenannten *Born Digitals*) im Bibliothekswesen. Hier wurden Initiativen gegründet wie die *Task Force on E-Books* oder die bekannte *Right to E-read*-Kampagne. Durch diese Initiativen soll es Bibliotheken ermöglicht werden, ihren Besuchern mehr E-Books zur Verfügung zu stellen, indem Hindernisse wie restriktive rechtliche Bestimmungen oder kommerzielle Barrieren (z. B. hohe Lizenzgebühren) aus dem Weg geräumt werden. Auch slawische Länder sind mit ihren nationalen Bibliotheksverbänden zahlreich vertreten.

CENL – Conference of European National Libraries (www.cenl.org)
CENL ist eine Stiftung zur Stärkung und Unterstützung der europäischen Nationalbibliotheken und umfasst 49 Bibliotheken aus 46 Ländern. Ihre Arbeitsschwerpunkte sind weit gestreut – sie beinhalten die Themen Kulturerbe und seine Digitalisierung, die Weiterentwicklung von Informationstechnologien oder die Vereinheitlichung von administrativen Standards im Bibliothekswesen. Besonders bekannt ist CENL durch seinen Metakatalog *The European Library*, der die Bestände aller teilnehmenden Nationalbibliotheken parallel durchsuchbar macht. Maßgeblich beteiligt war CENL auch beim Aufbau der *Europeana* (siehe Kapitel 2.2.1). Von 2008 bis 2009 hat die Stiftung das *FUMAGABA*-Projekt geleitet, das die Erschließung und Integration von Buchbeständen aus ehemaligen jugoslawischen Staaten zum Ziel hatte. Die Initiative diente zur Bewahrung des dortigen Kulturerbes sowie zur Integration der südslawischen Länder in die europäische Bibliothekslandschaft. 18 digitale Kollektionen in sieben Sprachen wurden dadurch in *The European Library* integriert und für ausländische Wissenschaftler zugänglich gemacht (Komen 2009: 12).

BAE – Bibliotečnaja asambelja Evrazii (www.bae.rsl.ru)
BAE ist ähnlich wie CENL ein Zusammenschluss von Nationalbibliotheken. Zurzeit besteht die BAE aus 17 eurasischen National- bzw. Staatsbibliotheken – alle Teilnehmer kommen aus den GUS-Staaten. BAE verfügt wie fast alle europäischen Verbände bzw. Netzwerke mehrere Programme zur Stärkung des Informationswesens und zur Verbreitung der Digitalisierung. Wegweisend in der Gestaltung der Programme ist die starke russische Bibliothekskultur unter Führung der Russischen Staatsbibliothek. In der Initiative *Kupola Sodružestva: biblioteki* geht es um den Ausbau elektronischer Infrastruktur und um die Verbreitung russischer Medien in den GUS-Staaten. Im Bereich der Retrodigitalisierung von Kulturerbe wurde das Projekt *Zolotaja kollekcija Evrazii* gegründet – eine digitale Bibliothek ähnlich der *World Digital Library*, die ausgewählte Buchschätze der teilnehmenden Nationalbibliotheken online zugänglich macht.

IFLA – International Federation of Library Associations and Institutions (www.ifla.org)
IFLA ist der wohl bekannteste internationale Zusammenschluss von bibliothekarischen Verbänden und Institutionen aller Art. Der Verband umfasst etwa 1700 Mitglieder, die für insgesamt 500 000 Einrichtungen sprechen. Ziel der IFLA ist die Förderung aller Bibliotheken und des freien Zugangs zu Information – besonders im Bereich der elektronischen Ressourcen. Zu diesem Zweck verfolgt der Verband spezielle Initiativen zur Digitalisierung von Kulturerbe, zur Vereinheitlichung von Urheberrechten und zu Open Access. IFLA arbeitet eng mit der UNESCO zusammen und ist ein Mitglied des International Committee of the Blue Shield, das sich um den Schutz von Kulturerbe in Kriegs- und Krisengebieten kümmert. Mitglieder von IFLA sind neben traditionellen bibliothekarischen Institutionen auch wissenschaftliche Verlage wie etwa Emerald, Elsevier oder De Gruyter, die selbst Anbieter von E-Books sind. Auf europäischer Ebene ist IFLA vergleichbar mit EBLIDA.

1.2.2 Open Access in der Wissenschaft

Zusätzlich zu Informationsressourcen, die rückwirkend und manuell digitalisierte Medien (sogenannte *Retrodigitalisate*) beinhalten, gibt es solche, deren Medien von vornherein für ein elektronisches Format konzipiert worden sind. Diese Medien bezeichnet man in der Fachsprache als *Born Digitals* – sie werden in der Regel nicht als Printversionen angeboten. Neben den klassischen Druckwerken kann man über viele Verlage wie z. B. Springer oder Elsevier mittlerweile solche E-Books beziehen. Sie gelten als umweltfreundlich, platzsparend und eignen sich gut zur Arbeit mit Literaturverwaltungsprogrammen. Im vorhergehenden Kapitel wurde die *Right to E-read*-Kampagne von EBLIDA vorgestellt, die eine Forcierung in der Produktion und im Ankauf solcher E-Medien anstrebt. In einigen Ländern wie den Vereinigten Staaten und Russland haben sich in diesem Marktsegment sogenannte *Aggregatordatenbanken* etabliert (siehe auch Kapitel 3.7 und 3.15). Diese kaufen in großen Mengen E-Books verschiedener Verlage ein und verkaufen diese über Generallizenzen an Hochschulen, Bibliotheken, Organisationen etc. weiter. Besonders bekannte Aggregatoren sind EBSCO Information Services, ProQuest Company oder WISO. Osteuropabezogene Anbieter sind u. a. East View Information Services oder Integrum. In Europa hat sich aufgrund der staatlich dominierten Bildungslandschaft ein anderer Trend ergeben: die Publikation über Open Access.

Open Access betrifft nicht nur genuin digitale Medien, sondern auch solche, die parallel in Printformat erscheinen. Die digitale Ausgabe wird dabei kostenlos und ohne Einschränkung im Internet angeboten. Besonders beliebt ist Open Access bei Fachzeitschriften, Monografien, Repositorien und Forschungsdaten. Hierbei nicht einzuschließen sind Informationsressourcen wie digitale Bibliotheken oder Textsammlungen, die in der Regel zwar ebenfalls frei zugänglich sind, aber Retrodigitalisate enthalten. Diese fallen nicht unter den engeren Begriff des Open Access, da sie nicht digital erstveröffentlicht wurden.

Ähnlich wie im Kapitel zuvor gibt es auch hier viele verschiedene Akteure, Initiativen, Plattformen etc., die die wissenschaftliche Informationslandschaft prägen und nachhaltig verändern. Eine offizielle Definition von Open Access gibt es nicht, stattdessen existieren mehrere internationale Vereinbarungen, die diesen Begriff zu einem Paradigma geformt haben. Um zu verstehen, welche Ziele die Open Access-Vereinbarungen verfolgen, muss man die verschiedenen Varianten desselben kennen. Generell unterscheidet man zwei „Wege“:

Goldener Weg (Gold Open Access): Die wissenschaftliche Arbeit wird über ein elektronisches Medium publiziert, das der Philosophie des Open Access folgt. Dies kann z. B. in einer Fachzeitschrift oder in einem Open Access-Verlag passieren.

Grüner Weg (Green Open Access): Veröffentlicht wird die wissenschaftliche Arbeit über die Selbstarchivierung z. B. auf einer privaten Webseite oder in einem Hochschul- oder Fachrepositorium. Dies kann alle Varianten einer Publikation betreffen – den Ausgangstext, Abänderungen oder die fertige Publikation. Nicht alle Verlage erlauben aber die Parallelpublikation über den Grünen Weg.

Tipp: Welche Zeitschriften bzw. Verlage welche Policy vertreten, kann auf der Webseite der Organisation SHERPA/RoMEO eingesehen werden (www.sherpa.ac.uk).

Open Access ist eine noch wachsende Bewegung und hat nicht alle wissenschaftlichen Disziplinen und alle europäischen Länder vollständig erfasst. Deutschland gilt hier als ein Vorreiter und auch viele slawische Länder verfügen über Open Access-Ressourcen. Den Überblick über diese zu behalten ist noch etwas schwieriger als im Bereich der Retrodigitalisierung, da es keine „Großanbieter“ gibt, sondern hauptsächlich viele kleine Publikationsmedien. Den Großteil machen dabei naturwissenschaftliche und technische Fachzeitschriften aus. Der Grund, warum in den Geisteswissenschaften seltener in Open Access-Verlagen publiziert wird, liegt einerseits in bestimmten Publikationstraditionen (so galt bzw. gilt etwa die Printmonografie nach wie vor als das angesehenste Publikationsmedium), andererseits an einer allgemeinen Skepsis gegenüber der Sinnhaftigkeit dieses Publikationsweges. Warum sollte man seine Forschungsleistung gratis zur Verfügung stellen? Sind die jungen Open Access-Verlage überhaupt professionell? Wird es nicht vermehrt zu Missbrauch der Autorenrechte kommen? Viele Zweifel dieser Art wurden mittlerweile erfolgreich zerstreut. Auf einen zweiten Blick ergeben sich sogar Vorteile, die sich bei einer Publikation über den klassischen Weg nicht einstellen würden.

Vorteile:

- Der Zugang zu wissenschaftlicher Literatur (insbesondere in entlegenen Gegenden) wird verbessert, wodurch Autoren weltweit bekannter und häufiger zitiert werden
- Sind Forschungsleistungen durch öffentliche Finanzierung zu Stande gekommen, können diese der Öffentlichkeit wieder kostenlos zur Verfügung gestellt werden – die „Dreifachfinanzierung" des Closed Access fällt weg[1]
- Die Rechte an der Publikation verbleiben beim Autor (z. B. durch Creative Commons-Lizenzen) und gehen nicht auf einen Dritten über
- Innerhalb der Publikation ist der Einsatz von Multimedia-Elementen möglich, es gibt keine Umfangsbeschränkung und eine leichte Bearbeitung (Speichern, Versenden etc.) ist möglich
- Die Langzeitarchivierung wird vereinfacht durch den Gebrauch von Persistant Identifiers wie URN oder DOI
- Der Anteil slawischer bzw. slawistischer Medien in Open Access-Ressourcen ist größer als in den meisten interdisziplinären Lizenzdatenbanken

Nachteile:

- Junge Open Access-Verlage haben noch kein Renommee im Gegensatz zu bereits etablierten Printverlagen, daher werden sie zum Publizieren nicht so oft in Betracht gezogen

---

1 In Europa sind Wissenschaftler und Peer-Reviewer (Gutachter) zumeist Angestellte an öffentlichen Universitäten und werden vom Staat entlohnt. Werden Forschungsleistungen dann als Printmedien veröffentlicht, wird ein kommerzieller Partner – meist in Form eines Verlags – zwischen Autor und Käufer zwischengeschaltet. Dieser verkauft die Leistungen wieder an staatliche Hochschulen und ihre Bibliotheken zurück. Somit fällt für den Steuerzahler eine dreifache Finanzierung von Forschung an, während der Verlag einen Gewinn zurückbehält. https://open-access.net/AT-DE/informationen-zu-open-access/gruende-und-vorbehalte/ (30.01.2016)

- Die Reichweite der Qualitätskontrollen bei Open Access-Verlagen sind oft schwer einschätzbar
- Nicht in allen Ländern ist Open Access anerkannt, was zu Einschränkungen z. B. bei der Verteilung von Fördermitteln oder bei der Anwendung von Creative Commons-Lizenzen führen kann
- Etwa ein Viertel aller Open Access-Zeitschriften verlangt von ihren Autoren Publikationsgebühren[2] – diese befinden sich mitunter im vierstelligen Bereich (siehe etwa das bekannte naturwissenschaftliche Blogjournal *PLOS One*)

Das Publizieren über Open Access bringt sehr viel mehr Vorteile mit sich als bei erster Überlegung oft angenommen wird. Dass Forschungsleistungen zunehmend im Internet publiziert werden – egal ob bei einem kommerziellen Anbieter oder für den Leser kostenlos – hat noch eine andere wichtige Folge, nämlich die bibliometrische Wertung. Dabei wird über statistische Verfahren die Reichweite (engl. *Impact*) einer Zeitschrift errechnet. Besonders bekannt ist der in naturwissenschaftlichen Fachzeitschriften beliebte *Impact Factor*, der angibt, wie oft eine Zeitschrift im letzten Jahr zitiert wurde (siehe dazu auch Kapitel 2.3.3). Je höher der *Impact Factor*, umso einflussreicher ist in der Regel ein Medium. Auch bei englischsprachigen Open Access-Zeitschriften ist meistens eine Angabe zum jeweiligen *Impact Factor* zu finden. In Deutschland, Österreich und der Schweiz übernehmen geisteswissenschaftliche Zeitschriften diesen Trend erst langsam.

Zu Beginn des 21. Jahrhunderts wurden mehrere Vereinbarungen ausgehandelt, die die wichtigsten Eigenschaften von Open Access-Publikationen umzeichnen. Diese Vereinbarungen beinhalten u. a. Vorgaben rund um Urheberrechte, zur Verarbeitung der enthaltenen Daten, den nötigen technischen Anforderungen etc. und sind Richtlinien zur Wahrung der Einheitlichkeit. Für jeden Studenten bzw. jeden Wissenschaftler lohnt sich ein Blick in die Listen der Unterzeichner, um nachzuprüfen, ob auch die eigene Hochschule oder das eigene Institut sich darauf befindet. Die beiden bislang wichtigsten Open Access-Konventionen – die Budapester und die Berliner Erklärung – haben sich mit ihren Forderungen weltweit durchgesetzt. Fast alle Open Access-Portale halten sich an die Bestimmungen zumindest einer der beiden Erklärungen und wählen ihre Referenzen dementsprechend aus. Diese wiederum werden von anderen Informationsressourcen – z. B. der weltweit größten Zitationsdatenbank *Scopus* – unter Berufung auf den strengen Auswahlprozess dieser Portale weiterverwendet.

2 https://open-access.net/AT-DE/informationen-zu-open-access/gruende-und-vorbehalte/ (30.01. 2016)

Budapest Open Access Initiative (BOAI, www.budapestopenaccessinitiative.org)

Die BOAI war die erste große Konvention in der Geschichte des Open Access. Im Jahr 2002 präsentiert und von vielen unterzeichnet, ist ihre Definition von Open Access die am weitesten verbreitete. Das Kernelement der Definition lautet:

> By „open access" to this literature, we mean its free availability on the public internet, permitting any users to read, download, copy, distribute, print, search, or link to the full texts of these articles, crawl them for indexing, pass them as data to software, or use them for any other lawful purpose, without financial, legal, or technical barriers other than those inseparable from gaining access to the internet itself. The only constraint on reproduction and distribution, and the only role for copyright in this domain, should be to give authors control over the integrity of their work and the right to be properly acknowledged and cited.

Als Möglichkeiten, Open Access umzusetzen, wurden der Goldene und der Grüne Weg definiert. Unterzeichner waren zu Beginn zumeist einzelne Personen aus dem angloamerikanischen Raum – heute befinden sich auf der Liste ca. 6000 Personen und 825 Institutionen. Übernommen wurde die Definition auch von der Berliner Erklärung.

Berlin Declaration on Open Access to Knowledge in the Sciences and Humanities (https://openaccess.mpg.de/Berliner-Erklaerung)

Die Berliner Erklärung war der dritte große Meilenstein nach der BOAI und dem Bethesda Statement on Open Access Publishing in 2003. Inhaltlich brachte die Vereinbarung nicht viel Neues, da sie sich großteils auf die BOAI stützt. Eine wesentliche Neuerung war der Einbezug der Digitalisierung von Kulturerbe in die Philosophie des Open Access. Wichtig ist die Berliner Erklärung für die weltweite praktische Umsetzung einer einheitlichen Strategie. Die Unterzeichner verpflichten sich dabei zur Förderung des Open Access an ihren Standorten, z. B. über digitale Repositorien oder den vermehrten Einbezug von Open Access-Fachzeitschriften in ihre Publikationsvorhaben. Bislang wurde sie von ca. 600 Institutionen unterschrieben – darunter hauptsächlich Hochschulen, Bibliotheken, Verbände und Gremien. Beispiele für den deutschsprachigen und slawischen Raum sind etwa die TU München, die TU Graz, die Weißrussische Staatsuniversität und die Brünner Masaryk-Universität. In den slawischen Ländern haben sich aber bislang nicht sehr viele Teilnehmer finden lassen. Unter den ersten 20 Unterzeichnern befinden sich zehn deutsche Forschungseinrichtungen bzw. -verbände.

Die Vereinbarungen fördern nicht nur den vermehrten Einsatz von Open Access an den Hochschulen, sondern sind auch Grundlage für viele Fachportale. Da Open Access-Medien meist in Form einzelner Repositorien und Zeitschriften existieren, würde sich eine Recherche ohne die Hilfe von solchen Fachportalen als sehr mühsam erweisen. Plattformen wie z. B. das *Directory of Open Access Scholarly Resources* und das *Directory of Open Access Journals* bündeln einzelne Medien auf Grundlage der oben genannten Konventionen. Somit haben es Recherchierende besonders leicht, nach kostenlosen und qualitativ hochwertigen Online-Publikationen zu suchen. In einigen Fällen bieten diese Fachportale Zusatzinformationen wie Statistiken, interaktive Karten oder News-Feeds zu neuen Entwicklungen an. Aufgrund der hohen Transparenz kann auch leicht festgestellt werden, wie weit Open Access in einzelnen Ländern verbreitet ist. Im Gegensatz zu der Zahl an Informationsressourcen, die im Bereich der Retrodigitalisierung und des Kulturerbes existieren, ist die Anzahl an Open Access-Portalen überschaubar. Diese sind dabei die wichtigsten:

DOAJ – Directory of Open Access Journals (www.doaj.org)

DOAJ ist eine kostenfreie Referenzdatenbank, die Fachzeitschriften und -artikel in Open Access-Format verzeichnet. Betrieben wird die Datenbank von der Universitätsbibliothek Lund – sie beinhaltet etwa 9500 Zeitschriftentitel aus 130 verschiedenen Ländern. Für die Aufnahme eines Titels in die Datenbank gelten strenge formale und inhaltliche Regeln: Zeitschriften müssen den Open Access-Grundsätzen des BOAI sowie internationalen wissenschaftlichen Qualitätsstandards entsprechen. Eine Generalrevision aller referenzierten Zeitschriften fand kürzlich im Jahr 2016 statt, woraufhin über 3000 Titel wegen mangelnder Qualitätsnachweise aus der Datenbank genommen wurden.[3] Die Aufnahmehürden sind somit höher angesetzt als etwa bei der *Europäischen Zeitschriftenbibliothek* oder der Regensburger *Zeitschriftendatenbank*. Etwas mehr als die Hälfte der Zeitschriften wird inhaltlich ausgewertet – die Zahl der recherchierbaren Artikel beläuft sich auf ungefähr zwei Millionen. Die Datenbank ist eine von den wenigen internationalen und interdisziplinären Informationsressourcen, die sich auch für die slawistische Recherche eignen. Russland ist mit etwa 160, die Slowakei mit 35, Serbien mit 72 Zeitschriften vertreten.

3 DOAJ to remove approximately 3300 journals https://doajournals.wordpress.com/2016/05/09/doaj-to-remove-approximately-3300-journals/ (04.11.2016)

Abb. 4: Kroatische Fachzeitschriften im *Directory of Open Access Journals*

ROAD – Directory of Open Access Scholarly Resources (http://road.issn.org/)

ROAD ist ein Fachportal für kostenlose akademische Informationsressourcen und wird von der ISSN und der UNESCO betreut. Erschlossen werden dabei alle Ressourcen, denen eine ISSN-Nummer zugeteilt wurde (auch retrospektiv) – somit garantiert das Portal eine hohe Vollständigkeitsquote. Bei solchen Quellen handelt es sich in erster Linie um Periodika, digitale Repositorien und Blogs. Eine der verwendeten Datenquellen neben dem ISSN-Register ist das schwedische *Directory of Open Access Journals*. *ROAD* ermöglicht u. a. die Suche anhand Länder- und Sprachkategorie. Polen ist dabei mit 706 Ressourcen, Bulgarien mit 284 und Montenegro mit acht Ressourcen vertreten. Im Durchschnitt ist die Zahl an slawischen Titeln in *ROAD* höher als in *DOAJ*. Gut ersichtlich wird die Zahl der Referenzen über die interaktive Karte auf der Homepage. Es ist jedoch zu bedenken, dass viele Open Access-Ressourcen – insbesondere digitale Repositorien – über keine ISSN-Nummer verfügen.

OAPEN – Open Access Publishing in European Networks (www.oapen.org)

OAPEN ist eine Non-Profit-Organisation unter der Leitung der Amsterdam University Press, die das gleichnamige Repositorium für Open Access-Monografien betreibt. OAPEN arbeitet mit verschiedenen Non-Profit-Verlagen zusammen, die Werke im Bereich der Geistes- und Sozialwissenschaften veröffentlichen und die am Open Access-Modell interessiert sind – dabei handelt es sich hauptsächlich um Universitätsverlage. Teilnehmer aus den slawischen Ländern haben sich bislang keine gefunden.

OpenAIRE (www.openaire.eu)
OpenAIRE ist eine Mischung aus Metasuchdienst und Fachportal rund um das Thema Open Access. Die Suchfunktion umfasst auch Informationsressourcen mit eingeschränktem Zugang sowie Closed Access und ermöglicht im Unterschied zu anderen Fachportalen die Suche nach Forschungsdaten (sogenannter *Open Data*). Insgesamt sind über *OpenAIRE* ca. 19 Millionen Publikationen, 40 000 Datensätze aus 6000 Repositorien bzw. Zeitschriften und CRIS-Systemen[4] zu finden. Das Fachportal verfügt auch über detaillierte Informationen zum Einsatz von Open Access innerhalb der EU und bietet Statistiken zur Verbreitung in einzelnen Ländern. Informieren können sich Interessierte auch über diverse Pilotprojekte und Förderprogramme innerhalb von Horizon2020 und FP7. Aufgrund der Anknüpfung an die *CyberLeninka* eignet sich das Fachportal gut für die Recherche in russischen Publikationen.

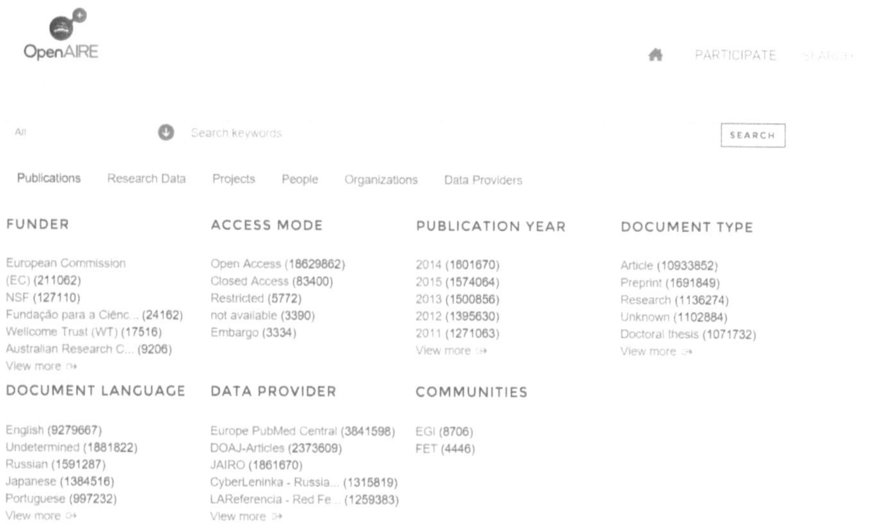

Abb. 5: Das Fachportal *OpenAIRE* mit umfangreichen Suchoptionen

4 Current Research Information System (CRIS): In manchen Ländern sind staatliche Universitäten dazu verpflichtet ihre Forschungsleistungen – Publikationen, Projekte, lukrierte Drittmittel etc. – administrativ festzuhalten. So kann sich u. a. die Öffentlichkeit über die Leistungsfähigkeit einer Universität informieren und das zuständige Ministerium über die Höhe der verdienten Fördergelder besser entscheiden. Forschungsinformationssysteme bzw. CRIS-Systeme sind in der Regel Datenbanken, in denen solche Leistungen dokumentiert und statistisch aufbereitet werden (siehe z. B. das *ECRIS*-System im südslawischen Raum). CERIF (Common European Research Information Format) ist momentan der führende europäische Dokumentationsstandard, der von der Arbeitsgruppe euroCRIS entwickelt wurde.

Auch im östlichen Europa ist die Open Access-Bewegung angekommen – dort allerdings in unterschiedlich starker Ausprägung. Zu den slawischen Spitzenreitern zählen die Ukraine, Polen und Serbien, die sich gerechnet an der Zahl der Open Access-Medien und -Infrastrukturen kurz hinter Großbritannien, Deutschland, Spanien und Italien einreihen. Schlusslichter in der Bewegung sind Montenegro sowie Bosnien-Herzegowina, die aufgrund mangelnder Infrastrukturen kaum Angebote verzeichnen. Beide Staaten verfügen momentan über zu wenige Ressourcen, um sich diesem Thema im nötigen Ausmaß widmen zu können (siehe dazu Kapitel 3.1 und 3.5). In allen anderen slawischen Ländern existieren mehr oder weniger ausgereifte Programme zur Förderung von Open Access-Formaten. Eine Kurzfassung zum Stand der einzelnen Open Access-Bewegungen kann in den jeweiligen Länderkapiteln nachgelesen werden.

Möchte man sich ausführlicher über Open Access in Europa informieren, lohnt sich ein Blick in die oben genannten Fachportale und Suchdienste. Diese stellen nicht nur Angaben zu Fördergebern und ihren Programmen bereit, sondern zumeist auch zahlreiche Statistiken und Heatmaps. Da es unterschiedliche Möglichkeiten gibt, Open Access zu fördern, ist ein Vergleich dieser Quellen oft sehr interessant. Vorsicht bei der Konsultation solcher Fachportale und Statistiken ist jedoch geboten, wenn es um die Situation in den ostslawischen Ländern geht. Einige Staaten wie etwa die Ukraine oder Russland haben innerhalb weniger Jahre eine beachtliche Infrastruktur aufgebaut und damit die Zahlen an frei zugänglichen Medien rasch in die Höhe getrieben. Nicht alle Fachportale geben deren Angebot in ausreichendem Ausmaß wieder, da sie die aktuellen Entwicklungen in diesen Ländern nicht verfolgen – dazu zählen insbesondere *OpenAIRE* und *DOAJ*. Gerade in Ländern mit starken föderalen Bibliotheksstrukturen kann es sich als schwierig erweisen, die momentane Lage sowie das Angebot an Ressourcen im Blick zu behalten. Hier ist es besser, sich bei der Recherche auf nationale Informationsressourcen – wie etwa Open Access-Verzeichnisse oder eigens entwickelte Metasuchdienste – zu verlassen.

Wie kommt es, dass die Open Access-Bewegungen in den einzelnen Ländern so unterschiedlich sind? Dies hängt mit einer Reihe von Faktoren zusammen. Für das östliche Europa sind insbesondere folgende bedeutsam:

a) Publikationslandschaft

In kleineren Ländern existiert zumeist kein breites wissenschaftliches Verlagsspektrum wie es im englisch- oder deutschsprachigen Raum der Fall ist. In Serbien oder Kroatien etwa werden Fachzeitschriften, Buchreihen etc. häufig über die Eigenverlage der Hochschulen herausgegeben. Beschließt eine Universität, Open Access als primäres Publikationsformat zu wählen, wird dieses automatisch öfter genutzt. Gerade kleinere Länder haben dadurch die Möglichkeit, ihre Publikationen am internationalen Informationsmarkt sichtbarer werden zu lassen.

b) Open Access-Mandate

Mandate zur Förderung von Open Access können auf institutioneller oder nationaler Ebene existieren und sind im slawischen Raum eher selten. Eine Quelle für solche Mandate ist das Fachportal *ROARmap* (https://roarmap.eprints.org). Ein Mandat kann von Fördergebern, Hochschulen oder dem nationalen Gesetzgeber ausgesprochen werden und fordert von den Betroffenen in einem bestimmten Ausmaß in Open Access-Formaten zu publizieren bzw. solche umzusetzen. Das ukrainische Parlament etwa hat im Jahr 2007 ein nationales Open Access-Mandat festgelegt: Jede wissenschaftliche Institution, die über öffentliche Fördergelder finanziert wird, muss sich dem Open Access verpflichten. Dies hat u. a. zu einem rasanten Anstieg von digitalen Repositorien geführt. Mit über 70 Repositorien ist die Ukraine heute ein Spitzenreiter in der Open Access-Bewegung. Manchmal verpflichten auch einzelne Hochschulen ihre Angehörigen dazu, z. B. Abschlussarbeiten oder bestimmte Publikationen im hochschuleigenen Repositorium abzulegen.

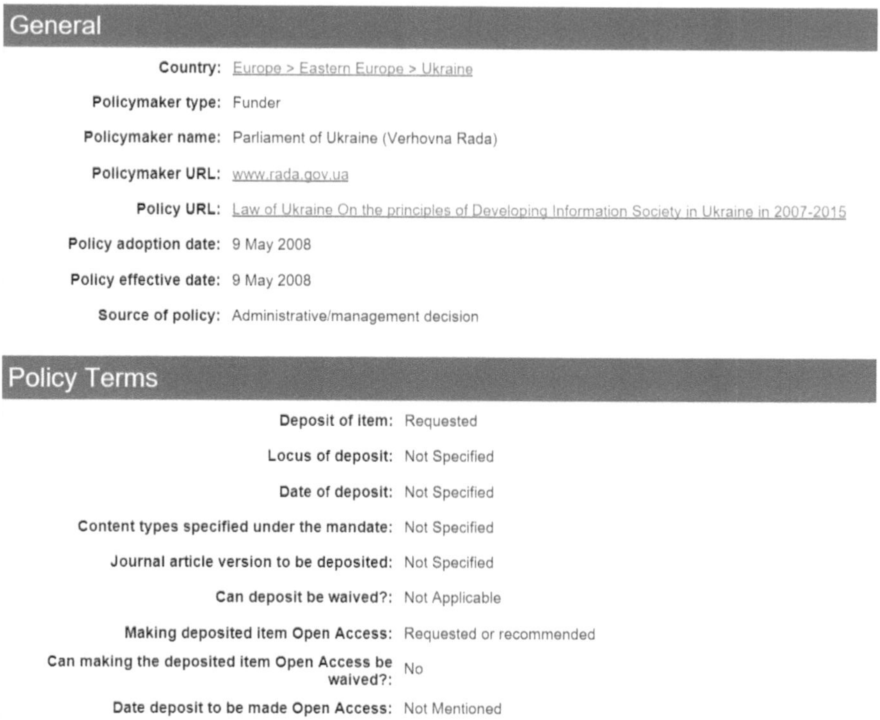

General

Country:	Europe > Eastern Europe > Ukraine
Policymaker type:	Funder
Policymaker name:	Parliament of Ukraine (Verhovna Rada)
Policymaker URL:	www.rada.gov.ua
Policy URL:	Law of Ukraine On the principles of Developing Information Society in Ukraine in 2007-2015
Policy adoption date:	9 May 2008
Policy effective date:	9 May 2008
Source of policy:	Administrative/management decision

Policy Terms

Deposit of item:	Requested
Locus of deposit:	Not Specified
Date of deposit:	Not Specified
Content types specified under the mandate:	Not Specified
Journal article version to be deposited:	Not Specified
Can deposit be waived?:	Not Applicable
Making deposited item Open Access:	Requested or recommended
Can making the deposited item Open Access be waived?:	No
Date deposit to be made Open Access:	Not Mentioned

Abb. 6: Eintrag eines Open Access-Mandats in *ROARmap*

c) Träger der Bewegung

In der Regel wird die Open Access-Bewegung von wissenschaftlichen Bibliotheken und Verlagen vorangetrieben. Sie stellen sowohl das Know-how als auch die nötige Infrastruktur dafür bereit. Ist das Bibliothekswesen generell nicht so gut ausgestattet – wie etwa in Montenegro oder Bosnien-Herzegowina – sind solche Aufgaben eher zweitrangig, da man sich anderen „Baustellen" widmen muss. In einigen Ländern – wie etwa in der Russischen Föderation – ist das Thema Open Access auch politisch behaftet. Da solche Medien (insbesondere jene des Grünen Weges) weniger gut „kontrollierbar" sind, kommen von öffentlicher Seite kaum Impulse zur Förderung. Die hohe Zahl an Open Access-Medien ist dort vor allem der Initiative einzelner Institute und Personen geschuldet.

d) Vernetzung und Eigendynamik

Wie in der Retrodigitalisierung bedeutet ein breites Angebotsspektrum an frei zugänglichen Periodika und Repositorien nicht unbedingt auch eine ideale Vernetzung derselben. In Polen etwa existieren viele Repositorien und Fachzeitschriften, allerdings sind diese kaum national und international miteinander verbunden, was den Überblick über die Angebotslage erschwert. Manche Länder pflegen ein nationales Open Access-Repositorium, einen Metasuchdienst für Open Access-Medien oder zumindest ein Verzeichnis aller vorhandenen Ressourcen. So müssen in Slowenien staatlich geförderte Open Access-Publikationen in der digitalen Bibliothek *d.Lib* der National- und Universitätsbibliothek Ljubljana gespeichert werden. Dies hat den Vorteil, das Recherchierende über eine zentrale Quelle auf fast alle Open Access-Publikationen des Landes zugreifen können. Je verbreiteter Open Access-Publikationen bereits sind, desto bereitwilliger publizieren auch andere in diesem Format (Schneeballeffekt). Daher kann es sein, dass sich die Open Access-Landschaft innerhalb kurzer Zeit schnell weiterentwickelt.

e) Zitationsdatenbanken

Während die weltweit bekanntesten Zitationsdatenbanken wie etwa *Scopus* oder *Web of Science* lizenziert sind, gibt es im slawischen Raum zwei solcher Datenbanken, die großteils Open Access-Publikationen speichern: *SCIndeks* in Serbien und *Rossijskij indeks naučnogo citovanija* der Russischen Föderation (siehe Kapitel 2.3.3 und 3.8). Da Zitationssysteme in der modernen Wissenschaft eine zunehmend wichtigere Rolle einnehmen, ist eine Bewerbung von Open Access hier besonders wirksam. Open Access steigert die internationale Sichtbarkeit von Publikationen und damit wiederum das Renommee des jeweiligen Mediums.

1.2.3 Ein Ausblick: Forschungsinfrastruktur in den Geisteswissenschaften

Neben Open Access prägt eine weitere Entwicklung den wissenschaftlichen Informationsmarkt: der Einsatz von digitaler Forschungsinfrastruktur. Wer hauptsächlich mit elektronischen Ressourcen arbeitet, benötigt mit der Zeit Möglichkeiten, die vielen gefundenen Daten, Texte und Bildmaterialien zu speichern und zu verarbeiten. Zusätzlich zu den reinen Recherchetools werden nun auch vermehrt sogenannte *virtuelle Forschungsumgebungen* errichtet, mit denen Wissenschaftler große Mengen an Datenmaterial bearbeiten können.

Der Begriff *Forschungsinfrastruktur* wird oftmals in Verbindung mit naturwissenschaftlichen Disziplinen genannt und bezeichnete früher vorwiegend analoge Ausrüstung wie etwa Labore oder technische Geräte. Hermeneutische Disziplinen sind bislang ohne größere Gerätschaften ausgekommen. Zu ihrer klassischen analogen Forschungsinfrastruktur zählen „nur" Bibliotheken, Archive und Museen (siehe dazu auch Kapitel 1.1.2). Durch die vermehrte Digitalisierung und den Fortschritt im Bereich der Informationstechnologie jedoch gibt es auch für Geisteswissenschaftler immer mehr Möglichkeiten, empirisch zu arbeiten. So ermöglichen etwa elektronische Informationsressourcen die quantitative Analyse hunderter Texte oder Sprachsegmente. Um diese großen Datenmengen auch entsprechend verarbeiten zu können, entwerfen zahlreiche wissenschaftliche Einrichtungen mittlerweile Tools und Applikationen zur statistischen Aufarbeitung, Visualisierung, Langzeitarchivierung etc., die von Wissenschaftlern und Studenten frei genutzt werden können.

Wissenschaftszweige, die Literatur, Sprache und Kultur auf diese Weise erforschen nennen sich *Digital Humanities*, *eHumanities* (*enhanced Humanities*), *Computer-* oder *Medienphilologie*. Sie gelten in den Geisteswissenschaften mittlerweile als eigene Forschungsdisziplin. Typische Arbeitsfelder der digitalen Geisteswissenschaften sind u. a. folgende:

Datenmodellierung: die formale Erschließung von Büchern, Bildern oder Gegenständen, damit diese digital verarbeitet werden können

Textkodierung: die inhaltliche Modellierung von Textdokumenten für Langzeitarchivierung und digitale Analyse

Gestaltung digitaler Editionen: die Digitalisierung und Bearbeitung fachrelevanter (Primär-)Literatur

Text und Data Mining: computergestützte bzw. quantitative Analyse von linguistischen und textuellen Medien

Die digitalen Geisteswissenschaften sind eine noch junge Disziplin. Während sie im angloamerikanischen Raum schon weiter verbreitet sind, machen sich diese in Deutschland, Österreich und der Schweiz erst einen Namen.

Eine Besonderheit geisteswissenschaftlicher Forschungsinfrastruktur ist ihre Vernetzung und Vielfalt. Da virtuelle Forschungsumgebungen von überall aus zugänglich sind und auch mehr Potenzial entfalten, wenn sie Ressourcen aus verschiedenen Ländern nutzen können, sind staatenübergreifende Projekte zur Erstellung solcher Umgebungen besonders häufig. Um dabei wie im Bereich der bibliothekarischen Informationsressourcen möglichst einheitlich zu arbeiten, gibt es mehrere Netzwerke, die die gemeinsamen Projekte koordinieren. Auf europäischer Ebene zuständig ist das Netzwerk ESFRI (European Strategy Forum for Research Infrastructures), das 2002 von der Europäischen Kommission errichtet wurde, um Europa als Forschungsstandort produktiv zu erhalten. Das ESFRI-Komitee wählt attraktive Ideen für Infrastrukturen aus und leitet deren Umsetzung für alle wissenschaftlichen Disziplinen. Für die Geistes- und Sozialwissenschaften gibt es zwei Untergruppen, die sich um die Forschungsinfrastruktur auf diesem Gebiet kümmern: CLARIN und DARIAH. Dass Forschungsinfrastruktur in diesen Disziplinen noch nicht so etabliert ist, zeigt ein Vergleich mit den Naturwissenschaften – dort gibt es insgesamt 34 Untergruppen. Jede der beiden Gruppen besitzt ein ERIC (European Research Infrastructure Consortium), das den rechtlichen Rahmen legt und nationale Unterabteilungen steuert. Diese wiederum realisieren Projekte auf nationaler wie internationaler Ebene.

Tipp: Wer die Pläne von ESFRI und den nationalen Abteilungen einsehen möchte, der kann auf der Webseite von ESFRI (www.esfri.eu) mehrere Roadmaps und interaktive Karten konsultieren. Dort findet man auch Informationen über den Entwicklungsstand und die Vorhaben aller an ESFRI beteiligten Länder.

CLARIN (Common Language Resources and Technology Infrastructure)

CLARIN ist eine von zwei geisteswissenschaftlichen Untergruppen von ESFRI. Jedes teilnehmende Land wird dabei durch eine nationale Abteilung vertreten und entwirft und kreiert Infrastruktur nach nationalen Bedürfnissen (z. B. CLARIN-DE für Deutschland, CLARIN-AT für Österreich, CLARIN-PL für Polen). Insgesamt gibt es acht CLARIN-Mitglieder, darunter drei slawische Länder: Tschechien, Polen, Bulgarien, Österreich, Deutschland, Dänemark, Estland, die Niederlande sowie die Organisation Nederlandse Taalunie. Zu Beginn wurde CLARIN von der Europäischen Kommission gesponsert, heute wird die Gruppe allein von den Mitgliedstaaten finanziert. CLARINs Fokus liegt auf der Erstellung digitaler Ressourcen im Bereich der Linguistik, dies betrifft u. a. linguistische Textkorpora, Thesauri, virtuelle Arbeitsumgebungen mit

Cloud-Funktion und verschiedenen Analysetools, Applikationen für Annotation und Transkription, Dienste zur Bereitstellung von Metadaten etc. Jede nationale Abteilung besteht wiederum aus mehreren Teilnehmern, die ihr fachliches Know-how für die Entwicklung dieser Sprachressourcen bereitstellen. Dabei handelt es sich zumeist um Bibliotheken, Hochschulen, Archive oder andere Forschungsinstitutionen, die einerseits die Infrastruktur weiterentwickeln, andererseits auch eigene Datenpools zur Verfügung stellen. Jedes Land kann dabei frei über seinen Beitrag entscheiden. Um Einheitlichkeit zu garantieren, gibt es diverse Zielvorgaben und Standards, die eingehalten werden müssen.

DARIAH (Digital Research Infrastructure for the Arts and Humanities)
DARIAH ist wie CLARIN eine der beiden ESFRI-Gruppen im Bereich der Geisteswissenschaften und ähnlich wie dieses aufgebaut. Seinen Fokus setzt DARIAH auf philologische Wissenschaftszweige wie Literatur- und Kulturwissenschaft. Der Verbund besteht momentan aus 17 teilnehmenden Staaten, darunter Deutschland, Österreich, Slowenien, Kroatien und Serbien. Jedes Land verfügt über eine nationale Abteilung, die auch national finanziert wird und im Verbund auf europäischer Ebene vertreten ist (z. B. DARIAH-DE für Deutschland, DARIAH-AT für Österreich, DARIAH-HR für Kroatien). Die nationalen Abteilungen wiederum bestehen aus teilnehmenden Institutionen wie Bibliotheken, Archive, Hochschulen etc., die ihre fachliche Expertise sowie Daten zur Verfügung stellen. Wie bei CLARIN entscheidet jedes Land selbstständig über seinen Beitrag. Ressourcen, die im Rahmen von DARIAH entstehen, sind etwas vielfältiger als bei CLARIN. Solche können Core-Services sein wie einheitliche Entwicklungsumgebungen für Ressourcen, Repositorien, die länder- und fachübergreifend genutzt werden können oder spezifische Ressourcen zur Datenarchivierung, Textanalyse, Notationstools etc.

Im Rahmen von CLARIN und DARIAH sind bereits zahlreiche, auch für die Slawistik bzw. Osteuropawissenschaften interessante Forschungsinfrastrukturen erstellt worden. Bekannte Beispiele aus der europäischen Zusammenarbeit sind u. a. folgende:

CENDARI – Collaborative European Digital Archive Infrastructure (www.cendari.eu)
CENDARI ist eine virtuelle Forschungsumgebung, die die geschichtswissenschaftliche Recherche in digitalen Ressourcen erleichtern soll. Anders als bei den meisten CLARIN- und DARIAH-Projekten liegt der Fokus nicht auf der Verarbeitung von bereits vorhandenen Daten, sondern auf der Bündelung von Ressourcen, um die Suche nach historischen Quellentexten zu erleichtern. Das *CENDARI*-Projekt ist international ausgelegt und integriert sowohl bekannte als auch weniger bekannte

Ressourcen. Einen inhaltlichen Schwerpunkt gibt es dabei im Bereich Mediävistik und Erster Weltkrieg, wobei ein besonderes Augenmerk auf die Einbindung südost- und osteuropäischer Archive gelegt wurde. Neben kleinen archivarischen Sonderkollektionen findet man auch Anschluss an größere Informationsressourcen wie *Manuscriptorium* oder die digitalen Sammlungen der Nationalbibliotheken. Das Projekt wurde von der Europäischen Kommission im Rahmen des Förderprogramms 7th Framework Programme (7FP) finanziert. *CENDARI* ist mit DARIAH assoziiert und wurde von 14 Mitgliedern aus acht verschiedenen Ländern entwickelt, darunter u. a. CERL, The European Library, die Tschechische Nationalbibliothek, die Serbische Akademie der Wissenschaften und die Freie Universität Berlin.

EHRI – The European Holocaust Research Infrastructure (www.ehri-project.eu)

EHRI ist ähnlich wie *CENDARI* eine Forschungsumgebung mit dem Ziel, wichtige Ressourcen zur Geschichte des Holocausts zu vernetzen. Das Projekt läuft im Rahmen des europäischen Forschungsförderungsprogrammes Horizon2020 und wird von 23 Institutionen aus 17 europäischen Staaten sowie Israel entwickelt. Neben den Möglichkeiten zur internationalen Recherche liefert *EHRI* auch Tools zur Ressourcenanalyse und legt großen Wert auf die Vernetzung seiner Benutzer. Ähnlich wie *CENDARI* soll *EHRI* Wissenschaftlern Zugang zu weit verstreuten Archivmaterialien gewähren und beinhaltet zu diesem Zweck digitale Medien sowie bibliografische Referenzen. Insgesamt sind über die Forschungsumgebung 1850 Archive durchsuchbar – auch slawische Archive sind zahlreich vertreten.

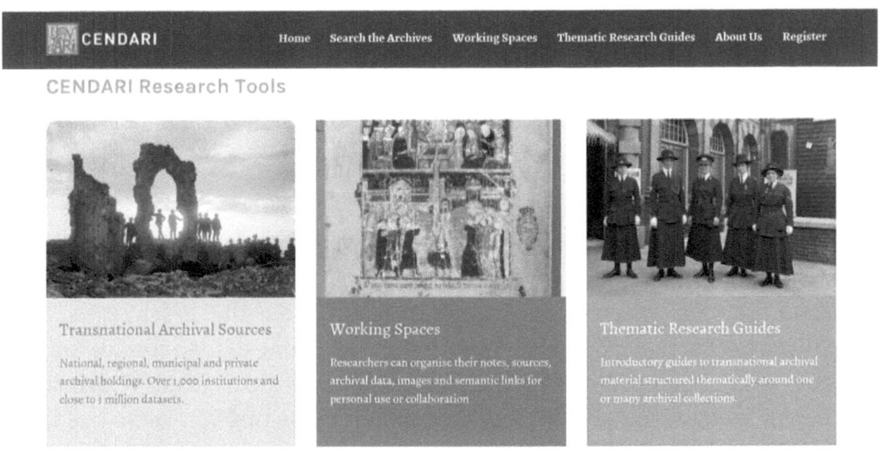

Abb. 7: Homepage von *CENDARI*

Neben Forschungsinfrastrukturen, die im Rahmen internationaler Kooperation entstanden sind, gibt es noch Projekte auf nationaler Ebene. Diese beschäftigen sich zumeist mit Teilaspekten der computergestützten Forschungsarbeit wie der Datenspeicherung oder -analyse. Zwei Beispiele für nationale Forschungsinfrastruktur sind u. a.:

TextGrid (www.textgrid.de)
TextGrid ist ein Forschungsverbund und entwickelt und betreibt die gleichnamige virtuelle Forschungsumgebung für die Analyse und Langzeitarchivierung von textbasierten Daten. Die Software besteht aus drei Teilen und kann auf jedem Standardbetriebssystem installiert werden. Das Anwendungsspektrum von *TextGrid Laboratory* ist groß: So kann die Software bei der Erstellung digitaler Editionen unterstützen, aber auch über verschiedene Tools und Dienste Daten aufbereiten und analysieren. Das *TextGrid Repository* kann zur Langzeitarchivierung und Publikation verschiedener digitaler Medien herangezogen werden.

GAMS – Geisteswissenschaftliches Asset Management System (www.gams.uni-graz.at)
GAMS ist eine Asset-Management-Umgebung, die die Publikation, Analyse und Langzeitarchivierung von geisteswissenschaftlichen digitalen Ressourcen bzw. Medien ermöglicht. Erstellt und weiterentwickelt wird die Umgebung von der Universität Graz. Über *GAMS* können kleinere Projekte, für die die Erstellung von eigener Infrastruktur zu aufwendig wäre, im Open Access-Format veröffentlicht werden. Um eine gewisse Einheitlichkeit und Nutzbarkeit der Inhalte zu garantieren, werden für die Content- und Datenverwaltung international anerkannte Standards verwendet.

Tipp: Auf der Suche nach geeigneter Forschungsinfrastruktur sollte man das Fachportal DiRT Directory (www.dirtdirectory.org) zu Rate ziehen. Dieses referenziert nicht nur Forschungsumgebungen, sondern auch kleine Tools für Dateikonvertierung, Übersetzungen, Webentwicklung etc.

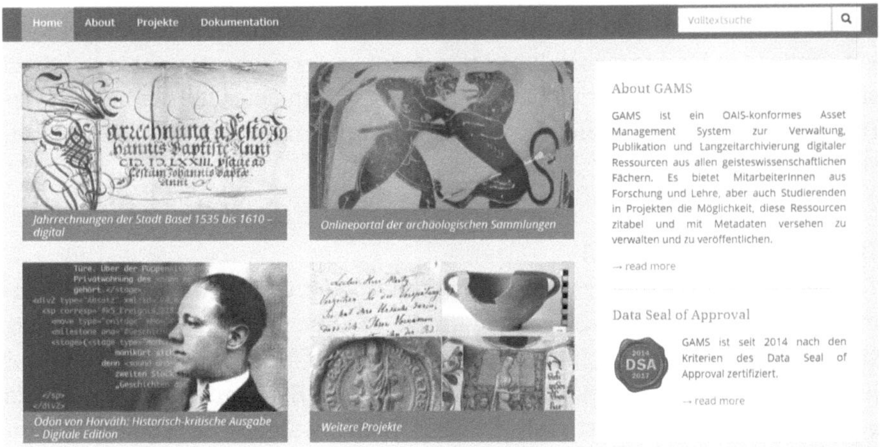

Abb. 8: Homepage von *GAMS*

1.3 Altes Wissen neu verpackt – Regionale Wissenstraditionen und Informationskulturen beachten

Obwohl die Globalisierung nahelegt, dass Recherche immer und überall demselben Verlauf folgt, gibt es wesentliche Unterschiede in den einzelnen nationalen Informationsmärkten. Analoge Informationsinfrastrukturen wie Bibliotheken oder Archive sind von Land zu Land unterschiedlich aufgebaut und haben großen Einfluss auf das digitale Ressourcenangebot. So nehmen Nationalbibliotheken und Bibliotheksverbunde verschiedene Rollen z. B. im Bereich der Retrodigitalisierung oder in der Erstellung von Fach- und Nationalbibliografien ein. Manche Aufgaben werden zentral erledigt, andere wiederum werden externen Stellen überlassen, haben einen hohen oder niedrigen Stellenwert. Auch staatliche Fördergeber und der tertiäre Bildungssektor entscheiden maßgeblich mit, wie gewisse Entwicklungen umgesetzt werden. So wird Open Access in manchen Ländern stark gefördert, während es anderswo noch keine nennenswerte Rolle spielt.

Neben den strukturellen Aspekten des Informationsmarktes ist noch ein weiterer Punkt ausschlaggebend für die Recherche: die regionale bzw. nationale Wissen(schaft-)skultur. Obwohl international konkurrenzfähige Hochschulbildung in allen europäischen Ländern ein Anliegen ist, sind die Einflüsse vergangener Tage vielerorts noch sichtbar – insbesondere in den slawischen Ländern. Ein gutes Beispiel sind der ost- und südslawische Raum, wo der Kommunismus viele Spuren hinterlassen hat. Diese prägen heute noch wesentliche Aspekte der

Wissenschaft wie die öffentliche Zugänglichkeit von Ressourcen, den Umgang mit geistigem Eigentum und Urheberrechten, die Beteiligung an internationalen Bibliotheks- und Forschungskooperationen etc. Auch jedes einzelne Land hat seine Eigenheiten. Besonders große Entwicklungsunterschiede kann man beim Vergleich der südslawischen Länder ausmachen. So haben etwa die Zerstörungen der Jugoslawienkriege das bosnisch-herzegowinische Hochschul- und Bibliothekssystem um viele Jahre zurückgeworfen, während Slowenien zu den europäischen Spitzenreitern im Bereich der Forschung und der Informationsinfrastruktur gehört.

Die nationalen Informationsmärkte zu vergleichen ist für Slawisten und Osteuropawissenschaftler besonders spannend. Durch historische Verbindungen mit dem Habsburger Reich oder der Sowjetunion sind viele Buchbestände bzw. Wissenskulturen zwischen slawischen und auch nichtslawischen Ländern „gewandert". Dies ist nicht nur für die eigene Recherche interessant, sondern zeigt auch die tiefen kulturellen Verbindungen, die den zentral- und osteuropäischen Raum prägen.

1.3.1 Informationsinfrastrukturen im westslawischen Raum

Die wissenschaftlichen Informationsinfrastrukturen Tschechiens, Polens und der Slowakei unterscheiden sich ganz wesentlich von den ost- und südslawischen. Hier haben sich die sozialistischen Strukturen der Vergangenheit fast vollständig aufgelöst und drei verschiedenen, modernen Informationsmärkten Platz gemacht. Wenn es heute noch Gemeinsamkeiten gibt, dann aufgrund übereinstimmender Ziele im Bereich der wissenschaftlichen und kulturellen Digitalisierung. In allen drei Ländern ist die Zahl an elektronischen Informationsressourcen verhältnismäßig groß. Anders als in ost- und südslawischen Ländern wurden in Polen, Tschechien und der Slowakei auch Informationsressourcen kreiert, die auf europäischer Ebene eine Rolle spielen. Dazu zählen u. a. die digitale Bibliothek *Manuscriptorium* oder das Forschungsportal *Index Copernicus*. Generell lässt sich sagen, dass sich die Informationsinfrastrukturen des westslawischen Raums stärker an Westeuropa anlehnen als in anderen slawischen Ländern, was eine erstmalige Orientierung erleichtert. In Polen findet man sogar ein paar ausgeprägte Parallelen zum deutschsprachigen Raum.

Während die süd- und ostslawischen Staaten viele alte (bewährte) Strukturen aus dem Kommunismus beibehalten haben (siehe Kapitel 1.3.2 und 1.3.3), findet man im westslawischen Raum kaum nennenswerte Relikte aus dieser Zeit. Dies liegt u. a. daran, dass die Bibliothekssysteme zu Zeiten des Warschauer Pakts zwar der staatlichen Aufsicht unterstanden, aber keinen gemeinsamen Verbund pflegten. Jedes Land regelte seine Strukturen selbst. So findet sich dort nichts, was dem jugoslawischen *COBISS*-System oder den sowjetischen Buchkammern ähnlich wäre. Nach 1990 wurden die Bibliotheken aus der staatlichen Verwaltung entlassen und den Regionen bzw. Kommunen übergeben. Der Weg zu einem liberalen Informationssystem war nichtsdestotrotz langwierig und konfliktreich – so ist etwa in Tschechien erst 2001 ein aktualisiertes Bibliotheksgesetz in Kraft getreten. Auch die Serviceleistungen der Bibliotheken sind meist nicht so umfangreich wie man es im deutschsprachigen Raum gewohnt ist. Vergleicht man die Medienbestände der polnischen, tschechischen und slowakischen Nationalbibliothek mit den Beständen der großen ostslawischen Bibliotheken, fällt das Ergebnis ernüchternd aus. Zusammengenommen besitzen die westslawischen Nationalbibliotheken weniger Medien als die Zentralbibliothek der Russischen Akademie der Wissenschaften, die „nur" die drittgrößte Bibliothek Russlands ist (ca. 21 zu 26 Millionen Medien).

Anders als in den meisten slawischen Ländern sind die Nationalbibliografien Tschechiens und Polens online frei zugänglich. Sie sind Teil des Datenbankangebots der jeweiligen Nationalbibliothek. Ausnahme ist die Slowakei – sie ist der einzige slawische Staat ohne elektronische Nationalbibliografie. Die Recherche nach bohemistischen oder polonistischen Titeln ist verhältnismäßig einfach, da die Nationalbibliografien auch retrospektiv gut aufgearbeitet sind. Polen hat im Übrigen das sowjetische System der Teilbibliografien übernommen und veröffentlicht die Nationalbibliografie sechsteilig mit Unterkategorien. Sie ist damit die am stärksten fragmentierte slawische Nationalbibliografie. Dass tschechische und polnische Titel heute gut recherchierbar sind, ist auch dem Umstand zu verdanken, dass es einige historisch sehr bedeutende Bibliografien aus diesen Gebieten gibt. Dies erleichtert die retrospektive Aufarbeitung, die sich etwa im südslawischen Raum mangels Aufzeichnungen sehr schwierig gestaltet. Am bekanntesten für den westslawischen Raum ist die *Bibliografia Polska* von Karol Estreicher, die online als Datenbank angeboten wird.

Fachangebote sind im westslawischen Raum zahlreich, besonders im Bereich der bibliografischen Datenbanken. Auch dies ist ein Unterschied zu den Informationslandschaften Süd- und Osteuropas, wo sich reine Referenzressourcen noch nicht durchgesetzt haben. Im Bereich der Fachdatenbanken kann man große Differenzen bezüglich Anbietern, Fachdisziplinen und Qualität beobachten. In Tschechien etwa haben sich als wichtige wissenschaftliche Informationsdienstleister die Institute der Tschechischen Akademie der Wissenschaften etabliert. Sie stellen zahlreiche fachspezifische Datenbanken im Bereich der Geschichts- und Literaturwissenschaften zur Verfügung. In Polen hingegen haben sich viele kleine, unabhängige

Forschungsinstitutionen um die Erstellung von Informationsressourcen gekümmert, ebenso gibt es hier ein großes Engagement im Privatsektor. Gut abgedeckt sind die Bereiche Altpolonistik und klassische Literatur. Die Informationsinfrastrukturen gestalten sich somit wesentlich heterogener als im Osten und Süden.

Die Slowakei verfügt über keine nennenswerten wissenschaftlichen Referenzdatenbanken. Wichtigster Informationsdienstleister ist das staatliche und wissenschaftliche Bibliothekswesen mit seinen servicestrukturierten Angeboten. Obwohl die Zahl an Ressourcen wesentlich kleiner ist als in Polen oder Tschechien, ist die Qualität derselben sehr hoch. Dies liegt an der guten Zusammenarbeit der slowakischen Bibliotheken, die einen ausgezeichneten Verbundkatalog und eine große Digitalisierungswelle hervorgebracht hat. *DIKDA* wird von der slowakischen Nationalbibliothek geleitet und ist (in Relation zur Größe des Landes) eines der umfangreichsten Digitalisierungsprojekte Europas. Für den Bestandsaufbau wurden eigens 170 neue Stellen kreiert (http://dikda.eu/stav-projektu/, 26.01.2017).

Landesweite Digitalisierungsprogramme gibt es auch in Tschechien und Polen und vervollständigen somit das Rechercheangebot. Tschechiens Nationalbibliothek leitet die Initiative *Kramerius*, an der über 80 Bibliotheken teilnehmen. Neben der eigenen Digitalisierungsleistung koordiniert die tschechische Nationalbibliothek die digitale Bibliothek *Manuscriptorium*, in der europaweit Bibliotheken wertvolle Schriftdenkmäler online stellen können. In Polen ist der Verbund Federacja Bibliotek Cyfrowych für die Digitalisierung zuständig. In beiden Ländern gibt es jeweils einen eigenen Metasuchdienst für die Bestände aller Teilnehmer.

Eine „Nationalbibliografie" gibt es auch für die sorbische Sprache und Kultur. Diese ist auf der Webseite des Sorbischen Instituts in Bautzen (www.serbski-institut.de) zu finden.

1.3.2 Informationsinfrastrukturen im ostslawischen Raum

Wirft man heute einen Blick auf das ostslawische Bibliothekswesen, sieht man vor allem zwei Dinge: prachtvolle Gebäude und immense Buchbestände. Aber auch im Bereich der elektronischen Informationsinfrastruktur haben Russland, Weißrussland und die Ukraine zahlreiche Angebote etabliert. Ähnlich wie in den südslawischen Ländern basiert das heutige ostslawische Bibliothekswesen auf Strukturen, die unter dem kommunistischen Regime eingeführt wurden. Wer hier spontan an Ineffizienz denkt, liegt aber falsch. Die sowjetische Ära hatte zur Folge, dass Russland und die Ukraine heute gleich mehrere Bibliotheken unter den umfangreichsten der Welt verzeichnen, wobei hier nicht einmal die großen

Archive der Buchkammern miteingerechnet werden. Wenn auch die ostslawischen Bibliotheken nicht mehr den Glanz früherer Zeiten besitzen, so verfügen sie doch über eine sehr gute Grundlage für die Digitalisierung und die Erstellung elektronischer Informationsstrukturen für Wissenschaft und Forschung. Dies äußert sich heute in einer großen Anzahl an Informationsressourcen für die wissenschaftliche Recherche.

Das Bibliothekswesen auf dem Gebiet des heutigen Russlands, Weißrusslands und der Ukraine hat sich vor Entstehung der Sowjetunion sehr unterschiedlich entwickelt. So wurde unter Katharina der Großen zwar ein Pflichtexemplarrecht eingeführt und erste Bibliotheken gegründet, doch konnte man bis zum Ende der zaristischen Herrschaft nicht von einem Bibliotheks*wesen* sprechen. Ähnlich wie in Südosteuropa gab es keine systematische Förderung für öffentliche bibliothekarische Einrichtungen. Dies änderte sich in den jungen Jahren der UdSSR. Ein gut ausgebautes Bibliothekssystem erfüllte für das Regime gleich mehrere Aufgaben: die Verbreitung sozialistischer Ideologie, die Erziehung der breiten, ungebildeten Masse sowie die Unterstützung bei der Einführung des Russischen als gemeinsame Sprache (Chadnova 2012: 241). Zudem stärkte das einheitliche Bibliothekswesen den Zusammenhalt des neuen Vielvölkerstaates. In den späten 1910er und den 1920er Jahren kam es daher zu einer Gründungswelle bibliothekarischer Einrichtungen. Dies war auch die Geburtsstunde des weißrussischen und des ukrainischen öffentlichen Bibliothekswesens. Dort hatte es zuvor keine nennenswerten Einrichtungen dieser Art gegeben. Nun wurden 1918 die ukrainische und 1922 die weißrussische Nationalbibliothek gegründet. Der Buchbestand auf weißrussischem Gebiet war so desolat, dass man die Nationalbibliothek mit Dubletten aus der Russischen Staats- und der Nationalbibliothek auffüllen musste (Kunz 2005: 53). Die Nationalbibliothek in Minsk ist heute im Besitz des drittgrößten russischen Buchbestandes weltweit.

Ein weiteres Relikt aus der Sowjetunion sind die nationalen Buchkammern. Diese übernahmen unabhängig von den jeweiligen Nationalbibliotheken diverse Aufgaben, wie etwa die Erstellung der Nationalbibliografien und Publikationsstatistiken sowie die Archivierung aller Pflichtexemplare. Daran hat sich bis heute nicht viel geändert. Die Buchkammern verfügen über eigene elektronische Informationsressourcen und vergeben zudem im nationalen Rahmen die ISBN-Nummern. Wie hoch angesehen das Bibliothekswesen in der Sowjetunion war, lässt sich auch numerisch festhalten. So gab es in der Sowjetunion der späten 1980er Jahre 320 000 Bibliotheken für etwa 300 Millionen Einwohner (Melentieva 2006: 21). Nach Zerfall derselben gab es etwa 115 000 Bibliotheken für 149 Millionen Einwohner in der Russischen Föderation und 45 000 Bibliotheken für 52 Millionen Einwohner in der Ukraine (Müller 1998: 166). Zum Vergleich: In Deutschland gibt es für rund 80 Millionen Deutsche ca. 10 000 bibliothekarische Einrichtungen (Deutsche Bibliotheksstatistik 2015: http://tinyurl.com/hn9v8he, 08.02.2017).

Die Zahl der kleinen Bibliotheken ist in den ostslawischen Ländern seit dem Zerfall der UdSSR zurückgegangen, die Zahl der Nationalbibliotheken hingegen ist gestiegen. So gibt es im heutigen Russland gleich drei Nationalbibliotheken: die Russische Staatsbibliothek (Rossijskaja gosudarstvennaja biblioteka), die Russische Nationalbibliothek (Rossijskaja nacional'naja biblioteka) und seit 2007 die El'zin-Präsidentenbibliothek (Prezidentskaja biblioteka imeni B. N. El'zina), die eigens für Digitalisierungsaufgaben gegründet wurde. Die Ukraine verfügt momentan über zwei Nationalbibliotheken: die Nationale Parlamentsbibliothek der Ukraine (Nacional'na parlaments'ka biblioteka Ukraïny) sowie die Vernads'kyj-Nationalbibliothek (Nacional'na biblioteka Ukraïny imeni V. I. Vernads'koho). Die Blüte des sowjetischen Bibliothekswesens hat zugleich mit der Privatisierung von Verlagen und der Eingrenzung der Zensur im Rahmen der Perestroika und Glasnost ein Ende gefunden. Die Reformen hatten zur Folge, dass das Pflichtexemplarrecht, dem die Nationalbibliotheken ihre immensen Buchbestände zu verdanken hatten, stark vernachlässigt wurde (Melentieva 2006: 21). Nach dem Zerfall hat es ein Jahrzehnt gedauert, bis sich die Informationssysteme in den GUS-Staaten erholten und neu formierten. Heute sind sie wieder in gutem Zustand und haben auf dem Gebiet der Digitalisierung neue Kooperationen in Gang gesetzt.

Aus der bewegten Geschichte des ostslawischen Bibliothekswesens resultieren auch ein paar Nachteile für die wissenschaftliche Recherche. So sind die ostslawischen Informationsinfrastrukturen stark föderal geprägt. Dies bedeutet, dass Bibliotheken Teile verschiedener Netzwerke sind, die über eigene Verbundsysteme verfügen. So gibt es etwa in Russland ein eigenes Netzwerk für die Bibliotheken des Kultusministeriums (in dem sich auch die Nationalbibliotheken befinden), ein eigenes Netzwerk für die Bibliotheken der Russischen Akademie der Wissenschaften, der russisch-orthodoxen Kirche, der Hochschulbibliotheken etc. Ähnlich ist die Situation in der Ukraine. Dies macht eine separate Recherche in den vielen, sehr heterogenen Informationsressourcen leider unumgänglich. Ähnlich verworren ist die ostslawische Archivlandschaft. Auch hier muss man die einzelnen Netzwerke kennen, um eine erfolgreiche Recherche betreiben zu können.

Aufgrund der großen Buchbestände und den vielen verworrenen Strukturen empfiehlt es sich, für eine wissenschaftliche Recherche eine einheitliche Informationsressource zu konsultieren: die Nationalbibliografie. Die GUS-Staaten haben auch hier bewährte Strukturen weitergeführt und ihre Nationalbibliografien nach sowjetischem Vorbild in Teilbibliografien aufgespalten. Dieses Modell wurde auch von einigen anderen slawischen Staaten übernommen – so u. a. von

Jugoslawien und Polen. In den ostslawischen Ländern sind die Nationalbibliografien relativ stark fragmentiert: zehn Teilbibliografien gibt es für die russische, acht für die weißrussische Nationalbibliografie. Ob die Erstellung der Indizes durch eine eigens dafür gegründete Institution – den Buchkammern – effektiver ist als durch die jeweiligen Nationalbibliotheken, ist umstritten. In den Buchkammern lobt man die gute Zusammenarbeit mit den Verlagen (Sukhorukov 2012: 131), im Ausland hingegen zweifelt man an der Einhaltung der Hinterlegungspflicht in den abgelegenen Regionen (Müller 1998: 169).

Die Digitalisierung betreffend sind die Unterschiede zwischen russischer, weißrussischer und ukrainischer Nationalbibliografie groß. Die weißrussische Buchkammer führt eine eigene Datenbank für die Recherche in den verschiedenen Teilbibliografien, in der Ukraine gibt es bislang nur PDF-Dokumente für die Publikationen der letzten zehn Jahre. Ein interessanter Sonderfall sind die elektronischen Versionen der Nationalbibliografie Russlands: Neuere Teilbibliografien können über die Kataloge der Nationalbibliotheken eingesehen werden, ältere Publikationen gibt es aber auch als CD-ROM beim ehemaligen deutschen Saur-Verlag (heute De Gruyter Saur). Eine Version der russischen Nationalbibliografie findet man zudem beim US-amerikanischen Aggregator East View.

Dass sich die ostslawischen Informationslandschaften nach Zerfall der Sowjetunion unterschiedlich entwickelt haben, sieht man am besten anhand ihres elektronischen Ressourcenangebots. In Russland ist dieses fast unüberschaubar und folgt eigenen, nicht immer nachvollziehbaren Dynamiken. So sucht man dort vergeblich nach einem einheitlichen Verbundkatalog oder nach einer Einigung im Bezug auf Best Practice in der Retrodigitalisierung. In der Ukraine hingegen herrscht ein gut ausgebautes, aber qualitativ sehr schlechtes Angebot. Wer in russischen und ukrainischen Quellen recherchiert, wird feststellen, dass es kaum englische Übersetzungen gibt – dies darf man durchaus als kulturpolitisches Signal verstehen (Kunz 2005: 15). Ganz anders verhält es sich in Weißrussland. Sowohl die Buchkammer als auch die Nationalbibliothek haben sich dem internationalen Publikum durch ein hohes Maß an Mehrsprachigkeit und Barrierefreiheit geöffnet und verfolgen die in westlichen Ländern üblichen Digitalisierungsinitiativen.

Trotz großer Unterschiede gibt es in den ostslawischen digitalen Informationsinfrastrukturen einige Gemeinsamkeiten und Kooperationen. Alle Länder sind in der digitalen Bibliothek *World Digital Library* vertreten, jedoch nicht immer in *The European Library* oder *Europeana*. Unter Leitung der Russischen Staatsbibliothek hat sich ein eigenes Digitalisierungsprogramm für Kulturerbe ergeben: *Zolotaja kollekcija Evrazii*, an dem sowohl die weißrussische als auch die ukrainischen Nationalbibliotheken teilnehmen. Ebenso gibt es eine große Anzahl an Volltextressourcen mit Digitalisaten altslawischer und altkirchenslawischer Schriftdenkmäler. Möchte man in seine Recherche private Ressourcen miteinbeziehen, wird man schnell feststellen, dass das wissenschaftliche Interesse von Laien weniger in Richtung Literatur und Folklore geht, sondern in Richtung Militärgeschichte. Insbesondere in der russischen Domain gibt es zahlreiche Beiträge, die hier jedoch aufgrund der zumeist mangelhaften Qualität nicht aufgelistet werden.

Russlands Informationsinfrastruktur lässt sich anhand von Zahlen und Tabellen kaum darstellen und bedürfte einer eigenen Studie. Dies liegt u. a. an Russlands großem tertiärem Bildungssektor, wo selbst kleine Universitäten sich dem digitalen Trend angeschlossen haben und Informationsdienstleister geworden sind. Eine Tendenz zur Vereinheitlichung ihrer unterschiedlichen Angebote und Strukturen zeichnet sich aber nur stellenweise ab. Russland ist das einzige slawische Land, das über Aggregatordatenbanken und eine nationale Zitationsdatenbank verfügt (siehe Kapitel 3.7 und 2.3.3). Diese sollten bei einer umfassenderen Recherche nicht vernachlässigt werden, da ostslawische Fachzeitschriften am internationalen Markt selten vertrieben werden. *Integrum World Wide* ist ein russischer Aggregatordienst, der tausende von Fachzeitschriften und Massenmedien zugänglich macht. Besitzt man keine Lizenz für Integrum oder das US-amerikanische Pendant *East View*, kann notfalls auf Open Access-Ressourcen zurückgegriffen werden. Russland gehört zu den wenigen Staaten, die ein nationales Repositorium für Open Access-Zeitschriften anbieten. Die *CyberLeninka* befindet sich mit über einer Million frei zugänglicher Titel unter den größten Anbietern weltweit. Das Repositorium orientiert sich dabei an der internationalen Open Access- und Open Data-Policy und garantiert den Autoren den Behalt der Urheberrechte über Creative Commons-Lizenzen. In Weißrussland hat sich dieser Trend noch nicht so weit durchgesetzt wie in Russland oder der Ukraine, doch gibt es zwei Ressourcen, die viele frei zugängliche Angebote verzeichnen. Dies sind die Suchdienste *Directory of Open Access Journals* und *Directory of Open Access Scholarly Resources* (siehe Kapitel 1.2.2). Beide verzeichnen eine vergleichsweise hohe Erfassungsquote in Bezug auf ostslawische Zeitschriften und Repositorien.

1.3.3 Informationsinfrastrukturen im südslawischen Raum

Das Informations- und Bibliotheksmanagement der südslawischen Länder zeichnet sich durch einen hohen Grad an Einheitlichkeit aus. Es beruht zu einem Großteil auf Strukturen, die während der sozialistischen Ära auf dem gesamten Gebiet Jugoslawiens eingeführt wurden. Zuvor war das Bibliothekswesen aufgrund wechselnder Herrschaftsverhältnisse nicht zur Blüte gekommen. Im neu entstandenen Völkerbund Jugoslawien hatten Bibliotheken einen „volkserzieherischen“

Wert, wenn auch nicht einen ganz so großen wie in der Sowjetunion (Baumann 2005: 28). Dadurch kam es u. a. zum Bau von Schulbibliotheken, zur Erstellung flächendeckender Nationalbibliografien und später zur Einführung einer gemeinsamen elektronischen Katalogisierung. Viele dieser alten Strukturen prägen heute noch das südslawische Informationsmanagement und geben ihm einen einheitlichen Rahmen, der die erstmalige Orientierung erleichtert. Bei einem Vergleich mit dem Bibliothekswesen in Russland, Weißrussland und der Ukraine fällt allerdings auf, dass sich keine südslawische Bibliothek unter den größten oder architektonisch bedeutendsten Bibliotheken der Welt befindet. Dabei ist anzumerken, dass trotz der guten Entwicklung des Bibliothekswesens in Jugoslawien die Wissenschaften und ihre Informationsträger keinen so hohen Stellenwert genossen wie im russischen Zarentum und später in der Sowjetunion (Millward 2006: 17).

Eine weitere Besonderheit des südslawischen Bibliothekswesens sind seine multikulturellen und heterogenen Buchbestände. Durch die eng miteinander verflochtene Kulturgeschichte der Balkangebiete (auch mit nichtslawischen Ländern wie etwa Österreich) kam es regelmäßig zum Austausch von Buchmaterial, so dass es schwer fällt, „nationale" Bestände nach heutigen geografischen Kriterien zu definieren. Dies betrifft vor allem jüngere Staaten wie Montenegro, Mazedonien oder den Kosovo. Wann gilt ein Werk als mazedonisch oder kosovarisch? Kommt das Territorial- oder das Nationalitätsprinzip zur Anwendung? Diese Problematik spiegelt sich auch in der Erstellung retrospektiver Bibliografien wider. Wer über etwas Zeit verfügt, sollte sich zu dieser Thematik die montenegrinische Nationalbibliografie ansehen (siehe Kapitel 3.5). Die National- und Universitätsbibliothek Montenegros hat hier vor einigen Jahren ein Großprojekt zur Erstellung einer Datenbank mit allen montenegrinischen Titeln nach National-, Territorial- und Sujetprinzip seit Beginn schriftlicher Aufzeichnungen abgeschlossen. Wie so ein Projekt aussehen kann, ist auf der Webseite der Bibliografie detailliert beschrieben.

Ein reger Austausch von Publikationen wurde auch innerhalb des Völkerbundes betrieben. Neben einer gemeinsamen Nationalbibliografie – der *Bibliografija Jugoslavije: knjige, brošure i muzikalije* – gab es insgesamt acht Bibliotheken, die aus dem gesamten Staatsterritorium Pflichtexemplare erhielten. Auf der Suche nach älterer Literatur empfiehlt es sich daher, immer Quellen aus verschiedenen Nachfolgestaaten zu konsultieren. Die jugoslawische Nationalbibliografie wurde noch bis 2003 weitergeführt und ist dann in der *Bibliografija Srbije* aufgegangen. Auch eine retrospektive Bibliografie gibt es – diese wird auf der Webseite der serbischen Nationalbibliothek als elektronische Ausgabe angeboten (*Katalog knjiga 1519–1867* und *1868–1972*). Viele der südslawischen Nationalbibliotheken haben das sowjetische Modell der Nationalbibliografie in Form von Teilbibliografien übernommen. In den meisten Fällen wird die Nationalbibliografie aber nicht mehr so stark aufgespalten. Noch hat es sich nicht überall durchgesetzt, die Nationalbibliografien als Datenbanken oder digitale Textsammlungen anzubieten. Bislang publizieren nur Slowenien, Serbien und Montenegro umfassende elektronische Ausgaben.

Zur Vereinheitlichung der Katalogisierung wurde in den späten 1980er Jahren das elektronische *COBISS*-System eingeführt. Für Entwicklung und Vertrieb des Systems war und ist heute noch das Institut für Informationswissenschaften (Institut informacijskih znanosti) in Maribor zuständig. Das *COBISS*-System (*Co-operative Online Bibliografic System and Service*) vereinte in einem Verbundkatalog die elektronisch erfassten Bestände von 55 jugoslawischen Bibliotheken und vereinfachte damit viele Prozesse wie Fernleihe und die öffentliche Zugänglichkeit. Nach dem Zerfall des Völkerbundes blieb das System aufgrund seiner Praktikabilität erhalten und existierte fortan als Konglomerat nationaler Einzelsysteme. So verwaltet das heutige Nachfolgersystem *COBISS.net* die nationalen Verbundkataloge der ehemaligen jugoslawischen Staaten und verbindet damit ca. 780 Bibliotheken. Jeder Verbundkatalog ist unter der Adresse *COBIB* und der entsprechenden Länderdomain aufrufbar: *COBIB.si* (Slowenien), *COBIB.mk* (Mazedonien), *COBIB.bh* (Bosnien-Herzegowina), *COBIB.rs* (Republika Srpska), *COBIB.sr* (Serbien), *COBIB.cg* (Montenegro) und *COBIB.co* (Kosovo). Kroatien hat sich als einziger Nachfolgestaat bislang nicht am Verbund beteiligt. Die bulgarische Nationalbibliothek hat einen Versuch gestartet, das System landesweit einzuführen – am Katalog *COBIB.bg* nehmen aber bislang nur zwei Bibliotheken teil. In Bulgarien hat sich stattdessen eine sehr erfolgreiche Alternative etabliert: Der

Abb. 9: Überblick über die nationalen *COBISS*-Systeme von *COBISS.net*

NABIS-Katalog ist ein Verbundkatalog bulgarischer wissenschaftlicher Bibliotheken und damit einzigartig im gesamten slawischen Raum.

An jedes *COBISS*-System angeknüpft sind die beiden Datenbanktypen *COLIB*, die Daten zu teilnehmenden Bibliotheken beinhaltet, und *E-CRIS* für ein landesweites, einheitliches Forschungsdatenmanagement. Die nationalen *COBISS*-Abteilungen sind in ihrem Umfang sehr unterschiedlich – je nachdem, wie gut das System im jeweiligen Land angenommen wurde. Das umfangreichste und am besten ausgebaute System besitzt das Erfinderland Slowenien mit über 440 beteiligten Bibliotheken, in Serbien beläuft sich die Zahl der Teilnehmer auf 171, in Mazedonien auf 42. Großer Vorteil des Systems für alle Nutzer ist nicht nur seine Einheitlichkeit und sein Wiedererkennungswert, sondern auch die gemeinsame Verwaltungssprache Englisch. Da alle Ankäufe und Pflichtexemplare, die in den teilnehmenden Bibliotheken ankommen, dort elektronisch erfasst werden, sind die einzelnen *COBIB*-Verbundkataloge der ideale Ausgangspunkt für eine Literaturrecherche, sollte das betreffende Land über keine Nationalbibliografie in einer Online-Version verfügen.

Jenseits der gemeinsamen Strukturen wie Buchbestände oder Titelverwaltung ist das südslawische Informationsmanagement sehr heterogen. Seit dem endgültigen Zerfall Jugoslawiens im Jahr 2003 sind die informationstechnischen Entwicklungen stark auseinandergegangen. Besonders deutlich wird dies beim Vergleich von Slowenien und Bosnien-Herzegowina. Während Slowenien über die am weitesten ausgebauten und innovativsten Informationsinfrastrukturen der slawischen Länder verfügt, machen sich in Bosnien-Herzegowina noch immer die kulturellen und wirtschaftlichen Einbußen durch die Jugoslawienkriege bemerkbar. Hier fehlt es an Ressourcen, um eine Digitalisierung von Wissenschaft und Kulturerbe voranzutreiben.

Mit Ausnahme von Slowenien und Serbien gehören die südslawischen Staaten nicht zu den Vorreitern auf dem Gebiet der wissenschaftlichen Informationsinfrastruktur, nichtsdestotrotz kommen ein paar der besten Informationsressourcen von dort. Diese Einzelfälle sind ein anschaulicher Maßstab für die Unterschiede in Verbreitung und Qualität akademischer Ressourcen am Balkan. Insgesamt werden internationale Ressourcen nur spärlich im südslawischen Hochschulwesen bzw. in der Forschung eingesetzt sowie umgekehrt in internationalen Ressourcen kaum südslawische Publikationen zu finden sind. Dies liegt nicht zuletzt daran, dass eine Zusammenarbeit akademischer Institutionen, welche die Implementierung einheitlicher Strukturen und internationaler Angebote erschwinglicher macht, am Balkan noch selten ist. Stattdessen geht jeder seinen eigenen Weg. Besonders gut sichtbar ist dies am Beispiel digitaler Repositorien und Bibliotheken. Im Gegensatz zu Tschechien, Polen oder Russland gibt es am Balkan keine landesweiten Digitalisierungsinitiativen, die eine gemeinsame Verwaltungsstruktur zur Folge hätten. Ausnahme ist der bereits erwähnte *NABIS*-Verbund in Bulgarien.

Wer über internationale Informationsressourcen nach südslawischen Fachzeitschriften sucht, wird kaum fündig werden. Dies liegt daran, dass sich elektronische Literaturformate und die Open Access-Bewegung in der südslawischen Publikationslandschaft noch nicht etabliert haben. Nur wenige Fachzeitschriften verfügen über eine Webpräsenz oder werden von internationalen Datenbanken referenziert. Auch der Einsatz ausländischer Ressourcen hat sich noch nicht vollends durchgesetzt, doch gibt es im Bereich größerer Anbieter wie etwa EBSCO Information Services oder *Web of Science* bereits Nationallizenzen in fast allen Ländern. Ein großer Schritt nach vorne wurde hier von den serbischen Hochschulen getätigt. Die digitale Bibliothek *KoBSON* ist vergleichbar mit dem deutschen *DBIS*-System und macht hunderte von internationalen Fachzeitschriften für serbische Universitätsangehörige kostenlos zugänglich. Zugleich wurde von dem serbischen Forschungsinstitut CEON die Zitationsdatenbank *SCIndeks* umgesetzt, mit einem großen Angebot an serbischen Fachzeitschriften für den internationalen Markt.

Eine Handvoll anderer exzellenter Informationsressourcen kommt aus Slowenien, das unter allen slawischen Ländern auch die meisten elektronischen Angebote umgesetzt hat. Kurz erwähnt sei hier der Metasuchdienst *Kulturnik*, der alle großen Informationsressourcen des Landes gleichzeitig durchsuchbar macht. Der Name des Suchdienstes ist Programm – in Slowenien kommen viele Informationsdienstleister aus dem Kultursektor. Hier gibt es eine Parallele zu Bosnien-Herzegowina. Da das Land im Bosnienkrieg viele Kulturschätze und Buchbestände verloren hat, haben sich mehrere kleine Kulturinstitutionen um eine Digitalisierung ihrer Bestände in Form von virtuellen Ausstellungen und Katalogen gekümmert.

Informationsressourcen gibt es natürlich nicht nur zu einzelnen Ländern, sondern auch zum ehemaligen Jugoslawien bzw. zum Balkan als ganzheitlichen Kulturraum. Da einzelne slawische Länder grundsätzlich nicht zur Schaffung slawistischer Informationsressourcen beitragen, kommen auch die hier angeführten Ressourcen aus nichtslawischen Ländern. Eine unselbstständige Ressource ist die Referenzdatenbank *Religion im ehemaligen Jugoslawien*, die Teil der Metasuche des *ViFa Ost*-Portals ist (www.vifaost.de/fachdatenbanken/fachbibliografien). Die Bibliografie umfasst etwa 1440 monografische wie periodisch erschienene Titel zum serbokroatischen Raum seit Ende des Ersten Weltkrieges. Alle anderen Ressourcen sind als eigenständige Adressen online vorhanden.

Traduki (www.traduki.eu)

Traduki ist ein europäischer Zusammenschluss für die Übersetzung deutschsprachiger Literatur in die Sprachenvielfalt des Balkans (Albanisch, Bosnisch, Bulgarisch, Kroatisch, Mazedonisch, Montenegrinisch, Rumänisch, Serbisch und Slowenisch) und umgekehrt. Gegründet wurde er durch die Zusammenarbeit von namhaften europäischen Kulturinstitutionen (z. B. dem deutschen Goethe-Institut) und Kulturministerien der einzelnen Länder. Übersetzt werden auf Initiative von *Traduki* Sachbücher, Belletristik, Kinder- und Jugendliteratur sowie einige Zeitschriften. Das gleichnamige Fachportal liefert Informationen zu Autoren, Übersetzern, ihren Werken sowie zu fachrelevanten Ereignissen. Besonders ergiebig ist die Datenbank bei Angaben zu beteiligten Schriftstellern und Übersetzern. Neben Biografien stellt sie aber auch Abstracts und Leseproben zur Verfügung.

Travels in Southeastern Europe (www.quod.lib.umich.edu/b/bosnia)

Diese digitale Textsammlung ist eine bereits ältere Ressource der University of Michigan Library und beinhaltet etwa 140 Digitalisate urheberrechtsfreier Primärliteratur, Feuilletons, Reisereportagen etc. Der Großteil der verwendeten Werke ist im späten 19. und frühen 20. Jahrhundert entstanden. Die Textsammlung wird nicht mehr gewartet, trotzdem präsentieren sich die Digitalisate in einem gut verwertbaren Zustand – jede Seite muss allerdings extra aufgerufen werden. Durch die Sammlung führen eine Feldsuche, ein Autoren- und ein Titelindex.

2 Das Wie und Wo in der Recherche

Um mit hochwertigen und vielfältigen Ergebnissen bei der wissenschaftlichen Recherche rechnen zu können, sollte man wissen, *wo* man überall nach Literatur und Co suchen kann. Die Möglichkeiten haben sich seit der „digitalen Revolution" rasch vervielfältigt. Neben klassischen Bibliotheksressourcen gibt es auch viele kommerzielle, private und institutionelle Adressen.

Das *Wie* in der Recherche ergibt sich insbesondere für Slawisten aus dem Umstand, zumeist länderspezifisch (je nach Unterdisziplin in Tschechien, Russland, Serbien etc.) suchen zu müssen. Da es aber mittlerweile viele Länderkooperationen gibt, sollte man zusätzlich wissen, wann am besten internationale und wann regionale Informationsressourcen zu konsultieren sind.

Für Fortgeschrittene empfiehlt sich die Arbeit mit Diensten wie wissenschaftlichen Suchmaschinen oder Zitationsdatenbanken. Diese bieten neben der klassischen Recherche auch praktische Zusatzfunktionen an, die insbesondere bei der Weiterverwertung von Literatur eine Rolle spielen.

2.1 Ein Überblick über die verschiedenen wissenschaftlichen Ressourcentypen

Wer etwas Erfahrung im wissenschaftlichen Recherchieren besitzt, ist im Regelfall schon mit allen wichtigen Ressourcentypen in Berührung gekommen. Im Laufe des Studiums bzw. der Forschungstätigkeit entwickelt sich zumeist auch eine gewisse Vorliebe für einen oder mehrere Typen. So arbeiten manche bevorzugt mit klassischen Bibliotheksressourcen wie mit dem Bibliothekskatalog, andere hingegen mit Fachbibliografien oder kommerziellen Datenbanken. Die meisten wissenschaftlichen Ressourcen haben gemein, dass sie von Bibliotheken angeboten und gewartet werden. Zu diesen gehören neben dem OPAC auch das bibliothekseigene Suchportal, das Datenbankinformationssystem oder im Falle der Nationalbibliothek auch die Nationalbibliografie oder ein Verbundkatalog. Auf internationaler Ebene betreiben bibliothekarische Vereinigungen zudem eine Reihe von digitalen Bibliotheken und Metakatalogen.

Am meisten genutzt werden natürlich die Ressourcen vor Ort, d. h. die Angebote der Hochschulbibliothek. Die Hochschulbibliothek – früher eine klassische „passive" Serviceeinrichtung für Forschung und Lehre – übernimmt dabei zunehmend eine aktive Rolle in der Gestaltung der universitären bzw. institutionellen Strukturen. So sind Hochschulbibliotheken für die Bereitstellung von digitalen Repositorien oder für die Umsetzung von Open Access zuständig und

DOI 10.1515/9783110521276-002

übernehmen im Rahmen der *Teaching Library* eine didaktische Funktion. Wer solche bibliothekarische Ressourcen nutzt, profitiert von inhaltlich guter Qualität und zumeist auch von bestimmten Services wie Hilfestellungen bei der Recherche, der Fernleihe oder einem Vorschlagssystem für den Büchereinkauf.

Neben den klassischen Bibliotheksressourcen gibt es noch andere Angebote, die nicht von bibliothekarischen Einrichtungen stammen. Dazu zählen viele Fachportale, kommerzielle Datenbanken und Bibliografien. Anbieter können dabei einzelne Forschungsinstitutionen sein, Aggregatoren, Verlage oder Privatpersonen. Wie häufig solche Ressourcentypen auftreten, ist von Land zu Land unterschiedlich – je nachdem welche Informations- und Wissenskulturen dort vorherrschen. Für die Recherche ist es wichtig zu wissen, welcher Ressourcentypus was leisten kann. Auch über die Verbreitung der einzelnen Typen im eigenen Fach sollte man Bescheid wissen. Im Anschluss gibt es einen Einblick in die vier großen bibliothekarischen und nichtbibliothekarischen Ressourcentypen und wie häufig sie in der Slawistik bzw. im slawischen Raum vorzufinden sind.

2.1.1 Bibliotheks-, Verbund- und Metakataloge

Bibliothekskataloge (OPAC) und -portale

Erste Anlaufstelle auf der Suche nach wissenschaftlicher Literatur sollte immer die eigene Hochschul- bzw. Institutsbibliothek sein. Besonders wichtig sind diese Bibliotheken für Studierende, da sie Grundlagenliteratur passend zu den Studiengängen der Hochschule sammeln und zur Verfügung stellen. Die Bibliothek bietet aber nicht nur einen Grundstock an Literatur an, sondern hilft durch ihre fachliche Expertise auch bei Fragen zu Publikationstrends, geeigneter Software zur Literaturverwaltung oder der Literatursuche.

Seit nicht allzu langer Zeit wird die Recherche in den Bibliotheksbeständen durch den sogenannten *OPAC* (*Online Public Access Catalog*) vereinfacht. Dabei handelt es sich um eine Datenbank, in denen die Bestände anhand bestimmter Vorgaben elektronisch verwaltet werden. Da die Erfindung des OPAC noch nicht so lange her ist, kann es jedoch sein, dass nicht alle Bestände einer Bibliothek in die elektronische Verwaltung eingegliedert wurden. Rückwirkende Katalogisierung von Büchern und anderen Medien ist eine Frage von Ressourcen und stellt einen großen Arbeitsaufwand dar – nicht jede Bibliothek hat dafür genug Mittel zur Verfügung. So kann es vorkommen, dass ältere Werke – darunter auch Manuskripte oder alte Drucke – zwar lokal vorhanden, aber nicht im OPAC auffindbar sind.

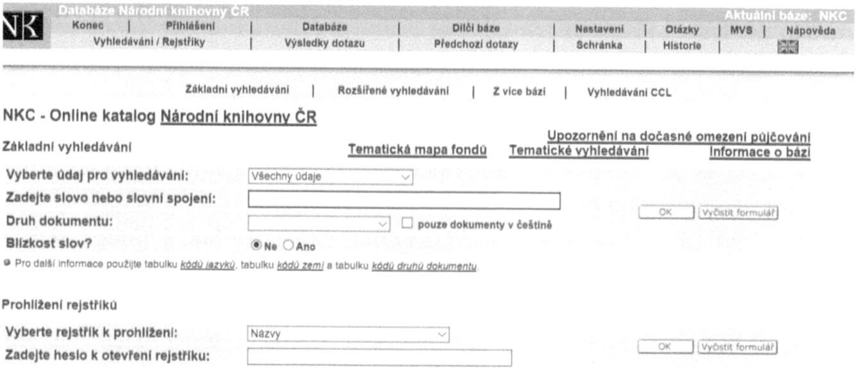

Abb. 10: Bibliothekskatalog der Tschechischen Nationalbibliothek

a) Vor- und Nachteile des OPAC

Recherchiert man im elektronischen Bibliothekskatalog, sollte man ein paar Vor- und Nachteile desselben kennen. Im OPAC wird fast ausschließlich selbstständig erschienene Literatur (z. B. Monografien oder Sammelwerke) aufgenommen – unselbstständige Literatur findet man dort in der Regel nicht. Die Erschließung von Fachartikeln wäre mit einem immensen Arbeitsaufwand und einer Flut an Daten verbunden. Je nach Publikationstradition ist die Recherche im OPAC für bestimmte Wissenschaftszweige daher mehr oder weniger günstig. So haben Naturwissenschaftler oder Techniker, deren bevorzugten Publikationsmedien meist unselbstständig erscheinen, einen Nachteil gegenüber Geistes- und Sozialwissenschaftlern, die auch regelmäßig monografische Titel publizieren. Hier beobachtet man aber eine zunehmende Annäherung an die Publikationstraditionen der Naturwissenschaften. Nichtsdestotrotz bleibt auch in den Geisteswissenschaften ein großer Teil der vorhandenen Fachartikel, Rezensionen etc. damit unerschlossen. Möchte man die Inhalte einer Zeitschrift durchsuchen, muss man zwangsläufig auf andere Informationsressourcen zurückgreifen – etwa auf eine Current-Contents-Datenbank.

b) Regulärer Umfang eines OPAC

Ein OPAC verzeichnet ausschließlich die in der Bibliothek vorhandenen Bestände. Wie modern oder flächendeckend diese Bestände sind, hängt von der Einkaufsstrategie der jeweiligen Bibliothek ab. Bei wissenschaftlichen Bibliotheken ist davon auszugehen, dass sie die wichtigste Literatur je nach fachlicher Ausrichtung der Hochschule in ausreichender Menge zur Verfügung stellen. Werden an die wissenschaftliche Recherche noch keine allzu hohen Anforderungen gestellt (etwa in der ersten Phase des Studiums), sollte ein Besuch in der lokalen Bibliothek genügen, um sich ausreichend mit Fachliteratur zu versorgen. Wird für eine Arbeit jedoch Spezialliteratur benötigt – z. B. in Form von wenig bekannten Quellentexten oder hochspezialisierten Fachartikeln – kann dies die Möglichkeiten einer Bibliothek schnell übersteigen. Auch hier ist es nötig, andere Informationsressourcen zu konsultieren.

Wer einen OPAC durchsucht, wird mit einer einfachen Suchstrategie schnell fündig werden. Seit den 1980er Jahren hat sich im deutschsprachigen Bibliothekswesen ein Standard zur einheitlichen Verwaltung von Titel etabliert (die sogenannten *RAK-WB – Regeln für die alphabetische Katalogisierung in wissenschaftlichen Bibliotheken*). Diese garantieren eine optimale Erstellung und eine hohe Benutzerfreundlichkeit von Datensätzen. Zu diesem Zweck werden von jedem Titel Stammdaten wie Autor, Sachtitel, Erscheinungsjahr etc. erschlossen und gespeichert, aber auch sogenannte Metadaten wie Schlagwörter, wissenschaftliche Klassifikationen oder inhaltliche Beschreibungen. Dies ermöglicht ein schnelles Aufspüren über den OPAC. 2015 bzw. 2016 wurde in Deutschland und Österreich der angloamerikanische Standard *RDA* (*Resource Description and Access*) eingeführt, der auch international die Katalogisierung vereinheitlichen soll.

c) Sondersammelgebiete (Fachinformationsdienste) und slawische bzw. slawistische Bestände

Auf der Suche nach spezieller Fachliteratur sollte man sich nicht ausschließlich auf den OPAC der eigenen Bildungsinstitution verlassen, sondern auch die sogenannten *Sondersammelgebiete* kennen. Bei diesen betreuen verschiedene Bibliotheken in gegenseitiger Absprache einen fachlichen Sammelschwerpunkt. Ziel ist es, die vorhandene Fachliteratur möglichst vollständig zu sammeln. Das Sondersammelgebiet Slawistik wird zurzeit von der Staatsbibliothek zu Berlin betreut, die über eine Million slawistischer Titel besitzt und über 950 Fachzeitschriften aus dem In- und Ausland abonniert. Bis 1998 wurde das Sondersammelgebiet von der Bayerischen Staatsbibliothek betreut – auch diese verfügt über große Bestände slawistischer Fachliteratur. 2016 wurden die Sondersammelgebiete abgelöst durch das Förderprogramm *Fachinformationsdienste für die Wissenschaft*. Eine genaue Beschreibung des Sondersammelgebiets bzw. des Fachinformationsdienstes gibt es auf der Webseite der Universität Hamburg (http://tinyurl.com/hyzuh22, 08.02.2017).

Bei der slawistischen Recherche ist zudem zu bedenken, dass ältere Bestände keineswegs eine nationale „Einheitlichkeit“ aufweisen müssen. Auf der Suche nach Literatur sollte auch die Geschichte der einzelnen slawischen Länder berücksichtigt werden. So ist etwa für ältere südslawische Literatur die Österreichische Nationalbibliothek ein wichtiger Ansprechpartner, die aufgrund ihrer historischen Verbundenheit mit dem Süden über umfangreiche Bestände aus den Balkangebieten verfügt. Selbiges gilt für Literatur aus den heutigen GUS-Staaten oder Ländern mit einem noch jungen Bibliothekswesen wie der Ukraine oder Weißrussland. Hier sind die Bestände der Russischen Staatsbibliothek eine wichtige Anlaufstelle (siehe auch Kapitel 1.3).

d) Zusätzliche Services des OPAC

Wissenschaftliche Bibliotheken unterliegen heutzutage einer schnellen informationstechnischen Entwicklung. Im deutschsprachigen Raum hat es sich durchgesetzt, den bibliothekseigenen Katalog mit anderen elektronischen Ressourcen wie z. B. Datenbanken aus *DBIS*, digitalen Bibliotheken oder Repositorien zu verknüpfen. Zu diesem Zweck wird ein Metasuchdienst (Single Point of Access) vorgeschaltet, der es ermöglicht, über eine einzige Suchanfrage alle Ressourcen gleichzeitig zu durchsuchen. Dies bedeutet bei der Recherche eine beachtliche Zeitersparnis, allerdings wird auch die Treffermenge schnell unübersichtlich. Solche Bibliotheksportale werden insbesondere von großen Einrichtungen wie Hochschul- oder Nationalbibliotheken zur Verfügung gestellt, während kleinere Bibliotheken meist nur einen OPAC anbieten. Zusätzlich zum Bibliotheksportal gibt es aber auch andere technische Weiterentwicklungen des OPAC:

Catalog Enrichment: Zusätzlich zu den bibliografischen Daten eines Titels werden auch dessen Inhaltsverzeichnis, ein Abstract oder eine Rezension eingefügt. Meist in Form eines Digitalisats oder einer Weiterleitung zu externen Quellen.

Umgebungssuche: findet man insbesondere bei Katalogen, die große Gebiete abdecken. Hierbei kann man sich nach Angabe seines Standorts über die Verfügbarkeit eines gesuchten Titels in nähergelegenen Bibliotheken erkundigen. Bekannt ist die Umgebungssuche durch den Katalog *WorldCat* geworden, aber auch in ostslawischen Verbundkatalogen wird diese Funktion gerne genutzt.

SFX-Linkresolver: In einigen Katalogen (auch in Verbund- und Metakatalogen) stößt man im Laufe der Suche auf einen SFX-Button. SFX ist ein Linkresolver, der Recherchierenden Verfügbarkeiten eines Titels in Form von Beständen, Volltexten oder Open Access anzeigt und zu diesen weiterleitet.

Verbundkataloge

Schließen sich mehrere Bibliotheken zu einem Verbund zusammen, verfügen diese in vielen Fällen über einen Verbundkatalog. Dieser umfasst in der Regel alle

Inhalte, die in den OPACs der teilnehmenden Bibliotheken vorhanden sind. Ein Verbundkatalog erleichtert somit die Literaturrecherche, da alle Kataloge parallel durchsucht werden können. Er ist jedoch auch eine verwaltungstechnische Hilfe für Bibliothekare, da auf die Datensätze der anderen teilnehmenden Bibliotheken zugegriffen werden kann.

a) Verbundkataloge im deutschsprachigen Raum

Wie solche Verbundkataloge entstehen bzw. organisiert sind, ist von Land zu Land verschieden. Während in manchen Ländern wie Österreich nur ein Verbundkatalog für alle Bibliotheken existiert, sind die Verbünde Deutschlands und der Schweiz regional organisiert. Die wichtigsten Verbundkataloge im deutschsprachigen Rau-m sind folgende:

- *Gateway Bayern des Bibliotheksverbundes Bayern* (*BVB*)
- *Verbundkatalog des Gemeinsamen Bibliotheksverbundes* (*GBV*)
- *SWB-Online-Katalog des Südwestdeutschen Bibliotheksverbundes* (*SWB*)
- *Verbundkatalog des Hessischen Bibliotheks- und Informationssystems* (*HeBIS*)
- *Verbundkatalog des Hochschulbibliothekszentrums Nordrhein-Westfalen* (*HBZ*)
- *Gesamtkatalog des Österreichischen Bibliotheksverbundes* (*OBV*)
- Kataloge der vier Teilverbünde des Informationsverbundes Deutschschweiz (*IDS Basel Bern, IDS Luzern, IDS St. Gallen, IDS Zürich Universität*)

Die hier angeführten Verbundkataloge umfassen Medien im weiteren Sinne, d. h. selbstständig wie unselbstständige Literatur, Audio- und Video-Medien, kartografische Materialien etc. Diese sind über den OPAC meist problemlos zu bestellen. Es gibt jedoch auch Verbundkataloge zu speziellen Medientypen oder Fachgebieten, wie z. B. zu Nachlässen oder Handschriften. Hier informiert man sich am besten bei den jeweiligen Bibliotheksverbünden. In seltenen Fällen sind Bibliotheksverbünde nicht regional, sondern fachlich organisiert. Dazu zählt u. a. der *Verbundkatalog östliches Europa*, der die OPACs deutscher, tschechischer und polnischer Fachbibliotheken miteinander verbindet. Ein weiteres Beispiel wäre der Verbund Federacja Bibliotek Kościelnych in Polen, der ebenfalls über einen eigenen Verbundkatalog verfügt.

b) Verbundkataloge in slawischen Ländern

Nicht in allen slawischen Ländern existiert ein Verbundkatalog, der von Außenstehenden eingesehen werden kann. Dies betrifft die Bibliotheken in Tschechien, der Ukraine und der Russischen Föderation. Um trotzdem eine umfassende

Literatursuche zu ermöglichen, haben diese Länder diverse Metakataloge (siehe unten) erstellt. In allen anderen slawischen Ländern existiert zumindest ein Verbundkatalog, der online zugänglich ist. Wie die Bibliotheksverbünde inhaltlich bzw. regional organisiert sind, ist auch hier unterschiedlich. Während in Ländern wie Polen und Kroatien ein großer Verbundkatalog für alle Bibliotheken existiert, sind die Verbünde in Russland föderal und fachlich organisiert. Eine Ausnahme bildet der südslawische Raum – dort hat sich das sogenannte *COBISS*-Netzwerk etabliert. Alle südslawischen Bibliotheksverbünde arbeiten dabei mit einer einheitlichen Katalogform und verfügen über dieselben Datenbankangebote. Die wichtigsten slawischen Verbundkataloge sind folgende:

- *Nacionalna akademična bibliotečno-informacionna sistema (NABIS)* (Bulgarien)
- *Skupni katalog CROLIST* (Kroatien)
- *Narodowy Uniwersalny Katalog Centralny (NUKAT)* (Polen)
- *Nacional'naja ėlektronnaja biblioteka (NEB)* (Russland)
- *Svodny katalog bibliotek Rossii (SKBR)* (Russland)
- *Svodny katalog periodiki bibliotek Rossii (SKPBR)* (Russland)
- *Slovenská knižnica* (Slowakei)
- *Zvodny ėlektronny kataloh biblijatėk Belarusi* (Weißrussland)
- *COBISS*-Kataloge: *COBIB.si* (Slowenien), *COBIB.mk* (Mazedonien), *COBIB.bh* (Bosnien-Herzegowina), *COBIB.rs* (Republika Srpska), *COBIB.sr* (Serbien), *COBIB.cg* (Montenegro), *COBIB.bg* (Bulgarien), *COBIB.co* (Kosovo)

Das *COBISS*-Netzwerk ist ein Überbleibsel aus der Zeit Jugoslawiens. Das System hat sich bewährt und ist dadurch erhalten geblieben. Nicht angeschlossen haben sich Kroatien, wo ein eigener Katalog existiert, und die meisten Bibliotheken Bulgariens. Die bulgarischen wissenschaftlichen Bibliotheken verfügen über einen eigenen Verbundkatalog namens *NABIS*.

Metakataloge bzw. virtuelle Kataloge

Metasuchdienste ermöglichen wie Verbundkataloge die Recherche in verschiedenen Informationsressourcen über eine einzige Suchanfrage. Ein wesentlicher Unterschied besteht jedoch darin, dass Metasuchdienste in vielen Fällen verschiedene Typen von Informationsressourcen umfassen. Neben klassischen Bibliothekskatalogen können dies u. a. Volltextdatenbanken oder Fachbibliografien sein. Wer umfassend recherchieren muss und die Metasuchdienste seines Faches kennt, erspart sich viel Zeit mit der Suche in einzelnen Ressourcen. Metasuchdienste sind vielseitig einsetzbar, so können sie etwa Teil eines Fachportals sein oder als selbstständige Informationsdienstleistung im Internet angeboten werden. Generell ist bei solchen Diensten zu beachten, dass nicht jede abgefragte Informationsressource die gewünschte Suchanfrage bzw. dieselben technischen Vorgaben des Dienstes unterstützt. Bei der Verwendung von Metasuchdiensten im slawischen Raum empfiehlt es sich daher, bei der Sucheingabe die Diakritika nicht zu vergessen bzw. die kyrillische Schreibweise der Transliteration vorzuziehen.

Für *Metakatalog* hat sich im deutschen Sprachraum der Begriff *virtueller Katalog* durchgesetzt. Metakataloge existieren meist selbstständig und beschränken sich in der Regel auf die Abfrage von Bibliotheksressourcen. Bekanntestes Beispiel ist der *Karlsruher Virtuelle Katalog* (*KVK*), der viele europäische Verbundkataloge gleichzeitig durchsuchbar macht. Durchsucht werden können im *KVK* im Übrigen auch der OPAC der polnischen, tschechischen, russischen und österreichischen National- bzw. Staatsbibliotheken. Neben diesen Bibliothekskatalogen umfasst der *KVK* u. a. den Metasuchdienst *Europeana*, die Referenzdatenbank *DOAJ* und das Repositorium *Google Books*.

Der Unterschied zwischen einem Metakatalog und einem Verbundkatalog ist ein verwaltungstechnischer. Verbundkataloge erleichtern durch das Speichern in einer gemeinsamen Datenbank die Verwaltung der einzelnen Medienbestände. Ein Metasuchdienst speichert selbst keine Daten, sondern schickt die Suchanfrage an verschiedene Adressen weiter – er ist somit ein reiner Suchdienst.

Nicht in allen slawischen Ländern gibt es Metakataloge wie den *KVK*. Da die meisten slawischen Bibliotheksverbünde einen Verbundkatalog besitzen, ist dies auch nicht immer nötig. Wichtige slawische Metakataloge sind folgende:

- *IS ĖKBSON* (Russland)
- *Kulturnik* (Slowenien)
- *Registr Digitalizace* (Tschechien)
- *Federacja Bibliotek Cyfrowych – Pionier* (Polen)

2.1.2 Bibliografische Datenbanken: National-, Fach- und Zeitschriftenbibliografien

Bibliografien gehören zu den beliebtesten Informationsressourcen in der Wissenschaft, da sie Werke zu einem bestimmten Schwerpunkt sammeln und Informationen über eine einzige Einstiegsstelle zugänglich machen. Bibliografien sind Referenzressourcen – sie beinhalten keine Volltexte, sondern informieren Recherchierende mit Angaben zu Autor, Sachtitel, Verlag etc. über deren Existenz. Vor Zeiten des Internets wurden Bibliografien in Printformat – zumeist in bestimmten periodischen Intervallen – herausgegeben. Auch mit einer guten inhaltlichen Aufschlüsselung war bzw. ist das Nachschlagen in solchen Werken sehr zeitaufwändig und auch die Verfügbarkeit vor Ort ist nicht immer gegeben. Mit der Erfindung elektronischer Datenbanken ist man vermehrt dazu übergegangen, Bibliografien online zu verwalten und zugänglich zu machen. Viele Bibliografien erscheinen heute nur noch in elektronischer Form oder in Ergänzung mit Druckmedien.

Die deutschsprachige Terminologie kennt bei der Bezeichnung verschiedener bibliografischer Typen keine Grenzen – so spricht man von *Fachbibliografien, Personalbibliografien, Zeitschriftenbibliografien, Regionalbibliografien, Bibliografien von Bibliografien, Biobibliografien* etc. Im Wesentlichen sind zwei Arten von Bibliografien zu unterscheiden: solche, die Literatur nach einem bestimmten inhaltlichen Schwerpunkt sammeln, und solche, die einen bestimmten Publikationstypus (z. B. Aufsätze aus Fachzeitschriften) verzeichnen. Ganz wesentlich für die wissenschaftliche Recherche sind beide Arten, wobei die Nationalbibliografie, die Fachbibliografie und die Zeitschriften- und Aufsatzbibliografie die bekanntesten und wichtigsten sind.

Fachbibliografien

Fachbibliografien sammeln – wie der Name bereits erahnen lässt – Fachliteratur. Verzeichnet werden in der Regel selbstständig wie unselbstständig erschienene Werke, unabhängig von deren Standort und Verfügbarkeit. Solche Datenbanken sind der ideale Ausgangspunkt für eine fundierte Literaturrecherche, da Werke in den meisten Fällen von Fachexperten und gemäß bibliothekarischer Standards gesammelt, erschlossen und verschlagwortet werden. Bei der Suche in einer bibliografischen Datenbank ist es dennoch wichtig, sich vorab über gewisse Rahmenbedingungen zu informieren wie über den abgedeckten Berichtszeitraum, den Erschließungsgrad oder die Gewichtung der einzelnen Medientypen. Leider bieten nicht alle Datenbanken eine inhaltliche Beschreibung an, was die Recherche mitunter erschweren kann. Ein weiterer Nachteil von Referenzdatenbanken kann sich durch fehlende Möglichkeiten zur Verfügbarkeitsrecherche ergeben – wie etwa einen Linkresolver oder Anbindung an einen Verbund- bzw. Metakatalog. Nach der Verfügbarkeit interessanter Treffer muss dann separat recherchiert werden.

Auch für die Slawistik bzw. für Osteuropa gibt es zahlreiche unterschiedliche Bibliografien. Wichtige slawistische Fachbibliografien im deutschsprachigen Raum wurden von der Staatsbibliothek zu Berlin in Datenbankform gebracht – sie sind über das *Slavistik-Portal* durchsuchbar. Zu diesen gehören:

- *Bibliografie der deutschsprachigen Slavistik* (*BibDatSlav*)
- *Bibliografie slavistischer Arbeiten aus deutschsprachigen Fachzeitschriften* (*BibSlavArb*)
- *Bibliografie der Internationalen Slavistenkongresse 1929–2008* (*BibSlavKon*)
- *Materialien zu einer slavistischen Bibliografie 1945–1983* (*MatSlavBib*)
- *Die Online-Bibliothek der deutschsprachigen Slavistik* (*OlBiSlav*)

Auf internationaler Ebene gibt es zwei umfassende slawistische Fachbibliografien:

- *American Bibliography of Slavic and East European Studies* (*ABSEES*)
- *European Bibliography of Slavic and East European Studies* (*EBSEES*)

Gemeinsam mit den Fachbibliografien der slawischen Länder sind diese die nützlichsten Informationsressourcen für Slawisten. Auch in Osteuropa werden Referenzdatenbanken angeboten, jedoch in unterschiedlich großem Ausmaß. Während in einigen Ländern wie Slowenien, Tschechien oder Polen sehr viele und für Slawisten ausgezeichnete Datenbanken verfügbar sind, gibt es in Ländern wie der Slowakei, der Ukraine oder Mazedonien kaum welche. Internationale Fachbibliografien wie etwa *JSTOR* oder *MLA Bibliography* eignen sich in der Regel nicht für die slawistische Recherche, da sie einerseits wenig slawistische Werke verzeichnen bzw. selten Werke aus Osteuropa aufnehmen (siehe Kapitel 2.3.1).

Abb. 11: Homepage der slawistischen Fachbibliografie *EBSEES*

Nationalbibliografien

Nicht immer gibt es zu einer wissenschaftlichen Disziplin eine entsprechende Fachbibliografie, die auch online konsultierbar wäre. In diesem Fall sind Nationalbibliografien eine gute Alternative. Eine Nationalbibliografie verzeichnet (zumindest) alle selbstständigen Werke eines Landes, die dem Territorial-, Nationalitäts- oder Sujetprinzip entsprechen. Für die Erstellung ist die jeweilige Nationalbibliothek zuständig, im ostslawischen Raum ist dies Aufgabe der Buchkammern. Wie genau eine Nationalbibliografie strukturiert ist, kann von Land zu Land sehr unterschiedlich sein. In den meisten Fällen wird sie in Form von Teilbibliografien herausgegeben – so gibt es zumeist eine eigene Bibliografie für Monografien, für Periodika und für diverse andere Medien. Manche Nationalbibliografien sind stärker fragmentiert und können dabei bis zu einem Dutzend Teil- und Unterbibliografien umfassen. Mittlerweile ist es auch in den slawischen Ländern gebräuchlich, die Nationalbibliografie online zu stellen, etwa in Form von Referenzdatenbanken oder Digitalisaten. So werden einige Nationalbibliografien als Datenbanken mit eigener Webseite angeboten, während andere in das Datenbankangebot bzw. in den Katalog der jeweiligen Nationalbibliotheken integriert wurden. Die einzigen slawischen Länder ohne elektronische Nationalbibliografie sind die Slowakei und Bosnien-Herzegowina.

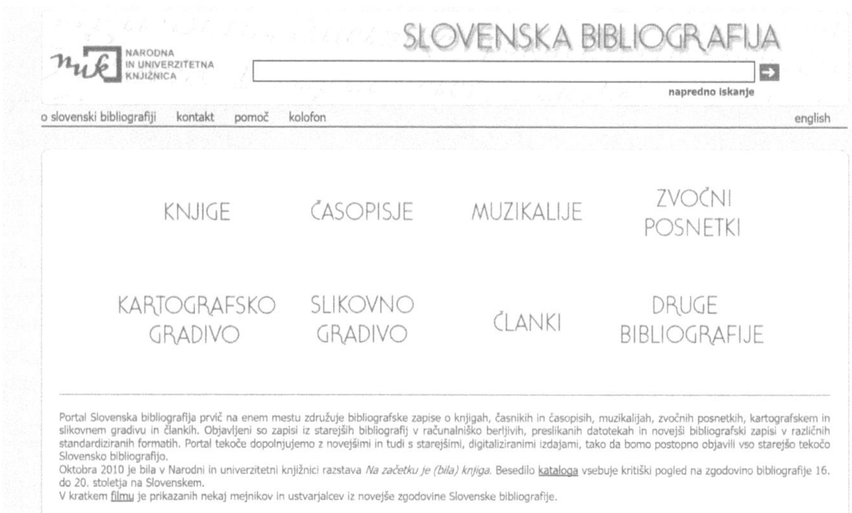

Abb. 12: Die slowenische Nationalbibliografie als selbstständige Datenbank

Welche Publikationen eine Nationalbibliografie beinhaltet ist von Land zu Land ebenfalls unterschiedlich. Drei Prinzipien stehen bei der Erstellung zur Auswahl:

Territorialprinzip: betrifft Publikationen, die innerhalb einer staatlichen Entität oder in einem heimischen Verlag im Ausland erschienen sind. Aufgenommen werden in der Regel Erscheinungen mit Qualitätsanspruch. Ob Medien wie Regionalzeitungen, Online-Ressourcen, Comics, Musikalien etc. ebenfalls aufgenommen werden, ist eine Ermessensfrage für die jeweilige bibliografische Abteilung. Das Territorialprinzip macht den Großteil einer Nationalbibliografie aus.

Nationalitätsprinzip: betrifft Publikationen, deren Autor Staatsangehöriger ist, aber nicht im Inland residiert oder welche in der Sprache des Landes verfasst wurden. Meist wird dieses Prinzip auch auf einen größeren kulturellen Rahmen angewandt, etwa wenn der Autor gemischt nationaler Abstammung ist.

Sujetprinzip: betrifft Publikationen, die den Staat, seine Kultur, Sprache, Einwohner etc. zum Thema haben. Dies umfasst in der Regel fremdsprachige Erscheinungen im Ausland. Hier herrscht eine strengere Medienauswahl als beim Territorialprinzip. Nicht alle Nationalbibliografien wenden dieses Prinzip an, erstellen dafür aber eine eigene Bibliografie (z. B. Mazedonien, Polen und Serbien).

Während in einigen Nationalbibliografien alle drei Prinzipien zur Anwendung kommen, wird in anderen Ländern ausschließlich nach dem Territorialprinzip gearbeitet. Zusätzlich zu dieser Nationalbibliografie im engeren Sinne wird dann oftmals eine Zusatzbibliografie nach dem Sujetprinzip herausgegeben. Jeder Student oder Wissenschaftler trägt spätestens mit seiner Abschlussarbeit bzw. der Publikation eines wissenschaftlichen Werkes zum Umfang der heimischen Nationalbibliografie bei – dies geschieht in Form der Hinterlegungspflicht im Rahmen des Pflichtexemplarrechts. Gemäß diesem muss jedes selbstständige Werk in einfacher oder mehrfacher Ausführung an die jeweilige Nationalbibliothek bzw. Buchkammer geschickt werden. Dort wird es in die Bibliografie aufgenommen und archiviert.

Tipp: Die Vereinigung IFLA führt auf ihrer Webseite ein Register weltweiter Nationalbibliografien (National Bibliografic Register). Die Angaben zu den Bibliografien werden auf freiwilliger Basis von den zuständigen Stellen gemacht. Zum Register kommt man am schnellsten über eine entsprechende Anfrage in einer Suchmaschine.

Für Slawisten gibt es bei der Arbeit mit slawischen Nationalbibliografien ein paar Umstände zu berücksichtigen, die in den Kapiteln 1.3.1 bis 1.3.3 genauer behandelt werden: Auf der Suche nach älteren Werken mit Hilfe von Nationalbibliografien sollte immer die Geschichte des jeweiligen Landes bedacht werden und auch die Tatsache, dass „nationale" Literatur eine Frage der Interpretation oder des Zweckes ist. Gerade in noch jungen Staaten wie den ehemaligen jugoslawischen oder den GUS-Staaten erweist sich die Definition eines nationalen Kanons nicht immer als einfach. Gut zu sehen ist dies an den Nationalbibliografien Montenegros und der Republika Srpska. Für die Slawistik gibt es zudem mehrere wichtige historische „Supranationalbibliografien": die jugoslawische (*Bibliografija Jugoslavije: knjige, brošure i muzikalije*) und die sowjetische Nationalbibliografie (*Sovetskaja bibliografija*).

Zeitschriften- und Aufsatzbibliografien

Abseits von Fach- und Nationalbibliografien gibt es Informationsressourcen, die Publikationen nur dann verzeichnen, wenn sie einem bestimmten Typus entsprechen. Ein bekanntes Beispiel für eine solche Bibliografie ist der *Index Translationum*, in dem nur Übersetzungen aufgenommen werden. Besonders häufig findet man unter diesen Ressourcen Zeitschriften- und Aufsatzbibliografien, da unselbstständige Literatur in anderen Informationsressourcen (siehe etwa Bibliothekskatalog oder Nationalbibliografie) zu kurz kommen und weil der Fachaufsatz mittlerweile auch in den Geisteswissenschaften eines der häufigsten Publikationsmedien ist.

Bei Zeitschriften- und Aufsatzdatenbanken unterscheidet man verschiedene Unterarten: reine Zeitschriftendatenbanken, Aufsatzdatenbanken als Referenzressourcen und Aufsatzdatenbanken mit Volltextangebot.

a) Reine Zeitschriftendatenbanken

Reine Zeitschriftendatenbanken verzeichnen lediglich den Titel einer Zeitschrift und die dazugehörigen bibliografischen Daten und Metadaten. Die darin enthaltenen Aufsätze werden nicht erschlossen. Zeitschriftendatenbanken können fachspezifisch oder interdisziplinär ausgelegt sein. Die wichtigsten slawistischen Zeitschriftendatenbanken sind diese:

- *Zeitschriftendatenbank SSG Slavistik* (*ZDB SSG Slavistik*)
- *Europäische Zeitschriftenbibliothek Slavistik* (*EZB Slavistik*)
- *Slavic Humanities Index* (ohne Lizenz)

Die *ZDB* und *EZB* betreuen innerhalb ihrer interdisziplinären Ausrichtung jeweils eine eigene Titelsammlung für slawische Philologie, während der *Slavic Humanities Index* eine rein slawistische Zeitschriftendatenbank ist. Bei der Recherche in Zeitschriftendatenbanken ist zu beachten, dass bei der Auswahl der Zeitschriften nach unterschiedlichen wissenschaftlichen Qualitätsstandards gearbeitet wird. Auch muss bedacht werden, dass der slawistische Zeitschriftenmarkt sich nicht durch einen hohen Erschließungsgrad auszeichnet. Zeitschriftendatenbanken existieren auch im nationalen Rahmen – diese sind in den jeweiligen Länderkapiteln zu finden.

b) Referenzierende Aufsatzdatenbanken

In Aufsatzdatenbanken werden nicht nur Zeitschriftentitel referenziert, sondern auch deren Inhalt. In vielen Fällen enthalten solche Datenbanken zusätzlich zu Fachaufsätzen auch Rezensionen, Abstracts, Beiträge aus Sammelwerken etc. Referenzierende Datenbanken – also solche, die keine Volltexte enthalten – sind wie reine Zeitschriftendatenbanken normalerweise kostenfrei durchsuchbar. Für die deutschsprachige Slawistik gibt es bislang nur eine Datenbank mit Artikeln aus historischen Fachzeitschriften (*Aufsatzdatenbank Osteuropa*). Zwei Ressourcen mit Referenzen zu laufenden Periodika aus den slawischen Ländern gibt es in Form des *Slavic Humanities Index* (Lizenz nötig) und der Datenbank *Central European Journal of Social Sciences and Humanities*. Slawistische Aufsätze ohne Volltexte findet man zusammengefasst hier:

- *Central European Journal of Social Sciences and Humanities*
- *Aufsatzdatenbank Osteuropa* (*Virtuelle Fachbibliothek Osteuropa*)
- *Slavic Humanities Index* (mit Lizenz)
- *Online Contents Sondersammelgebiet Slavistik* (*OLC SSG Slavistik*)

Abb. 13: Durchsuchbare Zeitschriftentitel in der *Aufsatzdatenbank Osteuropa*

c) Aufsatzdatenbanken mit Volltexten

Etwas seltener als referenzierende Aufsatzdatenbanken findet man in der Slawistik solche Informationsressourcen, die auch Volltexte beinhalten. Diese sind in der Regel mit dem Erwerb einer Lizenz verbunden, da die Digitalisierung von Literatur (*Retrodigitalisate*) sehr kostspielig ist bzw. Forschungsleistungen immer öfter ausschließlich über elektronischem Weg vertrieben werden (*Born Digitals*). Solche Volltextdatenbanken werden zumeist von spezialisierten Forschungsinstituten oder kommerziellen Dienstleistern (sogenannten *Aggregatoren*) zur Verfügung gestellt. Enthalten sein können dabei ausschließlich Fachaufsätze, aber auch E-Books, Abstracts, Rezensionen, Konferenzmaterialien etc. Wichtige slawistische Aufsatzdatenbanken, die Volltexte beinhalten, sind folgende:

- *Central and Eastern European Online Library* (*C.E.E.O.L.*)
- *Central and East European Academic Source*
- *Directory of Open Access Journals, Slavic Languages* (*DOAJ Slavic Languages*)

Für einige dieser Datenbanken wurde in Deutschland eine Nationallizenz erworben. Volltextdatenbanken, die neben Aufsätzen auch E-Books, Pressemedien, Bildmaterialien etc. beinhalten und über eine solche Nationallizenz freigeschaltet wurden, sind Thema in Kapitel 2.1.3.

2.1.3 Digitale Bibliotheken, Repositorien und Volltextdatenbanken

Digitale Bibliotheken

Als *digitale Bibliothek* bezeichnet man eine Informationsressource, in der Literatur und verschiedene andere Medien online zugänglich gemacht werden. Anders als bei Referenzressourcen sind die gesuchten Titel direkt verfügbar – meist in Form von PDF-Dokumenten, Audio- oder Videofiles – und können in der Regel exportiert oder weitergeleitet werden. Digitale Bibliotheken sind meist sehr umfangreich und bedürfen einer laufenden Wartung, weshalb sie strukturiert und die Bestände gut erschlossen sein müssen. Die digitale Bibliothek zählt mittlerweile zu den beliebtesten Informationsressourcen am Wissenschaftssektor, allerdings können Form, Inhalte und Bezeichnung sehr unterschiedlich sein (siehe Kapitel 1.1.3). Um eine gewisse Einheitlichkeit zu garantieren, wurden von verschiedenen internationalen Verbänden Definitionen entworfen, die die Qualität von derartigen Informationsressourcen gewährleisten sollen. Das *IFLA/UNESCO Manifesto for Digital Libraries* definiert die typische digitale Bibliothek folgendermaßen:

> A ‚digital library' is an online collection of digital objects, of assured quality, that are created or collected and managed according to internationally accepted principles for collection development and made accessible in a coherent and sustainable manner, supported by services necessary to allow users to retrieve and exploit the resources. (www.ifla.org/publications/iflaunesco-manifesto-for-digital-libraries, 30.01.2017)

Eine digitale Bibliothek unterscheidet sich von anderen Ressourcentypen durch das direkte Angebot von Medien, aber auch durch ihre Services, die die Leistungen einer realen Bibliothek imitieren sollen. So werden in vielen Fällen nicht nur Literatur oder Bildmaterialien angeboten, sondern auch zusätzliche Funktionen in Form von Newsboxen, Bookshelfs, virtuellen Ausstellungen, Beratung über Live-Chat etc. Steht hinter diesen Services eine analoge Bibliothek, spricht man auch von einer *hybriden Bibliothek*. Gut ausgebaute digitale Bibliotheken besitzen zudem den Charakter eines Fachportals – zusätzlich zu den Beständen werden umfangreiche Linksammlungen und Referenzen zu Projektpartnern, Sponsoren, Initiativen usw. angeboten.

IFLA und UNESCO legen sich nicht fest, wer eine digitale Bibliothek anbieten darf oder was sie enthalten muss. So können auch Privatpersonen eine digitale Bibliothek erstellen und betreuen. Aufgrund des Arbeitsumfangs eines solchen Projekts sind die meisten digitalen Bibliotheken jedoch im Besitz von Institutionen, die über die nötigen Kapazitäten verfügen, wie etwa Nationalbibliotheken oder Bibliotheksverbänden. Werden digitale Bibliotheken von privater Seite angeboten bzw. „gefüttert" (z. B. durch Crowdsourcing), so ist bei Verwendung des dort recherchierten Materials immer auf die Wahrung der Urheberrechte Acht zu geben.

Der größte Unterschied zwischen den einzelnen digitalen Bibliotheken liegt in ihrem inhaltlichen Angebot. Drei Schwerpunkte haben sich hier herauskristallisiert:

a) Materielles und immaterielles Kulturerbe

Im internationalen Kontext hat sich die Langzeitarchivierung von Kulturerbe – insbesondere von wertvollen Schriftdenkmälern – durchgesetzt. Das Endergebnis wird oft als *digitales Kulturerbe* bzw. *Digital Cultural Heritage* bezeichnet. Solche Informationsressourcen sind in der Regel besonders umfangreich, da sie auf internationale Zusammenarbeit aufbauen.

Beispiele: World Digital Library; Manuscriptorium; Zolotaja kollekcija Evrazii

---

Abb. 14: Homepage der digitalen Bibliothek *Manuscriptorium*

b) Historische Literatur und Quellenmaterialien

Auf nationaler Ebene findet man viele digitale Bibliotheken, die historische Sekundärliteratur und Quellenmaterialien anbieten – dazu zählen insbesondere die Angebote der jeweiligen Nationalbibliotheken. In einigen Staaten wie Tschechien oder Polen werden solche Bestände über landesweite Digitalisierungskampagnen erschlossen. In kleineren Ländern wie Slowenien oder der Slowakei übernimmt oftmals die Nationalbibliothek die alleinige Digitalisierungsaufgabe.

Beispiele: dLib.si; Deutsche Digitale Bibliothek; AustriaN Newspapers Online

---

c) Primärliteratur

Als dritte Option gibt es die digitalen Bibliotheken mit Fokus auf Primärliteratur. Diese werden zumeist von privater Seite betrieben. Das öffentliche Bibliothekswesen hat an der Digitalisierung von Primärliteratur – u. a. Kanonliteratur – in der Regel kein Interesse, da diese ohnehin in analoger Form gut erschlossen ist. Primärliteratur aus dem Internet ist immer mit Vorsicht weiterzuverwenden, da die Wahrung der Urheberrechte oder die Anwendung eines Proofreadings bei elektronischen Abschriften nicht immer gegeben sein muss.

Beispiele: Project Gutenberg; Fundamental'naja ėlektronnaja biblioteka Russkaja literatura i fol'klor; wolnelektury.pl

Abb. 15: Digitale Bibliothek für Primärliteratur: *wolnelektury.pl*

Volltextdatenbanken

Nicht zu verwechseln sind digitale Bibliotheken mit Aggregator- oder Volltextdatenbanken. Beide Datenbanktypen versorgen Recherchierende mit digitalen Titeln im Volltext, welche in den meisten Fällen auch exportiert und offline weiterverwendet werden können. Aggregatoren wie etwa EBSCO Information Services, ProQuest Company oder Integrum World Wide verstehen sich nicht als bibliothekarische Dienstleistungseinrichtungen, sondern vertreiben Information in erster Linie kommerziell. Bei dieser Information handelt es sich zumeist um den Output moderner Forschung in Form von E-Books und Fachartikeln. Während Aggregatordatenbanken in Europa eine untergeordnete Rolle spielen, machen sie z. B. in den Vereinigten Staaten einen wichtigen Teil des wissenschaftlichen Informationsmarktes aus (siehe dazu Kapitel 3.15). Die Dienstleistungen eines Aggregators sind in der Regel sehr teuer, wobei sich die Kosten für eine zwölfmonatige Campuslizenz im vier- bis fünfstelligen Bereich bewegen können.

Lizenzen sind auch bei fachspezifischen Volltextdatenbanken üblich geworden, da die Erstellung einer solchen mit wesentlich mehr Aufwand und höheren Kosten verbunden ist als bei Referenzressourcen. Immerhin stehen nicht nur bibliografische Daten zur Verfügung, sondern auch hochwertige Digitalisate, deren Erstellung zeit- und arbeitsintensiv ist. Volltextdatenbanken unterscheiden sich von digitalen Bibliotheken durch ihren inhaltlichen Schwerpunkt und den weitgehenden Verzicht auf bibliothekarische Services.

Die Deutsche Forschungsgemeinschaft (DFG) hat den Ankauf von Nationallizenzen für eine Handvoll slawistischer Aggregator- und Volltextdatenbanken möglich gemacht. Über diese deutschlandweiten Nationallizenzen haben Recherchierende nun Zugang zu folgenden slawistischen Ressourcen (fachübergreifende nicht eingerechnet):

- *Central and East European Online Library*
- *BrillOnline Primary Sources (Slavic and Eurasian Studies)*
- *Integrum World Wide*
- *UDB-EDU Russian Social Science & Humanities Journals Online*
- *Vestnik Evropy*
- *Literaturnaja Gazeta Digital Archive*

Tipp: Alle Nationallizenzen können im Datenbank-Informationssystem (DBIS) der Universität Regensburg eingesehen werden. Für Nutzer, die über keinen institutionellen Zugang (z. B. über eine Hochschulbibliothek) verfügen, ist folgende Webseite praktischer: http://www.nationallizenzen.de/angebote. Dort kann man sich auch für einen Einzelzugang registrieren lassen.

Ab und zu findet man neben dem von der Sekundärliteratur dominierten Informationsmarkt Datenbanken, die ausschließlich Bild-, Audio- oder Videomaterial sammeln. Wie weit das Interesse an der Digitalisierung von nichtschriftlichem Kulturgut geht, ist von Region zu Region verschieden. Während etwa im südslawischen Raum zahlreiche Musik- und Bilddatenbanken vorhanden sind, konzentriert man sich in den „Literaturnationen" wie Polen und Russland auf die Digitalisierung von Schriftgut.

Digitale Repositorien und Textsammlungen

Große Ähnlichkeit mit digitalen Bibliotheken hinsichtlich Aufbau und Inhalt weist das *digitale Repositorium* auf. Dabei handelt es sich um einen Dokumentenserver, in denen Hochschulangehörige ihre Arbeiten – oft in Form eines Open Access-Textes – publizieren können. Die Erstellung von digitalen Repositorien ist an Hochschulen in den letzten Jahren sehr populär geworden. Im Wesentlichen unterscheidet man zwei Arten von Repositorien:

a) Institutionelle Repositorien

Institutionelle Repositorien werden von Hochschulen betrieben und geben ihren Studenten bzw. Angehörigen die Möglichkeit, Forschungs- oder Abschlussarbeiten vor Ort zu publizieren.

Beispiele: Open Access LMU; PHAIDRA Univerzitet Crne Gore

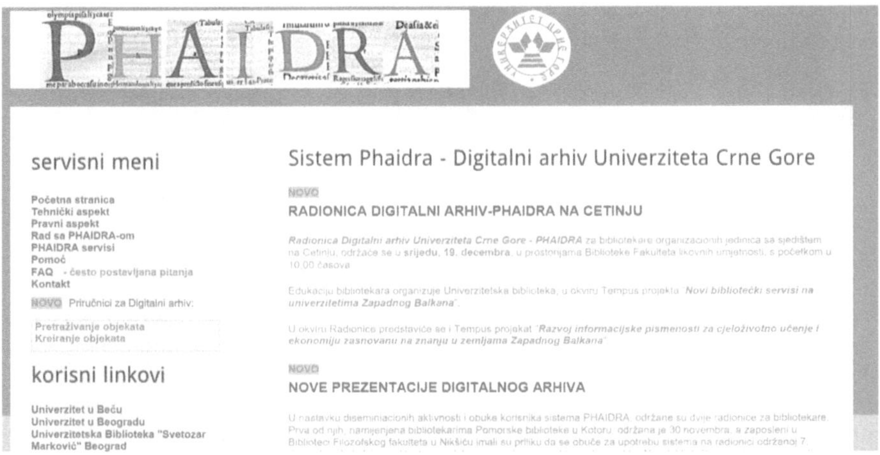

Abb. 16: Homepage des digitalen Repositoriums der Univerzitet Crne Gore

b) Fach- bzw. disziplinäre Repositorien

Fachrepositorien nehmen Forschungsarbeiten auf, die fachspezifisch sind und über ein gewisses Qualitätsniveau verfügen. Im Gegensatz zu institutionellen Repositorien eignen sie sich gut für die fachspezifische Recherche, zumal sie in der Regel Literatur von überall entgegennehmen.

Beispiele: OstDok; Repositorium Steirisches Wissenschaftserbe

---

Wie im Fall der digitalen Bibliotheken unterscheiden sich Repositorien sehr in ihrem Aufbau, Inhalt und ihrer Zugänglichkeit. Die meisten Institutionen bzw. Hochschulen setzen ihre Repositorien nach eigenen Vorstellungen um, weshalb Recherchierende sich jedes Mal auf eine neue Datenbankumgebung einstellen müssen. In wenigen Fällen hat sich jedoch eine Zusammenarbeit zwischen einzelnen Anbietern ergeben. Ein wichtiges Beispiel für eine solche Kooperation ist das Wiener *PHAIDRA*-System, das insbesondere im südslawischen Raum auf große Beliebtheit gestoßen ist. Zusammen mit der Universität Wien teilen sich die staatlichen Universitäten in Belgrad und Montenegro eine auf wissenschaftliche Bibliotheken angepasste Software, die lokal adaptiert wird. Ähnlich haben es die Hochschulen in Weißrussland gehalten – sie haben sich bei der Erstellung ihrer Repositorien auf die Open Source-Software *DSpace* geeinigt. Im breiten Angebot von Informationsressourcen erleichtert dies die Orientierung für Recherchierende. Digitale Repositorien spielen des Weiteren eine wichtige Rolle in der wissenschaftlichen Publikationslandschaft. Viele Abschlussarbeiten wie etwa Master- oder Bachelorarbeiten, die vor der „digitalen Revolution" in einem analogen Archiv gelandet wären, können über Repositorien der Öffentlichkeit zugänglich gemacht werden. Somit gehen keine wichtigen Forschungsleistungen verloren.

Tipp: Wer sich die Publikationen bestimmter Universitäten ansehen möchte, kann über den Dienst Ranking Web of Repositories die größten digitalen Repositorien nach Land anzeigen lassen. Für Zentral- und Osteuropa gibt es ein eigenes Ranking. Zu diesem kommt man am besten über eine einfache Suchmaschinenabfrage. Über den Metasuchdienst ROAD können alle registrierten Repositorien parallel durchsucht werden.

Eine kostengünstige Alternative zu Archiven, Bibliotheken und Repositorien ist die *elektronische Textsammlung*, die insbesondere von kleinere Institutionen und Privatpersonen verwendet wird. Dabei handelt es sich nicht um eine Informationsressource in Form eines Datenbanksystems, sondern um eine einfache Auflistung von Volltexten oder anderen Medien.

2.1.4 Fachportale und virtuelle Bibliotheken

Ähnlich wie bei bibliografischen Datenbanken handelt es sich bei virtuellen Bibliotheken um Ressourcen, die auf Titel verweisen, anstatt sie selbst zur Verfügung zu stellen. Sie gehören also zu den typischen Referenzressourcen. Inhalt und Gestalt können bei virtuellen Bibliotheken jedoch stark variieren, weshalb man für sie kaum einen einheitlichen Standard festmachen kann. In den vielen Definitionsversuchen, die im Internet kursieren, werden oft die Synonyme *Fach-*, *Web-* oder *Informationsportal* verwendet. Einige andere Definitionen jedoch treffen in Bezug auf diese Begriffe klare Unterscheidungen. Die Schwierigkeit einer solchen terminologischen Bestimmung liegt in dem Umstand, dass schon vor dem Eintritt der Wissenschaft in den Informationsmarkt viele Fachportale ohne wissenschaftlichen Anspruch existierten. Genau genommen ist jede Seite mit Informationen zu einem bestimmten Thema ein Fachportal – ungeachtet des wissenschaftlichen Inhalts. Während hinter anderen Ressourcentypen – wie etwa digitalen Bibliotheken – ausreichend analoge Kapazitäten für Erstellung und Wartung vorhanden sein müssen, sind Fachportale weniger ressourcenintensiv und dementsprechend schneller erstellt. Daher findet man unter allen wissenschaftlichen Informationsressourcen hier die meisten privaten Anbieter.

Virtuelle Bibliotheken und Fachportale lassen sich am besten als Ressourcen beschreiben, die zu einem bestimmten fachlichen Schwerpunkt eine große Zahl an Referenzen vorweisen. In den meisten Fällen handelt es sich dabei um Linksammlungen, die auf Datenbanken, digitale Bibliotheken, Forschungsinstitutionen, Veranstaltungen, Fachverlage, Ausschreibungen, Stipendien etc. weiterleiten. Sind die Angebote des Portals etwas umfangreicher, spricht man auch von einer *virtuellen Bibliothek*. Wie bei der digitalen Bibliothek steht auch hier zumeist eine analoge Bibliothek hinter der Ressource, die typische bibliothekarische Dienstleistungen anbietet. Dazu gehören das Bereitstellen von Metakatalogen oder eigenen Datenbanken, Infos zu Neuerwerbungen usw. Der Übergang von einer einfachen Linksammlung zur gut geförderten und serviceorientierten Plattform ist oftmals fließend.

Der Vorteil von virtuellen Bibliotheken auf der Suche nach wissenschaftlicher Information bzw. Literatur liegt in ihrem konzentrierten Fachwissen. Einschlägige Informationen werden gesammelt und innerhalb einer einzigen Ressource aufbereitet und weitergegeben. Liegt eine Suchfunktion bereit, können die gebündelten Informationsressourcen parallel durchsucht werden, was viel Zeit und Energie spart. Im deutschsprachigen Raum, der sich im Bereich elektronischer Informationsinfrastruktur durch viele Kooperationen und eine gute Absprache auszeichnet, hat sich hier das Netzwerk der *Virtuellen Fachbibliotheken* (*ViFas*) hervorgetan. Im Rahmen des Netzwerkes werden Portale zu verschiedenen wissenschaftlichen Disziplinen erstellt, die Recherchierenden Grundkenntnisse fachspezifischer Informationskompetenz beibringen und wichtige Ressourcen bündeln. Die Portale werden zumeist von mehreren anerkannten Fachinstitutionen betreut. Für die Slawistik gibt es mittlerweile zwei Anlaufstellen: die *Virtuelle Fachbibliothek Osteuropa* (*ViFa Ost*) und die *Virtuelle Fachbibliothek Slavistik* (*Slavistik-Portal*).

Grundlage für die *ViFas* sind die von der Deutschen Forschungsgemeinschaft geförderten Sondersammelgebiete bzw. Fachinformationsdienste (siehe Kapitel 2.1.1). Projektleiter der *ViFa Ost* ist aufgrund ihrer umfangreichen Sonderkollektion die Bayerische Staatsbibliothek. Sie ist der größte Anbieter osteuropabezogener Information im deutschsprachigen Raum und bündelt hunderte verschiedene Fachressourcen. Zusätzlich zu ihren Linksammlungen bietet die *ViFa Ost* aber auch eigene Ressourcen an: Dazu zählen ein Metakatalog, das slawistische Fachrepositorium *OstDok* und die Datenbank für Internetadressen *OstNet*. Die *ViFa Ost* ist ein Beispiel für ein besonders umfassendes Fachportal.

Noch genauer auf die slawistische Philologie bezogen ist das *Slavistik-Portal*, das von der Staatsbibliothek zu Berlin betreut wird. Das Portal legt einen Schwerpunkt auf kultur- und literaturwissenschaftliche Inhalte und ergänzt nach eigenen Angaben den historischen Schwerpunkt der *ViFa Ost*. Das *Slavistik-Portal* ist etwas weniger umfangreich. Wichtigster Bestandteil ist der Metasuchdienst, der alle im deutschsprachigen Raum existierenden slawistischen Fachbibliografien durchsuchbar macht.

Am Beispiel der *ViFa Ost* lassen sich die Nachteile eines umfassenden Fachportals skizzieren. So impliziert etwa die Zahl der zur Verfügung stehenden Ressourcen bzw. Informationen einen hohen Grad an Hypertextualisierung und Unüberschaubarkeit. Zudem führt nicht jede Referenz zu einem Volltext, was die Information in vielen Fällen überflüssig macht, sofern man nicht auf bibliothekarische Services wie etwa die Fernleihe zurückgreifen kann. Ein weiterer allgemeiner Nachteil von Referenzressourcen ist die in vielen Fällen mangelnde Beschreibung. Gerade in der Slawistik, die als Wissenschaftszweig sowohl interdisziplinär als auch überregional arbeitet, fehlt oftmals eine Darlegung, welches Land bzw. welche Fachrichtung wie stark innerhalb einer Ressource vertreten ist.

Auch im englischsprachigen Raum gibt es eine Handvoll slawistischer Fachportale, die von Bibliotheken bzw. Hochschulen betrieben werden. Erwähnt sei hier das Portal *Slavic Information Resources* der University Library Illinois – eine hervorragende Anlaufstelle für die Suche nach analogen Informationsressourcen. Das Portal sammelt detaillierte Informationen zu Publikationswesen und Bibliografien aller Art in den slawischen Ländern und den GUS-Staaten. Anders als bei den deutschen Fachportalen liegt der Schwerpunkt auf analogen Ressourcen. Auf der Suche nach historischen Bibliografien oder Informationen zu Nationalbibliografien ist dieses Fachportal der beste Ausgangspunkt.

Im slawischen Raum konnten sich Fachportale nicht überall als geschätzte wissenschaftliche Ressourcen etablieren. Speziell in den Balkangebieten ist die Zahl an Fachportalen und virtuellen Bibliotheken gering. Hierbei sei noch einmal erwähnt, dass slawische Länder generell kaum slawistische Informationsressourcen anbieten. Anders ist dies im deutsch- und englischsprachigen Raum, wo wiederum kaum länderspezifische Ressourcen zu Osteuropa (mit Ausnahme Russlands) existieren.

2.2 Interdisziplinär oder doch lieber fachspezifisch?

Bei der Vermittlung von Informationskompetenz – sei es durch Bibliothekskurse oder im Rahmen einer Lehrveranstaltung – sind oft nicht genügend Kapazitäten oder Know-how vorhanden, um auf die Bedürfnisse „kleinerer“ Wissenschaftsdisziplinen einzugehen. Studierende und Forscher dieser Disziplinen müssen sich dann bei spezifischen Fragestellungen meist selbst behelfen. In der Slawistik ist eines der größten Probleme, dass slawische und slawistische Fachliteratur am internationalen Informationsmarkt stark unterrepräsentiert ist. Viele international renommierte Ressourcen werben mit ihrem interdisziplinären Angebot, geben jedoch keine genaue Auskunft zu dessen Zusammenstellung. Slawisten können so schnell den Fehler machen, Informationsressourcen zu konsultieren, die nur einen geringen Anteil an slawischer Fachliteratur beinhalten, und die Recherche vorzeitig zu beenden. Um dieses Manko auszugleichen, ist es wichtig zu wissen, ab welchem Punkt in der Recherche fachspezifische Angebote hinzuzuziehen sind.

Jedes slawische Land verfügt über eine Handvoll umfangreicher und effizienter Fachangebote, die man als Slawist kennen sollte. Einige davon – dies betrifft insbesondere Informationsressourcen aus Slowenien und Russland – sind interessante Gegenentwürfe zu den geläufigen westeuropäischen und US-amerikanischen Modellen. Je nachdem, wie genau die Fragestellung aussieht und welcher Literatur- bzw. Medientyp benötigt wird, ist es sinnvoll, interdisziplinäre und fachspezifische Ressourcen zu kombinieren. Damit dies besser gelingt, gibt es zusammen mit einer Auflistung solcher Ressourcen ein paar kurze Erklärungen dazu, wo man am besten welche Medien findet.

2.2.1 Europeana, World Digital Library & Co – International suchen

Von den zahlreichen internationalen und interdisziplinären Informationsressourcen im Internet eignen sich nur wenige für die slawistische Recherche. Dies liegt einerseits an den Publikationstraditionen der einzelnen slawischen Länder, in denen sich der Trend zur internationalen Vernetzung meist noch nicht richtig etabliert hat, andererseits an der Bedeutung der Slawistik als wissenschaftliche Disziplin gemessen an anderen Philologien wie der Anglistik, Romanistik oder Sinologie. So hat es sich ergeben, dass weltweit vielgenutzte Ressourcen oft nur einen marginalen Publikationsanteil aus der Slawistik bzw. dem slawischen Raum beinhalten. Nichtsdestotrotz sollte man solche Ressourcen nicht ganz außer Acht lassen, da die Beteiligung in Osteuropa zunehmend wächst. Auch eignen sich manche weniger auf die Anglistik fokussierten Ressourcen sehr gut zur Recherche nach Sekundärliteratur aus nichtslawischen Ländern. Von diesen zahlreichen interdisziplinären Adressen seien hier nur acht genannt. Besonders hervorgehoben seien dabei die beiden Bibliotheksressourcen *Europeana* und *The European Library* für die Suche nach Referenzen und Quellentexten in den slawischen Nationalbibliotheken. Ebenso lohnt sich für Slawisten der Besuch im *Index Translationum* und der *World Digital Library* – beides Projekte der UNESCO, die auch den slawischen Raum flächendeckend miteinbeziehen.

Index Translationum – World Bibliography of Translation (www.unesco.org/culture/xtrans)
Wie *ROAD* ist auch der *Index Translationum* ein Projekt der UNESCO und ein guter Ausgangspunkt für die slawistische Recherche. Die Datenbank referenziert ca. zwei Millionen Übersetzungen von Primär- und Sekundärliteratur in 150 UNESCO-Mitgliedstaaten. Jedes Jahr wird sie um etwa 100 000 Einträge erweitert. Neben der eigentlichen Recherche sind auch die auf der Webseite angebotenen Statistiken interessant: Unter den 15 Ländern mit der höchsten Übersetzungsleistung befinden sich Russland, die ehemalige UdSSR, Polen und Tschechien. Welche Sprachen dort am öftesten übersetzt werden, wurde ebenfalls in einer separaten Statistik vermerkt. Für die Suche nach Übersetzungen gilt im *Index Translationum* Folgendes zu beachten: Alle Einträge werden im lateinischen Alphabet nach einer eigenen Transliterationsnorm vorgenommen (die der deutschen DIN-Norm sehr ähnelt) – die zugehörigen Transliterationstabellen befinden sich ebenfalls auf der Webseite.

Europeana (www.europeana.eu)
Europeana ist ein Metakatalog, der die Recherche nach europäischen kulturgeschichtlichen Dokumenten und Objekten ermöglicht. Der Katalog ist in seiner Aufgabe vergleichbar mit der digitalen Bibliothek *World Digital Library*. Über die freiwillige Teilnahme von über 2000 europäischen Institutionen wird historisch wertvolles Kulturerbe langzeitarchiviert und für die Öffentlichkeit zugänglich gemacht. *Europeana* verfügt auch über mehrere Töchterprojekte mit verschiedenen thematischen Schwerpunkten (z. B. *Europeana 1914–1918* oder *ATHENA*), die über den gemeinsamen Katalog durchsuchbar sind. Jeder Projektpartner kann über seinen Beitrag frei entscheiden. Da viel schriftliches Kulturerbe von den Nationalbibliotheken verwaltet wird, sind alle Bestände, die über *The European Library* durchsuchbar sind, auch über *Europeana* zu

finden. In den slawischen Ländern gibt es zahlreiche Projektpartner, darunter einzelne Bibliotheken, Museen und Archive, aber auch ganze Bibliotheksverbünde.

Abb. 17: Homepage der *Europeana* mit Suchfunktion

Manuscriptorium (www.manuscriptorium.com)

Manuscriptorium ist eine digitale Bibliothek und wird von der tschechischen Nationalbibliothek betrieben. Die Datenbank sammelt ausschließlich schriftliches Kulturerbe wie alte Drucke, Handschriften, Faksimiles, Musikalien etc., die als Digitalisate der Öffentlichkeit bereitgestellt werden. Zurzeit stellen etwa 40 tschechische und 70 ausländische Institutionen – darunter die Russische Staatsbibliothek, die ukrainische und die serbische Nationalbibliothek – digitale Dokumente sowie die zugehörigen Metadaten zur Verfügung. Insgesamt umfasst die Sammlung über fünf Millionen Titel.

MLA International Bibliography (www.mla.org/bibliography)

Die *International Bibliography of Books and Articles on the Modern Languages* ist eine lizenzierte Fachdatenbank des US-amerikanischen Verbandes Modern Language Association. Sie verzeichnet selbstständig wie unselbstständig erschienene Literatur (auch elektronische Medien) zu allen modernen philologischen Disziplinen in den Bereichen Literatur, Sprach- und Kulturwissenschaft. Die Zahl der referenzierten Titel beträgt etwa 2,5 Millionen, darunter 4400 regelmäßig ausgewertete Fachzeitschriften. Ein Großteil aller Titel stammt aus der Anglistik, die

Bibliografie verzeichnet aber auch andere natürliche und erfundene Sprachen. Die MLA hegt eine enge Affiliation zur Volltextdatenbank *JSTOR*, wo sie bei der Erstellung der Zeitschriftenliste für die literaturwissenschaftliche und linguistische Abteilung beteiligt gewesen ist. Vertrieben wir die Datenbanklizenz von den Aggregatoren EBSCO Information Services, Gale Group und ProQuest Company.

Project Gutenberg (www.gutenberg.org)

Das *Project Gutenberg* ist eine digitale Crowdsourcing-Bibliothek für Primärliteratur und Multimedia-Inhalte. Erfinder war der US-amerikanische Schriftsteller Michael Stern Hart, der mit dem *Project Gutenberg* im Jahr 1971 die erste digitale Bibliothek auf die Beine stellte und damit eine Welle der Digitalisierung klassischer Literatur auslöste. Aus dem Projekt ist die Tradition erwachsen, Bücher nicht direkt zu digitalisieren, sondern abzutippen und überprüfen zu lassen. Das Lektorat übernimmt die eigens für das *Project Gutenberg* ins Leben gerufene Organisation Distributed Proofreaders. Die Bibliothek legt ihren Schwerpunkt wie viele angloamerikanische Quellen auf englischsprachige Literatur, es finden sich dort jedoch auch Werke anderer Sprachen, insbesondere des Russischen. Slawische Literatur, mit Ausnahme russischer Werke, ist bislang wenig vertreten – wenn überhaupt, dann zumeist als Übersetzungen in Fremdsprachen. Insgesamt beläuft sich die Zahl der E-Books und Multimedia-Dateien auf ca. 53 000. Alle Inhalte können kostenfrei exportiert werden, zur Verarbeitung muss jedoch der unveränderte Text verwendet werden.

The European Library (www.theeuropeanlibrary.org)

The European Library ist der Metakatalog der 48 Nationalbibliotheken des CENL-Konsortiums (siehe Kapitel 1.2.1). Der Katalog ermöglicht die parallele Recherche in den OPACs der Nationalbibliotheken und ist mit ca. 160 Millionen bibliografischen Einträgen und 26 Millionen Digitalisaten der größte europäische Metakatalog. Alle digitalen Objekte sind auch in der *Europeana* zu finden, bei deren Gründung die CENL maßgeblich beteiligt war. Durch das Tochterprojekt *Europeana Libraries* wurden auch die digitalen Bestände von 19 europäischen Forschungsbibliotheken in den Katalog integriert – darunter allerdings keine aus dem slawischen Raum. Fast alle slawischen Nationalbibliotheken – einschließlich der Russischen National- und Staatsbibliothek – sind in *The European Library* zu finden. Ausnahmen sind die Nationalbibliothek Weißrusslands und die kosovarische National- und Universitätsbibliothek. Die Weiterentwicklung von *The European Library* wurde mit Ende 2016 eingestellt. Alle Bestände, die vor diesem Zeitpunkt durchsucht werden konnten, sind aber auch heute noch für die Recherche verfügbar.

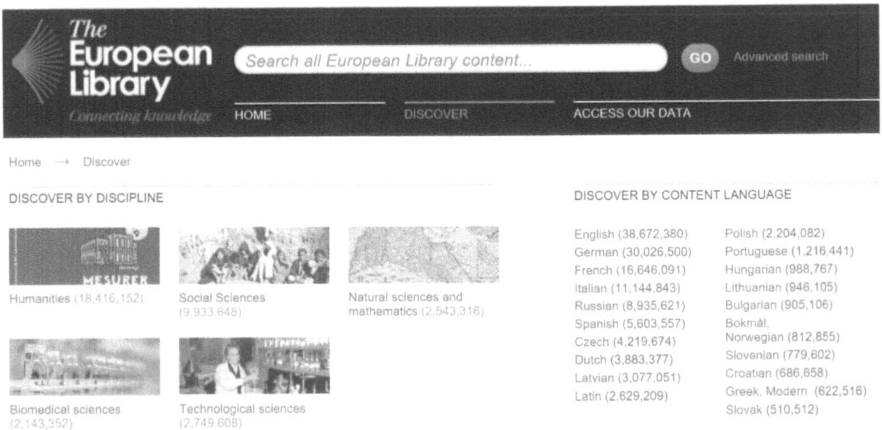

Abb. 18: Suchoptionen im Metasuchdienst *The European Library*

WorldCat (www.worldcat.org)

WorldCat ist der weltweit größte Bibliothekskatalog, der Bestände von über 10 000 teilnehmenden Bibliotheken erfasst. Die Zahl der Einträge beläuft sich auf ca. zwei Milliarden, wobei neben wissenschaftlichen Bibliotheken auch öffentliche Bibliotheken, Betreiber digitaler Repositorien etc. teilnehmen können. *WorldCat* beinhaltet zwar alle Bestände der beteiligten Institutionen, erspart jedoch nicht die Suche im OPAC vor Ort, da der Katalog keine Signaturen oder Verfügbarkeiten anzeigt. Auch eine Suche über Schlagwörter ist nicht möglich. Im slawischen Raum hat sich die Beteiligung an *WorldCat* bislang nicht durchgesetzt.

World Digital Library (www.wdl.org)

Von der UNESCO und der U.S. Library of Congress wurde die weltweit bekannteste digitale Bibliothek auf die Beine gestellt. Die *World Digital Library* ist eine Datenbank zur Langzeitarchivierung und Veröffentlichung von Weltkulturerbe und auf europäischem Niveau vergleichbar mit dem Metakatalog *Europeana*. Die Bibliothek beinhaltet etwa 16 000 Schriftdenkmäler, Musikalien, Buchraritäten, kartografisches und Bildmaterial, Tonaufnahmen etc. aus allen an der UNESCO beteiligten Ländern. Jeder Projektpartner entscheidet dabei selbst, welche Digitalisate er für das Projekt zur Verfügung stellt. Durchsuchbar sind daher keine kompletten digitalen Bestände, sondern lediglich eine Auswahl der wertvollsten Titel. Als Verwaltungssprachen gelten die sechs offiziellen Amtssprachen der Vereinten Nationen sowie Portugiesisch. Projektpartner auf slawischem Raum sind die Nationalbibliotheken

Bulgariens, Mazedoniens, Serbiens, Tschechiens, der Ukraine, der Slowakei sowie die Staats- und El'zin-Präsidentenbibliothek Russlands.

2.2.2 CyberLeninka, Kulturnik & Co – Osteuropäische Fachangebote

Nur selten werden Informationsressourcen slawischen Ursprungs für die internationale Zusammenarbeit verwendet. Eines der wenigen Beispiele ist die digitale Bibliothek *Manuscriptorium*, das von der tschechischen Nationalbibliothek betrieben wird und die digitalisierten Handschriften europäischer Bibliotheken und Archive zugänglich macht. Die einzelnen slawischen Länder verfügen jedoch über eine große Zahl nationaler und regionaler Ressourcen, die sich für eine Fachrecherche hervorragend eignen. Für die Suche nach slawischer Primärliteratur, slawischen Quellenmaterialien oder Zeitschriftenbeständen sind solche nationalen Ressourcen in der Regel den deutsch- und englischsprachigen Ressourcen vorzuziehen. Schriftliche und nichtschriftliche Primärmaterialien liegen zumeist in den bibliothekarischen Einrichtungen ihres Ursprungslandes vor und werden dort verwaltet und digitalisiert. In vielen Fällen findet man Informationen mittlerweile auch über große internationale Ressourcen wie *Europeana*, *World Digital Library* oder *The European Library* (siehe Kapitel 2.2.1). Nicht alle Länder bzw. öffentliche Bibliothekssysteme betreiben jedoch eine Kooperation mit internationalen Anbietern. Um bessere Suchergebnisse zu erzielen und auch solche Medienbestände miteinzuschließen, die nicht in *Europeana* und Co zu finden sind, ist es in einigen Fällen besser, nationale Ressourcen zu konsultieren. Fachliche oder auf eine Region spezialisierte Ressourcen verfügen zumeist auch über eine bessere sachliche Erschließung und eignen sich besser für konkrete Fragestellungen (Gantert 2011: 8).

In Osteuropa haben sich – obwohl im westlichen Ausland kaum bekannt – einige hervorragende Informationsressourcen etabliert. Sie bedienen in erster Linie die Bedürfnisse heimischer Studierender und Forscher. Für Slawisten, die slawischsprachige Literatur bzw. Medien suchen, sind diese Ressourcen ebenfalls sehr gut geeignet. Auch Nicht-Slawisten mit Kenntnissen der jeweiligen Sprache können dort fündig werden. Bezeichnend ist, dass fast alle Ressourcen freien (oder zumindest beschränkten) Zugang zu ihren Beständen offerieren. Als Slawist sollte man zumindest ein paar der besten slawischen Informationsressourcen kennen. Hier ist eine Auswahl der sieben modernsten und umfangreichsten Ressourcen aus verschiedenen slawischen Ländern:

CyberLeninka (www.cyberleninka.ru)
Die *CyberLeninka* ist das größte russische Open Access-Repositorium und eines der wenigen Repositorien, die nicht lokal oder fachlich ausgelegt sind, sondern für die Verwendung auf dem ganzen Staatsgebiet konzipiert wurden. Zur Veröffentlichung steht die *CyberLeninka* hauptsächlich russischen Fachzeitschriften zur Verfügung – es findet sich jedoch auch eine kleine Zahl ausländischer Titel dort wieder. Das Repositorium ist kein staatlich gefördertes Projekt, sondern eine Initiative der privaten Vereinigung Iteos. Obwohl Russland kulturpolitisch wenig offen ist für ausländische Entwicklungen, orientiert sich das Repositorium an den internationalen Open Access- und Open Data-Policies und garantiert den Autoren den Behalt der Urheberrechte über Creative Commons-Lizenzen. Auch der Austausch von Metadaten mit internationalen Informationsressourcen wie *Google Scholar*, *WorldCat*, *OpenAIRE*, *ROAR* oder *BASE* wird garantiert. Gesucht werden können sowohl ganze Zeitschriftentitel als auch Artikel. Insgesamt beinhaltet die *CyberLeninka* eine schnell wachsende Anzahl an Titeln im siebenstelligen Bereich und ist damit die größte nichtlizenzierte Informationsressource für russische Fachzeitschriften und eines der umfangreichsten Repositorien der Welt.

SCIndeks – Srpski citatni indeks (www.scindeks.ceon.rs)
Diese Aufsatzdatenbank ist eine hybride Konstruktion aus Volltext- und Referenzdatenbank und präsentiert ca. 200 serbische akademische Zeitschriften ab dem Jahr 1991 (Sozialwissenschaften) bzw. 1996 (Geisteswissenschaften). Aus diesen Zeitschriften referenziert die Datenbank etwa 75 000 Beiträge, wobei die Hälfte als Open Access-Dokumente (teils auch auf Englisch) zur Verfügung steht. *SCIndeks* ist aber auch zugleich ein nationales Zitationssystem, das Zeitschriftentitel über den *BIĆ* (*Bibliometrijski izveštaj o časopisima*) *Impakt Faktor* auswertet. Die Datenbank ist ein Angebot von CEON – einer unabhängigen serbischen Forschungsinstitution. Sie präsentiert sich in einem modernen, benutzerfreundlichen Design mit vielen Personalisierungsmöglichkeiten. Alle Referenzen sind über einen Hyperlink mit dem serbischen Verbundkatalog *COBIB.sr* verbunden oder können über *Google Scholar* gesucht werden. Jeder Eintrag beinhaltet zudem ein Abstract und Referenzen zur verwendeten Literatur. Informativ sind auch die Beschreibungen rund um das Projekt zu Plagiatsprävention, Qualitätssicherung oder dem Datenmanagement. Die Datenbank ist für alle, die nicht Serbisch sprechen, auch auf Englisch einsehbar.

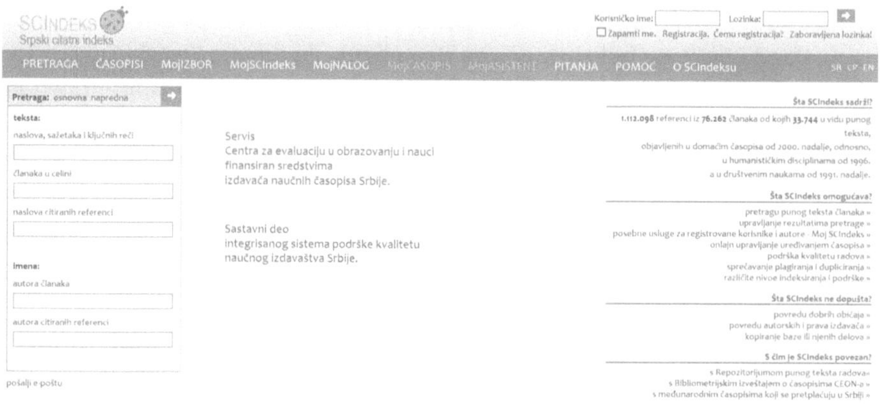

Abb. 19: Startseite der Zitationsdatenbank *SCIndeks*

Kulturnik (www.kulturnik.si)

Kulturnik ist ein Metasuchdienst des Ljudmila Art and Science Laboratory in Ljubljana – einer Initiative, die sich um die Verflechtung von Kunst, Technik und Open Science bemüht. Der Metasuchdienst ist typologisch einzigartig und zeigt den hohen Stellenwert von Kunst und Kultur in Slowenien. Insgesamt werden ca. 20 slowenische Informationsressourcen aus verschiedenen Bereichen mit *Kulturnik* zusammengefasst. Zu diesen zählen digitale Bibliotheken, Fachportale, Zeitschriften und Enzyklopädien, aber auch einzelne Datenbanken von Kulturplattformen aus dem kunsthistorischen, kinematografischen oder Musikbereich. So sind dort sowohl große Informationsressourcen wie der Verbundkatalog *COBIB.si* oder die digitale Bibliothek *d.Lib* zu finden als auch kleinere Angebote wie der Architekturführer *Arhitekturni vodnik* oder die Musikdatenbank *SIGIC*. Die Liste aller Ressourcen zeigt ein Abbild des slowenischen Kultur- und Bibliothekswesens, zusätzlich werden alle wichtigen kulturellen Fachzeitschriften und Blogs aufgeführt. *Kulturnik* verfügt über ein alternatives Design zu den gängigen bibliothekarischen Metasuchdiensten: Recherchiert wird über eine Schnellsuche, die die einzelnen Treffer nach Fundort und in Blogformat gliedert. In der Nachrichtenübersicht (*Novice*) werden täglich aktuelle Meldungen aus dem Internet zu 20 verschiedenen Kulturzweigen gesammelt.

Virtualna biblioteka „Ivan Šišmanov" – Bălgarska literatura v prevod (www.bglit.org)

Diese Volltextdatenbank ist das Ergebnis einer Projektarbeit am literaturwissenschaftlichen Institut der Bulgarischen Akademie der Wissenschaften (Institut za literatura BAN). Ziel des Projekts ist die Verbreitung bulgarischer Literatur im Ausland über eine frei zugängliche Datenbank. Zu diesem Zweck wurden ca. 1900 Titel original bulgarischer Primärliteratur ab dem späten 19. Jahrhundert in englischer und deutscher Übersetzung aufgearbeitet und digitalisiert. Neben den englisch- und deutschsprachigen Volltexten bietet die Datenbank auch biografische Kurzporträts der Autoren sowie ein bibliografisches Verzeichnis übersetzter Werke. Damit die Übersetzungen aus der Trefferliste eingesehen werden können, muss man sich zuvor registrieren lassen. Die Datenbank ist auf Bulgarisch, Englisch und Deutsch vorhanden.

Diasporiana (www.diasporiana.org.ua)
Diasporiana ist eine mehrsprachige digitale Bibliothek zur Literatur der ukrainischen Diaspora. Sie enthält über 10 000 im Ausland erschienene Titel ukrainischer Autoren, wobei sich etwa die Hälfte des Bestandes aus Periodika (Zeitungen, Zeitschriften, Almanache, Bulletins etc.) zusammensetzt. Die Bibliothek beinhaltet außerdem sowohl historische Primär- als auch Sekundärliteratur aus allen philologischen bzw. literarischen Disziplinen: Sprach- und Literaturwissenschaft, Philosophie, Kinderliteratur, Lyrik, Autobiografien etc. Der Bestand wird laufend erweitert und durch einen 17-teiligen Themenindex geordnet. Jeder Titel ist als PDF- und DjVu-Dokument verfügbar. Vergleichbare Projekte zur Exilliteratur gibt es auch in Tschechien (*Bibliografie česká literatura v exilu (1948–1989)*).

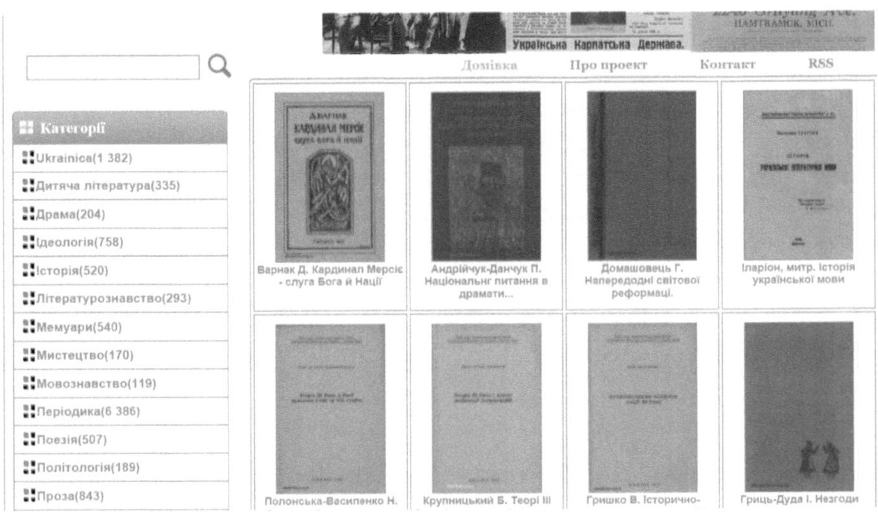

Abb. 20: Menüleiste und Anzeige kürzlich hinzugefügter Titel in der digitalen Bibliothek *Diasporiana*

Korpus českého verše (www.versologie.cz)

Dass Textkorpora nicht unbedingt ein reines Anwendungsgebiet für Linguisten sind, zeigt dieses Angebot der Literaturabteilung der Tschechischen Akademie der Wissenschaften (Ústav pro českou literaturu AV ČR). Das erste tschechische Textkorpus für Literaturwissenschaftler umfasst ca. 77 000 tschechische Gedichte aus dem 19. und frühen 20. Jahrhundert. Alle Inhalte wurden für den literaturwissenschaftlichen Zweck annotiert und auf verschiedenen Ebenen lemmatisiert. Zu jedem Vers gibt es Informationen zum verwendeten Metrum, Länge, metrischem Muster etc. Auf größeren Textebenen werden auch u. a. Stilmittel wie Reimpaare angegeben. Eine grafische Statistik und eine umfangreiche Projektbeschreibung geben Auskunft über den genauen Inhalt und dessen Aufarbeitung. Für die Arbeit mit dem Korpus wurden eigene Analysetools entworfen, über die man auf das Korpus zugreifen kann. Zu diesen zählen u. a. das Abfragetool *Babel*, die *Databáze českých meter* für die Recherche in metrischen und strophischen Beschreibungen, das *Eufonometr* zur Feststellung euphonischer Koeffizienten und ein Frequenzwörterbuch.

Crnogorska bibliografija (www.nbcg-digitalnabibliografija.me)

Obwohl Montenegro zu den kleinsten slawischen Staaten gehört, ist die montenegrinische Nationalbibliografie – die *Crnogorska bibliografija* – eine der chronologisch umfassendsten Nationalbibliografien Europas. 1979 wurde eine retrospektive Erfassung montenegrinischer Literatur von der Nationalbibliothek in Angriff genommen, deren Ergebnisse nun auch online einzusehen sind. Die zweiteilige Bibliografie – bestehend aus der laufenden *Tekuća bibliografija* und der retrospektiven *Crnogorska bibliografija 1494–1994* – umfasst etwa 230 000 Einträge und unterliegt kaum inhaltlichen Einschränkungen. Aufgenommen wurden Handschriften, frühe Drucke, Monografien und Periodika entsprechend einem großzügig interpretierten Territorial-, Nationalitäts- und Sujetprinzip. Begonnen wurde die Bibliografie mit dem ersten kyrillisch gedruckten Buch in Südosteuropa (*Oktoih Prvoglasnik*, 1494). Auf der Webseite der Bibliografie ist eine umfangreiche Projektbeschreibung zu finden, in der sich Interessierte u. a. über die Schwierigkeiten der Erstellung einer südosteuropäischen Nationalbibliografie informieren können. Alle Teile der Nationalbibliografie stehen als Digitalisate zur Verfügung und können nach Indizes zu Autor, Titel, Sujet, Herausgeber etc. oder über eine Feldsuche recherchiert werden. Eine umfassende englische Version ist vorhanden.

2.2.3 FAQ – Wo suche ich was?

Nicht alle Informationsressourcen eignen sich gleichermaßen für die Recherche nach bestimmten Medien. Wer eine umfassende Recherche – z. B. im Rahmen einer Abschlussarbeit – plant, der sollte sich vorher erkundigen, wo welcher Medientyp zu finden ist und welche Ressourcen ihm dabei zur Verfügung stehen. Abhängig von Faktoren wie zeitlichen Fristen, Aufenthaltsort und Fachrichtung kommen hier oft unterschiedliche Ergebnisse zum Vorschein. In der Slawistik beeinflussen zusätzlich zwei Umstände die wissenschaftliche Recherche: Zum einen die Tatsache, dass slawische bzw. slawistische Titel in internationalen Ressourcen mangelhaft vertreten sind und zum anderen der große informationstechnische Entwicklungsunterschied zwischen den einzelnen slawischen Ländern. Benötigt man für seine Arbeit weitgehend unbekannte Quellentexte, sollte man daher andere Ressourcen konsultieren als wenn man auf der Suche nach zeitgenössischer Primärliteratur ist. Auf Basis des benötigten Materials lässt sich daher eine Liste mit empfehlenswerten Ressourcentypen zusammenstellen.

Auf der Suche nach...

...historischen Quellenmaterialien bzw. -texten im Volltext (Tageszeitungen, Reiseführer, Kochbücher, Plakate, Handschriften etc.)
Historische Periodika, Manuskripte und wertvolle Monografien sind bevorzugte Gegenstände der Retrodigitalisierung. Hier lohnt sich immer ein Blick in den digitalen Bestand der jeweiligen Nationalbibliothek(en), da diese oftmals die größten bzw. wertvollsten Bestände besitzt und die Kapazitäten für große Digitalisierungsprojekte hat. Gibt es ein landesweites, koordiniertes Digitalisierungsprogramm (wie in Tschechien oder Polen) sollte man natürlich auch die dazugehörigen Metasuchdienste konsultieren. Nationalbibliotheken digitalisieren in erster Linie im Inland erschienene Zeitungen und Zeitschriften – auf der Suche nach slowenischen Periodika sollte man sich daher an slowenische öffentliche Informationsressourcen halten. Schwieriger wird es bei den Periodika ethnischer Minderheiten (etwa der Sudeten- oder Russlanddeutschen), da sie oftmals in keinen klaren „Zuständigkeitsbereich" fallen. Noch gibt es wenige Projekte zur Digitalisierung solcher Periodika (siehe etwa *DifMOE*, Kapitel 3.11). Historische Monografien werden in vielen Fällen in einem Datenpool zusammen mit den Periodika verwaltet, manchmal gibt es ein eigenes Zeitschriftenrepositorium.

Anders als reines Printmaterial wird historisches Bild- oder Multimedia-Material zumeist von einzelnen Forschungsinstitutionen im Zuge eines

Projekts digitalisiert. Beispiele dafür sind Projekte im Bereich der Mediävistik, Ethnografie oder Kunstwissenschaft. Durch diese Projekte ergeben sich mehr oder weniger große Text-, Bild- und Audiokollektionen, die der Öffentlichkeit kostenlos zur Verfügung gestellt werden (siehe etwa *Gaida.com* oder *russianposters.ru*, Kapitel 3.2 und 3.7). Nach solchen Informationsressourcen muss jedoch aktiv gesucht werden, da sie in der Regel nirgends verzeichnet werden.

...historischer und moderner Primärliteratur im Volltext
Im Gegensatz zur Retrodigitalisierung von Periodika, die zumeist von Nationalbibliotheken übernommen wird, erfolgt die Onlinestellung historischer wie zeitgenössischer Prosa, Lyrik etc. durch einzelne Forschungsinstitutionen oder Privatpersonen – dementsprechend vielfältig ist die Bandbreite an Informationsressourcen. Durch das Web 2.0 kam es zu einer wachsenden Zahl an Crowdsourcing-Ressourcen, die durch die Digitalisierung von – oftmals nationaler Kanonliteratur – einen Beitrag für die Öffentlichkeit leisten wollen. Auch die Verletzungen am Urheberrecht haben damit zugenommen. Generell ist von der Recherche in Crowdsourcing-Bibliotheken, deren Inhalte als reine elektronische Abschriften online gestellt werden, abzuraten. Mit etwas Glück gibt es für die gewünschte Primärliteratur eine eigene Volltextdatenbank. Diese sind besonders ergiebig, da sie zumeist von spezialisierten Forschungsinstituten entwickelt werden. Beispiele dafür sind etwa die Datenbanken *Virtualna biblioteka „Ivan Šišmanov“* (Kapitel 3.2) oder *Česká elektronická knihovna* (Kapitel 3.11). Auf der Suche nach z. B. historischer westslawischer Lyrik sollten Metasuchdienste und projektbasierte Volltextdatenbanken bzw. Textsammlungen konsultiert werden und nicht in erster Linie die digitalen Bestände staatlicher Bibliotheken. Diese haben an der Retrodigitialisierung von Kanonliteratur eher wenig Interesse, da diese ohnehin in analoger Form gut erschlossen ist – es sei denn, es handelt sich dabei um spezielle oder wertvolle Ausgaben.

...Sekundärliteratur im Volltext
Die erste Anlaufstelle auf der Suche nach digitaler Sekundärliteratur ist die eigene Hochschulbibliothek. Durch die Bereitstellung eines Datenbankinformationssystems (z. B. *DBIS* oder *DigiBib*) und einer Zeitschriftendatenbank (z. B. *Europäische Zeitschriftenbibliothek*) bekommen Recherchierende ein fachlich zugeschnittenes Angebot an öffentlichen und lizenzierten Informationsressourcen. Viele Hochschulbibliotheken verfügen zudem über eine eigene Metasuchfunktion in Form eines Bibliotheksportals, wo mit einer einzigen Suchanfrage alle vorhandenen Ressourcen gleichzeitig durchsucht werden

können. In der Regel stehen die bekanntesten und umfangreichsten Lizenzdatenbanken durch eine Nationallizenz oder eine eigene Bibliothekslizenz zur Verfügung, so dass die Recherche nach Volltexten ohne Probleme erfolgreich verläuft. Eine sehr gute Ergänzung sind Open Access-Ressourcen, die aktuelle E-Books und Fachartikel kostenlos zur Verfügung stellen. Um geeignete Open Access-Zeitschriften oder -Repositorien zu finden, konsultiert man am besten ein Open Access-Fachportal (z. B. *ROAD* oder *DOAJ*). Ist das Ergebnis der Recherche immer noch nicht zufriedenstellend, können zusätzlich fachlich spezialisierte Lizenzdatenbanken hinzugezogen werden. Besitzt die eigene Bibliothek dafür keine Lizenz, gibt es mitunter die Möglichkeit Artikel über Pay-per-View bzw. Pay-per-Use zu kaufen.

...nach Referenzen zu Fach- oder Primärliteratur bzw. Multimedia-Inhalten
Wer eine umfassende Arbeit schreibt und sicher gehen möchte, dass (fast) alle relevanten Titel bei der Recherche berücksichtigt wurden, sollte eine fachlich geeignete Referenzdatenbank konsultieren. Die Zahl solcher Ressourcen ist in den slawischen Ländern unterschiedlich hoch, so dass nicht immer eine geeignete Datenbank zur Verfügung steht. Fachdatenbanken haben den Vorteil, dass sie über ihre Ländergrenzen hinaus auch fremdsprachige Literatur referenzieren. Eine Datenbank zur Geschichte der tschechischen Kronländer enthält in der Regel nicht nur tschechische, sondern auch russische, deutsch- oder englischsprachige Titel. Für deutschsprachige slawistische Literatur gibt es eine Reihe von eigenen Referenzressourcen (siehe Kapitel 3.14). Sollte keine geeignete Fachdatenbank zur Verfügung stehen, kann man sich mit einer präzisen Suchanfrage auch an die jeweiligen Nationalbibliografien wenden. Da sich viele Nationalbibliotheken um eine retrospektive Aufarbeitung ihrer Bibliografien bemühen, sind diese eine gute Alternative. Sollte das jeweilige Land über keine elektronische Nationalbibliografie verfügen (z. B. wie die Slowakei oder Bosnien-Herzegowina) gibt es noch die Möglichkeit zur Recherche in *WorldCat*, dem größten OPAC der Welt.

...nach staatlichen, universitären, medialen etc. Quellen oder Webseiten
Eine umfassende Linksammlung zu allen Akteuren des öffentlichen Lebens in Osteuropa enthält das *Directory of Internet Resources on Central and Eastern Europe and Russia* der Londoner UCL School of Slavonic and East European Studies (siehe Kapitel 3.15). Auf der Webseite der Bibliothek finden Recherchierende unterteilt nach Ländern Verweise zu allen relevanten ministeriellen, kulturellen, akademischen und medialen Institutionen. Die Webseite wird regelmäßig

aktualisiert und beinhaltet je nach Anlass auch wichtige Ressourcen zu Großereignissen wie Präsidentschaftswahlen oder Naturkatastrophen.

…neuen informationstechnischen Entwicklungen
Um in Sachen digitaler Fortschritte auf dem Laufenden zu bleiben, empfiehlt sich die Lektüre bestimmter spezialisierter Fachzeitschriften bzw. Quellen. Für Slawisten interessant ist die Fachzeitschrift *Slavic and East European Information Resources* (Taylor & Francis), die qualifizierte Beiträge zu analogen und digitalen Ressourcen aus und zu Osteuropa publiziert. Technischen Aspekten zum Thema Internetrecherche widmet sich die Zeitschrift *Online Searcher* (Information Today). Interessiert man sich für die Digitalisierung von Kulturerbe, kann man das Fachportal *Digital meets Culture* (www.digitalmeetsculture.net) konsultieren. Etwas schwieriger ist es, die Entwicklung von geisteswissenschaftlicher Forschungsinfrastruktur im Auge zu behalten. Um herauszufinden, was für die kommenden Jahre an Projekten geplant ist, eignen sich die *ESFRI National Roadmaps* oder die interaktiven Projektkarten auf der *ESFRI*-Webseite (siehe Kapitel 1.2.3). Bestehende Infrastrukturen findet man am besten über das *DiRT Directory* (www.dirtdirectory.org).

2.3 Allgemeines zur Suche im Web 2.0

Auf der Suche nach wissenschaftlicher Literatur und anderen Medien kann neben den traditionellen Ressourcentypen wie Bibliothekskatalog und Co noch eine Reihe hilfreicher Dienste in Anspruch genommen werden – dazu zählen u. a. wissenschaftliche Suchmaschinen und Zitationsdatenbanken. Diese eignen sich nicht nur für eine Recherche im engeren Sinne, sondern erfüllen zudem spezielle Zusatzfunktionen.

Wissenschaftliche Suchmaschinen erlauben die Suche nach wissenschaftlichen Inhalten in einem großen Teil des Internets und sind damit um vieles flexibler als klassische bibliothekarische Informationsressourcen. Zugleich unterliegen sie wie diese diversen Einschränkungen thematischer oder typologischer Natur und zeigen, wie sich die Suche nach wissenschaftlichen und nach profanen Inhalten unterscheidet. Die vermeintliche „Allmacht“ der Suchmaschine stößt hier auf ihre Grenzen. Für Wissenschaftler dennoch interessant sind die unterschiedlichen Zusatzfunktionen, die im Rahmen einer Recherche genutzt werden können. Diese reichen von bibliometrischen Analysen bis hin zur Anzeige mehrerer Literaturversionen, der geltenden Urheberrechte etc. Beschäftigt man sich häufig mit der aktiven Verwertung von Literatur, so lohnt es sich, verschiedene Suchmaschinen zu kennen und diese Funktionen zu nutzen.

Anders als bei wissenschaftlichen Suchmaschinen beschränkt sich die Recherche in Zitationsdatenbanken auf einen vorselektierten Datenpool. Dieser beinhaltet Forschungsliteratur auf hohem Niveau. Recherchierende können durch bestimmte Suchstrategien diese Pools durchforsten und anhand von *Impact Factor* und Co viel über den Kontext von Forschung und Forschungsliteratur erfahren. Da diese Marktnische von einigen speziellen Anbietern dominiert wird, läuft man mit der Zeit Gefahr, sich ein einseitiges Bild von Zitationssystemen zu machen. Slawisten haben hier die Möglichkeit, sich mit den nationalen Zitationssystemen Russlands und Serbiens einen Gegenentwurf anzusehen.

Um die vielen verschiedenen Möglichkeiten, Recherche zu betreiben, „unter einen Hut" zu bringen, gibt es im Anschluss einen exemplarischen Recherche-Leitfaden. Dieser soll Studierenden und Forschern eine Schritt-für-Schritt-Anleitung geben, um die Recherche möglichst effektiv und erfolgreich gestalten zu können.

2.3.1 Was taugen wissenschaftliche Suchmaschinen?

Wie kommt man überhaupt zu einer Informationsressource? Viele Studierende und Wissenschaftler beginnen ihre Internetrecherche mit Hilfe einer Suchmaschine. Erst nachdem sie erste Informationen zu einem Thema gesammelt haben, folgt die Konsultation fachspezifischer Ressourcen, die ebenfalls oft mittels einer Suchmaschinenabfrage ausfindig gemacht werden. Für eine grobe Recherche sind Suchmaschinen ein guter Einstiegspunkt, da sie schnell faktische Informationen liefern und dem Recherchierenden einen ersten Überblick über den „Verarbeitungsgrad" eines Themas geben. Immer mehr Forscher aber möchten ihre Rechercheerfolge nicht von einem kommerziellen Suchmaschinenanbieter abhängig machen und nutzen stattdessen einen anderen Dienst. So war noch vor einigen Jahren das Verwenden oder gar Zitieren der Online-Enzyklopädie *Wikipedia* für wissenschaftliche Zwecke verpönt, wohingegen diese heute eine beliebte Alternative zu *Google* und anderen Suchmaschinen ist. Studien haben gezeigt, dass die meisten Surfer eine von beiden Einstiegsstellen verwenden, um erste Informationen zu einem Thema zu bekommen. Manche Institutionen haben sich *Wikipedia* daher zu Nutze gemacht, um mehr Besucher auf ihre Webseiten bzw. Informationsressourcen weiterzuleiten, indem sie ihren eigenen Eintrag gestalten und laufend warten. So findet man etwa im *Wikipedia*-Eintrag der Österreichischen Nationalbibliothek wertvolle Informationen zu ihrer Geschichte, ihren Beständen, laufenden Projekten etc., die *nicht* zu verwenden heute sicherlich falsch wäre.

Kommerzielle Suchmaschinen arbeiten in der Regel so, dass sie dem Suchenden ein personalisiertes und für nicht allzu hohe Ansprüche befriedigendes

Ergebnis liefern. Die Handhabung wird zudem durch eine automatische Verwendung von Suchoperatoren oder einer Fuzzy-Suche (etwa zum Ausbügeln von Tippfehlern) erleichtert. Wie der Suchalgorithmus arbeitet oder wie die gefundenen Webseiten gereiht werden, ist in den meisten Fällen nicht einsehbar. Zudem unterscheiden kommerzielle Suchmaschinen wie *Google* nicht zwischen wissenschaftlichen und nichtwissenschaftlichen Inhalten. Für die Sichtung und die Überprüfung der Qualität aller Treffer müssen Recherchierende daher viel Zeit aufwenden.

Da man im Internet heutzutage fast nichts nicht findet, bekommt man bei einer dementsprechend großen Treffermenge das Gefühl, die Suche wäre bereits erfolgreich verlaufen und damit beendet. Für die wissenschaftliche Recherche ergibt sich hier ein Trugschluss, da kommerzielle Suchmaschinen nur die Oberfläche des Internets – das sogenannte *Visible Web* – durchsuchen können. Gerade Ressourcen und Inhalte wissenschaftlicher Natur wie z. B. Datenbanken oder Zeitschriftenartikel werden nicht gefunden, da diese in der Regel Teil des *Deep Web* bzw. *Invisible Web* sind. Bedingt ist diese „Unsichtbarkeit" durch die typische Struktur wissenschaftlicher Informationsressourcen. Viele von ihnen – z. B. Bibliothekskataloge und bibliografische Datenbanken – bestehen aus dynamisch erzeugten Seiten, d. h. die Metadaten werden erst über eine aktive Sucheingabe vor Ort zusammengestellt und angezeigt. Der Datenpool selbst ist für die Suchmaschine nicht durchsuchbar.

Um zumindest einen Teil des Deep Web durchsuchen zu können, gibt es Suchmaschinen, die eigens für die wissenschaftliche Recherche erstellt wurden. Diese sogenannten *wissenschaftlichen Suchmaschinen* bzw. *Spezialsuchmaschinen* erfassen tausende von Ressourcen und ermöglichen ein bequemes Aufspüren von Inhalten, die selten kumulativ gespeichert oder von akademischen Stellen sogar vernachlässigt werden. Warum also nicht die eigene Recherche auf solche Dienste beschränken? Wissenschaftliche Suchmaschinen haben trotz ihrer großen Leistungsfähigkeit mehrere Nachteile. So bedienen sie in der Regel einen disziplinären Schwerpunkt, wobei der Großteil der Suchmaschinen auf naturwissenschaftliche Zweige spezialisiert ist. Für Geistes- und auch Sozialwissenschaften wurde noch keine spezielle Suchmaschine entwickelt. Ähnlich wie bei kommerziellen Suchmaschinen gibt es zudem das Problem, dass die abgefragten Quellen nicht immer einsehbar sind. Somit bleibt immer ein Rest Zweifel, ob auch wirklich alle relevanten Informationsressourcen durchsucht wurden. Insbesondere im Bereich der Kunst- und Kulturwissenschaften, wo auch nichtschriftliche Materialien von großer Bedeutung sind, werden Inhalte oft nicht gefunden, da die Indexierung bei Suchmaschinen auf Textbasis erfolgt. Wissenschaftliche Suchmaschinen sollten daher nur ergänzend für die Recherche herangezogen werden (Lewandowski 2015: 250).

Bekannte Suchmaschinen wie *Wolfram Alpha*, *Scirus*, *DeepDyve* oder *Microsoft Academic Search* eignen sich kaum für die philologische Recherche, da sie ausschließlich naturwissenschaftliche und technische Disziplinen bedienen. Zur Auswahl stehen für Geisteswissenschaftler nur zwei der umfangreicheren Dienste: *Google Scholar* und *Bielefeld Academic Search Engine* (*BASE*). Im slawischen Raum haben sich noch keine nennenswerten wissenschaftlichen Suchmaschinen hervorgetan. *Google Scholar* und *BASE* können für die slawistische Recherche jedoch bedenkenfrei genutzt werden, da kyrillische Zeichen, Diakritika und die slawischsprachige Morphologie von den Crawlern gut verarbeitet werden. Beide Suchmaschinen decken zudem viele slawische Ressourcen ab.

Google Scholar (www.scholar.google.at)

Um die mangelhafte Eignung der *Google*-Suchmaschine für eine anspruchsvolle Recherche wettzumachen, wurde der Schwesterdienst *Google Scholar* kreiert. *Google Scholar* kombiniert die Suche im Visible und Deep Web und ist daher die umfassendste wissenschaftliche Suchmaschine am Markt. Um den akademischen Wert von Inhalten herauszufinden, überprüft der Crawler deren Herkunft (etwa ob ein Dokument aus einem Hochschulrepositorium oder einer Fachzeitschrift stammt), Aufbau und Erwähnung in anderen Dokumenten (Lewandowski 2015: 249). Folgen diese bestimmten akademischen Mustern, werden sie dem Recherchierenden in einer Trefferliste ausgegeben. *Google Scholar* kennt keine fachlichen Schwerpunkte und eignet sich für die Suche nach verschiedenen Publikationstypen, aber auch nach wissenschaftlichen Webseiten, Power Point-Präsentationen und Patenten.

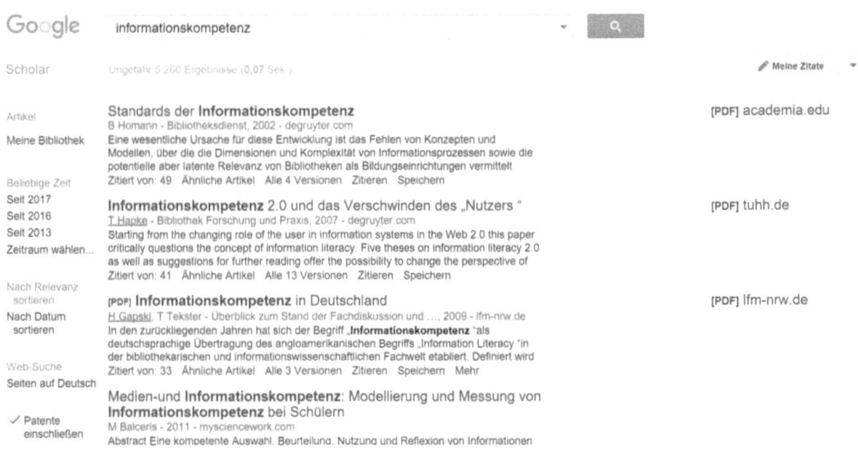

Abb. 21: Trefferanzeige in *Google Scholar*

Wer *Google* im Alltag als Suchmaschine benutzt, wird schnell feststellen, dass *Google Scholar* die Trefferliste uneinheitlicher zusammensetzt. Hier spielen weder der eigene Standort noch frühere Recherchesitzungen eine Rolle, denn für die Suche sind lediglich die Metadaten und – falls vorhanden – das Inhaltsverzeichnis eines Dokuments wichtig. Die darauf basierende Trefferliste gehört zu den besonderen Eigenschaften dieser Suchmaschine. Gelistet werden lizenzierte und Open Access-Dokumente im Volltext, aber auch Verweise, die an der Markierung *[Zitation]* zu erkennen sind. Bei solchen handelt es sich um andere Werke, die das gesuchte Werk zitieren. Eine spezielle Eigenschaft ergibt sich auch durch die Möglichkeit, verschiedene Versionen eines Textes (z. B. Pre- und Postprints) einzusehen, die zumeist von privaten Webseiten oder Konferenz-Webseiten stammen. Diese sogenannte *graue Literatur* wird in den meisten wissenschaftlichen Informationsressourcen vernachlässigt. Praktisch ist auch die Vorschlagsliste für ähnliche Dokumente, die mit Hilfe eines textbasierten Vergleichsalgorithmus zusammengestellt wird. *Google Scholar* bietet zudem ein eigenes Zitationsranking, das ebenfalls in der Trefferliste zu finden ist. Diese Rankings sind allerdings mit Vorsicht zu genießen, da Dokumente mehrfach oder in verschiedenen Versionen vorhanden sein können (Weinl 2013: 39). Besitzt man keinen Zugang zu kostenpflichtigen Zitationsdatenbanken wie *Scopus* oder *Web of Science*, kann man diese Rankings als Alternative verwenden, um häufig gelesene und zitierte Inhalte zu finden.

Ein Nachteil bei der Verwendung von *Google Scholar* ergibt sich daraus, dass die durchsuchten Quellen – anders als etwa bei *BASE* – nicht angegeben werden. Die Datenbasis, Qualität und Anzahl der erfassten Ressourcen bleiben somit unklar. Dies ist insofern ein Problem, als Ressourcen nicht als ein Ganzes indexiert werden, sondern nur einzelne Dokumente. So kann es passieren, dass von zwei Artikeln aus einem Zeitschriftenheft nur einer gefunden wird. Hat man aber die Entwicklungshistorie von Google Inc. etwas verfolgt, kann man die Suchmaschine nutzen, um die Ressourcen von renommierten Kooperationspartnern zu durchsuchen. Da *Google Scholar* die größte Suchmaschine am Markt ist, gibt es viele Aggregatoren, Verlage und Betreiber von Repositorien, die die bibliografischen und Metadaten in ihren Informationsressourcen zur Verfügung stellen. Wichtige Kooperationspartner im kommerziellen Bereich sind Großverlage wie Elsevier, Springer oder Taylor & Francis. Von öffentlicher Seite sind umfangreiche Repositorien wie die *CyberLeninka* und natürlich das firmeneigene Repositorium *Google Books* als Ganzes durchsuchbar.

Bei Erstellung der Suchmaschinenabfrage empfiehlt sich wie bei allen Metasuchdiensten der Verzicht auf Metadaten wie Schlagwörter, Übersetzungen oder Abkürzungen, da diese oft uneinheitlich vorhanden sind. Besser ist die Verwendung von Stichworten, sofern diese bekannt sind oder Phrasen eingeschlossen in Anführungszeichen. Das erleichtert auch das Durchsuchen der Trefferliste, da *Google Scholar* kaum Möglichkeiten bietet, diese zu sortieren.

BASE (Bielefeld Academic Search Engine) (www.base-search.net)

Eine beliebte Alternative zu *Google Scholar* ist *BASE* – ein Dienst der Universität Bielefeld. *BASE* gehört zu den vielen Suchmaschinen, die von Hochschulen entwickelt wurden, ähnlich *MetaGer* (Universität Hannover) oder *OAister* (University of Michigan). Wie *Google Scholar* kennt *BASE* keine fachliche Einschränkung und umfasst ca. 4400 Quellen mit über 90 Millionen Titeln (Stand Mai 2016), wobei auch zahlreiche slawische Quellen miteinbezogen werden. Die Suchmaschine eignet sich insbesondere für die Recherche nach Open Access-Dokumenten, die über digitale Repositorien oder elektronische Fachzeitschriften angeboten werden. Durch die Offenlegung der Ressourcen innerhalb der Suchmaschinen-Webseite ist *BASE* transparenter als *Google Scholar* und bei vielen Usern deshalb beliebter. Die Auflistung liefert jedoch nicht nur Informationen über die erfassten Ressourcen, sondern auch Angaben zu deren Umfang und Anzahl der Inhalte, die frei zugänglich sind. Für Slawisten besonders praktisch ist die Möglichkeit, Ressourcen nach Ländern einzusehen. Wurde ein bestimmtes Land über die interaktive Karte ausgewählt, kann im Anschluss nach nationalen Inhalten gesucht werden.

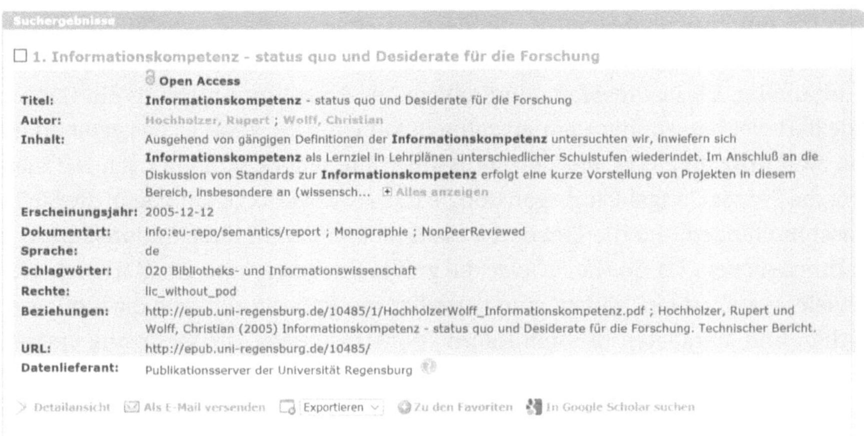

Abb. 22: Trefferanzeige in *BASE*

Im Vergleich zu *Google Scholar* gibt es jedoch auch Nachteile. *BASE* eignet sich nicht für die Suche nach lizenzierten Titeln und schließt damit einen Großteil des kommerziellen Informationsmarktes aus. Auf der Suche nach Open Access-Dokumenten aus Fachzeitschriften ist man mit speziellen Metasuchdiensten wie *ROAD* oder *DOAJ* genauso gut beraten. Auch Features wie eine Zitationsstatistik oder eine Möglichkeit zur Recherche ähnlicher Treffer sucht man bei *BASE* vergeblich. Um diesen Mangel auszugleichen, können Einträge aus der Ergebnisliste aber mittels eines speziellen Hyperlinks in *Google Scholar* gesucht werden.

Die Suchmöglichkeiten sind in *BASE* besonders ausgeklügelt. Die einzelnen Treffer sind großflächig angelegt und zeigen übersichtlich alle wichtigen Daten einschließlich Schlagwörtern und Dokumententypus. Auch die Urheberrechte und Nachnutzungsmöglichkeiten werden angezeigt. *BASE* bietet zudem umfangreiche Personalisierungs- und Exportfunktionen, leider aber nicht für gängige Literaturverwaltungsprogramme wie *Citavi*, *EndNote* oder *Zotero*. Ähnlich wie bei *Google Scholar* ist bei der Suche zu berücksichtigen, dass nur bibliografische und Metadaten durchsucht werden können – keine Volltexte.

2.3.2 Ein Recherche-Leitfaden für Slawisten

Bei der Ressourcenvielfalt am heutigen Informationsmarkt ist es nicht immer leicht, die richtige Recherchestrategie zu wählen. Selbst mit einem gut durchdachten Plan und dem Anspruch, die verfügbaren Medien am Markt vollständig zu erschließen, wird man nie mit Sicherheit behaupten können, alles Wesentliche gefunden zu haben. Manchmal fehlt auch die Zeit, das gesamte Ressourcenangebot zu konsultieren, man scheitert an hohen Lizenzgebühren für interessante Volltexte oder an den nötigen Fremdsprachenkenntnissen. Eine Recherchestrategie für Sekundärliteratur zusammenzustellen, gestaltet sich dabei noch etwas einfacher als für Quellentexte und nichtschriftliche Materialien. Da Volltextressourcen meist eingeschränkt zugänglich und inhaltlich sehr unterschiedlich sind, ist der Erschließungsgrad bei Quellenmaterialien (die am ehesten in solchen Ressourcen zu finden sind) in der Regel niedriger als bei Sekundärliteratur. Diese kann im Zweifel immer über Bibliothekskataloge und Fachbibliografien recherchiert werden, während die Suche nach Quellenmaterialien mitunter viel Kreativität verlangt.

Die Frage nach der Vollständigkeit der eigenen Rechercheergebnisse ist in der Slawistik noch präsenter als in anderen wissenschaftlichen Disziplinen. Als Slawist ist man angehalten, möglichst viele slawische Inhalte im Zuge einer wissenschaftlichen Arbeit einzubinden. Nur fremdsprachige Inhalte – wie etwa deutsch- oder englischsprachige Texte – zu verwenden, zeugt von wenig Kompetenz bei der Recherche und der willentlichen Vernachlässigung slawischer Themen- und Diskussionsbeiträge. Wie gründlich aber muss die Suche in slawischen Informationsressourcen sein und wie werden die Ergebnisse am besten mit fremdsprachigen Medien kombiniert? Die Globalisierung und das Internet haben dazu geführt, dass elektronische Informationsressourcen in Osteuropa genauso strukturiert sind wie in anderen Regionen. Die Recherche gestaltet sich somit ähnlich wie in den Ressourcen des eigenen Heimatlandes. Der Grund für die mangelhafte Bekanntheit slawischer Ressourcen im Ausland liegt darin, dass in der Wissenschaft generell wenig slawischer Output verarbeitet und zitiert wird. Um dies zu ändern, wurden in einigen Ländern Initiativen gegründet, die die nationale Forschung im Ausland bekannter machen sollen. Somit gibt es ein paar hervorragende Informationsressourcen, die Slawisten auf jeden Fall konsultieren sollten.

Der erste Schritt auf der Suche nach Literatur und Co ist für alle Fachdisziplinen gleich. Werden an die Recherche noch keine hohen Ansprüche gestellt – etwa im Rahmen einer Seminararbeit oder eines Referats –, ist die Suche in der eigenen Hochschulbibliothek oder im Datenbankinformationssystem meist ausreichend. Erst wenn neben der Basisliteratur eigenständig recherchierte Fachbeiträge gefragt sind, wird die Suche anspruchsvoller, zeitaufwändiger und verlangt mehr Gründlichkeit, etwa beim Ausformulieren der Suchanfrage. Solche Beiträge werden in der Regel erstmals bei Abschlussarbeiten oder größeren Seminararbeiten verlangt. Je nachdem, ob es sich bei der Arbeit um eine Review (einen Überblick über die aktuelle Forschungslage zu einem Thema), eine Forschungs- oder gar künstlerische Arbeit handelt, muss die Recherchestrategie entsprechend angepasst werden, da unterschiedliche Literaturtypen benötigt werden.

Für eine gute Arbeit ist die Literatur- bzw. Quellenbasis ausschlaggebend. Je besser die Rechercheergebnisse, desto eher ist es möglich, ein Thema sowohl tiefgründig als auch vielseitig zu behandeln. Slawisten können sich dabei den Umstand zu Nutze machen, dass sowohl slawische Sekundärliteratur als auch Quellenmaterialien international wenig zitiert und verwendet werden. Die Chance, neue Literatur in eine Debatte einzuführen, ist damit wesentlich größer als etwa in der Anglistik oder Romanistik. Selbiges gilt für slawische Quellenmaterialien. Durch die großen nationalen Digitalisierungsprogramme können Slawisten bei ihrer Recherche auf so manche unverarbeiteten „Schätze" stoßen.

Tipp: Ausführliche Statistiken zur weltweiten Verarbeitung von Forschungsergebnissen liefert der jährliche UNESCO Science Report, der online frei zugänglich ist (siehe auch Revised Edition 2016: 258–262).

Um auf der Suche nach Literatur und anderen Medien optimale Ergebnisse zu erzielen, kann man sich u. a. an nachfolgenden beispielhaften Recherche-Leitfaden halten. Natürlich wird eine Recherche nicht immer so umfassend aussehen, sei es, weil die Zeit fehlt oder die behandelte Thematik nicht so gründlich untersucht werden muss. Selbst wer alle Möglichkeiten ausschöpfen möchte, stößt hin und wieder auf Grenzen, meist in Form einer Paywall.

Schritt 1: Hochschuleigener Bibliothekskatalog, DBIS bzw. DigiBib
Der erste Schritt der Recherche führt immer zum OPAC bzw. zum Suchportal der eigenen Hochschulbibliothek. Letzteres schließt meist die verfügbaren Datenbanken aus dem lokalen Datenbankinformationssystem mit ein. Die Recherche im Bibliotheksbestand eignet sich insbesondere für die Suche nach deutsch- und meist auch englischsprachiger Sekundär- und Primärliteratur, je nach Größe und Einkaufsstrategie der Bibliothek auch für slawische Literatur.

Schritt 2: Metakataloge, Verbundkataloge
Sind die Bestände der eigenen Bibliothek durchforstet, sollten in einem nächsten Schritt landesweit andere Bibliotheksbestände konsultiert werden. Sowohl in Deutschland und Österreich als auch in der Schweiz gibt es dafür geeignete Verbund- bzw. Metakataloge. Hier sind insbesondere die entsprechenden Sondersammelgebiete interessant (siehe Kapitel 2.1.1). Für das Sondersammelgebiet Slawistik sind die Staatsbibliothek zu Berlin und die Bayerische Staatsbibliothek zuständig. Zumeist hat man die Möglichkeit, Titel in externen Bibliotheken über den bibliothekseigenen Fernleihe-Service oder einen entsprechenden Lieferdienst (z. B. Subito e. V.) zu bestellen.

Schritt 3: Fachbibliografien, Nationalbibliografien, Zeitschriften- und Aufsatzdatenbanken
Ist man auf der Suche nach slawischsprachigen oder sehr spezialisierten Titeln, kommt man fast nicht um die Konsultation einschlägiger Bibliografien umhin. Hier wird die Recherche bereits anspruchsvoller. Eine Reihe von slawistischen Fachbibliografien macht die Suche nach deutschsprachigen Titeln noch problemlos möglich (siehe Kapitel 2.1.2). Im westslawischen Raum können fachspezifische Bibliografien für slawischsprachige Titel konsultiert werden, im ost- und südslawischen Raum allerdings gibt es kaum solche Informationsressourcen. Um zumindest alle relevanten Monografien zu finden, können die entsprechenden Nationalbibliografien konsultiert werden. Zusätzlich ist ein Blick in einschlägige Zeitschriften- und Aufsatzdatenbanken zu empfehlen, wobei die Auswahl in der Slawistik nicht sehr groß ist.

Schritt 4: Wissenschaftliche Suchmaschinen
Um sogenannte *graue Literatur*, wenig zitierte Abschlussarbeiten oder in kommerziellen Datenbanken, die nicht vom eigenen Datenbankinformationssystem

erfasst werden, recherchieren zu können, eignen sich wissenschaftliche Suchmaschinen. *Google Scholar* und *BASE* ergänzen sich sowohl in den erfassten Ressourcen als auch in den gelieferten Daten optimal. Ebenso eignen sie sich für die Suche in slawischen Ressourcen.

Schritt 5: Open Access-Portale

Für Unterstützer des Open Access bieten sich zuzüglich zu den wissenschaftlichen Suchmaschinen spezielle Suchportale an. Diese eignen sich besonders gut zur länderspezifischen Recherche nach modernen, möglichst neuen Fachartikeln. Mittlerweile gibt es eine größere Zahl solcher Portale, wobei ein jedes Open Access-Dokument nach verschiedenen Kriterien (z. B. Qualität oder Speicherort) erfasst wird. Hier empfiehlt es sich, sich vorab zu informieren.

Schritt 6: Volltextressourcen I – Metasuchdienste, nationale und regionale digitale Bibliotheken

Die Suche nach Quellenmaterial erfordert die meiste Zeit und auch die beste Recherchestrategie, denn Kulturerbe (sowohl in textueller als auch in anderer Form) wird über verschiedene Ressourcen zugänglich gemacht. Hier ist die beste Strategie, bei den Metasuchdiensten oder den großen Kooperationsprojekten zu beginnen (z. B. *Europeana*, *World Digital Library* oder *Zolotaja kollekcija Evrazii*) und dann im nationalen und regionalen Rahmen weiterzusuchen. In Ländern mit landesweitem Digitalisierungsprogramm gibt es zumeist mindestens einen Metasuchdienst, der die Suche in den Beständen aller teilnehmenden Institutionen möglich macht. In Ländern ohne Metasuchdienst ist es am einfachsten, die digitalen Bestände der jeweiligen Nationalbibliothek zu konsultieren.

Schritt 7: Volltextressourcen II – Repositorien und fachspezifische Volltextdatenbanken

Viele institutionelle Repositorien können über Open Access-Portale durchsucht werden, Fachrepositorien hingegen nicht immer. Wie gut „bestückt" ein Repositorium ist, hängt u. a. von Faktoren wie Laufzeit, Bekanntheit und Autorenbeteiligung ab, weshalb es schwer ist, eine Voraussage zum Rechercheergebnis zu machen. Nichtsdestotrotz sollte man für eine gründliche Suche zumindest das hochschuleigene Repositorium (soweit vorhanden) und ein Fachrepositorium konsultieren.

Schritt 8: Fachportale
Zum Abschluss der Recherche kann man sich bei Fachportalen rückversichern, ob auch wirklich alle relevanten Ressourcen miteinbezogen wurden. Fachportale gibt es zu allen möglichen Themen: ganzen Wissenschaftszweigen, einzelnen Persönlichkeiten oder Forschungsfragen, historischen Epochen etc. Existiert ein Forschungsportal, das die eigene Aufgabenstellung behandelt, so kann dieses in die Recherche natürlich früher integriert werden. In vielen Fällen wird es jedoch kein passendes Portal geben. Hier können eventuell die großen slawistischen Adressen (siehe Kapitel 3.14) aushelfen.

2.3.3 Suchstrategien für Fortgeschrittene: Russische Zitationsdatenbanken

Zitationsdatenbanken erfreuen sich in der Wissenschaft immer größerer Beliebtheit, insbesondere in naturwissenschaftlichen Disziplinen. Solche Datenbanken erlauben die Recherche nach oft zitierten und damit besonders bedeutsamen Titeln, so dass man Weiterentwicklungen im jeweiligen Forschungsfeld gut verfolgen kann. Die meisten Wissenschaftler und Studierenden kennen Zitationsdatenbanken anhand des *Web of Science* oder *Scopus*, die berühmte bibliometrische Maße wie den *Impact Factor* ermitteln. Die Datenbanken erfassen Literatur aus vielen verschiedenen Ländern und werden international zur Qualitäts- bzw. Leistungseinstufung von Forschungsliteratur und Forschern verwendet. Zitationssysteme gibt es aber auch im nationalen Rahmen. So gehören Serbien und Russland neben China und Südkorea zu den wenigen Ländern, die eine nationale Zitationsdatenbank betreiben. Der *Rossijskij indeks naučnogo citovanija* (*RINC*) hat ähnliche Funktionen wie *Web of Science* und *Scopus* und überbietet diese sogar mit ein paar Vorteilen.

Obwohl Zitationsdatenbanken insbesondere in naturwissenschaftlichen Disziplinen verwendet werden, spielen sie auch in den Geistes- und Sozialwissenschaften eine zunehmend größere Rolle. Immer mehr Verlage entscheiden sich dafür, ihre Fachzeitschriften, Monografien und Tagungsbände von Zitationssystemen indexieren zu lassen – sofern diese den vorgegebenen Qualitätsstandards entsprechen. Vorreiter sind vor allem die USA, wo bekannte slawistische Fachzeitschriften wie *Slavic Review*, *Journal of Slavic Linguistics* oder *Slavonic and East European Review* den meisten bibliometrischen Datenbanken hinzugefügt wurden und nun u. a. einen *Impact Factor* besitzen. Auch Fachzeitschriften slawischer Länder sind in *Web of Science* und *Scopus* vertreten, wenn auch nicht in einer aussagekräftigen Zahl. Um ihre Forschung international bekannter zu machen, steigt in diesen Ländern jedoch langsam der Zulauf.

Zitationsdatenbanken haben gegenüber anderen bibliografischen Datenbanken den Vorteil, dass die Datenbasis sehr transparent ist. Alle Inhalte werden in der Regel aufgelistet und statistisch ausgewertet. Ein Blick in die Tabellen zeigt schnell den Anteil an slawischer Literatur. Da dieser noch relativ gering ist, macht eine alleinige Recherche nach slawischsprachigen und deutschsprachigen slawistischen Titeln über *Web of Science* und *Scopus* wenig Sinn – die Suche nach englischsprachigen Titeln kann sich jedoch lohnen. Eine Ausnahme in dieser Situation ist Russland. Russisten befinden sich in der besonderen Lage, gleich zwei große Zitationsdatenbanken für ihre Recherche verwenden zu können: den *Russian Science Citation Index* (ein Teil des *Web of Science*) und den *RINC*.

Eine Recherche in Zitationsdatenbanken erfolgt nach dem Schneeballprinzip. Dabei werden von einem bestimmten Titel ausgehend ähnliche Titel gesucht. Zu diesem Zweck stellen die Datenbanken verschiedene Funktionen zur Verfügung:

Cited References: Die Suche nach Cited References findet alle Artikel, Monografien etc., die in einem bestimmten Titel zitiert werden. Alle gefundenen Einträge sind logischerweise älter als der Ausgangstitel.

Time Cited: ermöglicht die Suche nach Artikeln, Monografien etc., die einen bestimmten Titel zitieren. Hier sind alle gefundenen Einträge jünger als der Ausgangstitel. Diese Art der Recherche ist insbesondere dann nützlich, wenn man wissen möchte, von wem ein Artikel später zitiert bzw. wie sehr dieser wahrgenommen wurde.

Related Records: ermöglicht die Suche nach ähnlichen Titeln. Dabei wird nach Einträgen gesucht, die dieselben Publikationen zitieren. Sobald eine gemeinsame Zitation existiert, wird ein Treffer angezeigt. Je mehr sich die Zitationen überschneiden, desto ähnlicher und damit auch interessanter ist ein Titel für die Recherche.

Die Suche in der nationalen Zitationsdatenbank Russlands funktioniert etwas anders. Bevor näher auf den *RINC* und *Russian Science Citation Index* eingegangen wird, gibt es hier eine Kurzübersicht über die geisteswissenschaftlichen und slawischen Inhalte von *Scopus* und *Web of Science*. Diese beiden Datenbanken verfügen über die größte Datenbasis am Markt, weshalb die Betreiber des *RINC* eine enge Kooperation mit ihnen pflegen.

Scopus (www.scopus.com)

Scopus wird seit 2004 vom internationalen Wissenschaftsverlag Elsevier angeboten. Mit seinem umfangreichen multidisziplinären Angebot hat *Scopus* das lange

Zeit dominierende *Web of Science* als größte Zitationsdatenbank abgelöst. *Scopus* ist wie dieses lizenziert, umfasst aber anstatt mehreren Datenbanken nur eine einzige. Hier sind die wichtigsten Zahlen im Überblick:

- Enthält ca. 60 Millionen Artikel aus 21 500 Fachzeitschriften, 113 000 Monografien, sieben Millionen Konferenzbeiträge sowie 27 Millionen Patente
- Zehn Prozent aller Titel stammen vom Betreiber Elsevier
- Ca. 4200 Fachzeitschriften werden im Open Access-Format publiziert, ausschlaggebend für die Aufnahme solcher Zeitschriften sind die Maßstäbe der Suchportale *DOAJ* und *ROAD*
- Die Suche nach Cited References geht bis 1970 zurück
- Ca. 21 Prozent aller Titel sind nicht englischsprachig – fremdsprachige Titel werden nur aufgenommen, wenn sie ein englisches Abstract mitliefern
- Die Hälfte aller Titel wurde in Nordamerika publiziert
- Verzeichnet mehr als doppelt so viele osteuropäische Titel wie *Web of Science*
- Fast alle Titel aus dem *Arts & Humanities Citation Index* (siehe unten) sind auch in *Scopus* vorhanden
- Ca. 3500 Fachzeitschriften entfallen auf die Geisteswissenschaften (diese werden sowohl im Datenpool als auch in den Statistiken den Sozialwissenschaften unter dem Begriff *Social Sciences* zugerechnet)
- Mehr als die Hälfte aller Bücher entfallen auf die Geisteswissenschaften

siehe *Scopus Content Coverage Guide, January 2016 (http://tinyurl.com/jlhkqxs, 27.01.2017)*

Web of Science (www.webofknowledge.com)
Web of Science (früher *Web of Knowledge*) geht auf den Medienkonzern Thomson Reuters zurück und war lange Zeit das führende Zitationsportal am Markt. 2016 wurde die Datenbank von Clarivate Analytics übernommen. Heute steht *Web of Science* an zweiter Stelle nach *Scopus*. Das Portal beinhaltet mehrere multidisziplinäre Zitationsdatenbanken in unterschiedlichen Größen, die in *Core Collection* und *Regional Databases* eingeteilt werden. Zu ersterem gehören die geistes- und kunstwissenschaftlichen Datenbanken *Arts & Humanities Citation Index* und *Book Citation Index*, die auch von Slawisten konsultiert werden können. Zu den *Regional Databases* zählt neben der *Chinese Science Citation Database* und der *Korean Journal Database* auch der *Russian Science Citation Index*, der eine Auswahl an prominenten russischen Fachzeitschriften im Bereich der Naturwissenschaften enthält. Seit 2014 wird die Datenbank in Kooperation mit dem Informationsinstitut elibrary.ru

betrieben. Das Institut, das die nationale russische Zitationsdatenbank *RINC* betreibt, stellt für *Web of Science* eigene Inhalte zur Verfügung, die vorher in einem strengen Prüfverfahren ausgewählt wurden. Mit der Zusammenarbeit sollen russische naturwissenschaftliche Fachzeitschriften am internationalen Markt sichtbarer werden. *Web of Science* bietet auf seiner Webseite eine Auflistung der in der Datenbank enthaltenen russischen Fachzeitschriften an. Die wichtigsten Daten im Überblick:

- Die *Web of Science Core Collection* enthält insgesamt über 12 000 Fachzeitschriften
- Der *Arts & Humanities Citation Index* enthält über 1700 Fachzeitschriften aus dem Bereich der Geistes- und Kunstwissenschaften sowie 250 ausgewählte Zeitschriften aus den Sozialwissenschaften
- Die Suche nach Cited References geht bis 1975 zurück
- Der *Book Citation Index* umfasst wie in *Scopus* hauptsächlich geistes- und sozialwissenschaftliche Monografien, insgesamt befinden sich in der Datenbank etwa 50 000 Titel ab 2005
- Der *Russian Science Citation Index* enthält 1000 russische Fachzeitschriften aus dem Bereich der Naturwissenschaften. Die Suchanfrage wird nicht automatisch transliteriert! Eine kyrillische Suchanfrage findet nur kyrillische Titel, eine transliterierte Anfrage nur transliterierte Titel. Die Suche im *RSCI* ist auch nicht verbunden mit den Datenbanken der *Core Collection.*

siehe *Web of Science Brochure (May 2016)*
(http://tinyurl.com/nzyu97m, 08.02.2017)

Tipp: Die Konkurrenzsituation zwischen Web of Science und Scopus ist ein beliebtes Thema in der Forschungsliteratur. Wer sich über die Vor- und Nachteile der verschiedenen Anbieter von Zitationssystemen – darunter auch Google Scholar – informieren möchte, findet über diverse Informationsressourcen laufend neue Analysen und Statistiken.

RINC (Rossijskij indeks naučnogo citovanija) (www.elibrary.ru)

RINC wurde 2005 vom Institut elibrary.ru mit der Begründung etabliert, dass nur jede zehnte russische Publikation von *Web of Science* und *Scopus* erfasst würde. Der geringe Anteil russischer Fachzeitschriften am internationalen Markt hat neben deren mangelhaften Wahrnehmung auch dazu geführt, dass die dazugehörigen *Impact Factors* nach wie vor sehr niedrig sind (Mikhailov 2013: 292). Dabei wird die russische Forschung im Bereich der technischen und

Naturwissenschaften als eine der prestigereichsten weltweit gewertet. Die geringe Nachfrage soll nun durch eine Zitationsdatenbank im Open Access-Format wettgemacht werden. Der *RINC* erlaubt die Auswertung von Publikationen, Wissenschaftlern und Institutionen auf nationaler Ebene. Die Datenbank beinhaltet ca. sechs Millionen Titel russischer Autoren aus 4500 Fachzeitschriften aller wissenschaftlichen Disziplinen. Davon können 3900 Zeitschriften über die Plattform von elibrary.ru im Volltext eingesehen werden (Stand Oktober 2016). Durch ein strenges Auswahlverfahren wurden die besten 1000 Zeitschriften ausgewählt, welche den „elitären Kern" der Datenbank bilden und die auch im *Web of Science* (siehe oben) zu finden sind. Neben Fachartikeln beinhaltet die Datenbank auch Monografien, Dissertationen, Konferenzbeiträge und Patente. Wie in *Scopus* und *Web of Science* fällt deren Anteil jedoch wesentlich geringer aus, da naturwissenschaftliche Publikationen (in den meisten Fällen Fachartikel) nach wie vor als wichtiger angesehen werden.

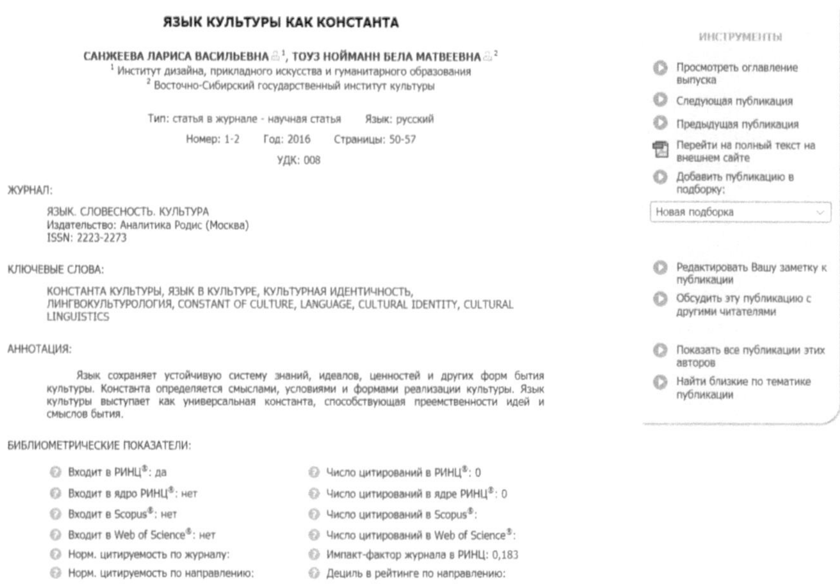

Abb. 23: Anzeige bibliografischer und bibliometrischer Daten eines russischen Fachartikels in *RINC*

Gegenüber *Scopus* und *Web of Science* bietet der *RINC* ein paar Vorteile: Die Datenbank ist frei zugänglich (zur Ansicht der Volltexte ist allerdings eine Registrierung nötig) und durchsucht zusätzlich zu den Titeln aus dem nationalen Bestand auch die Titel aus *Scopus* und *Web of Science*. Somit können Recherchierende Zitationen russischer Publikationen im nationalen sowie im internationalen Rahmen vergleichen. Seit ein paar Jahren betreibt elibrary.ru eine intensive Zusammenarbeit mit beiden Anbietern. Wie diese kalkuliert der *RINC* eine Vielzahl bibliometrischer Indizes u. a. den *Impact Factor* (auf Basis des *Web of Science*) und den *h-Index*. Auch genaue statistische Auswertungen zu Koautorenschaft, Selbstzitierung, Publikationsverhalten etc. sind möglich (eine genaue Auflistung der Möglichkeiten und ihr Vergleich zu Funktionen des *Web of Science* sind zu finden in Mikhailov 2013, insbesondere 293).

Die Verwendung des *RINC* gestaltet sich etwas anders als von den obigen Zitationsdatenbanken gewohnt. Die Suche verläuft über die Homepage der elibrary.ru, dort kann über eine Maske (am besten über die erweiterte Suchfunktion) die gewünschte Anfrage eingegeben werden. Die Trefferliste zeigt die wichtigsten bibliografischen Daten, die Zugänglichkeit des Titels sowie die Anzahl der Zitationen im *RINC*. Im Zitationsindex selbst kann nicht gesucht werden. Bei Auswahl eines Treffers kommt man zu allen bibliografischen und Metadaten, zu den Indexvergleichen und in einigen Fällen zu Inhaltsverzeichnissen oder englischen und russischen Abstracts. Bei der Verwendung des *RINC* ist zu beachten, dass viele russische Fachzeitschriften (insbesondere jene der Russischen Akademie der Wissenschaften) sowohl in russischer als auch in englischer Sprache erscheinen. Diese werden doppelt gezählt.

3 Informationsressourcen nach Region und Sprache

3.1 Bosnien-Herzegowina

Die Angebote des akademischen Informationsmarkts von Bosnien-Herzegowina sind schnell zusammengefasst und beschrieben. Grund für die Kürze des Kapitels sind die vielfachen Auswirkungen der vergangenen Jugoslawienkriege, die das Land heute noch hinter die Entwicklung anderer europäischer Staaten zurückfallen haben lassen. Die Zerstörung des nationalen Bibliothekswesens und vieler Kulturinstitutionen im Laufe des Bosnienkrieges (1992–1995) hat verhindert, dass man heute Mittel und Energie in den Aufbau moderner Informationsinfrastrukturen investiert. Mittelpunkt der systematischen Zerstörung von hunderten von Kulturgütern und -institutionen waren die National- und Universitätsbibliothek (Nacionalna i univerzitetska biblioteka Bosne i Hercegovine), das Orientalische Institut in Sarajevo (Orijentalni institut), aber auch viele kleinere Bibliotheken und Museen, die heute Dienstleister auf einem fortschrittlichen, elektronischen Informationsmarkt hätten sein können. Allein die Nationalbibliothek verlor während der Belagerung von Sarajevo fast 90 Prozent ihrer Gesamtbestände (ca. 1,5 Millionen Medien), darunter viele wertvolle Schriftdenkmäler. Zusammen mit dem Orientalischen Institut ging auch eine der größten muslimischen Manuskriptsammlungen im Balkanraum in Flammen auf.[5] Statt an der weltweiten Digitalisierung mitzuwirken, widmet sich das bosnische Bibliothekswesen heute dem Wiederaufbau von Beständen und einfachen Dienstleistungsstrukturen. Dementsprechend müssen sich Recherchierende vorerst mit einem kleinen Angebot an elektronischen Informationsressourcen zufrieden geben.

Als nicht ganz unproblematisch hat sich für die Bibliotheksverwaltung auch die multikulturelle Zusammensetzung des Landes erwiesen. Die politischen Auseinandersetzungen nach dem Krieg haben das Bibliothekswesen in zwei Teile gespalten. So besitzt jede der beiden föderalen Entitäten Bosnien-Herzegowinas eine eigene Nationalbibliothek, einen eigenen

5 Eine ausführliche faktografische Darstellung der Zerstörung ist zu finden in Bakaršić, Kemal: Back Where We Started: Bosnia's Digital Archives. In: Slavic and East European Information Resources (2002). H. 2–3. S. 55–79. Dem Wiederaufbau und den verlorenen Buch- und Kulturschätzen widmet sich die laufend herausgegebene Zeitschrift der National- und Universitätsbibliothek Vijećnica: Bosniaca – Časopis Nacionalne i univerzitetske biblioteke Bosne i Hercegovine.

DOI 10.1515/9783110521276-003

COBISS-Verbundkatalog und eine eigene Nationalbibliografie. Die frühere Stadt- und Universitätsbibliothek in Banja Luka (Republika Srpska) hat sich dabei selbst den Status einer Nationalbibliothek mit allen dazugehörigen Rechten verliehen und hegt eine enge Zusammenarbeit mit der serbischen Nationalbibliothek in Belgrad. Für die Föderation Bosnien-Herzegowina ist nach wie vor die National- und Universitätsbibliothek zuständig – heute bekannt als *Vijećnica*. Der Name ist auf das neue Gebäude der Bibliothek zurückzuführen, das früher als Rathaus fungierte.

Tipp: Auch sprachlich ist die Lage am bosnischen wissenschaftlichen Informationsmarkt nicht ganz einfach. Ressourcen können in mehreren Sprachversionen existieren, in kyrillischer oder lateinischer Schreibweise, Diakritika bei der Eingabe von Suchbegriffen benötigen oder auch nicht. Sinnvoll ist, vor der eigentlichen Recherche die verschiedenen Varianten eines Suchbegriffs zu testen und zu sehen, wie die Treffermenge ausfällt.

Im bosnischen Bibliothekswesen existieren weder große Printbestände noch umfangreiche elektronische Ressourcen. Wer ältere Titel benötigt, sollte die *COBISS*-Kataloge der jugoslawischen Nachfolgestaaten auf etwaige bosnische Bestände prüfen oder die ehemalige jugoslawische Nationalbibliografie konsultieren (siehe dazu Kapitel 1.3.3). Über einen großen Bestand bosnischer Schriften verfügt im Übrigen die Österreichische Nationalbibliothek, die noch zu Zeiten der Habsburger Monarchie viele Werke aus den südlichen Herrschaftsgebieten in die eigenen Archive überführen ließ. Werden Titel nach 1992 benötigt, können die beiden bosnischen *COBISS*-Kataloge konsultiert werden, die alle Referenzen aus den dazugehörigen Nationalbibliografien beinhalten. Der Aufbau des Bestandes wurde nach der Zerstörung der Nationalbibliothek zügig wieder aufgenommen und ist zu einem hohen Grad vollständig. Der Abschnitt zu den Nationalbibliografien der Vijećnica und der Nationalbibliothek in Banja Luka (Narodna i univerzitetska biblioteka Republike Srpske) muss in diesem Kapitel leer ausgehen, da keine digitalen Versionen existieren. Gegeben wird lediglich eine kleine Einführung zu den Printversionen.

Der Einsatz von digitalen Bibliotheken und Repositorien hat sich im tertiären Bildungssektor noch nicht etabliert. Jede Hochschule arbeitet hier individuell und bislang hat nur die Univerzitet u Tuzli ein digitales Repositorium eingeführt. Ein kleines Trostpflaster für Recherchierende ist das große Engagement vieler kleinerer Kulturinstitutionen in der Erstellung virtueller Ausstellungen. Die Organisation Udruženje za digitalizaciju i informatizaciju kulturne baštine hat auf ihrer Webseite ein Verzeichnis mit allen getätigten oder laufenden Projekten erstellt. Dort sind die Adressen von virtuellen Katalogen, Ausstellungen, digitalen architektonischen Rekonstruktionen etc. zu finden.

Open Access in Bosnien-Herzegowina

Es gibt keine große Open Access- bzw. Open Science-Bewegung in Bosnien-Herzegowina. Weder findet man institutionelle Unterzeichner in der Berliner oder Budapester Erklärung, noch gibt es Open Access-Mandate oder entsprechende Initiativen von öffentlicher Seite. Der Metasuchdienst *DOAJ* verzeichnet momentan 15 frei zugängliche bosnisch-herzegowinische Fachzeitschriften, *ROAD* immerhin 90, wobei die Mehrheit der Titel auf Englisch herausgegeben wird. Auch der Grüne Weg wird noch selten beschritten. So gibt es momentan nur zwei Hochschulrepositorien, in denen Wissenschaftler und Studierende ihre Publikationen oder Lehrmaterialien online stellen können. Beide werden von der Univerzitet u Tuzli betrieben. Das eigentliche Repositorium enthält Publikationen und Studienmaterialien, zusätzlich zu diesem gibt es eine eigene Datenbank für Abschlussarbeiten (*E-Teze*). Die aktuellen Internetadressen sind leicht über *OpenDOAR* herauszufinden.

Stand der Retrodigitalisierung

Digitale Bibliotheken sind im akademischen Sektor von Bosnien-Herzegowina noch rar. Die Vijećnica hat bislang keine Digitalisierungsinitiativen gestartet. Dies liegt daran, dass viele wertvolle Bestände im Jahr 1992 vernichtet wurden und eine Digitalisierung zum Zweck der Langzeitarchivierung somit nicht vonnöten ist. Die National- und Universitätsbibliothek der Republika Srpska verfügt über einen kleinen digitalen Bestand, der sich jedoch kaum mit den Angeboten anderer Nationalbibliotheken messen lässt. Auch bei den Hochschul- und den öffentlichen Bibliotheken hat sich bislang kaum etwas getan. Einzig die staatliche Univerzitet u Tuzli verfügt über ein Repositorium sowie über einen digitalen Bestand (siehe oben).

a) Digitalna Narodna i univerzitetska biblioteka Republike Srpske (http://digital.nub.rs)

Das digitale Angebot der National- und Universitätsbibliothek der Republika Srpska entspricht aufgrund seiner Größe und Form eigentlich nicht einer digitalen Bibliothek, sondern vielmehr einer kleineren Textsammlung. Auf einer eigenen Webseite werden etwa 60 verschiedene Titel typologisch in verschiedenen Reitern zusammengefasst. Die Sammlung beinhaltet Periodika, Monografien und seltene Werke.

b) Digitalna Narodna biblioteka „Filip Višnjić“ Bijeljina (http://digital.bibliotekabijeljina.rs.ba)

Der digitale Bestand der Stadtbibliothek in Bijeljina besteht aus etwa 140 Titeln und ist als elektronische Textsammlung konzipiert. Verfügbar sind Periodika, Postkarten und Plakate sowie eine kleine Kollektion aus Monografien aus dem 19. und frühen 20. Jahrhundert. Alle Werke sind als PDF-Dokumente exportierbar.

Bosanskohercegovačka bibliografija und Bibliografija Republike Srpske – Die Nationalbibliografien der Föderation Bosnien-Herzegowinas und der Republika Srpska

Da die Bibliotheks- und Forschungsinfrastrukturen der Föderation Bosnien-Herzegowinas und der Republika Srpska getrennt verwaltet werden, gibt es auch zwei separate Nationalbibliografien. Bei beiden müssen sich Recherchierende vorerst mit der Printausgabe zufriedengeben. Zwar hat die Vijećnica mit der elektronischen Erfassung von Publikationen bereits in den 1980ern begonnen, doch sind alle Datensätze mit Zerstörung der Bestände 1992 redundant geworden. Monografien werden seit 1992 wieder in eine Nationalbibliografie aufgenommen, unselbstständige Literatur seit 1997. Für eine umfassende retrospektive Bibliografie fehlte es bislang an Zeit und Ressourcen. Für modernere Werke kann eine Recherche über die beiden Verbundkataloge *COBIB.bh* und *COBIB.rs* getätigt werden, wo alle Neuerscheinungen aufgenommen werden. Die *Bosanskohercegovačka bibliografija* besteht ähnlich wie die kroatische Nationalbibliografie aus den drei Teilbibliografien *Niz A*, *B* und *C* – für Monografien, Periodika und ausgewählte unselbstständige Literatur. Herausgegeben werden auch Spezialbibliografien im Printformat. Wie in Kroatien gibt es an der Vijećnica ein *CIP*-Programm (*Cataloging in Publication*), über das die Bibliothek Auskunft über bevorstehende Neuerscheinungen erhält. Die enge Zusammenarbeit zwischen Bibliothekswesen und Medienlandschaft macht eine genaue Abbildung der bosnischen Publikationstätigkeiten sowie eine stärkere Dissemination von Literatur möglich. Anders als in Kroatien sind die *CIP*-Newsletter nicht Teil der Nationalbibliografie.

Auch der Inhalt der *Bibliografija Republike Srpske* kann über den entsprechenden Verbundkatalog durchsucht werden. Die Nationalbibliografie verfügt jedoch nicht über eine eigene Datenbank oder Textsammlung. Die Nationalbibliografie der Republika Srpska ist zudem noch relativ jung – die erste Ausgabe für selbstständige Titel ist im Jahr 2000 erschienen. Für Monografien aus dem Zeitraum 1992 bis 1999 wurde kürzlich eine retrospektive Bibliografie herausgegeben (Tasić 2012: 111). Editiert werden für die Nationalbibliografie zwei separate Teile – einer für Monografien, der andere für periodisch erscheinende Titel.

3.1.1 Bibliografische Datenbanken

E-CRIS.bh und E-CRIS.rs – Current Research Information System in Bosnia and Herzegovina / in Republic of Srpska

E-CRIS.bh und *E-CRIS.rs* sind Dienste des südslawischen *COBISS*-Systems (siehe Kapitel 1.3.3) mit Informationen zur gegenwärtigen bosnischen Forschungslandschaft bzw. zur Forschungslandschaft in der Republika Srpska. Die Republika Srpska verfügt auch über einen eigenen Verbundkatalog, der unabhängig vom Verbundkatalog der Föderation Bosnien-Herzegowinas existiert. *E-CRIS.bh* liefert Angaben zu ca. 80 Forschungsinstitutionen und zu 2000 einzelnen Personen, die in der bosnischen Forschung tätig sind. *E-CRIS.rs* beinhaltet Angaben zu ca. 85 Institutionen und 1100 Forschern. Die meisten Daten sind auch auf Englisch vorhanden. Gesucht werden kann über eine einfache Feldsuche oder durch das Browsen in den zugehörigen Indizes. Bei Eingabe eines Suchbegriffs in die Feldsuche der *E-CRIS.rs* muss die kyrillische Schreibweise verwendet werden. *E-CRIS.bh* hingegen unterstützt auch die lateinische Form – bei der Feldsuche müssen keine diakritischen Zeichen verwendet werden. Beide verfügen über eine sehr gute englische Version.

- Bibliografische Datenbank
- Freier Zugang
- Auch auf Englisch verfügbar
- Feldsuche: keine Diakritika notwendig (*E-CRIS.bh*); nur kyrillische Schreibweise möglich (*E-CRIS.rs*)
- Verlag: COBISS
- Adresse: http://e-cris.rs.cobiss.net und http://e-cris.bh.cobiss.net

---

Krieg in Kroatien und Bosnien: Eine Bibliografie 1989–1996

Das Hamburger Institut für Sozialforschung hat im Jahr 1997 das Projektergebnis zur Erstellung einer Fachbibliografie zu den Jugoslawienkriegen veröffentlicht. Die Bibliografie *Krieg in Kroatien und Bosnien 1989–1996* ist auf dessen Webseite als PDF-Datei einseh- und exportierbar. Sie beinhaltet etwa 4600 selbstständige wie unselbstständige Titel aus den Jahren 1989 bis 1996 in deutscher, englischer, französischer und serbokroatischer Sprache. Aufgenommen wurden allerdings nur Werke aus sozialwissenschaftlichen Disziplinen. Hilfreich für die Arbeit mit der Bibliografie ist die detaillierte Projektbeschreibung, die sich auf der Webseite und im downloadbaren Vorwort befindet. Sie enthält Informationen zu inhaltlichen und formalen Schwerpunkten. Insgesamt besteht die Bibliografie aus drei Teilen: jeweils einem Teil mit monografischen und periodisch erscheinenden Titeln sowie aus einem Teil mit anonymen Werken. Die Bibliografie wird nicht mehr aktualisiert.

- Fachbibliografie (elektronische Textsammlung)
- Freier Zugang
- Berichtszeitraum: 1989–1996
- Verlag: Hamburger Institut für Sozialforschung
- Adresse: www.his-online.de/forschung/230

3.1.2 Fachportale und Metasuchdienste

COBIB.bh – Virtualna biblioteka Bosne i Hercegovine und COBIB.rs – Virtuelna biblioteka Republike Srpske

COBIB.bh ist der Verbundkatalog des *COBISS*-Systems in der Föderation Bosnien-Herzegowina (siehe Kapitel 1.3.3). *COBIB.rs* ist das entsprechende Pendant für die Republika Srpska, die damit einen eigenen, autonomen Verbundkatalog besitzt. Vereint werden in *COBIB.bh* bislang 50 bosnische Bibliotheken mit ca. 430 000 Titeln. *COBIB.rs* beinhaltet die Bestände von 15 Bibliotheken mit ca. 100 000 Titeln in der Republika Srpska. Beide Verbundkataloge machen auch alle E-Medien durchsuch- und direkt einsehbar, welche über die einzelnen OPACs aufgenommen wurden – dies gilt jedoch nicht für digitale Sondersammlungen bzw. Bestände, die durch Retrodigitalisierung zu Stande gekommen sind. Die Suchmöglichkeiten ergeben sich wie in jeder *COBISS*-Variante aus drei verschiedenen Formularsuchtypen (*Osnovno*, *Izborno* und *Komandno*). *COBIB.bh* existiert in einer lateinischen und einer kyrillischen Version und unterstützt Suchanfragen in beiden Schreibweisen (Diakritika sind nicht notwendig). Ebenso verhält es sich bei *COBIB.rs*. Zu jedem Titel werden die entsprechenden Verfügbarkeiten angezeigt und auch die direkte Bestellung – soweit man über einen Account verfügt – ist möglich. An Personalisierungsfunktionen oder weiteren Verfahrensoptionen sind die Verbundkataloge nicht sehr reich, dafür verfügen sie über eine sehr gute englische Version. Über die *COBISS*-Webseite (www.cobiss.net) oder via Verbundkatalog gelangt man auch zu den zugehörigen Referenzdatenbanken

COLIB.bh und *COLIB.rs*, die Daten wie Standorte und Kontaktmöglichkeiten aller am Verbundkatalog beteiligten Bibliotheken speichern.

- Verbundkatalog
- Freier Zugang
- Auch auf Englisch verfügbar
- Feldsuche: keine Diakritika notwendig
- Verlag: COBISS
- Adresse: www.cobiss.ba und www.rs.cobiss.net

Abb. 24: Startseite des Verbundkatalogs *COBIB.bh*

Digi.ba – Projekti

Digi.ba ist die Online-Plattform der Initiative Udruženje za digitalizaciju i informatizaciju kulturne baštine. Die Organisation setzt sich aus Fachleuten verschiedener wissenschaftlicher Disziplinen zusammen, die sich für die Digitalisierung des inländischen Kulturerbes einsetzen. Das Portal bietet Informationen zum Stand der Digitalisierung in Bosnien-Herzegowina. Für Recherchierende besonders interessant ist dabei die Projektliste unter dem Menüpunkt *Projekti*. Hier werden die verschiedenen Kooperationen des Verbundes mit einzelnen Museen und kirchlichen Institutionen aufgelistet, bei denen Bestände und Objekte für die Öffentlichkeit digitalisiert wurden. Über die Auflistung wird man direkt zu den ca. 20 bestehenden Angeboten weitergeleitet – dabei kann es sich um virtuelle Ausstellungen, Kataloge oder einzelne PDF-Dokumente handeln. Das Portal fasst somit den Großteil aller bestehenden musealen, archivarischen und architektonischen Digitalisierungsprojekte des Landes zusammen. Das Portal ist auch auf Englisch verfügbar.

- Fachportal (Schwerpunkt Digitales Kulturerbe)
- Freier Zugang
- Auch auf Englisch verfügbar
- Verlag: Udruženje za digitalizaciju i informatizaciju kulturne baštine
- Adresse: http://digi.ba

Abb. 25: Projektübersicht mit Timeline auf *Digi.ba*

3.2 Bulgarien

Studenten und Wissenschaftler, die am bulgarischen akademischen Informationsmarkt Recherche betreiben möchten, profitieren von vielen umfangreichen, wenn auch sehr heterogenen Ressourcen. In Bulgarien beteiligen sich viele verschiedene Dienstleister an der Gestaltung der Informationsinfrastrukturen, was dazu geführt hat, dass ein uneinheitliches Angebotsspektrum entstanden ist. So haben zwar Dienstleister wie das Bibliotheks- und Archivwesen und die öffentlichen Bildungseinrichtungen in vielen kleinen Einzelprojekten wertvolle Ressourcen geschaffen, eine Abstimmung oder Vernetzung dieser Ressourcen jedoch verabsäumt. Hinzu kommen die Projekte kleinerer Einrichtungen, Organisationen und Privatpersonen, die den bulgarischen akademischen Informationsmarkt in einen „Flickenteppich“ aus sehr individuellen Angeboten verwandeln. Recherchierende müssen sich daher an viele einzelne Adressen wenden und können sich kaum auf eine bequeme Suche in zentralen Ressourcen oder über Metasuchdienste einstellen.

Der bulgarische Informationsmarkt bietet viele exzellente Angebote zur Erforschung der Landes- und Literaturgeschichte sowie regionaler Folklore. Für Historiker besonders interessant sind die Fachportale mit zahlreichen Quellenmaterialien aus der kommunistischen Ära oder aus der Zeit der nationalen Wiedergeburtsbewegung. Die Bibliotheken mit wertvollen Handschriften und alten Drucken haben ihre Bestände weitgehend digitalisiert, so dass auch Slawisten auf der Suche nach altkirchenslawischen Texten auf ihre Kosten kommen. Wenige bis gar keine Ressourcen gibt es hingegen zur modernen bulgarischen Kunst- und Kulturszene oder Linguistik. Auch elektronische Fachbibliografien findet man noch selten.

Wie in fast allen südslawischen Staaten gibt es in Bulgarien das *COBISS*-System (siehe Kapitel 1.3.3), wobei jedoch nur der Verbundkatalog *COBIB.bg*, nicht aber das zugehörige CRIS-System übernommen wurde. Dieser wird wiederum nur von der Nationalbibliothek und der Fachbibliothek Centralna naučno-techničeska biblioteka in Sofia verwendet. Die wissenschaftlichen Bibliotheken, darunter alle Hochschulbibliotheken, haben eine andere Strategie verfolgt und sich dem eigens für sie kreierten Verbundsystem *NABIS* angeschlossen. Der Vorteil am *NABIS*-Verbundkatalog ist die Einbindung aller digitalen Bestände zusammen mit den Bibliothekskatalogen, so dass die Ressource auch als eine Art Metasuchdienst für Repositorien funktioniert.

Die bulgarische Nationalbibliothek (Nacionalna biblioteka „Sv. Sv. Kiril i Metodij") ist der Hauptinformationsdienstleister des Landes. Sie ist für die Erstellung der Nationalbibliografie zuständig, hat diese aber bislang nur auszugsweise online gestellt. Dafür verwaltet sie die größte digitale Bibliothek für slawische Schriftdenkmäler und frühe Buchdrucke. Für die Digitalisierung der wertvollen Bestände wurden umfangreiche staatliche Fördermittel zur Verfügung gestellt – international sind die Ergebnisse des Projekts über *Europeana*, *The European Library* und *World Digital Library* zu finden. Einen wichtigen Beitrag in der Retrodigitalisierung liefert auch die Bibliothek der Bulgarischen Akademie der Wissenschaften (Centralna biblioteka na Bălgarskata akademija na naukite), die u. a. über das Athena Plus-Programm viele Medien aus dem Kunst- und Kultursektor digitalisiert hat, welche in nationalen Ressourcen nicht zu finden sind.

Tipp: Seit 2009 ist in Bulgarien die Verwendung einer eigenen Transliterationsnorm (des Streamlined System bzw. Obtekaema sistema) Pflicht für alle öffentlichen Stellen. Zuvor waren die ISO 9-Normen und die internationale wissenschaftliche Transliteration verbreitet. Für eine erfolgreiche Recherche in Datenbankeinträgen vor und nach 2009 empfiehlt sich daher die Verwendung der kyrillischen Schreibweise, da die Einheitlichkeit der Transliteration (falls gegeben) nicht garantiert ist.

Ähnlich wie in Tschechien haben einige der Institute der Akademie der Wissenschaften selbst kleinere Projekte in die Wege geleitet und ihrem Schwerpunkt entsprechend Informationsressourcen für die Öffentlichkeit umgesetzt. Ein besonders interessantes Beispiel ist die digitale Bibliothek *Ivan Šišmanov – Bălgarska literatura v prevod*. Die Bibliothek ist ein Projekt des literaturwissenschaftlichen Instituts an der BAN und enthält Übersetzungen bulgarischer Literatur ins Deutsche und Englische. Veraltet aber inhaltlich noch gut brauchbar sind die Multimedia-Datenbanken des kunstwissenschaftlichen Instituts sowie die einst vielprämierte Seite *Gaida.com*, welche Informationen zur bulgarischen folkloristischen Musiklandschaft enthält.

Von staatlicher Seite gibt es kaum Anreize oder Vorgaben zur Vereinheitlichung dieses Angebotsspektrums – auch nicht im Bereich des Open Access und der Retrodigitalisierung. Noch vielseitiger wird der Informationsmarkt durch die Angebote von Privatpersonen und kleineren Vereinen und Organisationen. Ein Beispiel für ein solches Angebot ist *Slovoto* – eine Textsammlung des gleichnamigen Vereins mit bulgarischer Primärliteratur aus unterschiedlichen Epochen. Auch im geschichtswissenschaftlichen Bereich gibt es einige Privatanbieter, die Medien zu bulgarischer Geschichte, Kultur und Literatur sammeln und frei zur Verfügung stellen. Bei der Verwendung der Ressourcen ist speziell auf die wissenschaftliche Verwertbarkeit der Materialien hinsichtlich Qualität (etwa bei elektronischen Abschriften) und Urheberrechte zu achten.

Open Access in Bulgarien

Eine breite Open Access-Bewegung konnte sich in Bulgarien bislang nicht etablieren. Zwar gibt es eine Handvoll frei zugänglicher Repositorien und Fachzeitschriften, doch werden diese weitgehend von den Hochschulen und ihren Bibliotheken getragen. Von staatlicher Seite wurde bislang wenig zur Förderung von Open Access-Formaten und der dazugehörigen Infrastruktur getan. Sowohl *ROAR* als auch *OpenDOAR* verzeichnen momentan sieben institutionelle Repositorien, die alle von öffentlichen Hochschulen betrieben werden. Datenbanken für Dissertationen oder gar ein nationales Open Access-Repositorium gibt es bislang nicht, dafür betreut die Bulgarische Akademie der Wissenschaften zusammen mit *OpenAIRE* ein eigenes Repositorium für Publikationen, die im Rahmen von FP7-Forschungsprojekten zu Stande gekommen sind (www.bg-openaire.eu). Zu finden gibt es dort Publikationen von ca. 500 bulgarischen und ausländischen Forschern. Zur Recherche von Volltexten in den Hochschulrepositorien kann der Verbundkatalog wissenschaftlicher Bibliotheken *NABIS Primo* verwendet werden. Hier empfiehlt sich für eine detaillierte Recherche jedoch der Vergleich mit einer Suche in den lokalen Datenbanken. Die Bulgarische Akademie der Wissenschaften sowie die Universitet po bibliotekoznanie i informacionni technologii in Sofia sind bislang die einzigen bulgarischen Unterzeichner auf der Berliner

Erklärung für Open Access. Der Suchdienst *DOAJ* verzeichnet 38 frei zugängliche bulgarische Fachzeitschriften im Internet, *ROAD* immerhin 216.

Tipp: Da es keinen nationalen Metasuchdienst für bulgarische Open Access-Zeitschriften gibt, empfiehlt sich die Recherche über die Suchportale DOAJ oder ROAD. Für Titel, die in Repositorien gespeichert werden, konsultiert man am besten ROAR oder OpenAIRE.

Stand der Retrodigitalisierung

Ähnlich wie im Bereich des Open Access gibt es in Bulgarien kein einheitliches Vorgehen beim Aufbau digitaler Bibliotheken und der Digitalisierung von Literatur und Kulturerbe. Retrodigitalisierung ist bislang Aufgabe einzelner Bibliotheken, Archive und Museen. Eine landesweite Initiative oder die Bereitstellung eines Suchdienstes zur Vernetzung der vorhandenen Projekte ist bislang nicht zu Stande gekommen. Nichtsdestotrotz gibt es einige Bestände, die Forscher und Studierende bei ihrer Recherche zu Rate ziehen können. Auf nationaler Ebene existiert keine Auflistung der einzelnen digitalen Bibliotheken, allerdings können über *Europeana* die Titel von sechs regionalen Bibliotheken und Museen eingesehen und durchsucht werden. Besonders umfangreich sind dabei die Bestände der öffentlichen Bibliothek in Varna (Regionalna biblioteka „Penčo Slavejkov"). Institutionen, deren Datenbanken über keine Schnittstelle zu *Europeana* verfügen, müssen nach wie vor einzeln durchsucht werden. Als Ausgangspunkt für eine solche Recherche empfiehlt sich das Fachportal *Bibliotekite v Bălgarija* von SoftLib, wo eine große Zahl an bulgarischen Bibliotheken aufgelistet wird. Die Nationalbibliothek besitzt zudem eine umfangreiche digitale Sammlung, die über *The European Library* und *World Digital Library* durchsuchbar ist. Letzteres beinhaltet auch Auszüge aus den Beständen der digitalen Bibliothek der Bulgarischen Akademie der Wissenschaften.

Bălgarska nacionalna bibliografija – Die bulgarische Nationalbibliografie (http://nationallibrary.bg/wp/?page_id=803)

Das Pflichtexemplargesetz wurde in Bulgarien 1897 eingeführt – in diesem Jahr ist auch die Nationalbibliografie zum ersten Mal erschienen. Für ihre Erstellung ist seither die Nationalbibliothek verantwortlich. Die bulgarische Nationalbibliografie besteht aus sechs verschiedenen Teilbibliografien – den sogenannten *Seriji* – die in unterschiedlicher Regelmäßigkeit erscheinen. Sie ist eine der wenigen Nationalbibliografien, die ganz nach dem Territorialprinzip erstellt wird, d. h. nur im Inland erschienene Titel aufnimmt, die über die Hinterlegungspflicht an die Nationalbibliothek gelangen. Bislang hat man sich auf die analoge Publikation der Bibliografie beschränkt – online findet man auf der Webseite der Nationalbibliothek nur Teile der *Seriji 1, 5* und *6* aus den Jahren 2010, 2011 und 2016. Auch Informationen über die Geschichte und Zusammenstellung der Nationalbibliografie sind im Internet rar, doch wer im OPAC der Nationalbibliothek unter dem jeweiligen Eintrag der *Seriji* nachsieht, findet dort eine genaue Auflistung wie sich die Teilbibliografien über die Jahre inhaltlich und formal verändert haben. Sind diese Informationen nicht ausreichend, kann auf die Projektseite *Nacionalen registăr na izdavanite knigi v Bălgarija* der Nationalbibliothek ausgewichen werden, wo alle bulgarischen Monografien verzeichnet sind. Bei der Datenbank handelt es sich um eine Mischung aus Nationalbibliografie und Informationsdienst zu Neuerscheinungen.

a) Serija 1 – Bălgarski knigopis

Die Teilbibliografie enthält alle selbstständigen Titel, die innerhalb Bulgariens erschienen sind und über das Pflichtexemplarrecht an die Bibliothek gelangen. Darunter fallen auch Musikalien, kartografische Materialien, E-Books sowie Titel in Braille-Schrift.

b) Serija 2 – Bălgarski disertacii

Wird einmal im Jahr herausgegeben. Nicht online verfügbar.

c) Serija 3 – Bălgarska diskografija

Wird einmal im Jahr herausgegeben. Nicht online verfügbar.

d) Serija 4 – Bălgarska periodičen pečat

Führt seit 1947 alle periodisch erscheinenden Titel auf. Davon ausgenommen sind Zeitungen, denen die Teilbibliografie *Serija 6* gewidmet ist. Nicht online verfügbar.

e) Serija 5 – Letopis na statiite ot bălgarskite spisanija i sbornici

Wird seit 1952 monatlich als Bulletin herausgegeben und enthält neben unselbstständig erschienener Literatur auch Rezensionen.

f) Serija 6 – Letopis na statiite ot bălgarskite vestnici
Wird monatlich als Bulletin herausgegeben.

Nacionalen registăr na izdavanite knigi v Bălgarija – Books in Print (www.booksinprint.bg)

Für die Suche nach monografischen Neuerscheinungen kann dieser Informationsdienst der bulgarischen Nationalbibliothek zu Rate gezogen werden. Registriert wird nach dem Territorialprinzip selbstständig erschienene Literatur der letzten fünf Jahre. Eine ähnlich enge Zusammenarbeit mit der nationalen Publikations- und Medienlandschaft pflegen auch die Nationalbibliotheken in Sarajevo und Zagreb – dort ist das sogenannte *CIP*-Programm (*Cataloging in Publication*) aktiv. Die Kooperation mit Verlagen und Hochschulen macht die Publikationstätigkeit im Land überschaubarer und unterstützt auch die Dissemination von Neuerscheinungen. Die Datenbank beinhaltet in etwa 100 000 Titel, wobei mindestens ein Drittel wissenschaftlicher Natur ist. Durch die Recherche führt ein ausführlicher Genreindex. In der Datenbank werden wie in der Nationalbibliografie auch E-Books und Hörbücher verzeichnet. Für eine konkrete Recherche kann die Feldsuche verwendet werden, ansonsten gibt es ausführliche Browsing-Möglichkeiten. Jeder Titel beinhaltet bibliografische Metadaten, aber keinerlei weiteren Verfahrensoptionen.

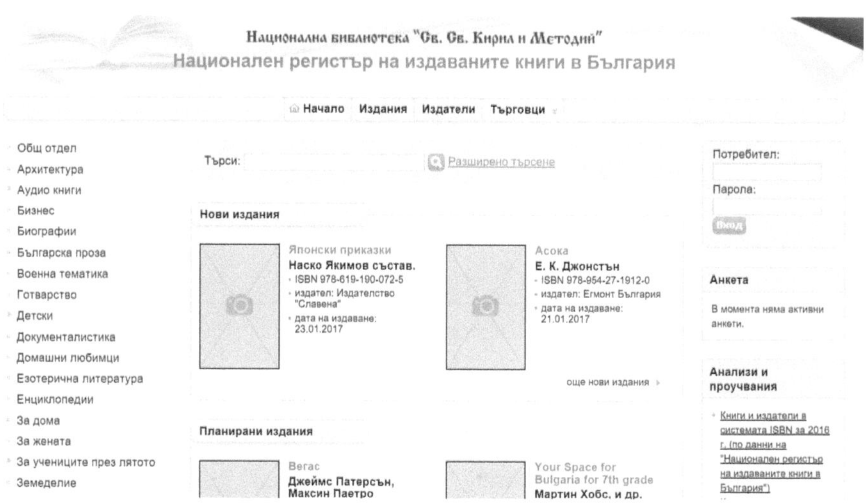

Abb. 26: Homepage des *Nacionalen registăr* mit Anzeige von Neuerscheinungen

3.2.1 Bibliografische Datenbanken

Multimedijna baza-danni za avtentičen muzikalen folklor und Baza-danni za muzikalno-izpălnitelsko izkustvo

Das Fachportal des kunstwissenschaftlichen Instituts an der Bulgarischen Akademie der Wissenschaften ist schon etwas in die Jahre gekommen und umfasst die drei musikwissenschaftlichen Datenbanken des Instituts. Im unteren Teil der Homepage sind diese über je einen englischen und einen bulgarischen Hyperlink zu finden. Die *Baza-danni za muzikovedski tekstove* beinhaltet nur elf bulgarische und englischsprachige Volltexte zu verschiedenen musikwissenschaftlichen Themen. Interessant hingegen sind die beiden Datenbanken *Multimedijna baza-danni za avtentičen muzikalen folklor* bzw. *WebFolk Bulgaria* und *Baza-danni za muzikalno-izpălnitelsko izkustvo*. Erstere war Ende der 1990er Jahre ein vielprämiertes Webprojekt, das u. a. von der UNESCO für die Digitalisierung des bulgarischen Kulturerbes ausgezeichnet wurde. Die Anwendung ist bereits sehr veraltet, der Inhalt aber nach wie vor vielfältig und qualitativ hochwertig. Die Datenbank verfügt über 15 000 Einträge mit Metadaten, Audiofiles und Lyrics zu bulgarischer Volksmusik. Titel können über eine komplexe Formularsuche gesucht werden oder über eine interaktive Landkarte. Zu fast allen Einträgen gibt es eine vollständige oder partielle Tonspur in MP3-Format. Bild- und Videomaterial ist hingegen eher selten. Die Datenbank *Baza-danni za muzikalno-izpălnitelsko izkustvo* beinhaltet Informationen zu klassischen Musikaufführungen in Bulgarien. Die Einträge gehen bis in die 1930er Jahre zurück, sind aber bei weitem nicht vollständig. Verzeichnet wurden Aufführungen ausländischer wie bulgarischer Werke einschließlich Ballettmusik. Gesucht werden kann über eine Feld- und Formularsuche sowie über einen Künstler-, Titel- und Genreindex. Eine sehr gute englische Version ist vorhanden, die sich auch über die Verwendung englischer Begriffe bei der Feldsuche erstreckt.

- Bibliografische Datenbank bzw. Multimedia-Datenbank
- Freier Zugang
- Auch auf Englisch verfügbar
- Feldsuche: Englisch und Bulgarisch (keine Transliteration) möglich
- Verlag: Institut za izkustvoznanie (Bălgarska akademija na naukite)
- Adresse: http://musicart.imbm.bas.bg

3.2.2 Fachportale und Metasuchdienste

1968 – Pražka prolet – Sofijsko ljato

Dieses Fachportal ist ein Projekt des bulgarischen Unternehmens Spotlight, das im kinematografischen und künstlerischen Gewerbe tätig ist. Das Portal ist ohne tschechische bzw. slowakische Partner zu Stande gekommen, bietet aber durch zahlreiche Inhalte aus beiden Ländern einen Vergleich der Ereignisse im Jahr 1968. Angeboten werden Quellen textueller und audiovisueller Natur. Im Menüpunkt *Dokumenti* befindet sich jeweils eine Handvoll Titel aus den Archiven der Bulgarischen Kommunistischen Partei (BKP) sowie aus den bulgarischen und tschechoslowakischen Staatsarchiven. Alle Dokumente sind kommentiert und können im PDF-Format exportiert werden. Multimedia-Inhalte wie Audiodateien (Interviews, nationalistisches Liedgut, Radiosendungen etc.), Videodateien (Nachrichtenausschnitte, Dokumentationen etc.) und Bildmaterial befinden sich in den dazugehörigen Reitern und sind ebenfalls kommentiert. Rechter Hand befindet sich das kleine Seitenmenü *1968 v Lozungi* mit einer Parolen- und Mottisammlung aus den beteiligten Ländern. Der Reiter *Tărsene* beinhaltet eine Schnellsuche, die aufgrund der überschaubaren Anzahl an Inhalten im Portal eigentlich nicht notwendig ist.

- Fachportal bzw. elektronische Text- und Multimedia-Sammlung
- Freier Zugang
- Berichtszeitraum: 1968
- Feldsuche: keine Transliteration möglich
- Verlag: Spotlight LTD
- Adresse: http://1968bg.com

Bălgarskijat komunizăm: Kritičeski izsledvanija

Das Fachportal *Bălgarskijat komunizăm* ist eine Informationsressource des Forschungsinstituts Centăr za akademični izsledvanija in Sofia und soll die kritische Aufarbeitung der kommunistischen Ära durch die Sozial- und Geisteswissenschaften unterstützen. Das Portal selbst bietet keine umfangreichen oder detaillierten Inhalte an, dafür liefert es Recherchierenden interessante Referenzen zu Projektarbeiten und Sekundärliteratur. Unter *Katalog* befindet sich eine Auflistung nationaler und internationaler Forschungsprojekte zum bulgarischen Kommunismus samt einer genauen Beschreibung der Projektziele, -resultate sowie -mitarbeiter. Unter *Vrăzki* finden sich ähnliche Einträge zu internationalen Projekten bzw. Forschungsinstitutionen. Laufend aktualisiert wird der bibliografische Teil der Webseite, der mit ca. 800 Einträgen selbstständige wie unselbstständige, großteils in Bulgarien erschienene Sekundärliteratur verzeichnet. Dieser kann über verschiedene Indizes durchstöbert werden. Da dem Portal laufend Inhalte hinzugefügt werden, lohnt sich das Abonnement des RSS-Feeds, um über Veranstaltungen oder Termine informiert zu werden. Die Webseite ist auch in einer sehr guten englischen Version verfügbar.

- Fachportal (Schwerpunkt Kommunismus)
- Freier Zugang
- Auch auf Englisch verfügbar
- Berichtszeitraum: 1944–1991
- Feldsuche: Englisch und Bulgarisch (keine Transliteration) möglich
- Verlag: Centăr za akademični izsledvanija
- Adresse: http://red.cas.bg/

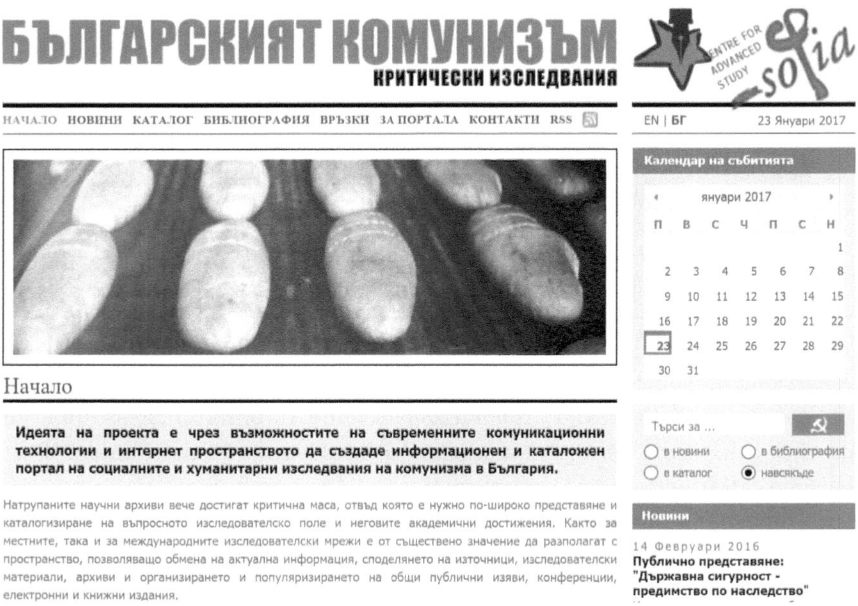

Abb. 27: Homepage des Fachportals *Bălgarskijat komunizăm*

Bălgarskijat literaturen modernizăm

Dieses interessante Fachportal beinhaltet Rezensionen, Bildmaterial und zahlreiche Volltexte zum bulgarischen Modernismus des frühen 20. Jahrhunderts. Das Portal ist ein Projekt des literaturwissenschaftlichen Instituts an der Bulgarischen Akademie der Wissenschaften. Der Referenz- und Informationsteil rund um die Kunstepoche ist abgesehen von einer detaillierten Projektbeschreibung nicht sehr umfangreich, dafür befinden sich im Portal verschiedene digitale Kollektionen. Unter dem Reiter *Digitalno chranilište* finden Recherchierende einzelne Ausgaben von ca. 20 verschiedenen künstlerischen Zeitschriften. Die Ausgaben sind stellenweise sehr lückenhaft und haben einen hohen Ladezeitbedarf, dafür können sie im PDF-Format mit hoher Auflösung exportiert werden. Unter *Interpretacii* ist in diversen Subreitern Sekundärliteratur in elektronischer Abschrift zu finden. Verfügbar sind über 60 Fachartikel, ca. 20 biobibliografische Künstlerporträts, eine umfangreiche Bibliografie samt Abstracts und eine (noch sehr leere) Timeline. Unter *Galerija „Lica“* finden Recherchierende zahlreiche Porträtaufnahmen.

- Fachportal bzw. elektronische Textsammlung
- Freier Zugang
- Berichtszeitraum: ca. 1900–1910
- Verlag: Institut za literatura (Bălgarska akademija na naukite)
- Adresse: http://bgmodernism.com

Bibliotekite v Bălgarija

Dieses Fachportal ist eine Informationsressource der bulgarischen Firma für Bibliothekssoftware SoftLib. Das Portal verzeichnet nach unterschiedlichen Kategorien ca. 400 Bibliotheken samt Anschriften, Gründungsdaten und Webadressen. Detaillierte Angaben zu deren Beständen sind allerdings nicht vorhanden. Alle Interessierten können sich auf dem Portal über bulgarische Bibliotheksstandards, bibliothekarische Ausbildungsmöglichkeiten, Bibliotheksverbünde etc. informieren. Zusätzlich dazu werden ein Diskussionsforum, ein Veranstaltungskalender und eine News-Spalte geboten.

- Fachportal (Schwerpunkt Bibliothekswissenschaften)
- Freier Zugang
- Verlag: SoftLib
- Adresse: www.bibliotekibg.primasoft.bg

Bibliotheca Slavica

Bibliotheca Slavica ist ein Projekt der Universitätsbibliothek Sofia mit Inhalten zur Entstehungsgeschichte und Entwicklung des slawischen Schrifttums. Die Ressource ist ein mehrschichtiges Fachportal mit exportierbaren Volltexten, von denen viele in Planung sind, aber bislang nur wenige online gestellt wurden. Auf der Suche nach Informationen zur Geschichte der slawischen Sprachen sind die beiden ersten Menüpunkte besonders interessant: In mehreren Unterpunkten verteilt befinden sich hier Texte, Bibliografien sowie Arbeitsmaterialien zur glagolitischen und kyrillischen Schrift und Schriftdenkmälern. Digitalisate der zugehörigen Handschriften – ca. 20 Bilddateien – stammen aus dem Fundus der Universitätsbibliothek und sind unter dem Reiter *Slavjanska pismena tradicija* mit den Subreitern *Starobălgarski răkopisi* und *Starobălgarski răkopisi X–XI v.* versteckt. Zu jeder Handschrift gibt es eine kurze Einführung und eine Auflistung passender Sekundärliteratur. Unter dem Menüpunkt *Stara bălgarska literatura* gibt es zwar eine Aufzählung existierender Handschriften, doch wurden diese (noch) nicht online gestellt. Die restlichen Menüpunkte widmen sich diversen bibliothekarischen Beständen und Forschern an der Universität Sofia oder sind aufgrund veralteter Hyperlinks oder Inhalte fehlerhaft. Das Portal verfügt stellenweise über englische Übersetzungen.

- Fachportal bzw. elektronische Textsammlung
- Freier Zugang
- Berichtszeitraum: ca. 9–14. Jahrhundert
- Verlag: Universitetska biblioteka (Sofijski Universitet „Sv. Kliment Ochridski“)
- Adresse: www.libsu.uni-sofia.bg/slavica

COBIB.bg – Virtualna biblioteka Bălgarija

COBIB.bg ist der Verbundkatalog der bulgarischen Abteilung des *COBISS*-Systems (siehe Kapitel 1.3.3). Praktisch hat sich der Verbundkatalog noch nicht durchgesetzt – zurzeit wird er nur von der Nationalbibliothek und der Centralna naučno-techničeska biblioteka in Sofia verwendet. Der Katalog umfasst ca. 990 000 Einträge, wobei über 900 000 von der Nationalbibliothek stammen. Die Anwendung ist dieselbe wie in den anderen *COBISS*-Teilnehmerstaaten: Suchmöglichkeiten ergeben sich aus drei verschiedenen Formularsuchtypen (*Osnovno*, *Razšireno* und *Složno*), die Treffermenge zeigt Verfügbarkeiten an und ermöglicht die direkte Bestellung. Wer über einen

Account verfügt, kann außerdem die Bookshelf-Funktion nutzen. Möchte man mit lateinischer Transliteration arbeiten, müssen für die Feldsuche keine diakritischen Zeichen verwendet werden. Möchte man dies trotzdem tun, sollte man sich unter den Reitern *Pomošt* und *Techniki za tărsene* den Abschnitt zur einheitlichen Verwendung von Diakritika durchlesen. Da in Bulgarien 2009 das Streamlined System als offizielle Transliterationsnorm eingeführt wurde, Bestände vor 2009 aber häufig nach anderen Normen (z. B. ISO 9:1995) erfasst wurden, empfiehlt sich bei der Suche der Verzicht auf Transliteration. Der Katalog ist auch in einer sehr guten englischen Version verfügbar. Im Verbundkatalog integriert ist die für das *COBISS*-System übliche Bibliotheksdatenbank *COLIB.bg*, die Daten zu den teilnehmenden Institutionen enthält. Da aber nur zwei Bibliotheken das System nützen, erübrigt sich die Suche in der Datenbank.

- Verbundkatalog
- Freier Zugang
- Auch auf Englisch verfügbar
- Feldsuche: kyrillische Schreibweise empfohlen
- Verlag: COBISS
- Adresse: www.bg.cobiss.net

Dăržavna agencija „Archivi“

Der Webauftritt der staatlichen Archive Bulgariens ist eine informative Ressource für alle Recherchierenden, die auch analog nach Quellenmaterialien suchen möchten. Das Fachportal gibt unter den zugehörigen Reitern Angaben zu den Beständen, Standorten, Kontaktadressen etc. der verschiedenen bulgarischen Archivtypen. Die Bestände sind nicht so detailliert und umfangreich beschrieben wie es etwa im ostslawischen Raum üblich ist, dafür bietet das Portal über 60 verschiedene Archivführer als Volltexte im PDF-Format an (über die rechte Navigationsleiste auf der Homepage unter dem Punkt *Pătevoditeli v archivite*). Die Archivführer stammen aus den 1970er Jahren bis heute und decken verschiedene Bestände bzw. Zeiträume ab. Auf der linken Menüleiste unter *Izložbi* präsentiert das Portal eine Handvoll virtueller Ausstellungen zu Sonderkollektionen der Archive – diese wurden jedoch schon länger nicht mehr aktualisiert. Ergiebiger ist die Recherche in den digitalen Beständen, die in der rechten Menüleiste unter *Archivite govorjat* zu finden sind. Einen besonderen Service bieten die staatlichen Archive durch den Metakatalog *Registăr na nacionalnija archiven fond* an. Dieser enthält bibliografische Einträge zu bulgarischen Archivbeständen. Die Formularsuche ist etwas anders konzipiert als man es aus dem Bibliothekskatalog kennt – gesucht wird nicht über ein Feld, sondern über Bestandssignatur, Archivnummer, Schlagwort sowie über verschiedene Pull-down-Elemente zu den einzelnen Standorten. Der Datenbankservice *ISDA* (*Informacionna sistema na dăržavnite archivi*) soll Recherchierenden den Überblick über die Archivlandschaft erleichtern. Mit Hilfe einer ähnlichen Formularsuche wie im Metakatalog können hier spezielle Bestände oder Archive ausfindig gemacht werden.

- Fachportal bzw. digitale Bibliothek
- Freier Zugang
- Feldsuche: keine Transliteration möglich
- Verlag: Dăržavna agencija „Archivi"
- Adresse: www.archives.government.bg

NABIS Primo

Neben *COBIB.bg* gibt es einen eigenen Verbund für bulgarische wissenschaftliche und Hochschulbibliotheken: Nacionalna akademična bibliotečno-informacionna sistema (NABIS). Zusätzlich zu den bulgarischen Bibliotheken partizipieren an dem Projekt auch die Nationalbibliotheken in Priština und Tirana sowie zwei rumänische Universitätsbibliotheken. Der Verbundkatalog *NABIS Primo* enthält nicht nur bibliografische Referenzen, sondern ermöglicht auch die Recherche in den digitalen Beständen der Bibliotheken, deren abonnierten Lizenzdatenbanken und in den von den Teilnehmern herausgegebenen Periodika. Die Zahl der bibliografischen Einträge beläuft sich zurzeit auf etwa 3,6 Millionen von 40 teilnehmenden Bibliotheken (Stand Oktober 2016). Gesucht werden kann über zwei separate Feldsuchtypen: *Biblioteki v NABIS* durchsucht alle Bibliothekskataloge samt Volltexte, *Vănšni bazi danni* greift auf die Inhalte in den Lizenzdatenbanken zu (hier ist Recherche nur sinnvoll, wenn man einen entsprechenden Bibliotheksaccount besitzt). Die Trefferliste kann über ein umfangreiches Drill-down-Menü angepasst werden, alle Einträge zeigen Verfügbarkeiten an, etwaige Rezensionen und Tags und verfügen über einen SFX-Linkresolver. Wie beim Verbundkatalog *COBIB.bg* empfiehlt sich für die Nutzung der Feldsuche die kyrillische Schreibweise bulgarischer Begriffe, da sich mit 2009 die nationale Transliterationsnorm geändert hat (siehe oben). Für ausführliche Informationen zum Verbundkatalog empfiehlt sich die NABIS-Webseite mit Erklärungen zu Projektdetails, Teilnehmern, Digitalisierungsinitiativen etc. Der Verbundkatalog verfügt über eine sehr gute englischsprachige Version.

- Verbundkatalog
- Freier Zugang
- Auch auf Englisch verfügbar
- Feldsuche: kyrillische Schreibweise empfohlen
- Verlag: NABIS
- Adresse: www.nalis.bg und http://primo.nalis.bg

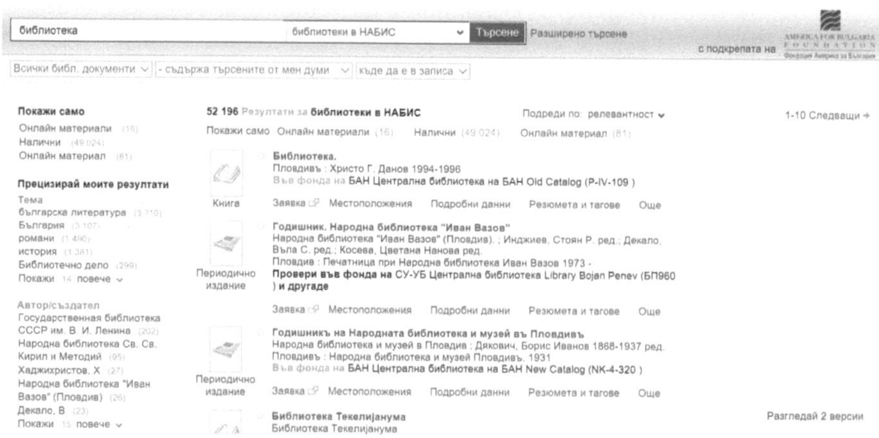

Abb. 28: Trefferliste in *NABIS Primo* mit Drill-down-Menü

3.2.3 Digitale Bibliotheken, fachspezifische Volltextdatenbanken und Textsammlungen

Digitalna kolekcija „Bălgarsko văzraždane“

Diese Textsammlung zur Geschichte der bulgarischen nationalen Wiedergeburtsbewegung ist ein Angebot der Universitet po bibliotekoznanie i informacionni technologii in Sofia. Die Sammlung ist ein Nebenprodukt des eigentlichen Projekts – der Erstellung einer passenden Bibliografie auf CD-ROM. Einige der behandelten Werke wurden jedoch auch digitalisiert und sind nun online verfügbar. Die Digitalisate wurden in fünf verschiedene Kollektionen unterteilt, welche Primärliteratur bzw. Quellentexte, Sekundärliteratur, Bibliografien oder Referenzen zu anderen elektronischen Ressourcen enthalten. Insgesamt sind ca. 100 Texte als PDF-Dokumente vorhanden und exportierbar. Die erste Kollektion (*Văzroždenska periodika i knižnina*) beinhaltet Werke, Kurzschriften und Briefe bekannter bulgarischer Schriftsteller. Etwas umfangreicher und von besserer

Verarbeitung ist die Kollektion für Sekundärliteratur (*Izsledvanija na Bălgarskoto văzraždane*), die großteils Fachartikel aus den 2000er Jahren enthält. Die dritte sowie vierte Kollektion umfassen eine Sammlung bibliografischen Materials aus dem 19. bis 21. Jahrhundert, wobei letztere eine Zusammenstellung von empfohlener Sekundärliteratur der Universität darstellt. In der weiterführenden Linksammlung finden Recherchierende eine Reihe von Institutionen, Webseiten, Periodika etc. mit ähnlichem Forschungsinteresse. Möchte man trotz des überschaubaren Umfangs der Textsammlung nicht browsen, kann rechter Hand die Schnellsuche verwendet werden.

- Elektronische Textsammlung
- Freier Zugang
- Feldsuche: keine Transliteration möglich
- Verlag: Universitet po bibliotekoznanie i informacionni technologii (UniBIT)
- Adresse: http://bgv.unibit.bg/

Gaida.com

Gaida.com ist eine Sammlung mit Audiofiles zu bulgarischer folkloristischer Vokal- und Instrumentalmusik. Sie ist ein Parallelangebot zu den Musikdatenbanken des kunstwissenschaftlichen Instituts an der Bulgarischen Akademie der Wissenschaften (*Multimedijna baza-danni za avtentičen muzikalen folklor* und *Baza-danni za muzikalno-izpălnitelsko izkustvo*). Ähnlich wie diese ist *Gaida.com* bereits in den 1990er Jahren entstanden, weshalb die Anwendung technisch veraltet ist. Nichtsdestotrotz ist der Inhalt umfangreich und gut verwertbar. Die Ressource ist ausschließlich auf Englisch vorhanden. Über die Homepage kommt man durch den Menüpunkt *Music* zu einem Verzeichnis, das grob Auskunft über Genres und Künstlergruppen gibt. Jeder Indexpunkt führt zu einem Ordner, in dem man Zugriff auf die MP3-Dateien bekommt (Ogg-Formate sind nicht mehr vorhanden). Insgesamt sind etwa 300 Titel verfügbar. Die einzelnen Dateien sind nach dem Namen des jeweiligen Stücks benannt, ansonsten gibt es keinerlei weitere Informationen oder Metadaten.

- Multimedia-Sammlung
- Freier Zugang
- Verlag: Gaida
- Adresse: http://gaida.homelinux.com

Izgubenata Bălgarija

Izgubenata Bălgarija ist eine Bilddatenbank mit Fotomaterialien zur bulgarischen Geschichte des 19. bis 21. Jahrhunderts. Die Datenbank beinhaltet ca. 5700 Fotos in hoher Auflösung mit Wasserzeichen – der Zeitraum 1910 bis 1940 ist dabei am stärksten vertreten. Thematisch kennt die Sammlung keine Einschränkungen, so gibt es Bildmaterialien zu Alltagsszenen, historischen Ereignissen, Landschaften, Architektur sowie zahlreiche Familienporträts. Durch den Bestand führen eine chronologische sowie eine thematische Navigationsleiste. Der Aufbau der Webseite ist nicht immer kohärent, so dass es je nach gewähltem Menüpunkt ein zusätzliches Drill-down-Menü gibt oder man sich durch die Kollektion klicken muss. Die Aufnahmen verfügen zum Großteil über eine kurze inhaltliche Beschreibung und einen Vermerk zum Entstehungszeitraum. Wer nicht browsen möchte, kann die integrierte Schnell- oder Formularsuche verwenden. Zu diesen gibt es eine kurze Beschreibung für die optimale Formulierung des Suchbegriffes, die es zu beachten gilt, da die Inhalte nicht über Metadaten bzw. einen speziellen Katalogisierungsstandard erschlossen wurden.

- Bilddatenbank
- Freier Zugang
- Berichtszeitraum: ab ca. 1800
- Feldsuche: keine Transliteration möglich
- Verlag: Pejo Kolev (privat)
- Adresse: www.lostbulgaria.com

Slovoto – Bălgarskaja virtualna biblioteka

Slovoto ist eine Textsammlung der gleichnamigen Non-Profit-Organisation Slovoto. Die Sammlung umfasst Werke von ca. 500 bulgarischen Autoren in elektronischer Abschrift. Chronologisch wurden den Inhalten keine Grenzen gesetzt – so findet man Texte aus dem frühen Mittelalter sowie aus der Gegenwart. Auf der Suche nach älterer Literatur können die Inhalte unter dem Menüpunkt *Avtori* nach sechs Epochen unterteilt eingesehen werden. Bei vielen Autoren wurde eine Kurzbiografie zugefügt, stellenweise sind Übersetzungen ins Englische, Französische und Deutsche zu finden. Ebenfalls möglich ist die Verwendung der Schnellsuche oder der integrierten Google-Suchfunktion. Da es sich um eine private Textsammlung handelt, ist bei Verwendung neuerer Werke auf die Urheberrechte zu achten, bei älteren Werken die Notwendigkeit eines nachträglichen Proofreadings.

- Elektronische Textsammlung
- Freier Zugang
- Berichtszeitraum: ab ca. 900
- Feldsuche: keine Transliteration möglich
- Verlag: Slovoto (privat)
- Adresse: www.slovo.bg

Virtualna biblioteka „Ivan Šišmanov" – Bălgarska literatura v prevod

Diese Volltextdatenbank ist eine Informationsressource des literaturwissenschaftlichen Instituts an der Bulgarischen Akademie der Wissenschaften. Sie beinhaltet ca. 1900 Titel bulgarischer Primärliteratur ab dem späten 19. Jahrhundert in englischer und deutscher Übersetzung. Neben den englisch- und deutschsprachigen Volltexten bietet die Datenbank auch biografische Kurzporträts der Autoren sowie ein bibliografisches Verzeichnis übersetzter Werke. Der Einstieg in die Datenbank geschieht über den Menüpunkt *Katalog*, der zu einer einfachen Feldsuche weiterleitet. Sucht man lieber über einen Index, kann dort in alphabetischer Reihenfolge auch durch Autor, Übersetzer, Sachtitel, Verlag oder Erscheinungsjahr der Übersetzungen durchgeklickt werden (Menüpunkt *Indeks*). Für detaillierte Informationen zur Indexsuche oder zur Verwendung von Suchoperatoren kann man sich an die Erklärungen unter dem Menüpunkt *Pomošt* wenden. Damit die Übersetzungen aus der Trefferliste eingesehen werden können, muss man sich zuvor registrieren. Dies erlaubt auch die Verwendung der Bookshelf-Funktion. Da nicht alle Titel auf Deutsch und Englisch vorhanden sind, empfiehlt sich bei der Feldsuche die Recherche mittels Originaltitel bzw. Autor oder eine gemischt englisch- und deutschsprachige Sachtitelsuche. Eine Verschlagwortung ist nicht vorhanden. Die Datenbank ist auf Bulgarisch, Englisch und Deutsch vorhanden.

- Volltextdatenbank
- Freier Zugang bei Registrierung
- Auch auf Englisch und Deutsch verfügbar
- Berichtszeitraum: ab 1894
- Feldsuche: Deutsch, Englisch und Bulgarisch (keine Transliteration) möglich
- Verlag: Institut za literatura (Bălgarska akademija na naukite)
- Adresse: http://bglit.org

3.3 Kroatien

Der kroatische wissenschaftliche Informationsmarkt ist dem serbischen sehr ähnlich. Recherchierende aus dem In- und Ausland profitieren von einer breiten elektronischen Informationsinfrastruktur, deren Stärken insbesondere im Open Access-Bereich liegen. Hauptakteur bei der Gestaltung von Ressourcen ist ähnlich wie in Serbien das wissenschaftliche und öffentliche Bibliothekswesen, allen voran die National- und Universitätsbibliothek (Nacionalna i sveučilišna knjižnica Zagreb). Diese betreut in Zusammenarbeit mit vielen kleineren bibliothekarischen Institutionen, Archiven und Museen eine Reihe von Angeboten aus allen Bereichen des modernen Informationswesens. Schnittstellen zu internationalen Suchdiensten sind nur stellenweise vorhanden, trotzdem konnte Kroatien die Sichtbarkeit seines Forschungsoutputs dank einer modernen Informationsinfrastruktur in den letzten Jahren verbessern.

Kroatien ist der einzige jugoslawische Nachfolgestaat, der nicht in das interregionale *COBISS*-System (siehe Kapitel 1.3.3) eingebunden ist. Statt eines *COBISS*-Verbundkatalogs und der dazugehörigen Forschungs- und Bibliotheksdatenbanken hat man in Kroatien eine eigene Softwarelösung eingesetzt: *CROLIST*. Der *CROLIST*-Verbundkatalog fasst die Bestände von etwa 50 wissenschaftlichen wie öffentlichen Bibliotheken zusammen und unterscheidet sich nicht wesentlich von anderen Verbundkatalogen. Neben diesem haben Forscher und Studierende die Möglichkeit, in der kroatischen Nationalbibliografie (*Hrvatske nacionalne bibliografije*) und der Bibliografie für wissenschaftliche Publikationen *CROSBI* zu recherchieren. Recherchierende, die in der Nationalbibliografie suchen möchten, sollten sich zuvor das Kapitel 1.3.3 ansehen, um Schwierigkeiten in der bibliografischen Erfassung südslawischer Publikationen sowie etwaige Überschneidungen mit anderen Nationalbibliografien der Nachbarländer zu kennen. Die Titel in *CROSBI* werden von kroatischen Wissenschaftlern selbst eingepflegt und von den beteiligten Bibliotheken nachgeprüft. Eine sehr gute Quelle für die bibliografische Recherche ist auch die Zeitschriftendatenbank *Hrčak*, die wie *CROSBI* Volltexte enthält und eine wichtige Rolle in der kroatischen Open Access-Bewegung einnimmt.

Neben dem Bibliothekswesen ist das Forschungsinstitut Srce (Sveučilišni računski centar) ein wichtiger Akteur am kroatischen Informationsmarkt. Srce entwickelte die Repositoriumssoftware *DABAR*, die beinahe alle kroatischen Hochschulen verwenden. Dank der einheitlichen Software wurde die Verbreitung von Repositorien im tertiären Bildungswesen um ein Vielfaches verbessert, zudem wurde dadurch eine Erfassung aller existierenden Repositorien über einen Metasuchdienst möglich. Srce entwickelte zu diesem Zweck *ARA* (*Agregator hrvatskih repozitorija i arhiva*). Der Metasuchdienst erlaubt die Recherche in über 100 kroatischen Repositorien sowie in der Zeitschriftendatenbank *Hrčak*, die ebenfalls von Srce betreut wird.

Hrčak ist zusammen mit der Datenbank *CROSBI* ein wichtiger Bestandteil der kroatischen Open Access-Landschaft. Mit *CROSBI* hatten kroatische

Wissenschaftler ab 1997 erstmals die Möglichkeit, ihre Publikationen über den Grünen Weg des Open Access im Internet zugänglich zu machen. *Hrčak* ist eine neuere Variante und auf die Erfassung von Fachzeitschriften spezialisiert. Der Datenbank fehlt für den Schritt zum Zitationssystem nur noch ein eigenes bibliometrisches Maß, ähnlich dem *BIĆ Impakt Faktor* in der serbischen Zitationsdatenbank *SCIndeks*. Nichtsdestotrotz vermehrt *Hrčak* die Sichtbarkeit kroatischer Zeitschriften am internationalen Markt, da die Datenbank in den Harvesting-Bereich von internationalen Diensten fällt.

Auch im Bereich der Retrodigitalisierung ähnelt der kroatische Informationsmarkt dem serbischen. So gibt es zahlreiche große und kleine digitale Bestände, jedoch ohne nationale Vernetzung und mit zaghafter Anbindung an internationale Suchdienste wie *Europeana* oder *World Digital Library*. Wer in diesen Beständen recherchieren möchte, muss dies gesondert tun. Auch für das nationale Digitalisierungsprogramm Hrvatska kulturna baština gibt es keinen Metasuchdienst. Im Rahmen dieser Initiative wurde von der kroatischen National- und Universitätsbibliothek eine Reihe von Ressourcen umgesetzt, die verschiedene historische Medien beinhalten. Diese können über den Online-Katalog der Bibliothek zusammen mit anderen Ressourcen durchsucht werden.

Außerhalb des Bibliothekswesens findet man eine kleine Zahl privater und institutioneller Projekte. Eine interessante Ressource zu moderner kroatischer Literatur ist *BEK* (*Besplatne elektroničke knjige*) von der Initiative Društvo za promicanje književnosti na novim medijima, die ca. 200 frei zugängliche Werke enthält. Sekundärquellen zu kroatischer Sprache und Literatur liefert die Textsammlung *Anagram* der Zagrebačka slavistička škola. Für kroatische historische bzw. Kanonliteratur gibt es eine Reihe von Sammlungen, die aus elektronischen Abschriften bestehen und über eine Suchmaschine leicht zu finden sind. Vorsicht ist jedoch bei der Verwendung der Texte geboten, da ein professionelles Proofreading zumeist nicht garantiert ist.

Open Access in Kroatien

Im kroatischen Hochschulwesen gibt es ähnlich wie in Serbien ein starkes Bewusstsein für die Vorteile von Open Access bzw. Open Science. Die Open Access-Bewegung erfährt viel Unterstützung von wissenschaftlichen Bibliotheken und Forschungseinrichtungen, weshalb es zahlreiche Ressourcen gibt, die die freie Zugänglichkeit von Forschungsoutput propagieren und sowohl technisch als auch inhaltlich unterstützen. Open Access hat mit der erstmaligen Gründung eines frei zugänglichen Repositoriums im Rahmen der bibliografischen Datenbank *CROSBI* im Jahr 1997 auch eine vergleichsweise „lange" Tradition in Kroatien. Zusätzlich zu den vielen staatlich unterstützten Informationsressourcen, die seither generiert wurden, gibt es auch Einzelinitiativen wie die Croatian Open Access Declaration, die 2012 von kroatischen Wissenschaftlern ins Leben gerufen wurde (nachzulesen und zu unterstützen unter www.fer.unizg.hr/oa2012/declaration).

Zwar gibt es in Kroatien kein offizielles Open Access-Mandat, das Wissenschaftler und Institutionen zur kostenlosen Veröffentlichung von Forschungsleistungen motiviert, doch sind die Möglichkeiten, über das Open Access-Format viele Leser zu erreichen, für kroatische Forscher mittlerweile besonders interessant geworden. Die Plattformen *DOAJ* und *OpenDOAR* verzeichnen 89 kroatische Zeitschriften bzw. 21 institutionelle Repositorien – in nationalen Ressourcen sind diese Zahlen jedoch wesentlich höher. Die Zeitschriftendatenbank *Hrčak* beinhaltet die Verweise von über 400 kroatischen Zeitschriften, der Großteil davon ist online frei zugänglich. *ARA* – der Metasuchdienst für kroatische Repositorien – verzeichnet 115 Ressourcen. Gründe für die große zahlenmäßige Differenz sind in den unterschiedlich strengen Aufnahmekriterien von Ressourcen in die nationalen und internationalen Metasuchdienste zu suchen, aber auch in der seltenen Aktualisierung von *DOAJ* und *OpenDOAR*. Durch die Verbreitung von *DABAR* – einer nationalen Softwarelösung für Repositorien vom kroatischen Institut Srce – ist die Zahl der kroatischen Repositorien seit 2015 auf über 100 gestiegen. Im Ländervergleich ist die Zahl deshalb so hoch, da jede Hochschule mehrere Repositorien (zumeist in Anbindung an die einzelnen Fachbereiche) betreiben kann. Die Anzahl an Inhalten in den einzelnen Datenbanken ist dementsprechend geringer als in zentralen Repositorien. Zusätzlich zu diesen gibt es ein nationales Repositorium für Dissertationen und Diplomarbeiten (*Digitalni akademski repozitorij*) sowie ein Repositorium für E-Medien (*Hrvatski arhiv weba*).

Die Zeitschriftendatenbank *Hrčak* vereint zahlreiche kroatische Periodika, die im Rahmen von Hochschulen und Instituten herausgegeben werden. Ähnlich wie in Serbien ist die kommerzielle wissenschaftliche Verlagslandschaft relativ klein, weshalb sich Open Access als Publikationsalternative erfolgreich etablieren konnte. *Hrčak* verspricht Wissenschaftlern eine breite Sichtbarkeit am nationalen wie internationalen Informationsmarkt. Die Datenbank stellt kein eigenes bibliometrisches Maß, harvestet jedoch den *Impact Factor* von *Web of Science* und ist wiederum über *Google Scholar* und *BASE* durchsuchbar. Eine Alternative zu *Hrčak* ist der Metasuchdienst *Pero* (http://lib.irb.hr/utility/pero/), der zuletzt aber 2011 aktualisiert wurde.

Tipp: Zur Open Access-Infrastruktur in Kroatien gibt es auch online viele Informationen. Auf der Suche nach statistischen Angaben ist es jedoch besser, sich direkt bei den nationalen Ressourcen (z. B. ARA, Hrčak) zu informieren, da die internationalen Open Access-Plattformen nicht laufend aktualisiert werden.

Stand der Retrodigitalisierung

2007 wurde vom kroatischen Kulturministerium das dreijährige Projekt Hrvatska kulturna baština initiiert, das die Langzeitarchivierung und die verbesserte öffentliche Zugänglichkeit von kroatischem Kulturerbe sichern soll. Das Programm umfasste u. a. die Erstellung mehrerer thematischer elektronischer Informationsressourcen, die jeweils einen Teil des Kulturerbes beinhalten. Die meisten dieser Ressourcen wurden von der kroatischen National- und Universitätsbibliothek umgesetzt. Im Programm nicht vorgesehen war eine Vernetzung bzw. ein Metasuchdienst für die einzelnen Digitalisierungsprojekte, so dass es nun eine Reihe von unabhängig existierenden Ressourcen gibt. Auch Schnittstellen zu internationalen Suchdiensten wie *The European Library* oder *Europeana* sind nur teilweise vorhanden. Möchte man im Gesamtbestand des digitalen kroatischen Kulturerbes recherchieren, kommt man nicht um die separate Konsultation der einzelnen Ressourcen umhin.

Erste Informationen zum nationalen Digitalisierungsprogramm Hrvatska kulturna baština findet man auf dem Fachportal *kultura.hr* (www.kultura.hr), eine Zusammenfassung und Kurzbeschreibung der darin entstandenen Ressourcen an der National- und Universitätsbibliothek gibt es auf der Webseite von *The European Library* (http://tinyurl.com/hmu2nts, 07.02.2017). Zu diesen Ressourcen gehören u. a. zwei Datenbanken zu kroatischen historischen Periodika sowie eine Sammlung von Audioaufnahmen kroatischer Plattenlabel. Zusätzlich zu diesen existiert eine Reihe von digitalen Bibliotheken. Folgende sind die umfangreichsten:

a) Digitalizirana zagrebačka baština (Knjižnice grada Zagreba) (http://kgzdzb.arhivpro.hr)

Diese digitale Bibliothek ist ein Projekt der Stadtbibliothek Zagreb und enthält die Digitalisate ihrer wertvollsten Archivalien. Der Bestand setzt sich aus einem bunten Gemisch aus alten Monografien, Zeitungsausgaben, Musikalien, Landkarten etc. zusammen und umfasst etwa 280 Titel. Die Digitalisate sind auch über *Europeana* zu finden.

b) Digitalizirana baština (Nacionalna i sveučilišna knjižnica Zagreb) (http://digitalna.nsk.hr)

Die digitale Bibliothek der kroatischen National- und Universitätsbibliothek beinhaltet etwa 2500 Titel. Diese setzen sich aus wertvollen Monografien, Manuskripten, Musikalien, Bildmaterialien etc. zusammen. Besonders umfangreich ist die kartografische Kollektion mit ca. 1500 Titeln. Alle Medien sind auch über *The European Library* auffindbar.

c) Digitalna zbirka Hrvatske akademije znanosti i umjetnosti (Hrvatska akademija znanosti i umjetnosti) (http://dizbi.hazu.hr)

Die kroatische Akademie der Wissenschaften hat für ihre digitale Bibliothek etwa 26 000 Titel aus ihren eigenen Fundus digitalisiert. Auch hier wurde der Bestand aus einer Vielzahl an unterschiedlichen Medien zusammengestellt, die über *The European Library* zu finden sind.

Anders als im Bereich des Open Access gibt es keine umfassende Zusammenschrift aller digitalen Bibliotheken und Bestände, die im kroatischen Bibliotheks- und Bildungswesen vorhanden sind. Für kleinere digitale Bibliotheken, die außerhalb des nationalen Digitalisierungsprogramms entstanden sind, gibt es eine Zusammenfassung im Bibliotheksportal *Knjiznica.hr* unter dem Menüpunkt *Digitalne zbirke*. Diese beinhaltet die Beschreibung von ca. 20 kleineren digitalen Beständen.

Hrvatske nacionalne bibliografije – Die kroatische Nationalbibliografie (http://bibliografija.nsk.hr)

Die laufend erstellte kroatische Nationalbibliografie wird in Print-, in digitaler sowie teilweise in elektronischer Form (CD-ROM) in drei Teilen herausgegeben: *Niz A*, *Niz B* und *Niz C*. Bei der Erstellung der Bibliografie wird nach verschiedenen Prinzipien vorgegangen. So werden Monografien nach dem Territorial-, Nationalitäts- und Sujetprinzip aufgenommen, während periodisch erscheinende Werke nur im nationalen Rahmen (Territorialprinzip) berücksichtigt werden. Die digitale Version der Nationalbibliografie ist in einer eigenen, übersichtlich gestalteten Webseite implementiert und beinhaltet neben den drei laufend erweiterten Teilen eine retrospektive Bibliografie aus den Jahren 1982 bis 1999 für den Zeitraum 1835 bis 1940 (*Hrvatska retrospektivna bibliografija knjiga 1835–1940*). Die darin aufgearbeiteten Titel folgen dem Territorial- sowie dem Nationalitätsprinzip. Zusätzlich zu bereits erschienenen Titeln werden auch zur Publikation vorbereitete Medien im Rahmen des *CIP*-Programms aufgenommen (*CIP – Knjige u tisku*). Das *CIP*-Programm (*Cataloging in Publication*) wurde 1984 gegründet und ermöglicht dem Bibliothekswesen eine enge Zusammenarbeit mit der kroatischen Medienlandschaft, was die Erfassung und Verbreitung von Neuerscheinungen fördert. Im Rahmen des *CIP*-Programms werden geplante Publikationen katalogisiert und in der Zusammenfassung *CIP – Knjige u tisku* zusammen mit der Nationalbibliografie online gestellt. Die drei Hauptteile der Nationalbibliografie – *Niz A*, *Niz B* und *Niz C* – werden jeweils über einen thematisch vorsortierten Index angezeigt, der zu verschiedenen anderen Indizes abgeändert werden kann (ISSN, Verlag, Autor etc.).

a) Niz A – Knjige
Der erste Teil der kroatischen Nationalbibliografie beinhaltet neben selbstständig erschienener Literatur auch Musikalien, kartografisches Material sowie Medien in Mikroprint-Format. *Niz A* ist seit 2004 online einsehbar und wird genauso wie die Printvariante monatlich herausgegeben. Auch auf CD-ROM erhältlich.

b) Niz B – Prilozi u časopisima i zbornicima
Niz B wird ausschließlich nach dem Territorialprinzip erstellt und beinhaltet unselbstständig erschienene Literatur wie Artikel aus Fachzeitschriften, Jahrbüchern und Sammelwerken sowie literarische Beiträge aus Anthologien, Magazinen oder Kalendern. *Niz B* wird wie *Niz A* monatlich herausgegeben, erscheint jedoch nur in digitaler Form. Einsehbar sind die Jahrgänge ab 2010.

c) Niz C – Serijske publikacije
Der dritte und letzte Teil der kroatischen Nationalbibliografie enthält Angaben zu in Kroatien erschienenen Periodika wie Zeitschriften, Jahrbüchern und regelmäßig erscheinenden Schriftenreihen. *Niz C* erscheint im Printformat und wird einmal jährlich herausgegeben. Die Online-Version beinhaltet die Jahrgänge seit 2003.

3.3.1 Bibliografische Datenbanken

Hrvatska znanstvena bibliografija CROSBI
Die Referenz- und Volltextdatenbank *CROSBI* wurde 1997 erstellt und ist das älteste Open Access-Projekt in Kroatien. Geleitet wird die Datenbank von der naturwissenschaftlichen Forschungsinstitution Institut Ruđer Bošković in Zagreb. Die Datenbank referenziert wissenschaftliche Publikationen seit ihrem Gründungsjahr und beinhaltet ca. 460 000 bibliografische Einträge sowie über 30 000 Volltexte. Aufgenommen werden alle klassischen Publikationsformen wie Monografien, Artikel in Sammelwerken oder Tagungsbänden, Abschlussarbeiten, graue Literatur, Patentschriften etc. aus allen wissenschaftlichen Disziplinen. Kroatische Forscher und Wissenschaftler werden angehalten, ihre Publikationen eigenhändig in die Bibliografie einzutragen, während die Metadaten von Bibliothekaren korrigiert werden. Möchte man sich zu Inhalt und Entwicklung der Bibliografie informieren, kann dies über die vierstündlich aktualisierte Statistikmeldung geschehen. Gegeben ist eine Schnell- sowie umfangreiche Formularsuche. Vorsicht ist bei der Recherche nach Volltexten geboten – durchsucht wird nicht das Textdokument, sondern nur dessen bibliografische und Metadaten. Die

Datenbank bietet eine eigene FAQ-Seite mit Informationen für Wissenschaftler, die ihre Werke eintragen möchten, und grundlegenden Hinweisen zur Recherche in der Bibliografie. Eine gute englische Version ist verfügbar.

- Bibliografische Datenbank
- Freier Zugang
- Auch auf Englisch verfügbar
- Berichtszeitraum: ab 1997
- Feldsuche: Verwendung von Diakritika notwendig
- Verlag: Institut Ruđer Bošković
- Adresse: https://bib.irb.hr/index.html

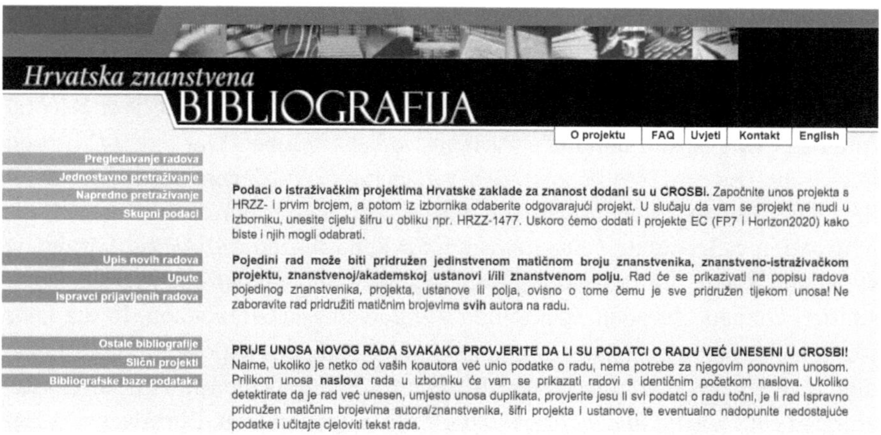

Abb. 29: Homepage von *CROSBI* mit Projektbeschreibung und Menüleiste

Krieg in Kroatien und Bosnien: Eine Bibliografie 1989–1996

Das Hamburger Institut für Sozialforschung hat im Jahr 1997 das Projektergebnis zur Erstellung einer Fachbibliografie zu den Jugoslawienkriegen veröffentlicht. Die Bibliografie *Krieg in Kroatien und Bosnien 1989–1996* ist auf dessen Webseite als PDF-Datei einseh- und exportierbar. Sie beinhaltet etwa 4600 selbstständige wie unselbstständige Titel aus den Jahren 1989 bis 1996 in deutscher, englischer, französischer und serbokroatischer Sprache. Aufgenommen wurden allerdings nur Werke aus sozialwissenschaftlichen Disziplinen. Hilfreich für die Anwendung der Bibliografie ist die detaillierte Projektbeschreibung, die sich auf der Webseite und im downloadbaren Vorwort befindet und die Informationen zu inhaltlichen und formalen Schwerpunkten enthält. Insgesamt besteht die Bibliografie aus drei

Teilen: jeweils einem Teil mit monografischen und periodisch erscheinenden Titeln sowie aus einem Teil mit anonymen Werken. Die Bibliografie wird nicht mehr aktualisiert.

- Fachbibliografie (elektronische Textsammlung)
- Freier Zugang
- Berichtszeitraum: 1989–1996
- Verlag: Hamburger Institut für Sozialforschung
- Adresse: www.his-online.de/forschung/230

3.3.2 Fachportale und Metasuchdienste

ARA – Agregator hrvatskih repozitorija i arhiva

ARA ist ein Metasuchdienst von Srce (Sveučilišni računski centar) und beinhaltet die Angaben zu über 100 kroatischen Repositorien mit insgesamt über 210 000 Inhalten. *ARA* ist die nationale Variante von Plattformen wie *OpenDOAR* und *ROAR*, die Open Access-Repositorien verzeichnen. Im Gegensatz zu diesen ist *ARA* vollständiger und wird laufend aktualisiert, da der Betreiber Srce auch die in Kroatien vielgenutzte Softwarelösung für Repositorien *DABAR* zur Verfügung stellt und somit die Entstehung von Repositorien mitkoordiniert. Alle Repositorien können über den Menüpunkt *Katalog* eingesehen werden. In die Liste wurden u. a. auch die Zeitschriftendatenbank *Hrčak*, das Repositorium für E-Medien *HAW* (*Hrvatski arhiv weba*) sowie das nationale Repositorium für Abschlussarbeiten *DAR* (*Digitalni akademski repozitorij*) aufgenommen. Die erweiterte Formularsuche ermöglicht eine Recherche in den bibliografischen Angaben aller in den Repositorien enthaltenen Titel. Bei der Recherche ist zu bedenken, dass *ARA* zwar alle Repositorien, jedoch keine digitalen Bibliotheken, die im Rahmen der Digitalisierung von Kulturerbe entstanden sind, durchsucht.

- Metasuchdienst
- Freier Zugang
- Feldsuche: keine Diakritika notwendig
- Verlag: Sveučilišni računski centar (Srce)
- Adresse: http://ara.srce.hr

Knjiznica.hr – Portal narodnih knjižnica

Das Fachportal *Knjiznica.hr* ist ein gemeinsames Projekt kroatischer Bibliotheken und verzeichnet alle wichtigen bibliothekarischen Informationsdienstleister des

Landes. Wer sich für kleine lokale Einrichtungen interessiert, findet hier auch alle Bibliotheken, die über keine Internetpräsenz verfügen. Gesucht wird nicht über die klassische Feld- oder Indexsuche, sondern über eine interaktive Karte, die die Recherche nach dem Bibliotheksstandort ermöglicht. Jede Einrichtung ist – soweit sie über eine eigene Webseite verfügt – über einen Hyperlink ansteuerbar. Unter *dokumenti* bietet das Portal einen Einblick in nationales Bibliotheksrecht und den Einsatz von Metadatenstandards im kroatischen Bibliothekswesen. Sehr praktisch ist auch die thematisch weitgreifende Linkliste mit Verweisen zu kroatischen und englischsprachigen Webseiten und Informationsdiensten. Für spezielle Fragen zum kroatischen Bibliothekswesen ist der Live-Chat besonders hilfreich.

- Fachportal (Schwerpunkt Bibliotheks- und Informationswesen)
- Freier Zugang
- Verlag: Knjižnice grada Zagreb (Projektleitung)
- Adresse: www.knjiznica.hr

Skupni katalog CROLIST

Kroatien ist der einzige jugoslawische Nachfolgestaat, der nicht in das interregionale *COBISS*-System (siehe Kapitel 1.3.3) eingebunden ist. Stattdessen hat man sich für eine eigene Umsetzung bibliothekarischer Online-Ressourcen mit dem *CROLIST*-System entschieden, über das auch der nationale Verbundkatalog geführt wird. Dieser enthält sowohl die Bestände der kroatischen National- und Universitätsbibliothek als auch weiterer öffentlicher und wissenschaftlicher Bibliotheken, deren Zahl sich auf etwa 50 beläuft. *CROLIST* umfasst auch die regionalen kroatischen Verbundkataloge sowie einzelne Fakultätsbibliotheken. Insgesamt können über die Suche 820 000 Verweise auf selbstständige und zum Teil auch unselbstständige Titel recherchiert werden. Neben den klassischen Printmedien werden auch Musikalien, Dissertationen, grafische Medien (Cartoons, Comics etc.), elektronische Medien, kartografisches Material sowie eine kleine Zahl an E-Medien aufgenommen. Die elektronische Erschließung passiert anhand unterschiedlicher Berichtszeiträume – so können kroatische Printmedien ab etwa 1980 flächendeckend gesucht werden, alte Drucke und Musikalien seit etwa 1850, elektronische Medien seit etwa 1990. Eine Erfassung aller Medien ist ab dem Zeitraum 1990 – seit dem Bestehen von *CROLIST* – garantiert. Die Suche kann über eine einfache sowie erweiterte Feldsuche erfolgen, die Trefferliste mit einem umfangreichen Drill-down-Menü eingeschränkt werden.

- Verbundkatalog
- Freier Zugang
- Verlag: UNIBIS
- Adresse: http://opak.crolib.hr

3.3.3 Digitale Bibliotheken, fachspezifische Volltextdatenbanken und Textsammlungen

Anagram

Anagram ist eine elektronische Textsammlung zur kroatischen Sprache und Literatur von der Zagrebačka slavistička škola und umfasst etwa 200 wissenschaftliche und literarische Texte in kroatischer Sprache. Die Sammlung ist in der Webseite des Betreibers unter dem gleichnamigen Menüpunkt implementiert. Eine gute Übersicht über den Inhalt der Sammlung liefert die Einteilung in sieben verschiedene Themenkategorien. Zusätzlich zur Sekundärliteratur gibt es unter dem Themenpunkt *Bibliografije* kurze Zusammenschriften zu wichtigen Werken mit Bezug auf kroatische Rechtschreibung, Grammatik, Literaturgeschichte etc. Die Texte sind nicht exportierbar, dafür verfügen sie über ein einheitliches und leserfreundliches Format. Zu einigen Texten gibt es eine Autorenbiografie.

- Elektronische Textsammlung
- Freier Zugang
- Feldsuche: keine Diakritika notwendig
- Verlag: Zagrebačka slavistička škola
- Adresse: www.hrvatskiplus.org

BEK – Besplatne elektroničke knjige

Diese Textsammlung wurde von der Initiative Društvo za promicanje književnosti na novim medijima kreiert, die sich für die freie Zugänglichkeit von Literatur im Internet einsetzt. Die Sammlung besteht aus ca. 200 Werken im Volltext, darunter sowohl Universalliteratur in kroatischer Übersetzung als auch Werke bekannter und weniger bekannter kroatischer Autoren. Durch die Sammlung führen mehrere Indizes zu Titel, Thema, Autor etc. Jeder Titel verfügt über eine kurze Beschreibung samt Rezension und kann online gelesen oder in verschiedenen Formaten exportiert werden.

- Elektronische Textsammlung
- Freier Zugang
- Verlag: Društvo za promicanje književnosti na novim medijima
- Adresse: http://elektronickeknjige.com

DAR – Digitalni akademski repozitorij

DAR ist ein Bestandteil des Digitalisierungsprogramms Hrvatska kulturna baština und enthält neben Volltexten und Metadaten zu Kulturerbe auch Verweise und Texte aus zeitgenössischen Titeln. Das Repositorium beinhaltet Digitalisate von über 100 historischen Dissertationen der Universität Zagreb ab 1880, die aus dem Fundus der National- und Universitätsbibliothek stammen, sowie etwa 170 akademische Abschlussarbeiten. Neben den Volltexten kann die Ressource auch auf der Suche nach bibliografischen Verweisen von Abschlussarbeiten verwendet werden, deren Volltexte nicht online verfügbar sind. Auch vorhanden sind Referenzen zu zeitgenössischen wie historischen Autoren und Komiteemitgliedern. Die Suche erfolgt über einen Themen- und Autorenindex auf der linken Seite oder über eine Feldsuche.

- Digitales Repositorium
- Freier Zugang
- Berichtszeitraum: ab 1880
- Feldsuche: Verwendung von Diakritika notwendig
- Verlag: Nacionalna i sveučilišna knjižnica Zagreb
- Adresse: http://dar.nsk.hr

HAW – Hrvatski arhiv weba

Abseits des nationalen Digitalisierungsprogramms für kroatisches Kulturerbe Hrvatska kulturna baština gibt es ein eigenständiges Projekt der National- und Universitätsbibliothek, das sich mit der Archivierung von kroatischen E-Ressourcen befasst. Seit 2004 werden dynamische (z. B. Webseiten) und statische Ressourcen (z. B. PDF-Dokumente) die im Rahmen der Katalogisierung an der Bibliothek erfasst werden, in diesem Repositorium gespeichert. Titel, die erfasst bzw. archiviert werden, müssen einen wissenschaftlichen oder kulturell signifikanten Inhalt haben und fallen unter die Hinterlegungspflicht – dies betrifft insbesondere genuin digitale Titel (*Born Digitals*). Einmal im Jahr wird in der kroatischen Domain ein Harvesting durchgeführt, das Ressourcen erfasst, die nicht unter das Pflichtexemplarrecht fallen. *Hrvatski arhiv weba* ist vergleichbar mit dem bekannten *Internet Archive* (www.archive.org), speichert jedoch keine kommerziellen oder privaten Webseiten. Alle Titel können auch über den Online-Katalog der National- und Universitätsbibliothek gesucht werden. Eine umfassende Beschreibung zum Bestand des Repositoriums ist auch auf Englisch vorhanden.

- Digitales Repositorium
- Freier Zugang
- Auch auf Englisch verfügbar
- Feldsuche: Verwendung von Diakritika notwendig
- Verlag: Nacionalna i sveučilišna knjižnica Zagreb
- Adresse: http://haw.nsk.hr

Hrčak – Portal znanstvenih časopisa Republike Hrvatske

Hrčak ist ein Projekt von Srce (Sveučilišni računski centar) unter Finanzierung des kroatischen Wissenschaftsministeriums. Die Zeitschriftendatenbank vereint alle kroatischen Fachzeitschriften, die im Open Access-Format herausgegeben werden und soll diesen zu mehr Sichtbarkeit am nationalen und internationalen Markt verhelfen. Insgesamt beinhaltet *Hrčak* über 420 Fachzeitschriften aus allen wissenschaftlichen Disziplinen, von diesen sind über 150 000 Artikel im Volltext vorhanden. Jeder Eintrag ist mit bibliografischen Daten sowie Schlagwörtern versehen und enthält ein kurzes Abstract zum Inhalt des Artikels. Die Datenbank stellt zwar keine eigene bibliometrische Analyse der Zeitschriften zur Verfügung, dafür gibt es für Titel, die auch im *Web of Science* indiziert sind, eine Angabe zum jeweiligen *Impact Factor*. Gesucht werden kann über einen Themenindex auf der linken Seite oder über eine umfassende Formularsuche. Wer sich registriert, kann eine Favoritenliste anlegen und Suchstatistiken zu den einzelnen Fachzeitschriften konsultieren. Die Datenbank fällt auch unter das Harvesting der wissenschaftlichen Suchmaschinen *Google Scholar* und *BASE*.

- Digitales Repositorium bzw. Zeitschriftendatenbank
- Freier Zugang
- Feldsuche: keine Diakritika notwendig
- Verlag: Sveučilišni računski centar (Srce)
- Adresse: http://hrcak.srce.hr

Abb. 30: Titelindex geisteswissenschaftlicher Zeitschriften auf *Hrčak*

Stare hrvatske novine – Portal digitaliziranih novina

Diese Ressource ist eine von zwei digitalen Bibliotheken mit historischen kroatischen Periodika, die im Zuge des Programms Hrvatska kulturna baština erstellt wurden. Die Bibliothek *Stare hrvatske novine* beinhaltet ca. 100 Zeitungstitel aus dem 18. bis 20. Jahrhundert, die in den damals dominierenden Sprachen (serbokroatisch, italienisch, deutsch etc.) auf heutigem kroatischen Territorium herausgegeben wurden. Der Großteil aller Titel stammt aus dem Fundus der National- und Universitätsbibliothek, der Rest aus anderen öffentlichen und wissenschaftlichen Bibliotheken. Geplant ist ein Menüpunkt (*dost. na mreži*) mit einer Liste von Zeitungen, die nicht über das Portal, aber im Netz frei zugänglich sind – dieser ist jedoch noch leer. Die Menüpunkte *u postupku dig.* und *u planu dig.* zeigen Titel, die sich in der Digitalisierung befinden bzw. für eine solche eingeplant sind. Jeder Zeitungstitel ist mit bibliografischen sowie Metadaten versehen und kann über eine Volltextsuche durchsucht werden. Die Ressource ist mit dem Projekt *Europeana Newspapers* assoziiert und kann über den Suchdienst *Europeana* konsultiert werden.

- Digitale Bibliothek
- Freier Zugang
- Berichtszeitraum: ca. 1770–1940
- Feldsuche: Verwendung von Diakritika notwendig
- Verlag: Nacionalna i sveučilišna knjižnica Zagreb (Projektleitung)
- Adresse: http://dnc.nsk.hr

Stari hrvatski časopisi – Portal digitaliziranih časopisi

Stari hrvatski časopisi ist eine von zwei digitalen Bibliotheken mit historischen kroatischen Periodika, die im Zuge des Programms Hrvatska kulturna baština aufgebaut wurden. Die Bibliothek enthält ca. 50 historische Fachzeitschriften aus den Fundus der National- und Universitätsbibliothek sowie von anderen wissenschaftlichen Bibliotheken und Einrichtungen. Der Menüpunkt *dost. na mreži* listet Zeitschriftentitel auf, die außerhalb des Portals online frei zugänglich sind. Der Hyperlink unter *Pristup* führt zumeist zu anderen digitalen Bibliotheken oder Volltextdatenbanken. Die Menüpunkte *u postupku dig.* und *u planu dig.* zeigen Titel, die sich in der Digitalisierung befinden bzw. für eine solche eingeplant sind. Jeder Zeitungstitel ist mit bibliografischen sowie Metadaten versehen und kann über eine Volltextsuche durchsucht werden. Alle Titel sind auch über die Suchdienste *DOAJ* und *Hrčak* zu finden.

- Digitale Bibliothek
- Freier Zugang
- Berichtszeitraum: ca. 1840–1940
- Feldsuche: Verwendung von Diakritika notwendig
- Verlag: Nacionalna i sveučilišna knjižnica Zagreb (Projektleitung)
- Adresse: http://dnc.nsk.hr

Abb. 31: Startseite der digitalen Bibliothek *Stari hrvatski časopisi*

Zvuci prošlosti – Zbirka 78'

Das Projekt *Zvuci prošlosti* läuft im Rahmen des nationalen Digitalisierungsprogramms für nationales Kulturerbe Hrvatska kulturna baština und besteht aus einer Sammlung von kroatischen Grammophonaufnahmen. Digitalisiert wurden die 78 RPM Shellac-Aufnahmen aus den Archiven der National- und Universitätsbibliothek, die die Entwicklung der kroatischen Musiklandschaft abbilden sollen. Die Sammlung enthält etwa 200 Musikstücke von 13 kroatischen Plattenlabeln in MP3-Format sowie deren Metadaten. Zusätzlich zu den Aufnahmen gibt es eine kurze Einleitung mit bibliografischen Angaben zur Geschichte der kroatischen Musiklandschaft sowie eine kleine Bildgalerie. Durch die Webseite kommt man am besten durch Browsing anhand der verschiedenen Menüpunkte. Die Sammlung ist auch auf Englisch verfügbar.

- Elektronische Audio- bzw. Bildsammlung
- Freier Zugang
- Auch auf Englisch verfügbar
- Verlag: Nacionalna i sveučilišna knjižnica Zagreb
- Adresse: http://mz.nsk.hr/zbirka78

3.4 Mazedonien

Mazedonien kann sich seit dem Wirken der Slawenapostel Kyrill und Method einer reichen Bibliothekskultur rühmen. Ähnlich wie in Bulgarien verwaltet die Nationalbibliothek eine große Zahl kirchenslawischer Schriftdenkmäler, deren digitale Bereitstellung für die Öffentlichkeit man sich zur Pflicht gemacht hat. Der mazedonische akademische Informationsmarkt zeichnet sich noch durch andere Gemeinsamkeiten mit dem bulgarischen aus – in guten wie in nicht so guten Aspekten. Open Access-Ressourcen sind kaum vorhanden und auch im Bereich der Retrodigitalisierung hat man es bislang nicht geschafft, sich auf eine gemeinsame Strategie zu einigen. Nichtsdestotrotz gibt es einige bedeutende digitale Bestände, die über internationale Suchdienste wie *The European Library* oder *World Digital Library* zu finden sind. Generell ist die Zahl an wissenschaftlichen Informationsressourcen nicht sehr hoch, dafür verfügen diese über einen guten technischen und inhaltlichen Standard. Wie in Bulgarien widmen sich die meisten Angebote der Erforschung von Literatur und Geschichte des Landes. Ressourcen, die sich der mazedonischen Kultur oder Sprache widmen, sind hingegen selten. Der mazedonische Informationsmarkt kennt zwei große

Anbietersegmente: das öffentliche und wissenschaftliche Bibliothekswesen – allen voran die Nationalbibliothek – und die privaten Anbieter.

Obwohl Mazedonien auf eine lange Bibliothekstradition zurückblickt, ist die Nationalbibliothek des Landes, die gleichzeitig auch Universitätsbibliothek von Skopje ist, noch nicht sehr alt. Die National- und Universitätsbibliothek (Nacionalna i univerzitetska biblioteka „Sv. Kliment Ohridski“) wurde 1944 im Rahmen der Ausrufung der Sozialistischen Republik Mazedoniens gegründet und hatte von da an den Status eines der acht jugoslawischen Pflichtexemplardepots. Sie besitzt eine umfangreiche Sammlung an slawischen und orientalischen Schriftdenkmälern, ist aber vor allem für ihre wissenschaftlichen Literaturbestände bekannt. Heute belaufen sich ihre Kollektionen auf etwa 150 000 Medien – vor dem großen Erdbeben im Jahr 1963 waren es etwa eine halbe Million (http://nubsk.edu.mk/za-nas/istorija, 18.01.2017). Die National- und Universitätsbibliothek ist der Hauptinformationsdienstleister des Landes und treibt in allen Belangen auch die Entwicklung des gesamten wissenschaftlichen Bibliothekswesens voran. Sie beteiligt sich an den Projekten *The European Library*, *World Digital Library* und dem *Index Translationum*, ist Mitglied der *CENL*, *IFLA* und *EIFL*. Auch die mazedonische Nationalbibliografie wird von ihr erstellt. Zur Langzeitarchivierung und besseren öffentlichen Zugänglichkeit hat sich die National- und Universitätsbibliothek um eine Digitalisierung ihrer orientalischen und kirchenslawischen Manuskripte gekümmert, die über eine eigene Ressource online einsehbar sind (*Srednovekovi slovenski rakopisi vo Makedonija*). Alle anderen Bestände werden im Rahmen der digitalen Bibliothek *dlib.mk* verwaltet.

Die wissenschaftlichen Bibliotheken haben sich bislang kaum an der „digitalen Revolution“ beteiligt. Ihre Bestände sind aber über das mazedonische *COBISS*-System abfragbar, welches sich – anders als in Bulgarien – erfolgreich etabliert hat. Obwohl das kleine Land Mazedonien nur über eine Handvoll öffentlicher Universitäten verfügt, hat sich noch keine gemeinsame Digitalisierungsinitiative ergeben. Nur zwei Hochschulen haben sich bislang an die Erstellung einer digitalen Bibliothek bzw. eines Repositoriums gewagt und diese auch verschiedenartig umgesetzt. Auch im städtischen Bibliothekswesen hat sich diesbezüglich noch wenig getan.

Neben der National- und Universitätsbibliothek sind die privaten Anbieter im Internet sehr präsent – leider nicht zum Vorteil für die wissenschaftliche Recherche. Ähnlich wie in Bulgarien und den ostslawischen Ländern existiert eine vergleichsweise hohe Zahl an nationalistisch geprägten Geschichtsportalen und Literatursammlungen. Eine Wahrung der Urheberrechte ist dabei nicht immer gesichert, ebenso wenig wie ein professionelles Proofreading für manuelle

Abschriften. Ein empfehlenswertes privates Portal ist *Slovokult* – ein Projekt deutsch-mazedonischer Übersetzer, die Informationen und Texte zur zeitgenössischen mazedonischen Literatur anbieten. Zu den Ressourcen mit Sekundärliteratur gehören die Textsammlungen *Biblioteka Strumski* und *Knigi za Makedonija*, die zusammen etwa 1300 Texte und Multimedia-Dateien zur mazedonischen Geschichte und Kultur beinhalten.

Open Access in Mazedonien

Eine breite Open Access-Bewegung hat sich in Mazedonien bislang noch nicht etabliert. Grund dafür ist das mangelnde Bewusstsein seitens Hochschulen, Forschungsinstitutionen sowie der einzelnen Wissenschaftler, die weder den Goldenen noch den Grünen Weg in verstärktem Ausmaß fördern bzw. nutzen. Auch von staatlicher Seite gibt es bislang keine genauen Vorgaben oder Fördermittel, obwohl Mazedonien Teil des Open Government Partnership-Netzwerkes ist.[6] Dementsprechend wenige Open Access-Fachzeitschriften und Repositorien finden sich am akademischen Informationsmarkt. Das Portal *OpenDOAR* verzeichnet bislang zwei institutionelle Repositorien sowie die digitale Bibliothek *dlib.mk* der mazedonischen National- und Universitätsbibliothek. Der Suchdienst *DOAJ* referenziert zurzeit zehn mazedonische Fachzeitschriften, *ROAD* verweist auf fünf Zeitschriften mit ISSN-Nummern. In Summe gehört Mazedonien somit zu den Schlusslichtern in der Open Access-Bewegung der slawischen Staaten.

Stand der Retrodigitalisierung

Wichtigster bzw. einziger Informationsdienstleister mit einem umfassenden Digitalisierungsprogramm ist die mazedonische National- und Universitätsbibliothek. Diese betreut die digitale Bibliothek *dlib.mk* sowie die Kollektion *Srednovekovi slovenski rakopisi vo Makedonija*, die in Form einer eigenen Ressource umgesetzt wurde. Teile der digitalen Bestände sind über *The European Library* und *World Digital Library* zu finden sowie über den *COBISS*-Verbundkatalog. Eine Zusammenarbeit mazedonischer Bibliotheken mit *Europeana* hat sich noch nicht ergeben.

---

6 Open Government Partnership (OGP) ist eine Initiative zur Förderung der Transparenz in staatlichen und öffentlichen Strukturen. 2011 wurde die Initiative von den acht Gründungsmitgliedern ins Leben gerufen, seither haben sich 62 Regierungen weltweit angeschlossen. Verbesserungsmaßnahmen – auch im Bereich von Open Access und Open Science – werden von den einzelnen Ländern in sogenannten *Action Plans* festgehalten.

a) Archiv na Makedonskata akademija na naukite i umetnostite – Umetnički dela (Makedonska akademija na naukite i umetnostite) (http://manu.edu.mk/ArtGallery/index.php)

Die Mazedonische Akademie der Wissenschaften verfügt über keine digitale Bibliothek, dafür hat sich das Archiv um eine Digitalisierung der hauseigenen Skulpturen- und Gemäldesammlung gekümmert. In der Datenbank befinden sich die Werke von etwa 120 mazedonischen Künstlern aus dem Zeitraum 1950 bis heute. Sehenswert ist die Sammlung insbesondere aufgrund seiner großen Zahl an Gemälden aus den 2010er Jahren. Durch die Datenbank kommt man nur anhand einer Feldsuche nach Künstler oder Maltechnik, wobei zwei Indizes die Formulierung des Suchbegriffs erleichtern. Alle Digitalisate verfügen über bibliografische Angaben.

b) dlib.mk – Digitalnata biblioteka na Makedonija (Nacionalna i univerzitetska biblioteka „Sv. Kliment Ohridski“) (www.dlib.mk)

Die digitale Sammlung der National- und Universitätsbibliothek besteht aus ca. 400 Monografien, Zeitungen, einzelnen Artikeln und Bildmaterialien, die großteils aus dem 20. Jahrhundert stammen. Jeder Eintrag verfügt über eine *COBISS*-ID, die zu den bibliografischen Daten im *COBISS*-Verbundkatalog weiterleitet.

Makedonska bibliografija – Die mazedonische Nationalbibliografie (http://nubsk.edu.mk/katalozi-bazi/bibliografii)

Da das Mazedonische erst 1944 zur eigenständigen Sprache ernannt und im Jahr darauf das Pflichtexemplargesetz eingeführt wurde, zählt die mazedonische Nationalbibliografie zu den jüngsten im slawischen Raum. Erstellt wird sie von der bibliografischen Abteilung der National- und Universitätsbibliothek. Für Titel, die vor 1945 publiziert wurden, durchsucht man am besten die jugoslawische bzw. bulgarische Nationalbibliografie (siehe dazu die Kapitel 1.3.3 und 3.2), da es bislang keine rückwirkende Aufarbeitung gab. Der Aufbau der Bibliografie ähnelt dem der bulgarischen Nationalbibliografie, die in sechs „Serien“ und strikt nach dem Territorialprinzip erstellt wird. Die mazedonische Nationalbibliografie besteht aus drei Teilbibliografien (Territorialprinzip) und der sogenannten *Makedonika*, die Titel nach Nationalitäts- und Sujetprinzip aufnimmt. Eine besondere Freiheit in der Gestaltung der Nationalbibliografie hat man sich dahingehend erlaubt, den *Index Translationum* der UNESCO als Spezialteil der Nationalbibliografie herauszugeben. Wie die Bibliografie erstellt wird, wird auf der Webseite der National- und Universitätsbibliothek sehr gut beschrieben – dort findet man auch die

Ausgaben der Jahre 2007 bis 2013 als Online-Version wieder. Für Titel aus den Jahren davor oder für Neuerscheinungen empfiehlt sich die Suche über den Verbundkatalog *COBIB.mk*, wo alle Titel katalogisiert werden. Die Online-Version der Nationalbibliografie ist keine eigene Datenbank, sondern eine elektronische Auflistung aller Titel. Diese werden thematisch und anschließend nach Autor alphabetisch sortiert. Diverse vorangestellte Indizes (Themenindex als Standardeinstellung) helfen bei der Orientierung. Jeder Titel verfügt über einen Hyperlink zum entsprechenden *COBIB*-Katalogisat.

a) Monografii
Diese Teilbibliografie enthält nicht nur alle selbstständig erschienenen Titel, sondern auch Dissertationen, kartografische Materialien, Musikalien und E-Books. Sie wird zweimal jährlich herausgegeben.

b) Seriski publikacii
Anders als bei den meisten Nationalbibliografien üblich, wird bei der Erstellung der Teilbibliografie für Periodika kaum selektiert. Hier finden sich Tages- und Regionalzeitungen, Fachzeitschriften, Jahrbücher, Newsletter, Jubiläumsschriften etc. Erscheint einmal jährlich.

c) Stati i prilozii
Anders als periodisch erscheinende Medien unterliegt unselbstständig erschienene Literatur sehr wohl der inhaltlichen Selektion. Verzeichnet werden Artikel und Supplemente von Periodika und Monografien (z. B. Proceedings, Sammelbände) mit wissenschaftlicher, populärwissenschaftlicher und künstlerischer Qualität. Erscheint viermal jährlich.

d) Spezieller Teil – Index Translationum
In der mazedonischen Nationalbibliografie wird der von der UNESCO herausgegebene *Index Translationum* als separate Teilbibliografie geführt. Seit 1991 werden hier fremdsprachige Monografien aufgenommen, die ins Mazedonische übersetzt wurden und vice versa. Der Aufbau erfolgt wie bei anderen Teilbibliografien, wobei auch der Originaltitel angezeigt wird.

e) Spezieller Teil – Makedonika
Die *Makedonika* erscheint zuzüglich zur eigentlichen Nationalbibliografie und verzeichnet alle Titel nach Nationalitäts- und Sujetprinzip, die außerhalb des

Landes publiziert wurden. Eingetragen werden Monografien, Artikel und Supplemente. Die *Makedonika* wird einmal jährlich herausgegeben.

3.4.1 Bibliografische Datenbanken

E-CRIS.mk – Current Research Information System in Macedonia

E-CRIS.mk ist ein Dienst des interregionalen *COBISS*-Systems (siehe dazu Kapitel 1.3.3) mit Informationen zur gegenwärtigen mazedonischen Forschungslandschaft. Die Referenzdatenbank liefert Angaben zu Forschungsinstituten, -gruppen, -projekten und über 2000 einzelnen Personen, die in der mazedonischen Forschung tätig sind. Insgesamt beinhaltet die Datenbank etwa 3000 Einträge, wobei die meisten Daten auf Englisch vorhanden sind. Gesucht werden kann über eine einfache Feldsuche oder durch Browsen in den zugehörigen Indizes. Für die Feldsuche können transliterierte Suchbegriffe verwendet werden, es empfiehlt sich dabei jedoch der Verzicht auf diakritische Zeichen. Eine sehr gute englische Version ist vorhanden.

- Bibliografische Datenbank
- Freier Zugang
- Auch auf Englisch verfügbar
- Feldsuche: wissenschaftliche Transliteration (keine Diakritika notwendig) möglich
- Verlag: COBISS
- Adresse: http://e-cris.mk.cobiss.net

3.4.2 Fachportale und Metasuchdienste

COBIB.mk – Virtuelna biblioteka na Makedonija

COBIB.mk ist der Verbundkatalog der mazedonischen Abteilung des *COBISS*-Systems (siehe Kapitel 1.3.3). Vereint werden in diesem Verbund bislang 42 mazedonische Bibliotheken mit ca. 600 000 Titeln. Der Verbundkatalog macht auch alle E-Medien durchsuch- und direkt einsehbar, welche über die einzelnen OPACs aufgenommen wurden – dies gilt jedoch nicht für digitale Sondersammlungen, wie etwa die digitale Kollektion der Schriftdenkmäler der National- und Universitätsbibliothek. Die Suchmöglichkeiten ergeben sich wie in jedem nationalen *COBISS*-System aus drei verschiedenen Formularsuchtypen (*Osnovno*, *Izborno* und *Komandno*). Jeder Eintrag zeigt

Verfügbarkeiten an und macht – soweit man über einen Account verfügt – die direkte Bestellung möglich. An Personalisierungsfunktionen oder weiteren Verfahrensoptionen ist der mazedonische Verbundkatalog nicht sehr reich, dafür verfügt er über eine sehr gute englische Version. Bei Verwendung des lateinischen Alphabets für die Feldsuche empfiehlt sich dasselbe wie für die zum Verbundkatalog dazugehörige Forschungsdatenbank *E-CRIS.mk*: Wissenschaftliche Transliteration ist grundsätzlich möglich, doch unterstützt die *COBISS*-Anwendung nicht alle Formen von Diakritika. Auf solche sollte daher verzichtet werden. Über die *COBISS*-Webseite oder über die Homepage des Verbundkatalogs gelangt man auch zu der Referenzdatenbank *COLIB.mk*, die Daten wie Standorte und Kontaktmöglichkeiten aller am Verbundkatalog beteiligten Bibliotheken speichert.

- Verbundkatalog
- Freier Zugang
- Auch auf Englisch verfügbar
- Feldsuche: wissenschaftliche Transliteration (keine Diakritika notwendig) möglich
- Verlag: COBISS
- Adresse: www.vbm.mk

Slovokult

Slovokult ist ein deutschsprachiges Fachportal mit Informationen und Texten zur zeitgenössischen mazedonischen Literatur. Betrieben wird das Portal von einem gleichnamigen privaten Zusammenschluss deutsch-mazedonischer Übersetzer, die im Rahmen des Projekts auch eigene Übersetzungen online stellen. Unter den entsprechenden Reitern (*Autoren*, *Prosa*, *Lyrik*, *Drama* und *Essay*) befinden sich kurze biobibliografische Angaben sowie übersetzte Werke bzw. Textauszüge. Unter dem Menüpunkt *Makedonski* findet man eine kleine Auswahl original mazedonischer Literatur. Alle Inhalte sind als elektronische Abschriften verfügbar. Die Textsammlung wird langsam, aber laufend erweitert. Besonders interessant für die Recherche zu dieser literarischen Marktnische ist die Homepage des Portals mit laufenden Updates zu Neuerscheinungen, Buchbesprechungen, Events etc. mit entsprechenden Hyperlinks.

- Fachportal bzw. elektronische Textsammlung
- Freier Zugang
- Verlag: Slovokult
- Adresse: www.slovokult.de

Abb. 32: Textbeispiel einer Übersetzung auf *Slovokult*

3.4.3 Digitale Bibliotheken, fachspezifische Volltextdatenbanken und Textsammlungen

Biblioteka Strumski

Die *Biblioteka Strumski* ist eine Informationsressource des gleichnamigen Verlags und beinhaltet Literatur und Multimedia-Elemente zur Geschichte und Kultur Mazedoniens. Die Bibliothek umfasst über 1000 Titel in Form von selbstständig wie unselbstständig erschienener Primär- und Sekundärliteratur, alten Zeitungen, Bild- und Videomaterialien aus dem Zeitraum 1850 bis 2000. Die Auflistung der Inhalte ist etwas willkürlich, mitunter wird man aber fündig. Unter dem Reiter *Knigi i stati ot makedonski dejci* finden sich alle Titel samt Bild- und Videomaterial wieder. Um ein langwieriges Browsen zu vermeiden, gibt es unter diesem Reiter auch die Möglichkeit einer Schnellsuche – eine Sortierungsfunktion nach Medientypus oder Thema ist aber nicht vorhanden. Alle Titel sind mit bibliografischen Daten, aber keinen Metadaten (z. B. Verschlagwortung) versehen. Wer die Schnellsuche verwenden möchte, sollte auch darauf achten, dass zur Katalogisierung der Titel kein anerkannter Standard verwendet wurde. Alle Inhalte verfügen dafür über eine kurze Beschreibung (nicht durchsuchbar), Quellenangaben zur Digitalisierung sowie ein kurzes Autorenporträt. Letzteres wurde in vielen Fällen mit Hyperlinks zu verwandten Publikationen oder externen Quellen (etwa *Wikipedia*) ausgestattet.

- Digitale Bibliothek
- Freier Zugang
- Berichtszeitraum: ca. 1850–2000
- Feldsuche: keine Transliteration möglich
- Verlag: Biblioteka Strumski
- Adresse: http://strumski.com

Knigi za Makedonija

Knigi za Makedonija ist eine private mehrsprachige Textsammlung zur Geschichte, Kultur und Sprache Mazedoniens. Die Sammlung besteht aus ca. 750 Volltexten (selbstständig wie unselbstständig erschienene Literatur) sowie aus einer Handvoll Videodateien, kartografischer sowie Bildmaterialien von 1820 bis in die Gegenwart. Etwa zwei Drittel der Texte wurden in bulgarischer Sprache verfasst, doch finden sich auch zahlreiche Werke auf Englisch, Deutsch und Russisch. Der Großteil der Texte ist als elektronische Abschrift verfügbar, andere als Bilddateien oder PDF-Files. Bei Verwendung der Abschriften ist eventuell ein Proofreading nachzuholen. Die Navigation durch die Sammlung ist simpel: Eine Schnellsuche ermöglicht die Recherche in den bibliografischen Titeldaten, wobei jeweils in der Sprache, in der der Titel vorhanden ist, gesucht werden muss. Eine Verschlagwortung ist nicht gegeben, dafür gibt es rechter Hand ein Drill-down-Menü zur Einschränkung auf diverse wissenschaftliche Disziplinen, Medientypen und Sprachen. Zum Browsen findet man unter dem Menüpunkt *Katalog* alphabetische Indizes zu Sachtitel, Autor, Verlag und Erscheinungsjahr. Besonders empfehlenswert ist der Blick in den Menüpunkt *Sestrinski*, wo sich eine umfangreiche Linksammlung zu ähnlichen Projekten befindet. Eine englische Version der Webseite ist vorhanden.

- Elektronische Textsammlung
- Freier Zugang
- Auch auf Englisch verfügbar
- Berichtszeitraum: ab ca. 1820
- Feldsuche: nur Originalsprache; keine Transliteration möglich
- Verlag: Vassil Karloukovski (privat)
- Adresse: http://macedonia.kroraina.com

Abb. 33: Homepage von *Knigi za Makedonija* mit Menüleiste und Titelanzeige

Srednovekovi slovenski rakopisi vo Makedonija

Diese digitale Sammlung slawischer Schriftdenkmäler ist eine Informationsressource der National- und Universitätsbibliothek, die außerhalb der bibliothekseigenen digitalen Ressource *dlib.mk* realisiert wurde. Die Kollektion aus den Fundus der Bibliothek enthält etwa 60 Manuskripte aus dem 13. bis 18. Jahrhundert. Vertreten sind altkirchenslawische, -russische und -serbische Werke. Durch die Sammlung führen Indizes nach Erscheinungszeitraum, Inhalt, Sprache etc. mit diversen Subindizes. Ein Großteil der Werke scheint bereits im Blockformat auf der Homepage auf. Um sicher zu gehen, dass man alle Manuskripte gesehen hat, sollte man zusätzlich über die vorhandenen Suchmöglichkeiten recherchieren. Jedes Werk verfügt über eine bibliografische Beschreibung sowie eine kurze Zusammenfassung seiner sprachlichen und typografischen Merkmale.

- Elektronische Textsammlung
- Freier Zugang
- Berichtszeitraum: 13.–18. Jahrhundert
- Verlag: Nacionalna i univerzitetska biblioteka „Sv. Kliment Ohridski"
- Adresse: http://staroslovenski.nubsk.edu.mk

3.5 Montenegro

Montenegro als kleinster slawischer Staat verfügt über kein besonders breites Angebot an elektronischen Informationsinfrastrukturen. Wie in fast allen südslawischen Ländern stehen die öffentlichen Informationsdienstleister noch vor der Herausforderung, Entwicklungen wie der Open Access-Bewegung oder der internationalen Vernetzung des Bibliothekswesens nachzukommen und dementsprechende Ressourcen aufzubauen. Auf der Suche nach Literatur und Co innerhalb der montenegrinischen Domain wird man daher nicht auf ein ähnlich großes Angebotsspektrum wie in anderen slawischen Ländern stoßen. Zwar hat sich gezeigt, dass die Größe eines Staates nicht zwingend seinen Forschungsoutput oder seine Informationsangebote bestimmt (wie es etwa ein Vergleich mit Slowenien oder den Benelux-Ländern deutlich macht; siehe dazu UNESCO Science Report 2016: 230ff), doch ist aufgrund der geringen Einwohnerschaft Montenegros der tertiäre Bildungssektor dementsprechend klein und damit auch die Zahl an potenziellen Informationsdienstleistern. Dies hat Auswirkungen auf die Breite und auch die Vielfältigkeit des Informationsmarktes. Nichtsdestotrotz verfügt Montenegro bereits über die „Grundpfeiler" akademischer elektronischer Informationsressourcen und das immerhin in einer hohen Qualität. So können Recherchierende eine umfangreiche Nationalbibliografie, den montenegrinischen *COBISS*-Verbundkatalog sowie einen nationalen Textkorpus (*Montekorpus*) zu Rate ziehen. Schnittstellen zu internationalen Projekten wie *Europeana*, *World Digital Library* und Co gibt es allerdings noch nicht. Lediglich die Bestände der Nationalbibliothek können über *The European Library* durchsucht werden. Eine Recherche nach montenegrinischen Medien muss daher zuallererst auf nationaler Ebene stattfinden.

Da es in Montenegro nur eine staatliche Universität und relativ wenige Forschungsinstitute gibt, reduziert sich das Spektrum der öffentlichen Informationsdienstleister zurzeit auf die Univerzitet Crne Gore und die montenegrinische Nationalbibliothek (Nacionalna biblioteka Crne Gore „Đurđe Crnojević"). Letztere ist für die Erstellung der montenegrinischen Nationalbibliografie zuständig. Für diese wurde im Laufe mehrerer Jahrzehnte südslawisches Schriftgut der letzten 500 Jahre (!) zusammengetragen, womit sich die Nationalbibliothek eine umfangreiche und auch nicht ganz unproblematische Aufgabe gestellt hat. Für die Zusammenstellung der Bibliografie wurde der montenegrinische Kulturbegriff sehr breit interpretiert, so dass sich bei Projektende eine erstaunliche Anzahl an „montenegrinischen" Werken ergab. Zusammen mit dem berühmten Werk Karol Estreichers – der *Bibliografia Polska* – gehört die Nationalbibliografie Montenegros damit zu den beeindruckendsten und chronologisch weitreichendsten im slawischen Raum. Möchte man die Nationalbibliografie für die Recherche verwenden, sollte zuvor ein Blick in Kapitel 1.3.3 geworfen werden, um die Schwierigkeit bibliografischer Sammelvorgänge in dieser Region zu kennen und Überschneidungen mit anderen Nationalbibliografien abgleichen zu können.

Wie fast alle südslawischen Staaten partizipiert das montenegrinische Bibliothekswesen am *COBISS*-System (siehe dazu ebenfalls Kapitel 1.3.3) und verfügt über den Verbundkatalog *COBIB.cg*, der die Bestände von 25 wissenschaftlichen und öffentlichen Bibliotheken beinhaltet. Zusätzlich zu diesem existieren die Datenbank für Forschungsinformation *E-CRIS.cg* und die Bibliotheksdatenbank *COLIB.cg*.

Open Access in Montenegro

Zurzeit gibt es in Montenegro keine nationale Open Access-Bewegung. Weder *OpenDOAR* noch *ROAD* verzeichnen Open Access-Repositorien. Das bislang einzige institutionelle Repositorium wird von der Univerzitet Crne Gore betrieben. Die Datenbank beinhaltet akademische Schriften, Lehrmaterialien, Aufsätze sowie eine eigene Sparte für Dissertationen, die an der Universität verfasst wurden. *DOAJ* verzeichnet drei Open Access-Fachzeitschriften. Gründe für den Verzug können am allgemeinen Entwicklungsrückstand des Bibliotheks- und Informationswesens festgemacht werden. Zwar existieren klassische Bibliotheksressourcen wie ein Verbundkatalog und eine elektronische Version der Nationalbibliografie, doch sind die Bibliotheken allgemein schlecht ausgestattet und konnten sich damit moderneren Entwicklungen wie Open Access oder der Retrodigitalisierung noch nicht widmen.

Stand der Retrodigitalisierung

Auf dem Gebiet der Retrodigitalisierung gibt es noch keine umfangreichen Informationsressourcen. Die Nationalbibliothek betreibt ein Fachportal mit Volltexten von bzw. über den montenegrinischen „Nationaldichter" Petar II Petrović Njegoš, doch ist auch dieses nicht sehr umfangreich. Wie im Bereich des Open Access lässt sich der Rückstand auf eine allgemein schlechte Infrastruktur innerhalb des montenegrinischen Bibliothekswesens zurückführen. Noch ist die Nationalbibliothek mit dem Projekt *Virtuelna biblioteka Crne Gore* (*VBCG*) beschäftigt, das die landesweite Einbindung montenegrinischer Bibliotheken in den Verbundkatalog *COBIB.cg* sicherstellen soll. Ein Digitalisierungsprojekt ist zurzeit nicht vorgesehen. Somit sind auch über die digitalen Bibliotheken *Europeana*, *World Digital Library* und *Manuscriptorium* keine montenegrinischen Beiträge zu finden.

Crnogorska bibliografija – Die montenegrinische Nationalbibliografie (www.nbcg-digitalnabibliografija.me)
Die montenegrinische Nationalbibliografie wurde ab 1989 in jahrelanger Arbeit retrospektiv für den Zeitraum 1494 bis 1994 erstellt. Sie besteht aus verschiedenen Teilbibliografien, die sich an Berichtszeitraum und Medientypus orientieren. Zuerst als vierbändige Printbibliografie herausgegeben, wurde sie nachträglich digitalisiert und ist nun über eine eigene Webseite durchsuchbar. Dort kann zusätzlich zum retrospektiven Teil (*Crnogorska bibliografija 1494–1994*) auch in der laufend erstellten Nationalbibliografie (*Tekuća bibliografija*) recherchiert werden.

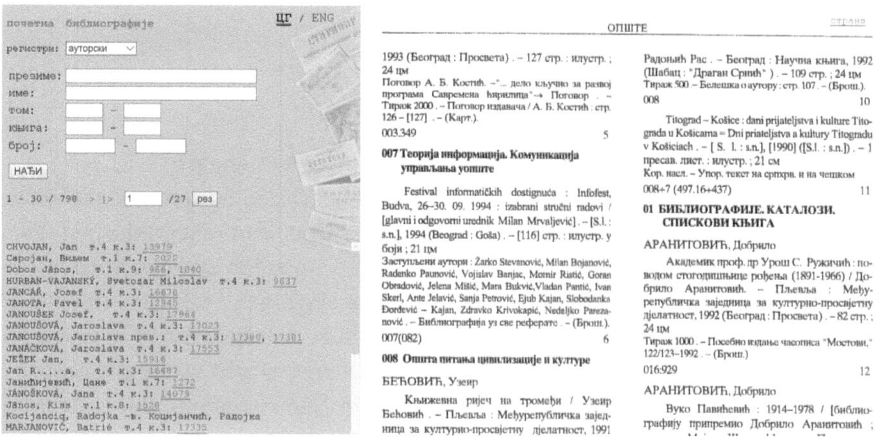

Abb. 34: Trefferanzeige in der *Crnogorska Bibliografija*

a) Tekuća bibliografija
Veröffentlichungen der letzten Dekade werden in der *Tekuća bibliografija* aufgelistet, die einen Teil für monografische und einen Teil für periodisch erscheinende Werke umfasst. Die aktuellste Ausgabe für das Jahr 2011 (Monografien) bzw. 2013 (Periodika) stammt aus 2014. Es handelt sich bei den einzelnen Teilbibliografien nicht um Datenbanken mit Suchoptionen, sondern um elektronische Abschriften mit Indexierungen nach Titel, Autor, Sujet und gegebenenfalls ISBN-Nummer. Zur besseren Orientierung sind die Titel thematisch angeordnet und können via Hyperlink im Verbundkatalog *COBIB.cg* auf deren Verfügbarkeit in verschiedenen Bibliotheken hin geprüft werden. Erstellt wird die *Tekuća bibliografija* weitgehend nach dem Territorialprinzip (mit Ausnahme einzelner, meist in Serbien erschienener Titel).

b) Crnogorska bibliografija 1494–1994

Der größte Teil der montenegrinischen Nationalbibliografie besteht aus einem retrospektiven Verzeichnis von Werken mit Erscheinungsdatum ab dem 16. Jahrhundert aufwärts. Für den Nutzer sehr praktisch ist die genaue Auflistung der Kriterien (Nationalitäts-, Territorial- und Sujetprinzip), an denen man sich bei der Erstellung der Bibliografie orientiert hat. Eingeteilt ist sie wie die *Tekuća bibliografija* in einen Teil für monografische und einen Teil für periodisch erscheinende Titel sowie in einen zusätzlichen Band für fremdsprachige Werke. Die einzelnen Bände orientieren sich an chronologisch unterteilten Berichtszeiträumen. Alle Teile stehen als Digitalisate zur Verfügung und können über Indizes zu Autor, Titel, Sujet, Herausgeber etc. oder über eine Feldsuche durchsucht werden. Eine umfassende englische Version ist vorhanden.

3.5.1 Bibliografische Datenbanken

E-CRIS.cg – Current Research Information System in Montenegro

E-CRIS.cg ist ein Dienst des montenegrinischen *COBISS*-Systems (siehe dazu Kapitel 1.3.3) mit Informationen zur gegenwärtigen montenegrinischen Forschungslandschaft. Die Referenzdatenbank liefert Angaben zu Forschungsinstitutionen, -projekten und -gruppen, aber auch zu einzelnen Personen, die in der montenegrinischen Forschung tätig sind. Aktuell verzeichnet *E-CRIS.cg* über 45 Forschungsgruppen und über 1200 Wissenschaftler. Gesucht werden kann über eine einfache Feldsuche oder durch Browsen im Namensindex. Eine sehr gute englische Version ist vorhanden.

- Bibliografische Datenbank
- Freier Zugang
- Auch auf Englisch verfügbar
- Feldsuche: keine Diakritika notwendig
- Verlag: COBISS
- Adresse: http://e-cris.cg.cobiss.net

3.5.2 Fachportale und Metasuchdienste

COBIB.cg – Virtuelna biblioteka Crne Gore

Der Bibliothekskatalog *COBIB.cg* ist Teil des südslawischen Verbundsystems *COBISS* (siehe dazu Kapitel 1.3.3) und umfasst mit ca. 320 000 Einträgen die Bestände von 25 wissenschaftlichen und öffentlichen Bibliotheken in Montenegro.

Die Suchmöglichkeiten ergeben sich aus drei verschiedenen Formularsuchtypen (*Osnovno*, *Izborno* und *Komandno*), jeder Eintrag zeigt die Verfügbarkeit in den teilnehmenden Bibliotheken oder als E-Medium an. Besitzt man einen Account an einer solchen Bibliothek, kann über den Verbundkatalog auch eine direkte Bestellung bzw. Fernleihe getätigt werden. Auf der Homepage können Nutzer auf die Datenbank *COLIB.cg* zugreifen, die Daten zu den teilnehmenden Bibliotheken beinhaltet. An Personalisierungsmöglichkeiten oder weiteren Funktionen ist der Verbundkatalog nicht sehr reich, dafür verfügt er über eine sehr gute englische Version.

- Verbundkatalog
- Freier Zugang
- Auch auf Englisch verfügbar
- Feldsuche: keine Diakritika notwendig
- Verlag: COBISS
- Adresse: http://vbcg.vbcg.me

3.5.3 Digitale Bibliotheken, fachspezifische Volltextdatenbanken und Textsammlungen

Digitalna kolekcija Petar II Petrović Njegoš

Diese digitale Bibliothek ist das bislang einzige umfassendere Retrodigitalisierungsprojekt der montenegrinischen Nationalbibliothek. Das Projekt wurde 2013 anlässlich des 200. Geburtstags von Petar II Petrović Njegoš gestartet und enthält eine überschaubare Anzahl an Digitalisaten seiner Werke, Korrespondenzen und Handschriften, die in den Archiven der Nationalbibliothek gelagert werden. Zusätzlich zu diesen wurden ausgewählte Übersetzungen sowie Sekundärliteratur (Dissertationen, Essays, Biografien etc.) aus dem In- und Ausland digitalisiert. In der linken Menüleiste finden Recherchierende die ebenfalls digitalisierte vierbändige Fachbibliografie, die 34 000 Einträge zu in- und ausländischer Sekundärliteratur zu Njegoš und seinen Werken enthält. Die digitale Bibliothek ist ausgelagert und befindet sich auf einer eigenen Webseite.

- Digitale Bibliothek
- Freier Zugang
- Auch auf Englisch verfügbar
- Verlag: Nacionalna biblioteka Crne Gore „Đurđe Crnojević“
- Adresse: http://www.petarpetrovic2nbcg.me

PHAIDRA – Digitalni arhiv

Diese Informationsressource ist das bislang einzige Open Access-Repositorium Montenegros und wird über die von der Universität Wien erstellte Software PHAIDRA betrieben. Es enthält ca. 250 verschiedene Medien (PDF-Dokumente, Bildmaterialien, Audioaufnahmen etc.), die mit ausführlichen Metadaten einschließlich Schlagwörtern versehen sind. Unter dem Menüpunkt *E-Teze* befindet sich eine eigene Datenbank für Dissertationen, die an der Universität entstanden sind (ca. 140 Titel). Das Repositorium ist weder in den Suchdiensten *OpenDOAR* noch *ROAD* verzeichnet.

- Digitales Repositorium
- Freier Zugang
- Verlag: PHAIDRA; Univerzitet Crne Gore
- Adresse: https://phaidra.cis.ac.me

3.6 Polen

Der polnische akademische Informationsmarkt bietet eine große Vielfalt an elektronischen Ressourcen für Wissenschaftler und Studenten. Strukturell weist er einige Gemeinsamkeiten mit dem deutschsprachigen Informationsmarkt auf, so dass Recherchierenden der eine oder andere Infrastrukturtyp bekannt vorkommen wird. Aufgrund der vielen heterogenen Dienstleistungen und der großen Zahl an Anbietern wirkt das polnische Gesamtangebot jedoch etwas „diffus“. Anders als etwa in Slowenien, wo eine klare Tendenz zur Zentralisierung wichtiger Aufgabenfelder (wie etwa Open Access, Forschungsinformation oder Retrodigitalisierung) existiert, folgen die Informationsdienstleister in Polen in vielen Bereichen keiner klaren Rollenverteilung. Dies hat zur Folge, dass Ressourcen ohne gemeinsame Absprache aufgebaut wurden, was zu Paralleldigitalisierung, Qualitätseinbußen oder inhaltlichen Desideraten geführt hat. Auch eine mangelhafte Anbindung an den internationalen Informationsmarkt hat sich als Problem erwiesen. So gibt es nur wenige Ressourcen, die über eine englischsprachige Version verfügen und somit Recherchierenden aus dem Ausland die Nutzung erleichtern würden bzw. international sichtbar wären.

Die Dienstleister, die sich an der Gestaltung der Informationsinfrastrukturen beteiligen, sind vielfältig. Neben dem wissenschaftlichen und öffentlichen Bibliothekswesen – allen voran den beiden Nationalbibliotheken (der Biblioteka

Narodowa und der Biblioteka Jagiellońska) – wirken zahlreiche Forschungs- und Hochschuleinrichtungen, Privatpersonen und Stiftungen mit. Eine Besonderheit des polnischen Informationsmarktes ist, dass einige der effizientesten Ressourcen von Privatpersonen – meist Wissenschaftlern – stammen, die aus Unzufriedenheit über die Angebotslage ihre Projektidee eigenständig umgesetzt haben.

Zwar existieren zahlreiche wissenschaftliche Ressourcen am polnischen Informationsmarkt, doch gibt es nur wenige Adressen, die in ihrem Aufbau, Design und ihrer Benutzerfreundlichkeit wirklich hochwertig wären. Abgelaufene Projekte werden noch Jahre nach der letzten Wartung online weitergeführt und verwandeln sich zusehends in „Ressourcenleichen“. Inhaltlich sind jedoch viele dieser Adressen nach wie vor sehr ergiebig. Ein starker thematischer Fokus liegt seit jeher auf den Literatur-, Sprach- und Geschichtswissenschaften, wobei überdurchschnittlich viel Primärliteratur und Quellenmaterialien verarbeitet wurden. Die polnischen Literaturklassiker werden in mehreren Datenbanken als Volltexte angeboten, auch gibt es zahlreiche Quellen für Mediävisten. Im Unterschied zu anderen Informationsmärkten – wie etwa dem slowenischen – finden sich allerdings kaum Angebote zum nationalen Kunstsektor oder zur Kulturgeschichte.

Polen gehört neben der Russischen Föderation und der Ukraine zu den wenigen slawischen Staaten, die mehr als eine Nationalbibliothek besitzen. Neben der Biblioteka Narodowa in Warschau, welche sich klassischen Aufgabengebieten einer Nationalbibliothek widmet (z. B. der Erstellung der Nationalbibliografie), hat auch die Biblioteka Jagiellońska den Status einer Nationalbibliothek. Sie ist Teil der Uniwersytet Jagielloński in Krakau und besitzt eine große Sammlung alter Drucke und altpolnischer Literatur. Die umfangreichen digitalen Bestände der Nationalbibliotheken können zusammen mit jenen aus dem wissenschaftlichen und öffentlichen Bibliothekswesen über den Metasuchdienst *Federacja Bibliotek Cyfrowych – Pionier* durchsucht werden. Für die klassische Suche in Bibliothekskatalogen gibt es gleich zwei parallel existierende Adressen – den Verbundkatalog *NUKAT* und den Metasuchdienst *KaRo*.

Zentrale Anlaufstellen wie Verbundkataloge und Metasuchdienste sind im polnischen Bibliothekswesen generell sehr beliebt. Zu diesen zählt auch das *FIDKAR*-System (siehe unten). Dabei handelt es sich um einen Metakatalog, der bei den einzelnen Bibliotheken zugeschaltet ist und verschiedene Datenbanken, Bibliothekskataloge, Repositorien etc., passend zum Schwerpunkt der jeweiligen Bibliothek durchsuchbar macht. *FIDKAR* ist in etwa vergleichbar mit dem deutschen *DBIS*- oder *DigiBib*-System. Eine Ähnlichkeit zum deutschen Bibliothekswesen kann man auch auf regionaler Ebene erkennen. So gibt es zahlreiche kleinere Bibliotheksverbunde, die umfassende Regionalbibliografien (oftmals auch online) erstellen. Einen eigenen, sehr bestandreichen Verbund besitzen auch die Bibliotheken der katholischen Kirche (Federacja bibliotek kościelnich).

Wer zur historischen Entwicklung des Landes recherchiert, darf sich über eine große Anzahl an geschichtswissenschaftlichen Referenzdatenbanken freuen, wenn auch die technische Umsetzung in den meisten Fällen Mängel aufweist. Neben den Referenzdatenbanken gibt es eine relativ große Zahl an unlizenzierten Volltextdatenbanken, digitalen Bibliotheken und Textsammlungen. Die polenweiten Digitalisierungspläne werden von der Federacja Bibliotek Cyfrowych koordiniert. Ähnlich wie in Tschechien hat jede der teilnehmenden Bibliotheken ein eigenes Digitalisierungsprogramm, das anhand eines zentralen Metasuchdienstes zusammen mit allen anderen digitalen Beständen durchsuchbar gemacht wird.

Abseits der Retrodigitalisierung im Bibliothekswesen bemühen sich auch einzelne Institutionen um die elektronische Aufarbeitung ihrer Bestände und Forschungsergebnisse. Besonders groß ist dabei das Angebot für Mediävisten. Mit *EBBE* (*Elektroniczna baza bibliografii Estreichera*), *Staropolska Online* und der *Cyfrowa Biblioteka Druków Ulotnych* gibt es gleich drei fachspezifische Informationsressourcen für altpolnische Literatur. Für die Zugänglichkeit von Literatur im Internet engagiert sich auch das Kulturministerium, das im Rahmen der Initiative *Narodowy program rozwoju czytelnictwa* die Volltextressource *wolnelektury.pl* kreiert hat.

Auch Linguisten werden am polnischen Informationsmarkt gut bedient. Mit *CLIP* und *korpusy.net* gibt es gleich zwei Fachportale, die sowohl Anfängern als auch Fortgeschrittenen umfangreiche Informationen zu den Angeboten der polnischen Computer- und Korpuslinguistik vermitteln. Polen gehört im Übrigen zu den wenigen slawischen Teilnehmern des internationalen CLARIN-Projekts (siehe Kapitel 1.2.3) und verfügt über einen umfangreichen Nationalkorpus.

Open Access in Polen

Zusammen mit der Ukraine gehört Polen zu den Spitzenreitern in der europäischen Open Access-Bewegung. Sowohl bei den frei zugänglichen Fachzeitschriften als auch bei den Repositorien verzeichnet Polen eine besonders hohe Zahl an Medien bzw. Infrastrukturen. Open Access wird in Polen jedoch großteils als nationales Belangen angesehen, weshalb nur wenige Schnittstellen zu internationalen Plattformen existieren. Ebenso gibt es nur eine kleine Anzahl an polnischen

Institutionen, die sich auf den Unterschriftenlisten der Budapester oder Berliner Erklärung befinden. Auch wenn der Austausch mit dem Ausland eher langsam vorangeht, hat der Trend zu frei zugänglichen Publikationen in Polen schon früh Beachtung gefunden, so dass es bereits sehr gute Ressourcen auf nationaler Ebene gibt, die man als Student oder Wissenschaftler den internationalen Suchdiensten vorziehen sollte.

Träger der Bewegung sind die wissenschaftlichen Bibliotheken und Verlage, die von verschiedenen öffentlichen Stellen gut gefördert werden. Die vielen Einzelprojekte haben aber dazu geführt, dass wichtige Adressen unabhängig voneinander aufgebaut wurden. Die polnische Open Access-Landschaft ist (wie viele Bereiche des polnischen Informationsmarktes) dementsprechend uneinheitlich. Um zumindest den Zugang zu den verschiedenen institutionellen Repositorien und Zeitschriften zu vereinfachen, wurde am Interdyscyplinarne Centrum Modelowania Matematycznego i Komputerowego (ICM) an der Universität Warschau das Centrum Otwartej Nauki (CeON) gegründet, das mehrere Infrastrukturen für nationale Open Access-Ressourcen zur Verfügung stellt. Zu diesen gehören:

a) CeON Agregator (www.agregator.ceon.pl)

Der Metasuchdienst für institutionelle Repositorien umfasst die Bestände von 19 polnischen Repositorien mit insgesamt 80 000 Titeln. Gesucht wird über eine Schnellsuche oder verschiedene Browsing-Funktionen.

b) CeON Repozytorium (http://repozytorium.ceon.pl)

Neben dem Metasuchdienst betreibt CeON ein zentrales Repositorium für Angehörige von Hochschulen, die selbst kein Repositorium besitzen. Abgelegt werden kann eine Vielzahl an unterschiedlichen Medientypen, darunter Fachartikel, Dissertationen, Lehrmaterial, Multimedia-Elemente etc. Die Datenbank umfasst bereits über 10 000 Titel.

c) CeON Biblioteka Nauki (http://yadda.icm.edu.pl/yadda/browse/articles.action)

Der zweite Metasuchdienst von CeON fasst ca. 3000 polnische Open Access-Zeitschriften sowie ca. 500 Monografien zusammen, die über eine Formularsuche durchsucht werden können. Laut eigenen Angaben sind es fast 3800 Zeitschriften, die der Metasuchdienst umfasst, allerdings gibt es in der Auflistung zahlreiche Doppeleinträge. Der internationale Suchdienst *DOAJ* umfasst im Vergleich nur knapp 400 polnische Periodika, *ROAD* immerhin etwa 700.

Abb. 35: Suchoberfläche der *CeON Biblioteka Nauki*

d) Otwórz Książkę von CeON und ICM (www.otworzksiazke.pl)

Otwórz Książkę ist eine Art Repositorium für polnische Monografien, die bereits als Printversionen am Markt verfügbar sind. Momentan enthält die Ressource über 500 Titel.

Kein Bestandteil des klassischen wissenschaftlichen Open Access sind Formate wie literarische oder künstlerische Periodika, klassische Literatur oder Retrodigitalisate, doch auch dafür gibt es am polnischen Informationsmarkt eine gute Quelle: die digitale Bibliothek *wolnelektury.pl* (siehe unten). Diese kann auch über den Metasuchdienst *Federacja Bibliotek Cyfrowych – Pionier* durchsucht werden.

Tipp: Auf der Suche nach Informationen zur Open Access-Bewegung in Polen konsultiert man am besten das Fachportal OpenAIRE (www.openaire.eu/oa-poland), das detaillierte Beschreibungen zu Förderungen, nationalen Adressen etc. enthält. Eine alternative Adresse zu den nationalen Metasuchdiensten ist OpenDOAR. Dort werden insgesamt 90 Open Access-Ressourcen verzeichnet, allerdings ohne typologische Unterscheidung zwischen Repositorien und digitalen Bibliotheken.

Stand der Retrodigitalisierung

Neben der Bewerbung von Open Access ist die Retrodigitalisierung eine wichtige Aufgabe der polnischen Bibliotheken und Archive. Retrodigitalisierung in Form von elektronischen Abschriften gibt es in Polen bereits seit einigen Jahren. Noch heute sind zahlreiche Fachportale online, auf denen man zu Beginn der 2000er Jahre große Mengen an Literaturklassikern von Adam Mickiewicz und Co lesen und exportieren konnte. Heutzutage verfolgt man modernere Digitalisierungsmethoden, die es Recherchierenden ermöglichen, über eine einzige Einstiegsstelle verschiedene digitale Bestände gleichzeitig zu durchsuchen. Neben den wissenschaftlichen Bibliotheken betreiben auch öffentliche Bibliotheken und Staatsarchive Digitalisierungskampagnen, was insgesamt zu einem großen Angebot an frei zugänglichen Digitalisaten für Forschungszwecke geführt hat. Diese Bestände sind leicht zu durchsuchen, da ein Großteil der Bibliotheken und Archive über eine Schnittstelle zum Metakatalog *Federacja Bibliotek Cyfrowych – Pionier* verfügt. Der Metakatalog ist auch an den Suchdienst *Europeana* gekoppelt.

Eine zweite wichtige Adresse im Bereich der Retrodigitalisierung ist das Narodowe Archivum Cyfrowe (NAC). Seit 2008 digitalisiert NAC audiovisuelle Bestände und führt Schulungen zum Thema Best Practice in der Digitalisierung durch. NAC leitet eine eigene digitale Bibliothek mit zahlreichen Fotomaterialien und bibliografischen Angaben zu audiovisuellen Materialien (siehe unten).

FIDKAR-Systeme

FIDKAR ist ein Metakatalog, der von allen größeren polnischen Bibliotheken und Bibliotheksverbunden angeboten wird. Jede Bibliothek bzw. jeder Bibliotheksverbund verfügt über eine eigene *FIDKAR*-Variante, die einschlägige Bibliografien zu Abschlussarbeiten, alten Drucken, Fachzeitschriften etc. sowie Bibliothekskataloge nachweist und parallel durchsuchbar macht. Der Metakatalog ist in etwa zu vergleichen mit dem deutschen *DBIS*- oder *DigiBib*-System, doch referenziert er keine Volltextdatenbanken oder ausländische Datenbankangebote. Von technischer Seite wurde *FIDKAR* lange Zeit nicht mehr auf den neuesten Stand gebracht, weshalb man bei der Recherche beizeiten umständlich vorgehen muss. Hier sind drei der *FIDKAR*-Varianten:

a) FIDKAR M@łopolski (http://fidkar.wbp.krakow.pl/fidkar/media.html)

FIDKAR M@łopolski ist der Metasuchdienst der Krakauer Wojewódzka Biblioteka mit Spezialisierung auf die Region Kleinpolen. Mit Hilfe von *FIDKAR M@łopolski* kann in einer Vielzahl an Regional- und Spezialbibliografien aber auch an Bibliothekskatalogen aus Kleinpolen recherchiert werden.

b) FIDKAR Fides (http://fidkar.fides.org.pl)

Der Metasuchdienst der Federacja Bibliotek Kościelnich ermöglicht die Recherche in ca. drei Millionen Einträgen aus 50 teilnehmenden Bibliotheken der katholischen Kirche, davon 60 000 Referenzen zu Graduierungsschriften. Die Metasuche beinhaltet neben den wichtigsten polnisch-theologischen Bibliografien auch Referenzdatenbanken zu alten Drucken, ausländische Bibliothekskataloge sowie Hyperlinks zu virtuellen Katalogen außerhalb Polens.

c) FIDKAR Biblioteka Narodowa (http://mak.bn.org.pl/fidkar/bzcz.html)
Die *FIDKAR*-Version der Nationalbibliothek beinhaltet die elektronischen Versionen der Nationalbibliografie, Referenzdatenbanken zu Bibliografien und Zentralkataloge.

Polska bibliografia narodowa – Die polnische Nationalbibliografie (www.bn.org.pl/katalogi-i-bibliografie)
Die polnische Kultur blickt auf eine lange bibliografische Tradition zurück. Zu verdanken ist dies dem Historiker Karol Estreicher, der mit der berühmten 22-bändigen *Bibliografia Polska* polnische Werke bis ins 16. Jahrhundert zurückgehend erfasste. Die polnische Nationalbibliografie, wie sie heute von der Biblioteka Narodowa erstellt wird, wurde 1924 zum ersten Mal veröffentlicht und geht stellenweise bis auf das Jahr 1901 zurück. Sie ist die am stärksten aufgeteilte Nationalbibliografie im slawischen Raum. Trotz der vielen Teilbibliografien ist eine Suche in den Datenbeständen nicht allzu aufwendig, da alle elf Teile nach dem Territorialprinzip erstellt werden (mit Ausnahme der *Polonica zagraniczne*, die nach dem Nationalitätsprinzip erarbeitet wird). Die Teilbibliografien basieren auf den verschiedenen klassischen Medientypen (Monografien, Periodika, kartografisches Material etc.), zu denen chronologische Unterteilungen hinzukommen. Da die Nationalbibliografie stellenweise bis zum Beginn des 20. Jahrhunderts zurückgeht, ist sie eine gute Adresse für die Recherche nach älterer Literatur. Der Verbundkatalog *NUKAT*, der Publikationen seit 2002 verzeichnet, ist dafür weniger geeignet. Zu finden sind die verschiedenen Datenbanken auf der Webseite der Biblioteka Narodowa. Sehr praktisch sind die genauen Beschreibungen, in der sich Recherchierende über Art der Zusammenstellung, Berichtszeiträume, Mehrsprachigkeit etc. der Teilbibliografien informieren können. Ein Nachteil ist das sehr veraltete Design der einzelnen Datenbanken. Um sich das Stöbern in den Teilbibliografien zu ersparen, kann man über den *FIDKAR*-Dienst der Nationalbibliothek (siehe oben) einige der Datenbanken parallel durchsuchen. Benötigt man polnische Literatur vor dem Berichtsjahr 1901, kann man sich an das Fachportal *EBBE* wenden, das die Bibliografie Estreichers in elektronischer Form beinhaltet. Jeder Teil der Nationalbibliografie existiert als eigene Datenbank:

a) Książki

Przewodnik bibliograficzny

Die Datenbank referenziert alle polnischen Monografien seit 1976 und wird wöchentlich ergänzt. Seit 2009 gibt es den *Przewodnik* auch als Druck- bzw. elektronische Version (PDF-Format), wobei die neuerschienenen Titel in einer detaillierten thematischen Ordnung referenziert werden.

Polonica zagraniczne

Die *Polonica zagraniczne* ist die einzige Teilbibliografie, die nach dem Nationalitätsprinzip herausgegeben wird. Gemäß der sehr strengen Auslegung des Prinzips muss der Autor polnischer Herkunft sein, sein Werk in polnischer Sprache und zu einem polnischen Thema verfasst haben. Online erfasst sind Werke seit dem Jahr 1993, für die Jahre davor muss die Printausgabe herangezogen werden. Die *Polonica zagraniczne* wird auf der Webseite der Nationalbibliothek nicht zusammen mit den anderen Teilbibliografien geführt, sondern ist über die Suche im Zentralkatalog zugänglich (http://alpha.bn.org.pl:82).

Książki polskie podziemne (1976–1989)

Eine eigene Datenbank existiert für polnische Untergrundliteratur aus dem 20. Jahrhundert, die aufgrund der sozialistischen Zensur nicht legal herausgegeben werden konnte. Dort werden 6500 Drucke politischer Parteien, religiöser Gruppen etc. referenziert.

Bibliografia Polska 1901–1939

Die retrospektive Teilbibliografie referenziert alle Publikationen im chronologischen Anschluss an die historische *Bibliografia Polska*, die mit dem Berichtsjahr 1901 endet.

b) Czasopisma

Bibliografia wydawnictw ciągłych nowych, zawieszonych i zmieniających tytuł

Die Datenbank referenziert polnische Periodika seit 1985.

Bibliografia wydawnictw ciągłych

Referenziert Herausgeberschaften seit dem Jahr 1958, wobei alle Einträge bis auf die Jahre 1981 bis 1984 in die Datenbank übernommen wurden.

Bibliografia niezależnych wydawnictw ciągłych z lat 1976–1990
Ergänzend zur Teilbibliografie *Książki polskie podziemne* referenziert diese Datenbank Artikel der polnischen Untergrundliteratur zur Zeit der sozialistischen Zensur.

c) Artykuły z czasopism
Bibliografia zawartości czasopism
Referenziert in Polen erschienene Artikel aus Fachzeitschriften, Tageszeitungen und Wochenzeitschriften, ungeachtet der Publikationssprache. Aufgenommen werden aber nicht alle Periodika (siehe Beschreibung).

d) Dokumenty elektroniczne
Bibliografia dokumentów elektronicznych
Verzeichnet seit dem Jahr 2001 E-Medien, deren Herausgeberschaft in Polen ansässig oder anderweitig mit Polen verbunden ist. Die Aufnahme erfolgt ungeachtet der Sprache.

e) Dokumenty kartograficzne
Bibliografia dokumentów kartograficznych
Referenziert seit 2005 alle in Polen erschienenen kartografischen Materialien.

f) Dokumenty dźwiękowe
Bibliografia dokumentów dźwiękowych
Mit dieser Datenbank verzeichnet die Nationalbibliothek Audiomaterialien, die neben bibliografischen Angaben auch mit inhaltlichen Beschreibungen versehen werden. Referenziert werden Werke seit 1990.

3.6.1 Bibliografische Datenbanken

Baza Osób Polskich i z Polską Związanych – Polnische Personendatenbank
Diese einfache, aber effiziente deutschsprachige Datenbank präsentiert über 60 000 Einträge zu polnischen oder mit Polen verbundenen Persönlichkeiten. Der Bestand stammt aus dem privaten Fundus von Rainer Berg aus seiner Zeit als Fachreferent an der Staatsbibliothek zu Berlin und wurde für wissenschaftliche Zwecke in eine Datenbank migriert. Der erfasste Zeitraum reicht ca. vom Jahr 1200 bis in die Gegenwart (ohne Gewähr auf Vollständigkeit), weshalb sich die Datenbank auch für die Suche nach Persönlichkeiten aus Spätmittelalter und

Neuzeit eignet. Mit dem Einstieg in die Datenbank wird eine kleine Einführung in Bestand und Geschichte des Projekts gegeben. Die einzelnen Datensätze enthalten (soweit bekannt) Geburts- und Sterbedaten, Berufsbezeichnungen und bibliografische Referenzen zu der jeweiligen Person. Für die Recherche stehen dem Nutzer eine Feld-, Index-, Schlagwort- und Fuzzy-Suche zur Verfügung. Eine sehr gute Übersicht über die thematischen Zuordnungen der Einträge liefert eine Tag-Cloud.

- Biobibliografische Datenbank
- Freier Zugang
- Berichtszeitraum: ab ca. 1200
- Feldsuche: keine Diakritika notwendig
- Verlag: Rainer Berg (privat)
- Adresse: www.baza-nazwisk.de

Bibliografia Historii Polskiej

Seit 2008 gibt es eine Online-Version der *Bibliografia Historii Polskiej*, die jährlich vom geschichtswissenschaftlichen Institut an der Polnischen Akademie der Wissenschaften als Monografie herausgegeben wird. Die Datenbank beinhaltet Angaben zu selbstständig wie unselbstständig erschienener Literatur der Jahre 1980 bis 2011. Aufgenommen wurden dabei sowohl polnische als auch fremdsprachige Titel zur Geschichte Polens. Die Anzeige erfolgt über eine Trefferliste mit allen bibliografischen Angaben. Die Datenbank wird seit 2014 nicht mehr gewartet und verfügt lediglich über eine einfache Schnellsuche nach Sachtitel, Autor und Schlagwörtern.

- Bibliografische Datenbank
- Freier Zugang
- Berichtszeitraum: 1980–2011
- Feldsuche: Verwendung von Diakritika notwendig
- Verlag: Instytut Historii Polskiej Akademii Nauk; Instytut Pamięci Narodowej
- Adresse: www.bibliografia.ipn.gov.pl

Bibliografia Staropolska – Elektroniczna baza bibliografii Estreichera

Diese bibliografische Datenbank ist Teil des Fachportals *EBBE – Elektroniczna baza bibliografii Estreichera*, welches gleich mehrere Informationsressourcen zur Verfügung stellt. Die *Bibliografia Staropolska* beinhaltet 80 000 Referenzen zu Literatur in deutscher, russischer und polnischer Sprache aus dem 16. bis 18. Jahrhundert. Beim Erstellen der Bibliografie waren sowohl das Territorial- als auch das Nationalitäts- und Sujetprinzip entscheidend, weshalb sie auch für Historiker oder Germanisten eine sehr gute Quelle darstellt. Beim Einstieg in die Datenbank (*baza*) gelangt man zu einem alphabetischen Index mit Autorennamen, Sachtiteln und Erscheinungsdaten. Der Einstieg über den Menüpunkt *Indeks* führt zu einem Autoren- und Sachregister. Bevorzugt man eine Recherche über die Feldsuche, muss diese gesondert ausgewählt werden. Die Recherche wird erleichtert durch eine Fuzzy-Suche, die die unterschiedlichen Schreibweisen von Namen und Sachtiteln berücksichtigt. Die bibliografischen Metadaten sind oft mehr, oft weniger umfangreich, dafür finden sich mitunter Angaben über die Verfügbarkeit des Titels in polnischen Bibliotheken. Die chronologische Fortsetzung der Bibliografie ist über die Datenbank *Bibliografia XIX. wieku* desselben Fachportals abrufbar.

- Bibliografische Datenbank
- Freier Zugang
- Berichtszeitraum: ca. 1500–1800
- Feldsuche: Verwendung von Diakritika notwendig
- Verlag: Centrum Badawcze Bibliografii Polskiej Estreicherów
- Adresse: www.estreicher.uj.edu.pl/staropolska

Bibliografia XIX. wieku – Elektroniczna baza bibliografii Estreichera

Die *Bibliografia XIX. wieku* ist Teil des Datenbankangebots des Fachportals *EBBE – Elektroniczna baza bibliografii Estreichera*. Sie beinhaltet ca. 23 000 Verweise zu wissenschaftlichen Publikationen aller Art (davon viele mit polonistischem und geschichtswissenschaftlichem Schwerpunkt), Quellenmaterialien und Primärliteratur aus dem 19. Jahrhundert und schließt somit chronologisch an die *Bibliografia Staropolska* an. Die *Bibliografia XIX. wieku* orientiert sich sowohl am Territorial- als auch am Nationalitäts- und Sujetprinzip, weshalb sie auch für Historiker und Germanisten eine geeignete Quelle darstellt. Beim Einstieg in die Datenbank (*baza*) gelangt man zu einem alphabetischen Index mit Autorennamen, Sachtiteln und Erscheinungsdaten. Der Einstieg über den Menüpunkt *Indeks* führt zu einem Autoren- und Sachregister. Eine Fuzzy-Suche zur Berücksichtigung unterschiedlicher Schreibweisen von Namen und Sachtiteln ist gegeben. Möchte man über diese recherchieren, muss man zuvor die Feldsuche auswählen. Die bibliografischen Daten sind stellenweise sehr lückenhaft, dafür finden sich mitunter Angaben über die Verfügbarkeit des Titels in polnischen Bibliotheken.

- Bibliografische Datenbank
- Freier Zugang
- Berichtszeitraum: ca. 1800–1900

- Feldsuche: Verwendung von Diakritika notwendig
- Verlag: Centrum Badawcze Bibliografii Polskiej Estreicherów
- Adresse: www.estreicher.uj.edu.pl/xixwieku

Literacka i Komparatystyczna Bibliografia Slawistyczna

Diese Referenzdatenbank ist eine der wenigen slawistischen Informationsressourcen im osteuropäischen Raum. Sie beinhaltet eigentlich mehrere Datenbanken, die durch eine gemeinsame Feldsuche inhaltlich verknüpft wurden. Die umfangreichste dieser Bibliografien ist die *Zagraniczna bibliografia polskiego Renesansu i Baroku*, die ergänzend zur *Bibliografia Estreichera* selbstständig erschienene Literatur aus dem (hauptsächlich) slawischsprachigen Ausland zu polnischen Themen indiziert. Über eine Schnellsuche werden parallel auch die anderen, weniger umfangreichen Bibliografien durchsucht (*Emigrantologia*, *Folklorystyka* und *Prâce Slawistów PAU*, die jedoch allesamt wenige Titel beinhalten). Über eine modulare Suche können auch sämtliche Titel von nur einem einzigen Sprachraum eingesehen werden (z. B. weißrussische, serbische oder slowakische Titel). Bislang sind zehn verschiedene Sprachräume durchsuchbar, andere werden noch ergänzt. Sachtitel in kyrillischer Schrift werden entweder gar nicht oder nach unterschiedlichen Normen (ISO 9, GOST, PN-83 N-01201 u. a.) transliteriert, was bei der Verwendung der Feldsuche zu beachten ist.

- Bibliografische Datenbank
- Freier Zugang
- Feldsuche: Verwendung von Diakritika und Transliteration (keine einheitliche Normenverwendung) notwendig
- Verlag: Collegium Columbinum
- Adresse: www.biblioslav.eu

Polska Bibliografia Literacka

Zu den vielen Informationsressourcen zur polnischen Literatur und Literaturgeschichte gehört die Datenbank *Polska Bibliografia Literacka*, die vom Instytut Badań Literackich an der Polnischen Akademie der Wissenschaften erstellt wurde. Die Datenbank ist technisch sehr veraltet, bietet inhaltlich jedoch einen großen Bestand an Verweisen zur polnischen Autorenlandschaft, Literaturtheorie und -geschichte, allgemeinen wissenschaftlichen Sekundärliteratur sowie Primärliteratur aus allen Gattungen. Der Zeitraum ist nach eigenen Angaben auf die Jahre 1990 bis 1998 eingeschränkt, doch finden sich auch zahlreiche Verweise aus den 1980er und frühen 2000er Jahren in der Datenbank. Die Suche kann sowohl über verschiedene Indizes zu Autorenname,

Thema und Schlagwort stattfinden als auch über eine Schnellsuche. Zu vielen Monografien werden Rezensionen angezeigt. Die meisten Titel sind polnischen Ursprungs, selten finden sich dort englischsprachige oder russische Publikationen. Zur Suche nach letzterem ist eine Transliteration nach der polnischen Norm PN-83 N-01201 vonnöten.

- Bibliografische Datenbank
- Freier Zugang
- Berichtszeitraum: ca. 1980–2010
- Feldsuche: Verwendung von Diakritika und Transliteration nach PN-83 N-01201 notwendig
- Verlag: Instytut Badań Literackich
- Adresse: www.pbl.ibl.poznan.pl

3.6.2 Fachportale und Metasuchdienste

CLIP – Computional Linguistics in Poland

CLIP ist das umfangreichste linguistische Fachportal am polnischen Informationsmarkt und eine wichtige Adresse für alle Computerlinguisten mit polonistischem Schwerpunkt. Das Portal ist gänzlich auf Englisch, was in Polen eher selten vorkommt. Referenziert werden u. a. über 40 Korpora und Korporatools, an die 30 Wörterbücher und 70 verschiedene Applikationen zum Taggen, Parsen und Analysieren. Die Linksammlung ist sehr umfangreich, allerdings sind einige der Angebote mittlerweile offline, veraltet oder von schlechter Qualität. Die Verwendung des Portals erfordert bereits etwas Fachwissen, da auf Erklärungen weitgehend verzichtet wird. Wer im Umgang mit elektronischen Korpora noch nicht viel Erfahrung besitzt, sollte sich zuerst das Fachportal *korpusy.net* ansehen, das auf Recherchierende mit geringem fachlichem Know-how ausgerichtet ist.

- Fachportal (Schwerpunkt Korpus- und Computerlinguistik)
- Freier Zugang
- Verlag: Adam Przepiórkowski (Instytut Podstaw Informatyki Polskiej Akademii Nauk)
- Adresse: www.clip.ipipan.waw.pl

Culture.pl

Culture.pl ist eine der wenigen Informationsressourcen mit Fokus auf den polnischen Kunst- und Kultursektor. Das Fachportal wird seit mehreren Jahren vom Adam Mickiewicz Instytut redigiert und präsentiert einen Überblick über polnische Kunst und Kultur sowohl im In- als auch im Ausland. Das Portal beinhaltet keine wissenschaftlichen Primär- oder Sekundärmaterialien, dafür zahlreiche detaillierte Künstlerbiografien sowie unterhaltsam gestaltete Einführungen in verschiedene Bereiche der polnischen Kunstgeschichte. Zudem werden umfangreiche Bildgalerien, News-Meldungen und ein Eventkalender angeboten. Das Portal ist auch auf Englisch und Russisch verfügbar.

- Fachportal (Schwerpunkt Kunst und Kultur)
- Freier Zugang
- Auch auf Englisch und Russisch verfügbar
- Verlag: Adam Mickiewicz Instytut
- Adresse: www.culture.pl

EBBE – Elektroniczna baza bibliografii Estreichera

Dieses Fachportal vereint mehrere Volltext- wie Referenzdatenbanken, die vor allem für Historiker interessant sind. Leider ist das Portal trotz Wartung technisch veraltet und nicht sehr benutzerfreundlich. Es vereint u. a. zwei große Referenzdatenbanken (*Bibliografia Staropolska* und *Bibliografia XIX. wieku*) zur polnischen Literatur des 16. bis 19. Jahrhunderts sowie die digitale Version der berühmten *Bibliografia Polska* von Karol Estreicher, die dem Portal wie auch dem zuständigen Forschungsinstitut seinen Namen gibt. Da die angebotenen Informationsressourcen nur spärlich beschrieben werden, gibt es zu den beiden Referenzdatenbanken und der digitalen Ausgabe eine kurze Zusammenfassung unter den entsprechenden Abschnitten (3.6.1 und 3.6.3). Benötigt man zusätzlich zu den polnischsprachigen Publikationen noch Literatur in anderen Sprachen, kann man eine ergänzende Recherche in der Datenbank *Literacka i Komparatystyczna Bibliografia Slawistyczna* durchführen, deren Einträge die der *Bibliografia Polska* ergänzen.

- Fachportal (Schwerpunkt Geschichte und Bibliografien)
- Freier Zugang
- Berichtszeitraum: 16.–19. Jahrhundert
- Verlag: Centrum Badawcze Bibliografii Polskiej Estreicherów
- Adresse: www.estreicher.uj.edu.pl

KaRo – Katalog rozproszony bibliotek polskich

KaRo ist ein bibliothekarischer Metasuchdienst, der von der Uniwersytet Mikołaja Kopernika in Toruń gehostet wird. Der Suchdienst wurde vom ehemaligen stellvertretenden Leiter der dortigen Universitätsbibliothek im Rahmen eines „Hobbys" entworfen und soll nach eigenen Angaben als Ergänzung zum polnischen Verbundkatalog *NUKAT* dienen. Inhaltlich unterscheiden sich die beiden Kataloge nicht allzu sehr: *KaRo* umfasst dieselben 150 wissenschaftlichen und öffentlichen Bibliotheken wie *NUKAT* mit ca. 3,5 Millionen bibliografisch erfassten Titeln und kann *NUKAT* selbst durchsuchen. Bei der Auswahl der zu durchsuchenden Bibliotheksbestände ist auf Folgendes Acht zu geben: Die Recherche stoppt nach einer Zeitspanne von 30 Sekunden von selbst, so dass eventuell nicht alle ausgewählten Bestände durchsucht werden konnten. Im Falle einer ungenauen Sucheingabe oder vieler zu durchsuchender Bestände kann der Suchvorgang links über ein Pull-down-Menü zeitlich ausgeweitet werden.

- Metakatalog
- Freier Zugang
- Verlag: Tomasz Wolniewicz (privat); Uniwersytet Mikołaja Kopernika w Toruniu
- Adresse: www.karo.umk.pl

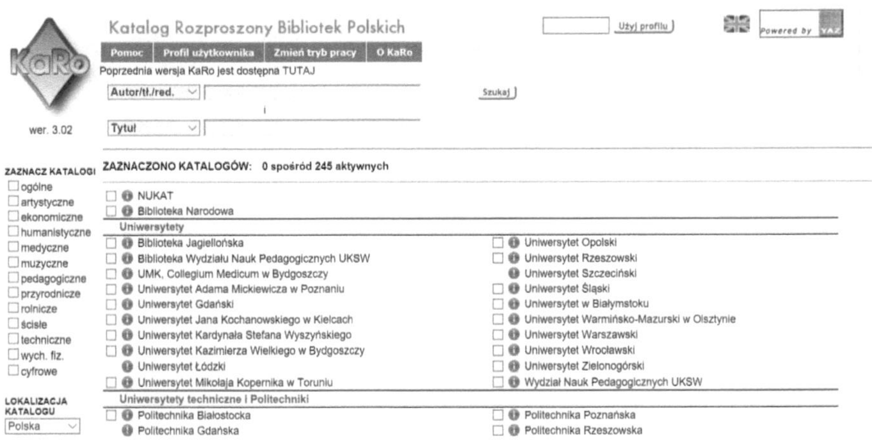

Abb. 36: Homepage von *KaRo* mit integrierter Suchoberfläche

Korpusy.net

Möchte man sich über das Angebot an polnischen Textkorpora informieren, ist man mit dem Fachportal *korpusy.net* gut beraten. Das Portal wurde vom Instytut Anglistyki der Uniwersytet Warszawski erstellt, in der Absicht, Studierenden der Linguistik die erstmalige Verwendung von elektronischen Korpora zu erleichtern.

Korpusy.net referenziert Textkorpora der polnischen und englischen Sprache. Besonders hilfreich sind die genauen Beschreibungen zu jedem der Korpora, die Typ, Aufbau, Funktionen, textliche Analysemöglichkeiten usw. erklären. Das Portal wird seit 2012 nicht mehr gewartet, es beinhaltet aber noch ein umfangreiches fachterminologisches Wörterbuch mit englischen Synonymen, Beispielen aus der Praxis und diversen Hyperlinks. Einziger Nachteil ist das Fehlen einer englischen Übersetzung.

- Fachportal (Schwerpunkt Korpus- und Computerlinguistik)
- Freier Zugang
- Verlag: Instytut Anglistyki (Uniwersytet Warszawski)
- Adresse: www.korpusy.net

NUKAT – Narodowy Uniwersalny Katalog Centralny

NUKAT ist der nationale Verbundkatalog Polens und umfasst die Bestände von ca. 150 polnischen wissenschaftlichen und öffentlichen Bibliotheken mit insgesamt 3,5 Millionen bibliografischen Datensätzen. Nach eigenen Angaben können Recherchierende durch die Einführung von *NUKAT* im Jahr 2002 fast alle polnischen Publikationen, die seit diesem Zeitpunkt erschienen sind, über den Katalog abfragen. Im Rahmen eines mehrjährigen Projekts in der Retrokatalogisierung wurde die Datenbank zudem mit ca. 300 000 Titeln, die vor dem Jahr 2002 erschienen sind, angereichert. Für eine umfassende Recherche nach Publikationen vor diesem Zeitpunkt empfiehlt sich weiterhin die Suche in lokalen Bibliothekskatalogen bzw. -portalen oder in der polnischen Nationalbibliografie. Über den Verbundkatalog können Titel direkt bestellt werden, dazu ist allerdings ein Account bei einer beteiligten Bibliothek vonnöten. Seit 2015 verfügt der Katalog über ein neues, sehr benutzerfreundliches Design und eine ausführliche Drill-down-Funktion für die Treffermenge. Als Alternative zu *NUKAT* kann auch der Metasuchdienst *KaRo* verwendet werden, der fast dieselben Bibliotheksbestände abdeckt und auch den Metasuchdienst *Federacja Bibliotek Cyfrowych – Pionier* sowie *NUKAT* selbst in die Suche einbezieht. *NUKAT* ist auch in einer sehr guten englischen Version verfügbar.

- Verbundkatalog
- Freier Zugang
- Auch auf Englisch verfügbar
- Verlag: Centrum NUKAT (Biblioteka Uniwersytecka w Warszawie)
- Adresse: http://katalog.nukat.edu.pl

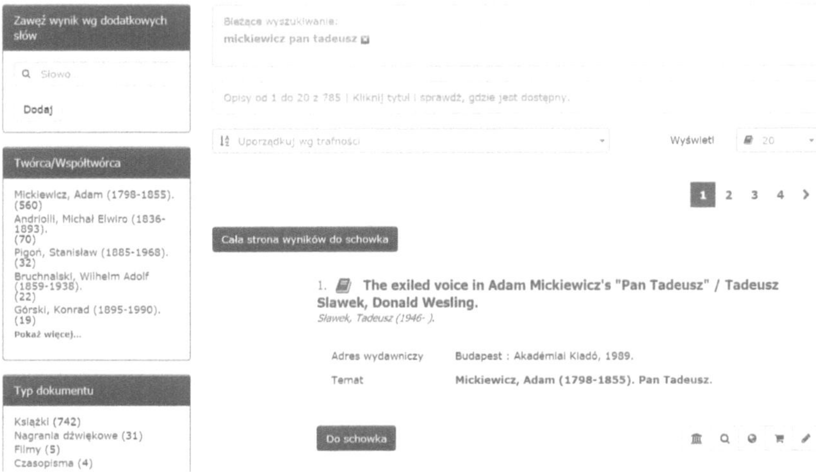

Abb. 37: Treffermenge mit Drill-down-Menü in *NUKAT*

3.6.3 Digitale Bibliotheken, fachspezifische Volltextdatenbanken und Textsammlungen

Bibliografia Polska Spis Chronologiczny – Elektroniczna baza bibliografii Estreichera

Diese Volltextdatenbank ist ein Angebot des Fachportals *EBBE – Elektroniczna baza bibliografii Estreichera*, das die digitale Ausgabe der *Bibliografia Polska* vervollständigen soll. Die Datenbank enthält die Bände acht bis elf, die alle Referenzen der Bibliografie als *Spis Chronologiczny* – also in Form eines chronologischen Indexes – angeben. Eine Volltextindexierung erlaubt die Recherche im gesamten Text, ein chronologischer Index zeigt den gesamten Publikationsraum an und ermöglicht die Suche nach Erscheinungsjahr. Treffer werden automatisch in der Volltextdatei (Bilddatei) markiert.

- Volltextdatenbank
- Freier Zugang
- Berichtszeitraum: 1455–1889
- Feldsuche: Verwendung von Diakritika notwendig
- Verlag: Centrum Badawcze Bibliografii Polskiej Estreicherów
- Adresse: www.estreicher.uj.edu.pl/chronologia

Cyfrowa Biblioteka Druków Ulotnych

Diese Datenbank präsentiert Volltexte sowie bibliografische Angaben zu in Polen entstandener ephemerer Literatur des 16. bis 18. Jahrhunderts in insgesamt elf Sprachen. Die Sammlung dieser Texte ist ein Bestandteil des bibliografischen Werks von Konrad Zawazki *Gazety ulotne polskie i polski dotyczące od XVI–XVIII wieku*, das über 2500 Referenzen enthält. Mit fast 800 deutschen Texten ist die Datenbank auch eine gute Quelle für Germanisten. Alle Volltexte liegen im DjVu-Format vor. Eine entsprechende Software sowie ein Plug-In für den Browser können über die offizielle DjVu-Webseite heruntergeladen werden (www.djvu.org). Eine ausführliche Indexfunktion erlaubt die Suche nach Jahr, Sprache, Ort, Titel und dem dazugehörigen Identifier. Inhaltlich ist die Datenbank eine Mischung aus Volltext- und Referenzdatenbank, da sie zwar Volltexte enthält, aber nur bibliografische Daten durchsucht werden können. Das Einrichten eines persönlichen Accounts ermöglicht die Speicherung von Treffern und die Gestaltung einer Präferenzliste. Ebenso gibt es eine Exportfunktion für alle Daten in mehreren Formaten, die u. a. mit BibTex und EndNote kompatibel sind. Die Datenbank ist auch in einer sehr guten englischen Version vorhanden.

- Volltextdatenbank
- Freier Zugang
- Auch auf Englisch verfügbar
- Berichtszeitraum: ca. 1600–1800
- Feldsuche: Verwendung von Diakritika notwendig
- Verlag: Instytut Dziennikarstwa (Uniwersytet Warszawski)
- Adresse: www.cbdu.ijp-pan.krakow.pl

E-kolekcja czasopism polskich

Diese elektronische Textsammlung ist ein Projekt der Biblioteka Uniwersytecka w Warszawie und präsentiert ca. 30 digitalisierte polnische Zeitungen und Zeitschriften aus dem Zeitraum 1880 bis 1980. Die Periodika widmen sich verschiedenen regionalen wie fachlichen Adressatenkreisen und sind nicht näher beschrieben. Ein Klick auf eine Zeitschrift leitet auf das Suchportal der Universitätsbibliothek weiter, das auch andere Periodika und Publikationen beinhaltet. Über dieses können bibliografische Daten in mehreren Formaten exportiert werden. Besitzt man einen Bibliotheksaccount, können Publikationen zudem getagged werden. Alle Volltexte liegen im DjVu-Format vor. Eine entsprechende Software sowie ein Plug-In für den Browser können über die offizielle DjVu-Webseite heruntergeladen werden (www.djvu.org).

- Elektronische Textsammlung
- Freier Zugang
- Berichtszeitraum: ca. 1880–1980
- Verlag: Biblioteka Uniwersytecka w Warszawie
- Adresse: http://buwcd.buw.uw.edu.pl/e_zbiory/ckcp/CKCP.html

Federacja Bibliotek Cyfrowych – Pionier

Der polnische Bibliotheksverbund Federacja Bibliotek Cyfrowych vereint polenweit die digitalen Bestände von ca. 120 Bibliotheken, Archiven und Museen und macht diese über den Metasuchdienst *Pionier* zugänglich. Insgesamt können über die Suche etwa 4,5 Millionen Digitalisate abgerufen werden, davon sind über drei Millionen frei zugänglich. Der Metasuchdienst ist auch in Englisch verfügbar und wurde im Jahr 2015 in ein neues Format gebracht. In den bibliografischen Angaben aus den Beständen (keine Suche im Volltext!) kann über eine Schnell- sowie eine umfangreiche Formularsuche recherchiert werden, ein Klick auf den gewünschten Titel führt direkt zum digitalen Bestand des jeweiligen Teilnehmers. Unter dem Menüpunkt *Źródła danych* können die Profile aller Teilnehmer eingesehen werden. Die Bestände der Federacja Bibliotek Cyfrowych sind auch über den Metakatalog *Europeana* abfragbar.

- Metakatalog
- Freier Zugang
- Auch auf Englisch verfügbar
- Verlag: Federacja Bibliotek Cyfrowych
- Adresse: www.fbc.pionier.net.pl

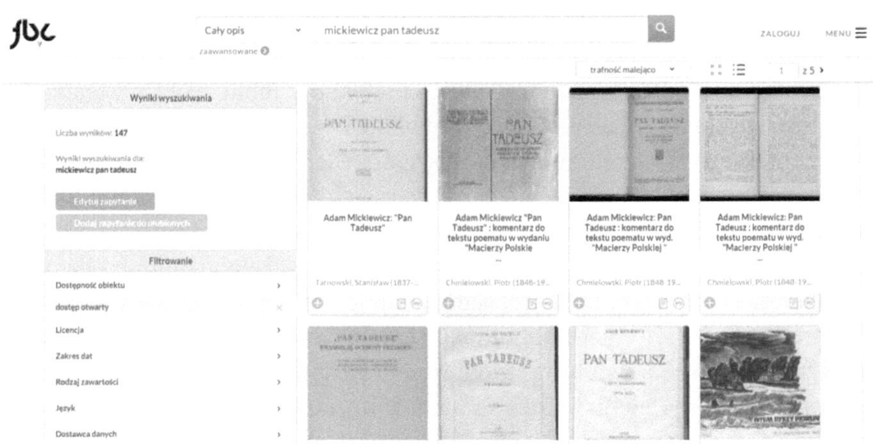

Abb. 38: Treffermenge mit Drill-down-Menü in *FBC Pionier*

Narodowe Archivum Cyfrowe

Seit 2008 gibt es in Polen das Narodowe Archivum Cyfrowe (NAC) – eine Sonderform des traditionellen Staatsarchivs, das umfassende Bild- und Tonbestände lagert und solche laufend digitalisiert. Das NAC ist in etwa vergleichbar mit der Prezidentskaja biblioteka imeni B. N. El'zina (seit 2008 russische Nationalbibliothek), deren Hauptaufgabe ebenfalls in der Digitalisierung analoger Medien liegt. Das NAC besitzt umfangreiche analoge Bestände aus der Zeit vor 2008, in der Materialien noch auf „traditionelle" Art gesammelt und erschlossen wurden. Eine detaillierte Beschreibung der analogen Bestände des NAC findet man auf dessen Webseite (www.nac.gov.pl). Seit seiner Umstrukturierung führt NAC neben der hauseigenen Digitalisierung auch Schulungen für andere Institutionen durch. Digitalisiert bzw. elektronisch erfasst werden alte Fotografien sowie audiovisuelles Material (Filme, Tonaufnahmen etc.), die im Haus oder in anderen Staatsarchiven gelagert werden. Das Ergebnis ist in einer eigens dafür angelegten digitalen Bibliothek zu finden, die denselben Namen wie das Archiv trägt. Die digitale Bibliothek umfasst 220 000 Fotografien sowie die bibliografischen Daten von ca. 15 000 Ton- und Filmaufnahmen. Neben dem Metasuchdienst *Federacja Bibliotek Cyfrowych – Pionier*, der wichtige Printbestände in digitaler Form durchsuchbar macht, ist die Datenbank von NAC damit die zweite große Anlaufstelle in der polnischen Retrodigitalisierung.

- Digitale Bibliothek
- Freier Zugang
- Feldsuche: Verwendung von Diakritika notwendig
- Verlag: Narodowe Archivum Cyfrowe
- Adresse: https://audiovis.nac.gov.pl

Staropolska Online

Staropolska Online ist neben *EBBE* die zweite große Informationsressource zur polonistischen Mediävistik. Anders als bei *EBBE* wird hier Sekundärliteratur und Quellenmaterial im Volltextformat wiedergegeben. Erstellt wurde das Portal von den beiden Krakauer Polonisten Roman Mazurkiewicz und Mariusz Górniak. Die integrierte Textsammlung besteht aus elektronischen Abschriften und wird nach wie vor aktualisiert, so dass sie mittlerweile rund 200 Titel enthält. Etwa die Hälfte der Volltexte besteht aus Sekundärliteratur. Durch die Textsammlung führen ein Themen-, Autoren- und Titelindex. Benötigt man für die Recherche englischsprachige Literatur, empfiehlt es sich, die englische Version des Portals zu aktivieren, dann werden nur noch (soweit vorhanden) englische Übersetzungen der Texte angezeigt. Abseits der Textkollektion finden Nutzer zusätzliche Informationsangebote, die *Staropolska Online* auch Züge eines Fachportals geben. Ein Hyperlink in der linken Menüleiste führt zum *Słownik Staropolski*, das ca. 3300 altpolnische Lemmata enthält und mit der Textsammlung mitkreiert wurde. In der *Bibliografija 2000–* wird fachspezifische selbstständige und unselbstständige Literatur der letzten 15 Jahre referenziert. Unter *Linki* finden Nutzer Hyperlinks zu Informationsdiensten mit Schwerpunkt auf altphilologische Wissenschaftszweige.

- Elektronische Textsammlung bzw. Fachportal
- Freier Zugang
- Auch auf Englisch verfügbar
- Berichtszeitraum: ca. 1600–1800
- Verlag: Roman Mazurkiewicz; Mariusz Górniak (privat)
- Adresse: www.staropolska.pl

Wirtualna Biblioteka Literatury Polskiej

Diese elektronische Textsammlung ist Teil des ehemaligen UNESCO-Projekts *Virtual Library of Classic Texts of World Literature* und präsentiert die Werke von ca. 100 bekannten und weniger bekannten polnischen Schriftstellern bis hinein in die Moderne. Die Textsammlung wird seit über zehn Jahren nicht mehr gewartet, enthält aber nach wie vor wertvolle Primärliteratur und Autorenbiografien. Gesucht werden kann über Indizes zu Autoren und Erscheinungsdaten der Titel. Möchte man online die kanonisierten Werke von Schriftstellern wie Adam Mickiewicz, Bolesław Prus u. a. lesen, ist man mit anderen Informationsressourcen allerdings besser beraten (etwa mit der digitalen Bibliothek *wolnelektury.pl*), da hier nur elektronische Abschriften vorhanden sind. Andererseits beinhaltet die Textsammlung auch ältere Werke und Werke weniger bekannter Autoren. Sehr empfehlenswert sind die Kurzbiografien (*Noty biograficzne*) zu fast jedem der 100 Autoren, die auch in einer guten englischen Übersetzung vorhanden sind.

- Elektronische Textsammlung
- Freier Zugang
- Verlag: Marek Adamiec u. a.
- Adresse: www.literat.ug.edu.pl/books.htm

---

wolnelektury.pl

Diese digitale Bibliothek – ein Projekt mehrerer polnischer Kultur- und Bildungsinstitutionen – beeindruckt durch seine qualitativ hochwertige Kollektion verschiedener Medientypen. Diese besteht aus ca. 4500 Text-, Bild- und Hörbuchmaterialien polnischer wie nichtpolnischer Autoren bzw. Künstler mit hohem Bekanntheitsgrad, alle jedoch in polnischer Sprache. Für Polonisten ebenso interessant wie ergiebig sind die umfangreichen Textkollektionen polnischer Schriftsteller wie Adam Mickiewicz, Henryk Sienkiewicz u. a. Alle Texte können in verschiedenen Formaten exportiert werden (PDF, EPUB, reine Textdatei) und verfügen stellenweise über ein Audiofile mit Hörprobe. Unter dem Menüpunkt *Motywy* lassen sich alle Titel nach einem Schlagwortindex durchsuchen. Die Bildkollektion enthält Porträts, Gemälde und Fotografien hauptsächlich polnischer Künstler. Besonders hervorzuheben ist die große Sammlung an über 170 Hörbüchern berühmter Werke aus dem Polnischen oder die ins Polnische übersetzt wurden. Der Großteil aller Titel ist gemeinfrei, der Rest unterliegt einer Creative Commons-Lizenz, welche bei den Metadaten angeführt wird.

- Digitale Bibliothek
- Freier Zugang
- Feldsuche: Verwendung von Diakritika notwendig
- Verlag: Fundacja Nowoczesna Polska (Projektleitung)
- Adresse: www.wolnelektury.pl

3.7 Russland

Bringt man etwas Geduld und Ausdauer mit, kann sich eine Recherche im wissenschaftlichen Informations- und Bibliothekswesen der Russischen Föderation als sehr spannend und gewinnbringend erweisen. Russland ist ein Paradies für Bibliothekare, Wissenschaftler und Studenten – allein zum Sightseeing lohnt sich oftmals ein Besuch in den vielen renommierten Hochschulen, Archiven und bibliothekarischen Einrichtungen des Landes. Die Gründe für das breite Angebot sind historischer und politischer Natur. Anders als man es im westlichen Europa heute gewohnt ist, nehmen diese Einrichtungen keinen „neutralen“ Platz in der Öffentlichkeit ein, sondern waren und sind kulturpolitische Werkzeuge.

Im zaristischen Russland gab es lange Zeit kein konsequent gefördertes öffentliches Bibliothekswesen. Dies änderte sich mit der Gründung der Sowjetunion, die zugleich auch Gründungszeitpunkt der meisten ostslawischen Nationalbibliotheken und Buchkammern war (siehe dazu Kapitel 1.3.2). In den darauffolgenden Jahren kümmerte man sich um die Errichtung zahlreicher wissenschaftlicher, öffentlicher und Schulbibliotheken, die sowohl die Alphabetisierungsrate steigen ließen als auch ein effizientes Mittel zur Verbreitung sozialistischen Gedankenguts waren. Eine strenge Hinterlegungspflicht und die staatliche Zensur führten dazu, dass die Buchbestände in den Bibliotheken schnell auf eine beachtliche Zahl anwuchsen. Im Laufe der Jahre behielten der tertiäre Bildungssektor sowie das öffentliche Bibliothekswesen einen wichtigen Platz in der kommunistischen Politik ein, weshalb ihnen viel Unterstützung von Seiten des Staates gegeben wurde. Die Auswirkungen dieser Blütezeit sind heute noch deutlich an den großen Buchbeständen und der überdurchschnittlich hohen Zahl an bibliothekarischen Einrichtungen zu sehen. Ende der 1990er Jahre gab es trotz rückläufiger Zahlen immerhin 115 000 Bibliotheken für 149 Millionen Einwohner (Müller 1998: 166). In Deutschland existieren für rund 80 Millionen Deutsche ca. 10 000 bibliothekarische Einrichtungen (Deutsche Bibliotheksstatistik 2015: http://tinyurl.com/hn9v8he, 08.02.2017). Doch auch die zeitgenössische russische Politik hat den Informationsmarkt – nun in digitaler Form – als wichtiges Propagandawerkzeug entdeckt und nutzt ihn dementsprechend. Kommt man als Forscher in die Russische Föderation oder konsultiert man ihre zahlreichen Internetressourcen, bleibt dies immer zu bedenken.

Das russische Bibliothekswesen stützt sich heute noch auf die in der UdSSR etablierte Sammelkultur, die gegenüber der Globalisierung (vor allem in Form des Internets) nur schrittweise geöffnet wird. Obwohl das Bibliothekswesen nach dem Zerfall der UdSSR nicht mehr so stark gefördert wurde, gehören die russischen Nationalbibliotheken heute noch zu den bestandsreichsten der Welt. Auch einige Fachbibliotheken (insbesondere die Institutsbibliotheken der Russischen Akademie der Wissenschaften) verfügen über mehr Medien als so manche westliche Nationalbibliothek. Ein breites Spektrum an Spezialbibliotheken komplementiert das Angebot – so gibt es u. a. eine eigene Staatsbibliothek für Blinde (Gosudarstvennaja biblioteka dlja slepych), für Kinder- und Jugendliteratur (Rossijskaja gosudarstvennaja detskaja biblioteka; Rossijskaja gosudarstvennaja biblioteka dlja molodeži), für ausländische Medien (Vserossijskaja gosudarstvennaja biblioteka inostrannoj literatury) und russische Geschichte (Gosudarstvennaja publičnaja istoričeskaja biblioteka Rossii). Das große analoge Angebot wird auch heute noch gerne von der Bevölkerung genutzt. Möchte man russischen Statistiken Glauben schenken, gingen die Russen bis vor einigen Jahren noch dreimal öfter in die Bibliothek als etwa ins Kino oder ins Museum (Melentieva 2006: 22).

Tipp: Einen Überblick über die wichtigsten Bibliotheken in der Russischen Föderation bietet ein Verzeichnis des Konsortiums Rossijskaja bibliotečnaja associacija (www.rba.ru/content/resources/reglib/index.php).

Der russische wissenschaftliche Informationsmarkt wird dominiert von den drei Nationalbibliotheken: der Russischen Staatsbibliothek (Rossijskaja gosudarstvennaja biblioteka), der Russischen Nationalbibliothek (Rossijskaja nacional'naja biblioteka – nicht zu verwechseln mit den Nacional'nye biblioteki der einzelnen föderalen Entitäten) und der El'zin-Präsidentenbibliothek (Prezidentskaja biblioteka imeni B. N. El'zina). Letztere wurde 2007 eigens zur Retrodigitalisierung gegründet und ist ein Beispiel für die moderne Verschmelzung von Informationswesen, Politik und russischem Kulturnationalismus. Ein Blick auf die englischsprachige Webseite der El'zin-Präsidentenbibliothek zeigt das eigentliche Motiv ihrer Gründung: die verstärkte staatliche Einflussnahme auf den Informationsmarkt und die Öffentlichkeit (www.prlib.ru/en-us/Pages/about_new.aspx, 05.01.2017).

Die große Zahl an bibliothekarischen Einrichtungen hat natürlich auch Auswirkungen auf die Erstellung digitaler Informationsressourcen, die ähnlich wie die analogen Ressourcen sehr vielfältig sind. So existiert etwa eine Reihe nationaler Verbundkataloge, von denen hier nur diejenigen aufgezählt werden, die für die Geistes- und Kulturwissenschaften relevant sind. Zu diesen gehören der *SKBR* (*Svodny katalog bibliotek Rossii*), der *SKPBR* (*Svodny katalog periodiki bibliotek Rossii*), *NĖB* (*Nacional'naja ėlektronnaja biblioteka*) und *IS ĖKBSON* (*Ėlektronnyj katalog bibliotek sfery obrazovanija i nauki*). Letzterer ist ein Metasuchdienst, der alle großen russischen Verbundkataloge parallel durchsuchbar macht. Verbundkataloge sind in der Russischen Föderation oftmals nicht frei zugänglich, so braucht man etwa für den Remote-Zugang zu *SKBR* und *IS ĖKBSON* einen gültigen Account an einer teilnehmenden Bibliothek.

Das russische Bibliothekswesen ist selbst nicht sehr innovativ, aufgrund seiner Größe und Mittel kann es jedoch Rückstände zu anderen Ländern innerhalb kurzer Zeit aufholen. Dies ist im Bereich der Retrodigitalisierung und des Open Access bzw. Open Science bereits geschehen (siehe unten). Die vorhandene Infrastruktur unterscheidet sich maßgeblich von jener westeuropäischer bzw. anderer slawischer Staaten, hat jedoch einige Ähnlichkeiten mit den Infrastrukturen in den USA. Zu diesen zählt die gegenläufige Entwicklung von Open und Closed Access. Wie in den Vereinigten Staaten existieren in der Russischen Föderation eine Handvoll Aggregatordatenbanken, die in hohem Ausmaß wissenschaftliche Medien sowie Pressemedien akkumulieren und vertreiben. Das Pendant zum US-amerikanischen Aggregator East View ist in Russland Integrum bzw. Integrum World Wide, dessen Angebot sich teilweise mit den Datenbanken von East View überschneidet. Beide archivieren die Ausgaben wichtiger russischer Massenmedien und wissenschaftlicher Periodika. Deutsche Nutzer können die Datenbanken von Integrum über eine Nationallizenz der Deutschen Forschungsgemeinschaft (DFG) einsehen. Des Weiteren gibt es in Russland kleinere, auf den wissenschaftlichen Informationsmarkt spezialisierte Aggregatoren wie *Book.ru* und *Knigafund*. Scheut man sich nicht, für die Recherche etwas Geld auszugeben, kann sich auch ein Blick in die US-amerikanische Datenbank *BiblioRossica* lohnen, die russische bzw. russlandbezogene Neuerscheinungen bereitstellt.

Neben dem kommerzialisierten Informationsmarkt existiert in der Russischen Föderation ein großes Angebot an Open Access-Publikationen – auch, wenn die russische Bewegung in den internationalen Statistiken oft nicht sehr gut abschneidet.

Tipp: Besonders beliebt für den schnellen und übersichtlichen Ländervergleich im Bereich des Open Access sind Heatmaps. Bei einer Eingabe dieser Begriffe in eine Suchmaschine stößt man auf verschiedene Heatmaps mit statistischen Angaben zu frei zugänglichen Fachzeitschriften, Repositorien, Open Data-Ressourcen etc. Acht zu geben ist auf die verwendeten Quellen – nicht alle Länder sind in allen Quellen gleich gut vertreten.

Von staatlicher Seite wurden bislang keine nennenswerten Impulse gesetzt, um diese Entwicklung voranzutreiben. Hierbei ist zu bedenken, dass Open Access-Formate (insbesondere der Grüne Weg) weniger stark an Fördergeber gebunden sind als etwa konventionelle Printmedien und dass auf die Dissemination solcher Formate weniger Einfluss genommen werden kann. Dies dürfte von staatlicher Seite nicht unbedingt wünschenswert sein. Dass am russischen Informationsmarkt dennoch Open Access-Ressourcen existieren, ist zumeist einzelnen Initiativen geschuldet. Zu diesen gehören u. a. das *CyberLeninka*-Projekt und die Zeitschriftenressourcen im Kunst- und Kultursektor (siehe unten). Die Bezeichnung *CyberLeninka* ist im Übrigen eine provokante Anspielung auf den Spitznamen der Russischen Staatsbibliothek („Leninka" – abgewandelt von der früheren Bezeichnung Rossijskaja biblioteka imeni V. I. Lenina).

Zwei „Gegenentwürfe" zu bekannten Ressourcen aus dem angloamerikanischen Raum prägen zudem das russische Informationswesen: die Zitationsdatenbank *Rossijskij indeks naučnogo citovanija* (*RINC*) – ebenfalls eine wichtige Open Access-Ressource – und die digitale Bibliothek *Zolotaja kollekcija Evrazii*. Die Datenbank *RINC* soll den Mangel an russischen Fachzeitschriften am internationalen Informationsmarkt wettmachen und bietet zu diesem Zweck zahlreiche Periodika im Volltext an (siehe Kapitel 2.3.3). Eine Besonderheit der Zitationsdatenbank besteht nicht nur in ihrer freien Zugänglichkeit, sondern auch in ihrem speziellen Daten-Harvesting der kommerziellen US-amerikanischen Marktführer *Scopus* und *Web of Science*, das u. a. einen Vergleich verschiedener bibliometrischer Maße ermöglicht.

Die digitale Bibliothek *Zolotaja kollekcija Evrazii* ist keine sehr umfangreiche Ressource, dafür beteiligen sich alle Nationalbibliotheken der GUS mit ihren wertvollsten Retrodigitalisaten. Die Bibliothek fungiert als Pendant zu den offeneren westlichen Ressourcen wie *World Digital Library* oder *Europeana*. In Gestalt der Russischen Staatsbibliothek, die die Gesamtleitung des Projekts innehat, demonstriert der russische Staat hier einmal mehr seine Vormachtstellung im östlichen Informationswesen.

Da die Russistik innerhalb der slawistischen Disziplinen die am häufigsten betriebene ist, gibt es wesentlich mehr englisch- und deutschsprachige Fachressourcen als etwa in der Polonistik, Bulgaristik usw. Viele dieser Ressourcen sind im Rahmen von Forschungsprojekten entstanden und in den meisten Fällen frei zugänglich. Hier lohnt sich ein Blick in englisch- und deutschsprachige Fachportale, die viele solcher Ressourcen referenzieren, oder in das universitäre oder nationale *DBIS*- bzw. *DigiBib*-Verzeichnis. Oftmals findet man dort auch Ressourcen, die noch auf CD-ROM herausgegeben wurden. Für russische Kanonliteratur im Original oder in fremdsprachiger Übersetzung empfehlen sich die Crowdsourcing-Ressource *Project Gutenberg* sowie die Volltextdatenbank *Book.ru*, die neben ihrem lizenzierten Medienbestand viele russische Klassiker kostenlos zum Durchlesen anbietet.

Zusätzlich zu den zahlreichen öffentlichen Ressourcen, die am russischen Informationsmarkt zu finden sind, gibt es noch unzählige private und Crowdsourcing-Ressourcen. Besonders beliebt sind Fachportale und digitale Bibliotheken zur russischen Militärgeschichte, zur sozialistischen Ära sowie zum Kirchenslawischen und zu russischer Literatur. Von diesen Ressourcen werden hier nur auszugsweise einige vorgestellt. Die Beurteilung der wissenschaftlichen Verwertbarkeit solcher Ressourcen ist im ostslawischen Raum besonders schwierig, da private Projekte wesentlich häufiger vorkommen als etwa in west- und südslawischen Ländern und unterschiedlich viele Angaben zu Quellen, Aufarbeitung etc. liefern. Im Zweifelsfall ist von der Zitation solcher Ressourcen Abstand zu nehmen, da sowohl die inhaltliche Qualität als auch die Wahrung von Urheberrechten nicht garantiert sind. In der Sowjetunion wurden Urheberrechte gerne ignoriert – diese Praxis hat sich in den Nachfolgestaaten nicht wesentlich verbessert. Auch Buchpiraterie ist am wissenschaftlichen Informationsmarkt keine Seltenheit. Ein in der GUS besonders bekanntes Beispiel ist die Schattenbibliothek *Sci Hub*.

Open Access in Russland

In der Russischen Föderation ist die Lage der Open Access-Bewegung ähnlich unübersichtlich wie in anderen Bereichen der dortigen Informationsinfrastruktur.

Zentrale Anlaufstellen gibt es keine, stattdessen kümmert sich eine Vielzahl einzelner Institute und Organisationen um die Bewerbung von Open Access unter Wissenschaftlern und Studierenden. Es gibt keine einheitlichen Vorgaben von staatlicher Seite und nur wenige institutionelle Open Access-Mandate (insgesamt sechs nach *ROARmap*, Stand Januar 2017), dennoch ist die Zahl an frei zugänglichen Medien in Russland sehr hoch. Da sich der russische Gesetzgeber in diesen Belangen noch nicht eingemischt hat, sind auch einflussreiche staatliche Institutionen – wie etwa die Nationalbibliotheken, die Russische Akademie der Wissenschaften oder die renommierten Hochschulen – kaum oder nur teilweise an der Umsetzung von Fördermaßnahmen für Open Access-Literatur beteiligt. Das russische Bibliothekswesen sieht seine Aufgabe vor allem in der Verwaltung analoger Bestände und der Retrodigitalisierung und betreibt selbst keine nennenswerten Initiativen oder Ressourcen. Die Russische Akademie der Wissenschaften – Herausgeber weltweit renommierter Fachzeitschriften – befindet sich langsam auf dem Weg, eine eigene Open Access-Strategie für ihr Publikationsprogramm zu entwickeln. So unterstützen einige ihrer Institute Open Access-Publikationen, andere wiederum nicht (siehe dazu die existierenden Open Access-Mandate auf *ROARmap*). *ROAR* verzeichnet im russischen Hochschulsektor insgesamt 60 frei zugängliche Repositorien, *OpenDOAR* hingegen nur 27. Ein zentrales Repositorium gibt es (noch) nicht. Für einen interessanten Ländervergleich eignet sich hier die Ukraine, die mit über 70 institutionellen Repositorien ein Spitzenreiter in der Open Access-Bewegung ist, dafür jedoch wenig aktiv in der Retrodigitalisierung.

Für Recherchierende, die gerne russische Open Access-Literatur konsultieren würden, eignen sich zwei große Ressourcen zur Suche: das Repositorium *CyberLeninka* und die Zitationsdatenbank *RINC*. Beide Ressourcen beinhalten mehrere tausend wissenschaftliche Fachzeitschriften sowie Artikel im fünf- bis sechsstelligen Zahlenbereich. Aufgrund des rasant wachsenden Angebots in beiden Ressourcen ist eine zahlenmäßige Darstellung der Inhalte kaum möglich. Die *CyberLeninka* ist ein unabhängiges, privates Projekt von Iteos und hat seit seinem ersten Release in 2012 viele der umfangreichsten europäischen Repositorien überholt. Inhaltlich unterscheidet sich die *CyberLeninka* von *RINC* durch den Umstand, dass letzteres strenge Qualitätsmaßnahmen bei der Neuaufnahme von Fachzeitschriften einsetzt, während in *CyberLeninka* auch qualitativ minderwertige Titel enthalten sind. Wird man in diesen beiden Ressourcen nicht fündig, kann noch eine Recherche über einen internationalen Suchdienst versucht werden. Angesichts der hohen Anzahl an Publikationen in nationalen Ressourcen nimmt sich die Auflistung in internationalen Diensten jedoch eher bescheiden aus. *ROAD* verzeichnet etwa 520 in Russland publizierte Fachzeitschriften, *DOAJ* sogar nur 163.

Abseits offizieller wissenschaftlicher Open Access-Ressourcen gibt es am russischen Informationsmarkt noch zahlreiche weitere, frei zugängliche Volltextdatenbanken. Besonders beliebt sind Zeitschriftendatenbanken mit literarischen, künstlerischen oder populärwissenschaftlichen Inhalten, die weder in internationalen noch nationalen Registern verzeichnet werden, da sie nicht in die forschungsorientierte Definition von Open Access fallen. Für Philologen sind hier die Zeitschriftendatenbanken *Žurnal'nyj zal* und *Čital'nyj zal* von Interesse. Geistes- und Sozialwissenschaftler werden mit der populärwissenschaftlichen Datenbank *Žurnal'nyj klub* von Intelros gut bedient.

Tipp: Das russische Fachportal Otkrytaja nauka (http://open-science.ru) ist ein Projekt eines Zusammenschlusses von Institutionen und Wissenschaftlern, die die Verbreitung von Open Access und Open Science im russischen Hochschulwesen unterstützen. Das Portal informiert laufend über aktuelle Entwicklungen in diesem Bereich.

Stand der Retrodigitalisierung

Das russische Bibliotheks- und Hochschulwesen ist weit fortgeschritten in der Digitalisierung von Literatur und wertvollem Kulturgut. Allerdings kann sich die Recherche in den zahlreichen Angeboten oftmals als verwirrend erweisen. Jede größere Bibliothek in der Russischen Föderation betreibt auf die eine oder andere Weise eine digitale Bibliothek, eine Bilddatenbank oder eine elektronische Textsammlung. Die einzelnen Ressourcen (etwa der russischen Nationalbibliotheken) können dabei mehrere hunderttausend Titel beinhalten. Den Überblick über all diese Angebote zu bewahren, fällt sogar den heimischen Bibliothekaren mitunter schwer, da Russlands Bibliothekswesen sehr föderal strukturiert ist und es nur wenige zentrale Anlaufstellen gibt. Auch die Hochschulbibliotheken verfügen in vielen Fällen (oft mehrere) digitale Sammlungen, die gern mit internem Lehrmaterial oder Titeln aus den Repositorien vermischt werden. Noch bis vor kurzer Zeit wurden viele dieser Ressourcen im Alleingang erstellt, weshalb es für Studenten und Forscher schwierig war, die Bandbreite an Recherchemöglichkeiten abzuschätzen. In den letzten fünf Jahren jedoch hat man im Zuge der Digitalisierung und Globalisierung des Bibliothekswesens erkannt, dass für eine effektive Nutzung all dieser Ressourcen Verbund- und Metasuchdienste notwendig sind. Dies hat zur Neu- bzw. Weiterentwicklung von zentralen Ressourcen geführt, die der Streuung der vielen einzelnen Angebote entgegenwirken sollen. Zwei zentrale Anlaufstellen für die Suche in digitalen Beständen sind heute der Verbundkatalog *NĖB* (*Nacional'naja ėlektronnaja biblioteka*) sowie der Metasuchdienst *IS ĖKBSON*, der wiederum alle wichtigen russischen Verbundkataloge parallel durchsuchbar macht. Allerdings umfassen diese beiden Ressourcen nicht alle Titel, die im Rahmen der Retrodigitalisierung online gestellt wurden. Einige digitale Bibliotheken müssen nach wie vor über eine lokale Recherche durchsucht werden – dies gilt vor allem für die Bestände von Fachbibliotheken.

Wie wichtig Digitalisierung in Russland mittlerweile eingeschätzt wird, erkennt man auch an dem Umstand, dass 2007 eine eigene Nationalbibliothek für Retrodigitalisierung – die Prezidentskaja biblioteka imeni B. H. El'zina – gegründet wurde. Die Bibliothek wurde nicht für die Aufbewahrung von Printmedien konzipiert, sondern digitalisiert systematisch die Bestände der anderen Nationalbibliotheken, der staatlichen Archive sowie ausgewählter Institutionen. Über die Webseite der Bibliothek sind etwa 80 verschiedene digitale Sammlungen mit wertvollen Schrift- und Bildmaterialien zugänglich. Für die Einsicht in die vollständige Zahl an digitalisierten Medien, die sich im sechsstelligen Bereich bewegt, muss vor Ort über einen Computer in den Lesesälen recherchiert werden.

Neben den russischen digitalen Bibliotheken sind für Russisten und Historiker auch Quellen aus dem Ausland interessant. So verwaltet die ukrainische Nationalbibliothek Nacional'na biblioteka Ukraïny imeni V. I. Vernads'koho einen großen Bestand an kirchenslawischen Schriftdenkmälern, der teilweise auch online zu finden ist (siehe Kapitel 3.12). Die wertvollsten Titel aus der GUS-Region werden in der *Zolotaja kollekcija Evrazii* unter der Leitung der Russischen Staatsbibliothek verwaltet. Die Sammlung kann als regionaler Gegenentwurf zur *World Digital Library* verstanden werden und ist ähnlich wie die El'zin-Präsidentenbibliothek ein Ausdruck kulturpolitischer und informationstechnischer Machtdemonstration. Auch im westlicheren Ausland gibt es zahlreiche Digitalisierungsprojekte, die zumeist thematisch ausgelegt sind – darunter viele Bilddatenbanken, die im Zuge von Forschungsprojekten an europäischen oder US-amerikanischen Universitäten entstanden sind. Zu diesen gehören u. a.:

a) Russia Beyond Russia: The André Savine Digital Library (http://dc.lib.unc.edu/cdm/customhome/collection/rbr/)

Diese Bilddatenbank ist ein Projekt der Bibliothek der University of North Carolina at Chapel Hill und beinhaltet Forschungsdokumente sowie umfangreiche Quellenmaterialien zur russischen Diaspora aus der Sammlung des Antiquitätenhändlers André Savine. Seine Sammlung wurde zum Zweck der Digitalisierung Stück für Stück zusammengetragen und umfasst mehrere tausend Titel. Auf Englisch und Russisch verfügbar.

b) Stalinka – Digital Library of Staliniana (http://images.library.pitt.edu/s/stalinka)

Die schon etwas ältere *Stalinka* ist eine Datenbank mit Bildmaterial zur historischen Persönlichkeit Josef Stalins. Insgesamt enthält die Datenbank ca. 600 Fotografien, Gemälde, Karikaturen, Plakate sowie diverses Propagandamaterial. Jeder Titel wurde ausführlich mit bibliografischen und Metadaten (kurze Beschreibung und Verschlagwortung) versehen.

c) Gulag – Many Days, Many Lives (http://gulaghistory.org)

Diese Ressource ist ein Projekt des Roy Rosenzweig Center for History and New Media an der George Manson University. *Gulag – Many Days, Many Lives* ist keine reine digitale Bibliothek, sondern arbeitet Inhalte durch virtuelle Ausstellungen und Multimedia-Elemente auch populärwissenschaftlich auf. Unter dem Reiter *Resources* finden Recherchierende wissenschaftliches Material für ihre Forschung.

d) Americans in the Land of Lenin: Documentary Photographs of Early Soviet Russia (https://repository.duke.edu/dc/esr)

Die Bibliotheksabteilung der Duke University in Durham verfügt über eine digitale Sonderkollektion mit Fotomaterial zum Alltagsleben in der frühen Sowjetunion. Die ehemalige Bilddatenbank beinhaltet ca. 750 Fotografien aus dem persönlichen Fundus von Robert L. Eichelberger und Frank W. Fetter und wurde 2016 in das digitale Repositorium der Universität migriert. Die Fotografien zeigen großteils Alltagsszenen aus den Jahren 1919 bis 1930, wobei ein kleiner Teil des Bildmaterials in China entstanden ist. Eine Einführung gibt umfangreiche Informationen zur Entstehung der Bilder.

Für die Suche nach solchen Einzelprojekten empfiehlt sich die Konsultation deutsch- oder englischsprachiger Fachportale oder eine Recherche über eine (wissenschaftliche) Suchmaschine.

Die russischen Nationalbibliotheken sowie einige kleinere Fachbibliotheken nehmen stellenweise auch an internationalen Projekten zur Retrodigitalisierung teil. So findet man in der *World Digital Library* Bestände aller drei Nationalbibliotheken sowie Titel aus den Digitalisierungsprogrammen der künstlerischen Einrichtungen Novoe roždenie iskusstva – Blagotvoritel'nyj fond und Muzej cirkovogo iskusstva (Bol'šoj Sankt-Peterburgskij gosudarstvennyj cirk). Keine russischen Teilnehmer gibt es am Projekt *Europeana*, dafür können die Bestände der drei Nationalbibliotheken über den Suchdienst *The European Library* eingesehen werden. Die Russische Staatsbibliothek beteiligt sich zudem am tschechischen Projekt *Manuscriptorium*.

Rossijskaja nacional'naja bibliografija – Die russische Nationalbibliografie

Die russische Nationalbibliografie gibt es offiziell seit 1907, wobei systematische Aufzeichnungen inländischer Publikationen auf eine schon viel längere Geschichte zurückblicken. Die erste Hinterlegungspflicht wurde 1837 eingeführt, um sicher zu stellen, dass alle neu veröffentlichten Werke der zaristischen Zensur unterliefen (http://tinyurl.com/hlz7bjq, 08.01.2017). Zu Zeiten der Sowjetunion wurde die Nationalbibliografie mehrere Male umstrukturiert, wobei die damals entstandene fragmentarische Form heute noch als Vorlage für andere Nationalbibliografien gilt (so etwa in Polen oder im südslawischen Raum). Für eine Einführung in die vielfältige Geschichte und in passende Sekundärliteratur zur russischen und sowjetischen Nationalbibliografie (*Sovetskaja bibliografija*) empfiehlt sich ein Blick auf das Fachportal *Slavic Information Resources* der University of Illinois at Urbana-Champaign (siehe Kapitel 3.15), das u. a. auf historische Bibliografien spezialisiert ist.

Für die bibliografische Dokumentation aller Pflichtexemplare ist heute die Russische Buchkammer (Rossijskaja knižnaja palata) zuständig. Eine offizielle Online-Version der Nationalbibliografie gibt es allerdings nicht. Wer nach russischen bzw. sowjetischen Publikationen recherchieren möchte, dem bieten sich zwei Anlaufstellen an: die lizenzierte Referenzdatenbank des K. G. Saur-Verlags (heute De Gruyter Saur) und die Online-Kataloge der russischen Nationalbibliotheken. Die Buchkammer selbst hat seit einem neuen Release ihrer Internetpräsenz im Jahr 2016 keine Referenzdatenbanken mehr im Angebot. Unter dem Menüpunkt *Izdanija* findet man jedoch eine Kurzbeschreibung der russischen zehnteiligen Nationalbibliografie wie sie heute im Printformat erscheint. Die Aufteilung in mehrere Teilbibliografien nach Medientypus (Monografien, Periodika, Musikalien, Zeitungsartikel etc.) findet man auch in anderen slawischen Ländern. Die offizielle Nationalbibliografie, wie sie von der Buchkammer herausgegeben wird, wird nach dem Territorialprinzip erstellt. Für die Erstellung retrospektiver Bibliografien und der *Rossika* – einer Nationalbibliografie nach Sujetprinzip – sind die Nationalbibliotheken zuständig. Die *Rossika* existiert als eigener Katalog an der Russischen Nationalbibliothek.

a) Datenbanken des K. G. Saur-Verlags

Der ehemalige deutsche K. G. Saur-Verlag hat in Zusammenarbeit mit der Russischen Buchkammer mehrere lizenzierte Datenbanken in Form von CD-ROMs herausgegeben, um Recherchierenden die Suche in den vielen bibliografischen Quellen der Nationalbibliotheken zu erleichtern. Am bekanntesten sind die *Russian National Bibliography* und die *Russian Bibliography 16th century to 1999*, die über ihre institutionellen Abonnenten als Datenbanken angeboten werden. Wer zu den Abonnenten gehört, kann über das *DBIS*-Verzeichnis oder das Fachportal *ViFa Ost* recherchiert werden. Ist man in keiner der Universitäten inskribiert, kann man auch den Pay-per-Use-Zugang über die Bayerische Staatsbibliothek wählen. Zusätzlich zu den Nationalbibliografien gibt es noch eine Handvoll spezialisierter Archivführer, die als Print- oder Mikrofiche-Ausgabe angeboten werden. Hier informiert man sich am besten direkt beim Verlag.

Russian National Bibliography
Die CD-ROM enthält etwa 1,4 Millionen Publikationsnachweise von den Anfängen der UdSSR bis heute. Leider haben nur wenige deutsche bzw. österreichische akademische Institutionen diese Datenbank in ihren Beständen. Verfügt man über keine institutionelle Leihmöglichkeit, kann auch der Pay-per-Use-Service der Bayerischen Staatsbibliothek oder von *East View Information Services* genutzt werden.

Russian Bibliography 16th century to 1999
Diese Datenbank referenziert historische russischsprachige Publikationen aus über 100 Ländern, die in nordamerikanischen Bibliotheken nachgewiesen sind. Sie beinhaltet etwa 60 000 periodisch erscheinende und 840 000 monografische Titel einschließlich Dissertationen. An deutschen Universitäten ist die CD-ROM häufig in den Beständen vorhanden, in Österreich bislang nicht.

b) Online-Kataloge der Russischen Staatsbibliothek und der Russischen Nationalbibliothek

Auf der Suche nach einer „Rossijskaja nacional'naja bibliografija" in den OPACs der russischen Nationalbibliotheken wird man nicht fündig werden. Die bibliografische Dokumentation obliegt offiziell der Russischen Buchkammer, doch werden alle Publikationen, die aufgrund der Hinterlegungspflicht abgegeben werden, in den drei Nationalbibliotheken katalogisiert, weshalb die Bibliothekskataloge als relativ vollständige bibliografische Quellen gelten. Etwas umständlich für die Recherche ist allein die große Zahl an Online-Katalogen, die man durchsuchen kann. Zu diesen gesellen sich zudem diverse Spezialbibliografien, die von den Nationalbibliotheken einzeln erstellt werden.

Kataloge der Russischen Staatsbibliothek

Die Russische Staatsbibliothek verfügt mit über 45 Millionen Medien einen etwas größeren Bestand als die Russische Nationalbibliothek. Alle Medien, die elektronisch erfasst wurden, sind in einem Generalkatalog (*Edinyj ėlektronnyj katalog RGB*) zusammengefasst. Dieser setzt sich aus mehreren Unterkatalogen zusammen, die jeweils verschiedene typologische, fremdsprachige oder themenspezifische Kollektionen referenzieren. Folgt man auf der offiziellen Webseite den Begriffen *Resursy* bzw. *Katalogi*, stößt man bald auf eine Übersicht aller existierenden elektronischen Kataloge. Interessiert man sich für spezielle Teile der russischen Nationalbibliografie, ist eine Recherche über die Spezialkataloge der Russischen Staatsbibliothek am geeignetsten, da diese mit der Aufteilung der Nationalbibliografie in zehn Teile am ehesten übereinstimmen. Für retrospektive Bibliografien oder für eine Recherche in der *Rossika* hingegen empfehlen sich die Kataloge der Russischen Nationalbibliothek. Über den Generalkatalog findet man auch die digitalen Bestände der Bibliothek. Wie bei der Russischen Nationalbibliothek empfiehlt sich hier die Recherche über die russischsprachige Version der Webseite, da in der englischen Version nicht alle Inhalte angezeigt werden. Auch die Staatsbibliothek verfügt über eine große Zahl an Spezialbibliografien, die unter dem Reiter *Ėlektronnye resursy* zu finden sind.

Kataloge der Russischen Nationalbibliothek

Die Bestände der Russischen Nationalbibliothek umfassen ca. 40 Millionen Medien, die wie in der Russischen Staatsbibliothek gesammelt in einem Generalkatalog (*Ėlektronnyj katalog*) zu finden sind. Der Generalkatalog setzt sich aus über 30 Unterkatalogen zusammen, in denen jeweils diverse thematische, typologische, fremdsprachige etc. Kollektionen zusammengefasst wurden. Folgt man auf der Webseite der Bibliothek den Begriffen *Resursy* bzw. *Katalogi*, kommt man zu einer genauen Auflistung aller Kataloge samt Beschreibung. Der Generalkatalog ist in mehreren Sprachen verfügbar, funktioniert in diesen jedoch nur eingeschränkt. Durchsucht man die Webseite der Russischen Nationalbibliothek, sollte dies generell über die russischsprachige Version geschehen, da viele Spezialbibliografien und Online-Ressourcen in anderen Sprachversionen nicht aufscheinen. Unter den Katalogen befinden sich retrospektive Bibliografien sowie die *Rossika* – ein externer Teil der russischen Nationalbibliografie, der fremdsprachige Medien mit russlandbezogenen Beiträgen verzeichnet (Sujetprinzip).

3.7.1 Bibliografische Datenbanken

Bibliografičeskie Bazy Dannych INION po Socialnym i Gumanitarnym Naukam
Das INION-Institut (Institut naučnoj informacii po obščestvennym naukam) an der Russischen Akademie der Wissenschaften zählt zu den größten russischen Informationsdienstleistern in den Sozial- und Geisteswissenschaften. Die Webseite von INION bietet Zugang zu 35 Datenbanken und Thesauri mit über 3,5 Millionen Referenzen. Aufgenommen wird selbstständig wie unselbstständig erschienene russische und fremdsprachige Literatur, die die INION-Bibliothek, die größte russische Bibliothek für Sozial- und Geisteswissenschaften, laufend erwirbt. Alle Erwerbungen seit ihrer Gründung in den 1980er Jahren sind in den Datenbanken nachgewiesen – sie machen ca. ein Viertel der analogen Bestände der Bibliothek aus und sind in 140 verschiedenen Sprachen verfasst. Alle Medien werden in Originalsprache aufgenommen, können aber anhand russischer und englischer Schlagwörter durchsucht werden. Unter *Resursy* finden Nutzer eine Auflistung der 35 Datenbanken, die nach Berichtszeiträumen, Fachdisziplinen und Thesauri organisiert sind.

- Bibliografische Datenbank
- Freier Zugang
- Berichtszeitraum: ab 1980
- Feldsuche: keine Transliteration möglich; englische Verschlagwortung vorhanden
- Verlag: Institut naučnoj informacii po obščestvennym naukam (INION RAN)
- Adresse: http://inion.ru/

Kto est' kto (Vydajuščiesja dejateli sovremennosti)
Dieser Informationsdienst des Meždunarodnyj ob"edinennyj biografičeskij centr ist eine Anlaufstelle für eine schnelle und zuverlässige Who-is-who-Recherche im russischen Raum. Unter *Kto est' Kto* im linken Menüband finden Nutzer eine Auflistung verschiedener Bereiche, in denen nach Biografien gesucht werden kann. Möchte man nicht durch den Index browsen, kann die Feldsuche verwendet werden. Zu jeder Persönlichkeit findet sich eine detaillierte biografische Beschreibung mit aktuellem Bildmaterial und gegebenenfalls bibliografischen Verweisen. Für inhaltliche Vergleiche mit ausländischen Anbietern empfiehlt sich die Datenbank *Who is who in Russia?* von Sutter's International Red Series.

- Biobibliografische Datenbank
- Freier Zugang
- Feldsuche: keine Transliteration möglich
- Verlag: Meždunarodnyj ob"edinennyj biografičeskij centr
- Adresse: http://www.biograph.ru/index.php/whoiswho

RussGUS Datenbank

RussGUS ist ein Datenbankangebot der Freien Universität Berlin und referenziert deutschsprachige Literatur mit Bezug auf Russland, die UdSSR und ihre Nachfolgestaaten. Sie enthält ca. 175 000 Nachweise zu selbstständig wie unselbstständig erschienener Literatur aus dem Zeitraum 1974 bis 2003. Gesucht werden kann über eine Feld- und Formularsuche mit Indexfunktion. Stellenweise sind Annotationen vorhanden. Die Wartung der Datenbank wurde im Jahr 2003 von der Humboldt-Universität Berlin (Institut für Bibliothekswissenschaften) übernommen.

- Bibliografische Datenbank
- Freier Zugang
- Berichtszeitraum: 1974–2003
- Feldsuche: Transliteration nach DIN 1460:1982 möglich
- Verlag: Osteuropa-Institut (Freie Universität Berlin); Humboldt-Universität Berlin
- Adresse: http://www.ib.hu-berlin.de/~pbruhn/russgus.htm

Russian and Soviet Cinema: Bibliography

Auf der Suche nach Sekundärliteratur zu russischem und sowjetischem Kino ist diese elektronische Fachbibliografie der University of Pittsburgh zu empfehlen. Die Bibliografie sammelt Nachweise zu wissenschaftlicher selbstständiger wie unselbstständiger Literatur, die die Geschichte und Kultur des russischen Kinos seit 1896 bearbeitet. Bei der Bibliografie handelt es sich nicht um eine Datenbank mit Suchoptionen, sondern um eine elektronische Auflistung von hauptsächlich englischen, russischen und stellenweise französischen und deutschen Werken. Ein chronologischer und thematischer Index führt durch die Sammlung.

- Elektronische Fachbibliografie
- Freier Zugang
- Berichtszeitraum: ab 1896
- Verlag: Slavic Department (University of Pittsburgh)
- Adresse: http://www.pitt.edu/~slavic/video/cinema_biblio.html

Russian Science Citation Index (Web of Science)
Siehe Kapitel 2.3.3

Russische Kultur und Gender Studies
Diese Fachbibliografie ist ein Dienst des Slavischen Seminars Freiburg und umfasst ca. 25 000 Einträge zu selbstständiger wie unselbstständiger Literatur zur russlandbezogenen Genderthematik. Neben wissenschaftlichen Werken werden auch Primärquellen wie etwa belletristische Literatur oder Zeitschriftenartikel nachgewiesen. Die Bibliografie wurde retrospektiv bis zum Beginn des 19. Jahrhunderts vervollständigt und umfasst eine relativ große Anzahl historischer Werke. Die Mehrheit aller Publikationen wurde dabei auf Englisch, Deutsch und Russisch verfasst, wobei alle kyrillischen Angaben für die Bibliografie transliteriert wurden. Die Suche verläuft über eine Formularsuche mit Schlagwortfunktion. Wer viele passende Treffer ausfindig gemacht hat, kann diese über eine Sammelfunktion kurzfristig abspeichern.

- Bibliografische Datenbank
- Freier Zugang
- Berichtszeitraum: ab ca. 1800
- Feldsuche: Transliteration nach DIN 1460:1982 möglich (keine Diakritika notwendig)
- Verlag: Slavisches Seminar (Albert-Ludwigs-Universität Freiburg)
- Adresse: www2.slavistik.uni-freiburg.de/slavlit

Soviet Samizdat Periodicals – Uncensored Texts of the Late Soviet Era
Die Samizdat-Forscherin Ann Komaromi hat gemeinsam mit der Universitätsbibliothek Toronto diese bibliografische Datenbank zur sowjetischen Untergrundliteratur erstellt. Die Bibliografie enthält etwa 300 Titel verschiedener Periodika, die im Zeitraum 1956 bis 1986 außerhalb der staatlichen Zensur erschienen sind, darunter Bulletins für Menschenrechte, religiöse Editionen und Lyrikanthologien. Zusätzlich dazu befinden sich auf der Webseite eine umfangreiche Zusammenschrift von fachspezifischer Sekundärliteratur in englischer, russischer und französischer Sprache sowie allgemeine Informationen zu Dissidenz und Samizdat. In der Einführung finden Recherchierende eine genaue Auflistung der verwendeten Quellen, wobei auch einige elektronische Ressourcen konsultiert wurden (siehe die dazugehörige Liste mit Links). Recherchiert werden kann über eine Schnellsuche sowie über diverse Indizes. Alle Einträge verfügen über äußerst detaillierte bibliografische Angaben und Referenzen zu thematisch passenden Titeln.

- Bibliografische Datenbank
- Freier Zugang
- Berichtszeitraum: 1956–1986
- Feldsuche: Transliteration nach ISO 9:1995 (Digrafen-Variante) möglich
- Verlag: Ann Komaromi; University of Toronto Libraries
- Adresse: http://samizdat.library.utoronto.ca/

Who is who in Russia?

Sutter's International Red Series bietet mit dieser Datenbank die umfangreichste Who-is-who-Ressource zum modernen Russland an. Die Datenbank enthält über 3900 biografische Einträge zu bekannten russischen Persönlichkeiten der Gegenwart sowie 2200 Nachweise zu Firmen und akademischen Institutionen. Die biografischen Einträge bestehen aus den jeweiligen Lebensdaten sowie aus kurzen Lebensläufen. Einträge zu Firmen und Institutionen enthalten knappe Angaben zur Gründungsgeschichte sowie alle Kontaktdaten zu den wichtigsten Abteilungen. Praktische Kurzinformationen zu russischer Zeitgeschichte, zu politischem, wirtschaftlichem und kulturellem Leben finden Recherchierende unter dem Punkt *Sectors*. Hier wird nicht über die Schnellsuche recherchiert, sondern über ein Themenmenü. Bei der Schnellsuche für biografische Einträge muss mit englischen Suchbegriffen gearbeitet werden. Bevorzugt man die Arbeit mit russischen Quellen, kann die Datenbank *Kto est' kto* des Meždunarodnyj ob"edinennyj biografičeskij centr konsultiert werden.

- Biografische Datenbank
- Freier Zugang
- Feldsuche: Verwendung englischer Suchbegriffe notwendig
- Verlag: Sutter's International Red Series
- Adresse: http://www.whoswho.eu/prefazioni_russia.php?lan=eng

3.7.2 Fachportale und Metasuchdienste

ArcheoBiblioBase: Archives in Russia

ArcheoBiblioBase ist ein Projekt des niederländischen Internationalen Instituts für soziale Geschichte (Internationaal instituut voor sociale geschiedenis). Das Fachportal soll als Guide durch die vielschichtige russische Archivlandschaft fungieren und ist ausschließlich auf Englisch verfasst. Insgesamt wurden Daten von über 400 Archiven öffentlicher und privater Bibliotheken, Museen,

Repositorien etc. gesammelt, wobei sich etwa die Hälfte aller Archive in Moskau oder St. Petersburg befindet. Die Datenbank hat weder einen thematischen noch chronologischen Schwerpunkt. Auf der Suche nach einem speziellen Archivtypus wird man am schnellsten über den Themenindex fündig – dieser referenziert Archive nach ihrer institutionellen und regionalen Anbindung. Jeder Eintrag verfügt nicht nur über die jeweiligen Stammdaten, sondern auch über eine detaillierte Beschreibung aller Bestände einschließlich Sonderkollektionen und Berichtszeiträume. Für die Konsultation von fachspezifischen Verzeichnissen empfiehlt sich die *Archival Reference Bibliography*, die auf der Webseite als PDF-Dokument verfügbar ist.

- Fachportal (Schwerpunkt Archive)
- Freier Zugang
- Feldsuche: Verwendung englischer Suchbegriffe notwendig
- Verlag: Internationaal instituut voor sociale geschiedenis
- Adresse: www.iisg.nl/abb/C.php

IS ĖKBSON – Ėlektronnyj katalog bibliotek sfery obrazovanija i nauki

IS ĖKBSON ist ein noch relativ junges Projekt der größten technisch-naturwissenschaftlichen Fachbibliothek Russlands – der Gosudarstvennaja publičnaja naučno-techničeskaja biblioteka Rossii. *IS ĖKBSON* soll die zahlreichen Verbundkataloge des nationalen russischen Bibliothekswesens vereinen, so dass Recherchierende über eine einzige Zugriffsstelle ihre Literatursuche abwickeln können. Die Ressource umfasst u. a. die (für die geisteswissenschaftlichen Disziplinen relevanten) Verbundkataloge *SKBR* (*Svodny katalog bibliotek Rossii*), *SKPBR* (*Svodny katalog periodiki bibliotek Rossii*), *NĖB* (*Nacional'naja ėlektronnaja biblioteka*) und *OKRBK* (*Ob"edinennyj katalog rossijskich bibliotečnych konsorciumov*). Bis auf *NĖB* und *SKPBR* sind alle aufgezählten Verbundkataloge wie *IS ĖKBSON* selbst nicht frei zugänglich – zum Einstieg in die Ressource ist ein gültiger russischer Bibliotheksaccount notwendig.

- Metakatalog
- Lizenzierter Zugang
- Verlag: Gosudarstvennaja publičnaja naučno-techničeskaja biblioteka Rossii
- Adresse: http://vlibrary.ru

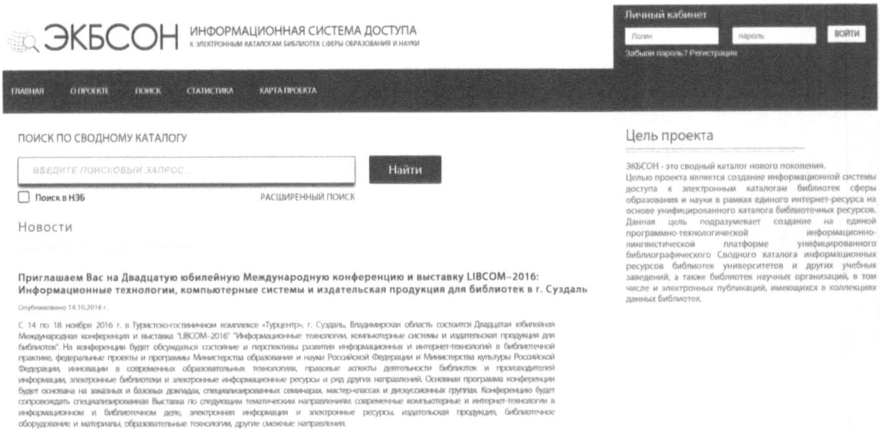

Abb. 39: Startseite von *IS ĖKBSON*

Manuskript'

Manuskript' gehört zu den vielen mediävistischen Fachportalen, die die russische akademische Informationslandschaft auszeichnen. Anders als bei den meisten Portalen sind die Inhalte von *Manuskript'* als Korpus aufgebaut und können anhand von computerlinguistischen Tools analysiert werden. Die Bandbreite der behandelten Texte ist umfangreich, aber keineswegs vollständig – so gibt es Transkripte von glagolitischen wie kyrillischen Chroniken, liturgischen Texten, Hagiografien und Übersetzungen aus dem 10. bis 14. Jahrhundert. Alle Inhalte können über ein thematisches Menü eingesehen werden. Stellenweise verfügen die Texte über Kommentare zur Entstehungsgeschichte, Inhalt oder Bearbeitungen in Sekundärliteratur. Jeder Text kann über diverse Analysetools online bearbeitet werden – möglich sind u. a. die Anzeige in verschiedenen Darstellungsformaten, die Erstellung von Segmentindizes und Konkordanzen. Für Unterstützung beim Durchsuchen des Korpus können unter dem Reiter *Publikacii* eine fachspezifische Bibliografie oder unter *Dokumenty* einige Volltextpublikationen konsultiert werden. Als eines der wenigen russischen Fachportale verfügt *Manuskript'* über eine englische Version.

- Fachportal (Schwerpunkt Slawistische Mediävistik)
- Freier Zugang
- Auch auf Englisch verfügbar
- Verlag: Laboratorija po avtomatizacii filologičeskich rabot (Udmurtskij gosudarstvennyj universitet); Katedra lingvistiki (Iževskij gosudarstvennyj universitet)
- Adresse: http://mns.udsu.ru/

Mosfil'm

Der russische Filmkonzern Mosfil'm offeriert auf seiner Webseite eine umfangreiche Referenz-, Bild- und Filmdatenbank zu seinen Produktionen. Über den Filmkatalog unter *Ljubiteljam kino* können alle Produktionen mit Inhaltsangabe und bibliografischen Daten eingesehen werden. Bildmaterial liefern vier verschiedene Bildsammlungen zu Filmpostern und -requisiten. Besonders sehenswert ist auch das Filmarchiv von Mosfil'm – unter dem Reiter *Kinoteatr* betritt der Nutzer die Datenbank, in der über 500 Filme kostenlos gestreamt werden können. Enthalten sind ältere wie neuere Produktionen. Die Webseite ist auf Englisch verfügbar, das Filmarchiv jedoch nicht.

- Fachportal (Schwerpunkt Filmproduktion und -wissenschaften)
- Freier Zugang
- Auch auf Englisch verfügbar
- Verlag: Mosfil'm
- Adresse: www.mosfilm.ru

NĖB – Nacional'naja ėlektronnaja biblioteka

NĖB – ein Projekt unter der Leitung der Russischen Staatsbibliothek – ist nur im weitesten Sinne ein Verbundkatalog. Von den unzähligen bibliothekarischen Einrichtungen Russlands nehmen an dem Projekt ca. 60 öffentliche und wissenschaftliche Bibliotheken sowie Archive und Museen teil. Ziel ist es, möglichst viele Bestände über einen Katalog einsehbar und bestellbar zu machen. Obwohl die Zahl der Teilnehmer prozentuell gesehen klein ist, sind doch die bekanntesten und größten russischen Bibliotheken vertreten – darunter u. a. die Nationalbibliotheken, INION RAN, die Rossijskaja gosudarstvennaja detskaja biblioteka, die Vserossijskaja gosudarstvennaja biblioteka inostrannoj literatury im. M. I. Rudomino oder die Rossijskaja gosudarstvennaja biblioteka dlja slepych. Unter *Ėlektronnye čital'nye zaly* finden Nutzer alle partizipierenden Bibliotheken sortiert nach Standort. Ein Unterschied zu klassischen Verbundkatalogen ist das digitale Angebot der *NĖB*, das 2014 in den Katalog integriert wurde. Neben bibliografischen Daten aus den einzelnen Bibliothekskatalogen kann nun auch auf die digitalen Bestände von über 30 Bibliotheken zugegriffen werden. Die Anzahl der in *NĖB* abfragbaren Titel und Digitalisate wird seit 2014 laufend größer, da immer mehr Institutionen in den Katalog eingegliedert werden. Recherchiert wird über eine klassische Feldsuche mit einem detaillierten Drop-down-Menü. Eine thematische Browsing-Möglichkeit gibt es auf der Homepage. *NĖB* ist auch über den russischen Metakatalog *IS ĖKBSON* durchsuchbar, allerdings wird für diese Variante ein gültiger Account an einer russischen Bibliothek benötigt.

- Verbundkatalog bzw. digitale Bibliothek
- Freier Zugang
- Verlag: Rossijskaja gosudarstvennaja biblioteka (Projektleitung)
- Adresse: https://нэб.рф

Abb. 40: Verschiedene Suchfunktionen (Feldsuche und Indizes) in *NĖB*

Obshtezhitie

Das englischsprachige Fachportal *Obshtezhitie* für slawistische Mediävistik ist ein reines Referenzportal mit einer Auflistung von Hyperlinks zum digitalen Quellenstudium. Das Fachportal ist besonders interessant für jene Nutzer, die Erfahrung im Umgang mit digitalen Editionen und Textkorpora besitzen, da der Fokus auf neueren Projekten im Bereich der Digitalisierung und digitalen Arbeitstechniken liegt. Möchte man sich erst einlesen, können die Hyperlinks der Sektion *General* durchstöbert werden, die wichtige Standards der digitalen Geisteswissenschaften aufzeichnet. Alle weiteren Sektionen widmen sich aktuellen Forschungsprojekten, Digitalisierungsinitiativen und einzelnen E-Medien. Trotz seiner strukturellen und inhaltlichen Schlichtheit ist *Obshtezhitie* das umfangreichste Fachportal in dieser Disziplin. Nur auf Englisch verfügbar.

- Fachportal (Schwerpunkt Slawistische Mediävistik)
- Freier Zugang

- Verlag: The Special Commission on the Computer-Supported Processing of Mediæval Slavonic Manuscripts and Early Printed Books to the International Committee of Slavists
- Adresse: www.obshtezhitie.net

Rukopisnye pamjatniki drevnej Rusi – Ėlektronnyj archiv

Eine der vielen ausgezeichneten Informationsressourcen für slawistische Mediävistik ist dieses Fachportal, das u. a. die berühmten Novgoroder Birkenrindenurkunden als Digitalisate enthält. Das Portal gliedert sich in drei Einheiten, in denen die jeweiligen Kollektionen und ausgewähltes Sekundärmaterial präsentiert werden. Die Novgoroder Birkenrindenurkunden sowie viele andere Schriftdenkmäler befinden sich unter dem Auswahlpunkt *Drevnerusskie berestjanye gramoty*, der zu einem externen Portal führt. Sie stammen aus dem Fundus des Staatlichen Historischen Museums (Gosudarstvennoe istoričeskoe muzeum) sowie dem Novgoroder Museumsverband (Novgorodskij gosudarstvennyj ob"edinennyj muzej-zapovednik) und bilden den Kern der Sammlung. Mit über 1000 Digitalisaten bietet das Fachportal alle bisher erschlossenen Urkunden an und liefert dazu die jeweiligen bibliografischen Angaben, eine elektronische Abschrift sowie eine Übersetzung ins Russische. Alle anderen Reiter des Portals beinhalten diverses Sekundärmaterial – besonders umfangreich ist die Bibliografie zu fachspezifischer Sekundärliteratur. Ein anderes Ziel und eine etwas andere Struktur verfolgt der Auswahlpunkt *Russkie Letopisi*, der sich mit der grammatikalischen Analyse altrussischer Chroniken beschäftigt. Das Portal besteht aus verschiedenartigen Einträgen mit zuschaltbaren Tools für die Analyse, Digitalisaten und Sekundärliteratur. Die dritte Einheit *Izdanija slavjanskich pamjatnikov* enthält eine kleine Kollektion moderner Kommentare zu altrussischem, meist geistlichem Schriftgut.

- Fachportal (Schwerpunkt Slawistische Mediävistik)
- Freier Zugang
- Verlag: Nekommerčeskoe partnerstvo rukopisnye pamjatniki drevnej Rusi
- Adresse: www.lrc-lib.ru

russianposter.ru

Dieses Fachportal ist das Ergebnis eines Forschungsprojekts an der Ruhr-Universität Bochum zur russischen bzw. sowjetischen Plakatkunst des 19. und 20. Jahrhunderts. Das Portal enthält verschiedene Funktionen zur aktiven Auseinandersetzung mit dem Thema, darunter ein virtuelles Museum, eine Lernplattform und eine umfangreiche Bilddatenbank. Das virtuelle Museum – ein Medienelement, das man des öfteren auf der Webseite von größeren Bibliotheken sieht – wurde hier mit verschiedenen „Wanderausstellungen" bzw. Sonderkollektionen umgesetzt. Auf der Suche nach Bildmaterial sollte man sich das *Plakatarchiv* ansehen. Die Datenbank enthält Bilddateien von russischen und sowjetischen Plakaten, aber auch kurze Einführungstexte zu (kunst-)geschichtlichen Hintergründen. Sehr praktisch ist dabei die Suche über den umfangreichen Thesaurus – dort können Plakate nach Thema durchsucht werden. Möchte man sich lieber durch das Angebot führen lassen, kann dies über das *Studienzentrum* getan werden. Dort finden sich alle Sekundärtexte der Bilddatenbank wieder, die mit verschiedenen anderen Medien ergänzt wurden und den Nutzer thematisch durch den Inhalt der Webseite führen. Das Portal ist auf Deutsch und Russisch vorhanden.

- Fachportal bzw. Bilddatenbank
- Freier Zugang
- Auch auf Deutsch verfügbar
- Berichtszeitraum: ca. 1810–1990
- Verlag: Lotman-Institut für russische Kultur (Ruhr-Universität Bochum)
- Adresse: http://russianposter.ru

SKBR – Svodny katalog bibliotek Rossii

Der Verbundkatalog *SKBR* ist der größte Verbundkatalog Russlands und referenziert die Bestände von über 500 öffentlichen und wissenschaftlichen Bibliotheken. Zu diesen gehören u. a. die Nationalbibliotheken, wichtige fachwissenschaftliche Einrichtungen wie die Central'naja naučnaja medicinskaja biblioteka, die Gosudarstvennaja publičnaja naučno-techničeskaja biblioteka Rossii, die Gosudarstvennaja publičnaja istoričeskaja biblioteka, aber auch die bibliothekarische Aggregatordatenbank *RUKONT* (http://rucont.ru). *SKBR* eignet sich gut als alternative Anlaufstelle für eine bibliografische Recherche, falls man keinen Zugang zur russischen Nationalbibliografie besitzt. Aufgenommen werden in den Verbundkatalog Neuerscheinungen seit 1998, darunter auch fremdsprachige Titel. Zusätzlich zu diesen beinhaltet die Ressource auch die bibliografischen und Metadaten historischer Buchbestände aus dem 18. bis 19. Jahrhundert, deren Beschreibung auf der Webseite von Centr LIBNET zu finden ist. *SKBR* ermöglicht wie viele Verbundkataloge auch eine direkte Bestellung des gewünschten Titels, die Fernleihe sowie die Weiterleitung zu elektronischen Volltextausgaben. Der Verbundkatalog kann auch über den russischen Metakatalog *IS ĖKBSON* durchsucht werden, allerdings wird für beide Varianten ein gültiger Account an einer russischen Bibliothek benötigt. Besitzt man keinen solchen Account und möchte dennoch einen Blick in den Katalog werfen, kann über die Webseite von Centr LIBNET eine Testversion ausprobiert werden.

- Verbundkatalog
- Lizenzierter Zugang
- Verlag: Centr LIBNET
- Adresse: http://www.nilc.ru/?p=skbr

SKPBR – Svodny katalog periodiki bibliotek Rossii

Obwohl dem Namen nach ähnlich, existiert der russische Verbundkatalog für Periodika *SKPBR* unabhängig vom Verbundkatalog für selbstständig erschienene Titel (*SKBR*), der von der Organisation Centr LIBNET betrieben wird. *SKPBR* ist ein Projekt des Bibliothekskonsortiums ARBIKON und besteht aus einem simplen, frei zugänglichen Index für russische und fremdsprachige Zeitschriftenartikel. Gesucht wird – je nach Originaltitel des Periodikums – über eine lateinische oder kyrillische Buchstabenleiste, die zu einer Auflistung aller vorhandenen Periodika führt. Ein Klick auf das gewünschte Periodikum leitet zu einer Umgebungssuche weiter, die die Verfügbarkeit des Titels an verschiedenen Institutionen anzeigt. Enthalten sind sowohl wissenschaftliche, künstlerische als auch populärwissenschaftliche Titel. *SKPBR* ist Teil des Metakatalogs *IS ĖKBSON* und kann über diesen durchsucht werden.

- Verbundkatalog
- Freier Zugang
- Verlag: Associirovannye regional'nye bibliotečnye konsorciumy (ARBIKON)
- Adresse: http://ucpr.arbicon.ru

3.7.3 Digitale Bibliotheken, fachspezifische Volltextdatenbanken und Textsammlungen

BiblioRossica

BiblioRossica ist eine Aggregatordatenbank des US-amerikanischen Verlags für Slawistik und Judaistik Academic Studies Press. Die Datenbank umfasst etwa 20 000 Publikationen zu verschiedenen Themengebieten der Russistik und Judaistik, darunter großteils Neuerscheinungen. Alle Werke sind als Volltexte einsehbar sofern man Zugang über einen institutionellen Abonnenten oder über eine individuelle Registrierung mit Pay-per-View hat. Externe Nutzer können den Dienst aber auch als Referenzdatenbank verwenden. *BiblioRossica* nimmt nur Werke in englischer oder russischer Sprache auf. Durch die Datenbank führt ein Themenindex, Titel können jedoch auch über eine Feldsuche recherchiert werden. Möchte man diese nutzen, empfiehlt sich für russischsprachige Titel die Verwendung der kyrillischen Schreibweise, da so auch die Volltextindexierung in Anspruch genommen werden kann. Zudem werden russischsprachige Titel bei der Aufnahme nach einem eigenen Transliterationsschema bearbeitet, dass der selten verwendeten Transliterationsnorm für russische Reisepässe ICAO 2013 entspricht.

- Volltextdatenbank
- Lizenzierter Zugang (Pay-per-View)
- Feldsuche: Englisch und Russisch (Transliteration nach ICAO 2013) möglich
- Verlag: Academic Studies Press
- Adresse: www.bibliorossica.com

Book.ru

Book.ru ist eine russische Aggregatordatenbank, die sich auf Neuerscheinungen im Bereich der Geistes- und Sozialwissenschaften spezialisiert. *Book.ru* ist seit 2010 für Hochschulen, Bibliotheken, aber auch einzelne Recherchierende verfügbar und enthält ca. 4000 E-Medien – hauptsächlich Monografien – bekannter russischer Fachverlage wie etwa KnoRus oder Rusajns. Durch die enge Zusammenarbeit mit den Verlagen erscheinen viele der E-Medien zuerst auf *Book.ru*, bevor sie als Printmedien im Buchhandel erhältlich sind. Insgesamt enthält die Datenbank Titel der letzten 15 Jahre. *Book.ru* pflegt nach eigenen Angaben einen laufenden Datenaustausch mit der russischen Zitationsdatenbank *RINC* (*Rossijskij indeks naučnogo citovanija*), um den *RINC*-Index der Publikationen durch breitere Sichtbarkeit im Netz in die Höhe zu treiben. Die Suche im Bestand der Datenbank erfolgt über eine Feld- bzw. Formularsuche oder über verschiedene Browsing-Funktionen. So kann u. a. auch anhand der russischen Klassifikationsschemen OKSO (Obščerossijskij klassifikator special'nostej po obrazovaniju) und UGS (Ukrupnennye gruppy special'nostej) gesucht werden. Unter dem Reiter *Čitat' besplatno* im linken Menüband finden Nutzer einen kleinen Bestand an frei zugänglichen Lehrmaterialien und Monografien. Besonders empfehlenswert ist der Unterpunkt *Chudožestvennaja literatura*, der etwa 200 hochwertige elektronische Ausgaben russischer und internationaler Kanonliteratur beinhaltet. Für den lizenzierten Bestand benötigt man einen Zugang über einen institutionellen Abonnenten oder über Pay-per-View.

- Volltextdatenbank
- Lizenzierter Zugang (Pay-per-View)
- Feldsuche: keine Transliteration möglich
- Verlag: Book.ru
- Adresse: www.book.ru

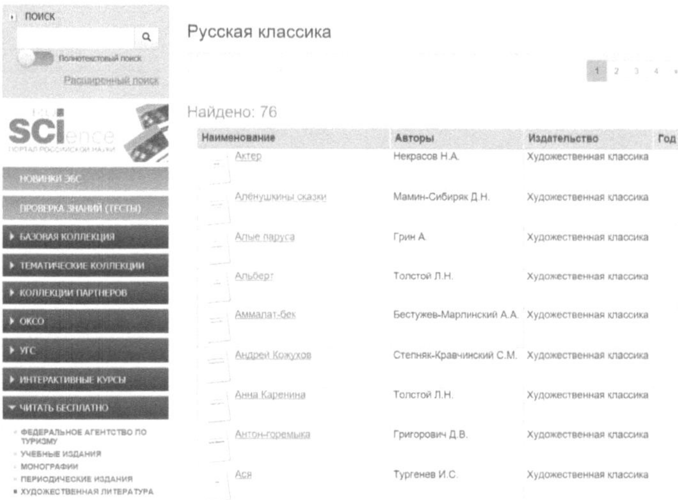

Abb. 41: Auflistung der frei zugänglichen Literaturklassiker auf *Book.ru*

CyberLeninka

Die *CyberLeninka* ist das größte Open Access-Repositorium Russlands. Der Dienst wird nach eigenen Angaben nicht staatlich gefördert, sondern ist ein Non-Profit-Projekt mehrerer russischer Wissenschaftler (Poynder 2016, 23.01.2017). *CyberLeninka* wurde 2012 gegründet und akkumulierte innerhalb von fünf Jahren über eine Million russischer Fachartikel von über 1000 nationalen wie regionalen Periodika. Im Sommer 2016 verschafften die große Zahl an Titeln sowie die technisch ausgezeichnete Anbindung an internationale Suchdienste dem Repositorium im *Ranking Web of Repositories* den zwölften Platz (http://tinyurl.com/hc4q55z, 23.01.2017). Das Repositorium beinhaltet großteils russischsprachige Fachzeitschriften, wobei die meisten einer Creative Commons-Lizenz unterliegen. Die Betreiber der *CyberLeninka* führen bei Eintritt einer neuen Fachzeitschrift keine Qualitätskontrolle durch, weshalb im Zweifelsfall etwas Recherche zur Redaktion des Periodikums notwendig sein kann. Besonders spannend ist der

Austausch der Metadaten mit internationalen Suchdiensten wie *Google Scholar*, *BASE* oder *ROAR*, weshalb die Zeitschriften des Repositoriums weltweit von einer breiten Sichtbarkeit profitieren und auch die Suche für Recherchierende vereinfacht wird. Innerhalb der Datenbank können sowohl ganze Zeitschriftentitel als auch Artikel gesucht werden. Für mehr Informationen zur *CyberLeninka* können Nutzer unter dem Reiter *O nas* am unteren Ende der Seite eine kleine Liste von Sekundärliteratur konsultieren.

- Volltextdatenbank
- Freier Zugang
- Feldsuche: keine Transliteration möglich
- Verlag: Iteos
- Adresse: www.cyberleninka.ru

Abb. 42: Homepage der *CyberLeninka* mit Suchfunktion und Projektbeschreibung

Čital'nyj zal – Nacional'nyj proekt sbereženija russkoj literatury

Čital'nyj zal ist eine von mehreren russischen Zeitschriftendatenbanken, die literarische und künstlerische Periodika im Open Access-Format bereitstellen. Inhaltlich nicht ganz so umfangreich wie etwa *Žurnal'nyj zal*, beinhaltet die Datenbank weniger bekannte Zeitschriften, in denen zudem nicht immer alle Titel als Volltexte vorliegen. Je nach Vertriebspolicy der einzelnen Zeitschriften sind alle oder nur ausgewählte Inhalte verfügbar. Bereitgestellt werden großteils 2000er-Jahrgänge. Für Recherchierende mitunter interessant sind die Inhalte unter dem Menüpunkt *Gazetnyj kiosk*, wo Literaturmagazine im PDF-Format exportiert werden können. Ansonsten liegen alle Titel als elektronische Abschriften vor. Möchte man Zeit sparen und eine nachfolgende Recherche im Komplementärangebot *Žurnal'nyj zal* vermeiden, empfiehlt sich das Browsen der Zeitschriften unter dem Reiter *Žurnaly*, wo man im Bedarfsfall zum Angebot von *Žurnal'nyj zal* weitergeleitet wird. Die Auflistung aller Zeitschriften unter diesem Reiter gibt auch einen sehr guten Überblick über die literarische und künstlerische Publikationslandschaft in Russland.

- Elektronische Textsammlung
- Freier Zugang
- Verlag: Sojuz pisatelej XXI veka
- Adresse: http://reading-hall.ru

Integrum World Wide

Integrum ist der größte Informationsdienstleister Russlands und der GUS mit über 500 Millionen Titeln bzw. 7000 Volltextdatenbanken. Über die Gesellschaft Integrum World Wide wird der internationale Zugriff auf den Dienst gesteuert. Die Datenbank umfasst Volltexte in russischer und englischer Sprache in einer weiten thematischen Bandbreite, darunter Politik, Kultur, Wirtschaft und Gesellschaft der Russischen Föderation. Enthalten sind stündlich aktualisierte Texte aus der russischen und englischsprachigen Presse, Statistiken, Gesetzestexte, Belletristik u. a. Vor allem im Pressebereich gibt es große inhaltliche Überschneidungen mit dem US-amerikanischen Anbieter East View, wobei *Integrum* ein bis in die 1990er Jahre reichendes Pressearchiv besitzt. Aufgrund der fast unüberschaubaren Titelzahl im Pressebereich wurden vom Anbieter spezielle Tools zur Recherche entwickelt, die die Analyse der russischen Medienlandschaft erleichtern sollen. *Integrum* ist lizenziert, kann aber aufgrund einer Nationallizenz von der Deutschen Forschungsgemeinschaft (DFG) über jede deutsche Hochschulbibliothek genutzt werden. Erfolgt der Zugriff über eine nichtvalidierte Adresse, gibt es noch die Möglichkeit eines Einstiegs über Pay-per-View oder über ein zeitlich limitiertes Abo für Privatpersonen.

- Volltextdatenbank
- Lizenzierter Zugang (deutsche Nationallizenz vorhanden oder Pay-per-View)
- Feldsuche: Verwendung der Originalsprache empfohlen
- Verlag: Integrum
- Adresse: www.integrumworld.com

Knigafund

Die digitale Bibliothek *Knigafund* wird vom Moskauer Institut Centr cifrovoj distribucii betrieben, das sich mit der Entwicklung digitaler Infrastruktur für die Bereitstellung von Literatur und Unterrichtsmaterialien über das Internet beschäftigt. Ein Schwerpunkt der Arbeit liegt dabei auf der Wahrung der Urheberrechte aller beteiligten Autoren. *Knigafund* ist eine Mischung aus lizenzierter und frei zugänglicher Datenbank, Lernplattform und virtueller Forschungsumgebung. Der lizenzierte Teil von *Knigafund* umfasst die Inhalte unter den Reitern *Učebnaja literatura* und *Klassika*, die aus über 190 000 Titeln zusammengesetzt sind. Die Bibliothek enthält Primär- und Sekundärliteratur (darunter Monografien und Fachzeitschriften), Quellen- und Unterrichtsmaterialien, Rezensionen und Abstracts. Die große Zahl an moderner Sekundärliteratur erklärt sich durch eine intensive Zusammenarbeit mit russischen und internationalen Verlagen wie etwa East & West Publishing, Logos Verlag Berlin oder Tri Kvadrata. Auch von Hochschulverlagen wird die Bibliothek gerne zur Dissemination von neu erschienener Fachliteratur verwendet, weshalb die Anzahl der verfügbaren Titel rasch steigt. Gesucht wird über eine Feldsuche (mit Volltextindexierung) oder über eine Browsing-Funktion nach verschiedenen wissenschaftlichen Klassifikationsschemen u. a. BBK (Bibliotečno-bibliografičeskaja klassifikacija) oder OKSO (Obščerossijskij klassifikator special'nostej po obrazovaniju). Unter dem Reiter *Bukinist* finden Recherchierende ca. 150 000 frei zugängliche Titel, die wie der lizenzierte Teil aus verschiedenen Literaturtypen zusammengesetzt sind und sich von Quellenmaterial aus dem 16. Jahrhundert bis zu wissenschaftlichen Neuveröffentlichungen erstrecken. Der lizenzierte Teil der Bibliothek kann zudem zur bibliografischen Suche verwendet werden, ebenso können Abstracts und Leseproben eingesehen werden. Für den Volltext braucht es einen Zugang über Pay-per-View oder ein zeitlich limitiertes Abonnement. Abos durch institutionelle Einrichtungen werden nicht unterstützt. Wer sich vorab registriert, kann zusätzlich die verschiedenen Editorial- und Organisationstools zur Erstellung von Notizen, Lesezeichen und Hyperlinks verwenden. Die Bibliothek ist in einer sehr guten englischen Version verfügbar.

- Digitale Bibliothek
- Lizenzierter Zugang (Pay-per-View oder Abo) bzw. teils freier Zugang
- Auch auf Englisch verfügbar
- Feldsuche: keine Transliteration möglich
- Verlag: Centr cifrovoj distribucii
- Adresse: www.knigafund.ru

Rossijskij indeks naučnogo citovanija (elibrary.ru)

siehe Kapitel 2.3.3

Žurnal'nyj klub

Das Projekt *Žurnal'nyj klub* des russischen Verlags Intelros ist eine Art elektronischer Zeitschriftenkiosk, der populärwissenschaftliche Periodika bereitstellt. Die Datenbank umfasst etwa 100 Zeitschriftentitel, darunter Magazine aus dem kulturwissenschaftlichen, wirtschaftlichen, politischen und soziologischen Bereich. Je nach Vertriebspolicy der einzelnen Titel sind ganze aktuelle Ausgaben oder nur ältere Jahrgänge einsehbar. Artikel sind als elektronische Abschriften vorhanden, können jedoch auch im PDF-Format exportiert werden. Die elektronische Abschrift hat den Vorteil, dass über die Schnellsuche rechts oben auch Volltexte durchsucht werden können.

- Volltextdatenbank
- Freier Zugang
- Feldsuche: keine Transliteration möglich
- Verlag: Intelros – Intellektual'naja Rossija
- Adresse: http://www.intelros.ru/index.php?do=cat&category=readroom

---

Žurnal'nyj zal

Die Zeitschriftendatenbank bzw. Current-Contents-Datenbank *Žurnal'nyj zal* ist aus einem Zusammenschluss mehrerer russischer Verlage entstanden und enthält die Inhaltsverzeichnisse und Ausgaben bekannter literarischer Magazine wie etwa *Zvezda, Novyj Mir* und *Vestnik Evropy*. Auch eine kleine Zahl an literaturwissenschaftlichen Zeitschriften (*Voprosy literatury* u. a.) sind in der Datenbank zu finden. Je nach Aktualität und Vertriebspolicy der einzelnen Zeitschriften liegen die Ausgaben im Open Access-Format oder als Vorschau für die lizenzierte digitale Ausgabe vor. Alle Titel verfügen über eine kurze inhaltliche Beschreibung sowie eine Auflistung der vorhandenen Inhalte. Beiträge werden für die Datenbank eigens elektronisch abgeschrieben. Die Datenbank enthält jeweils die Inhaltsverzeichnisse aller Ausgaben, die teils bis in die 1990er Jahre zurückgehen, stellenweise wird man zum Kauf einzelner Volltexte auf die Webseite des zuständigen Verlags weitergeleitet. Unter dem Menüpunkt *Archiv* finden Recherchierende ältere Zeitschriftenausgaben, zumeist aus den 2000er Jahren. Für weitere Informationen zu vergleichbaren Projekten oder zu russischsprachigen literarischen Periodika empfiehlt sich die Linksammlung unter dem Menüpunkt *Ssylki*. Weitere Zeitschriften findet man auch in der Datenbank *Čital'nyj zal.*

- Volltextdatenbank
- Freier Zugang
- Feldsuche: keine Transliteration möglich
- Verlag: Žurnal'nyj zal
- Adresse: http://magazines.russ.ru/

Abb. 43: Das Periodikum *Vestnik Evropy* in der Datenbank *Žurnal'nyj zal*

3.7.4 Private und Crowdsourcing-Ressourcen

Biblioteka Frontistesa

Das Fachportal *Biblioteka Frontistesa* ist eine von mehreren russischsprachigen Informationsressourcen zur slawistischen Mediävistik, dem Kirchenslawischen und zu altslawischer Orthodoxie. Das Portal konzentriert sich nicht auf die Digitalisierung antiker Schriften, sondern auf die Sammlung der dazugehörigen Ausgaben und Faksimiles, der Sekundärliteratur und E-Medien. Über die Menüpunkte des Portals – *Pravoslavie*, *Pamjatniki*, *Slovari*, *Periodika* etc. – bekommen Nutzer einen schnellen Überblick über die verschiedenen angebotenen Inhalte. Alle Einträge – seien es neu hinzugefügte Digitalisate oder Kommentare – erscheinen dabei chronologisch. Auf der rechten Seite gibt es einen Menübaum, der auch die thematische Auflistung aller Quellenmaterialien ermöglicht. Die einzelnen Einträge umfassen die jeweiligen bibliografischen Daten, meist eine kurze Inhaltsangabe, verschiedene kritische Ausgaben, Sekundärliteratur sowie gegebenenfalls Multimedia-Dateien. Soweit möglich sind in den jeweiligen Einträgen Digitalisate in Form von PDF- oder DjVu-Dokumenten oder weiterführenden Hyperlinks (z. B. zu *Manuscriptorium* oder *Yandex*) enthalten. Über die Reiter *Slovari* und *Periodika* finden Nutzer fachspezifische Publikationen als digitale oder Printmedien. Die Navigation durch das Portal ist mitunter etwas mühsam, da die einzelnen Rubriken zwischen einem strukturierten Inhaltsverzeichnis und einem Blogformat wechseln. Die Schnellsuche akzeptiert transliterierte Anfragen, kommt dann jedoch nur zu einer eingeschränkten Treffermenge.

- Fachportal (Schwerpunkt Slawistische Mediävistik)
- Freier Zugang
- Verlag: O. G. Kadočnikova
- Adresse: http://ksana-k.ru/

Drevnerusskaja literatura – Antologija

Dieses Fachportal mit Textsammlung beschäftigt sich mit dem profanen und kirchlichen Leben im alten Russland. Entgegen seinem Namen widmet es sich nicht nur der altrussischen Literatur, sondern auch dem kulturellen und orthodoxen Leben der damaligen Zeit. Hauptteil des schon veralteten, aber inhaltlich umfassenden Portals ist die *Antologija* – eine Sammlung von ca. 250 historischen Texten aus dem 11. bis 17. Jahrhundert. Alle Inhalte liegen als elektronische Abschriften vor. Für weiterführende Literatur neben den Textzeugnissen findet man in einem linken und rechten Menüband eine detaillierte Auflistung von Titeln, die sich mit altrussischer Architektur, Kirchenstruktur, Ikonografie, Esskultur etc. befassen. Alle Themen sind detailliert bearbeitet und mit Bildmaterial versehen. Besonders umfassend ist das *Biobibliografičeskij slovar'* mit ca. 140 Einträgen zu altrussischen Persönlichkeiten oder Schriftdenkmälern. Direkt darunter befindet sich ein Wörterbuch zur Übersetzung historischer Termini ins moderne Russisch.

- Fachportal (Schwerpunkt Altrussisches Schrifttum und Kultur)
- Freier Zugang
- Berichtszeitraum: 11.–17. Jahrhundert
- Verlag: Aleksandr Petrov
- Adresse: http://old-ru.ru

Runivers

Runivers ist ein Fachportal mit bunt zusammengewürfelten Publikationen zu russischer Geschichte und Kultur. Der inhaltliche Fokus der integrierten Textsammlung liegt auf historischer Primär- und Sekundärliteratur aus dem 18. bis frühen 20. Jahrhundert, die sich insbesondere mit russischer Geschichte und Philosophie befasst. Unter *Enciklopedija* finden Nutzer drei militärgeschichtliche Lexika, die über einen gemeinsamen alphabetischen Index durchsuchbar sind. Der Reiter *Istoričeskie galerei* enthält Fotomaterial aus dem russischen Alltagsleben,

Kartenmaterial, Gemälde und Illustrationen. Für Historiker interessant ist die Kollektion kartografischer Materialien (*Istoričeskie karty*), die über 6000 Stadt- und Geländepläne enthält. Für die Suche nach Literatur empfiehlt sich die Verwendung des alphabetischen oder thematischen Indexes, da die Schnellsuche die gesamte Webseite umfasst. Bevorzugt man die Schnellsuche, kann auch mit Schlagwörtern gearbeitet werden, da die einzelnen Einträge ausführliche Metadaten enthalten.

- Fachportal bzw. elektronische Textsammlung
- Freier Zugang
- Berichtszeitraum: ca. 1750–1920
- Feldsuche: keine Transliteration möglich
- Verlag: unbekannt
- Adresse: www.runivers.ru

3.8 Serbien

Der serbische akademische Informationsmarkt verfügt über einige ausgezeichnete elektronische Ressourcen sowohl für Einwohner als auch für Studenten und Forscher aus dem Ausland. Betreiber dieser Ressourcen sind ausschließlich die serbischen öffentlichen und wissenschaftlichen Bibliotheken. Das Bibliothekswesen, das im totalitären Jugoslawien gut ausgebaut und gefördert wurde, profitiert heute noch von alten, bewährten Strukturen, auf die neue Angebote schrittweise aufgebaut werden. Dazu kommt, dass wissenschaftliche Bibliotheken nach wie vor großzügige Subventionen erhalten, was die Umsetzung von Infrastrukturen erlaubt, die in anderen Staaten aufgrund mangelnder Fördergelder und interner Vernetzung noch in der Ferne liegen. Zusammenfassend lässt sich sagen, dass der serbische Informationsmarkt einige sehr gut ausgebaute Schwerpunkte aufweist, aber auch Desiderate.

Die beiden wichtigsten Bibliotheken sind die serbische Nationalbibliothek (Narodna biblioteka Srbije) und die Biblioteka Matice Srpske, die ein Pflichtexemplarrecht und damit den Status einer zweiten Nationalbibliothek besitzt. Grundpfeiler der klassischen bibliothekarischen Infrastruktur sind der Verbundkatalog *COBIB.sr* mit den Beständen von 160 Bibliotheken sowie die serbische Nationalbibliografie. Die *Bibliografija Srbije* existiert erst seit etwa 15 Jahren – zuvor wurde sie noch mit Publikationen aus der Republika Srpska und Montenegro angereichert und erschien bis zum Jahr 2003 als *Bibliografija Jugoslavije*. Recherchierende, die in der Nationalbibliografie suchen möchten, sollten sich zuvor das Kapitel 1.3.3 ansehen, um Schwierigkeiten in der bibliografischen

Erfassung südslawischer Publikationen sowie etwaige Überschneidungen mit anderen Nationalbibliografien der Nachbarländer zu kennen.

Bemerkenswert ist Serbiens Vorstoß im Bereich des Open Access bzw. Open Science. Über den Metadatenstandard DOI (Digital Object Identifier) sind heute viele serbische Fachzeitschriften und Forschungsergebnisse international konsultierbar. Da am serbischen Informationsmarkt kaum Fachverlage existieren, in denen wissenschaftliche Publikationen erscheinen könnten, wird ein großer Teil des Forschungsoutputs über Periodika an den Hochschulen herausgegeben. Für diese Periodika wurde in den letzten Jahren die Verteilung von DOI-Identifikatoren subventioniert und ein nationales Zeitschriften- und Dissertationsrepositorium erstellt. Um die Zeitschriften international sichtbarer zu machen, hat man zudem die Zitationsdatenbank *SCIndeks* kreiert. Serbien gehört damit zu den wenigen Ländern mit einem nationalen Zitationssystem (siehe auch Kapitel 2.3.3). Ähnlich wie beim russischen Pendant *RINC* (*Rossijskij indeks naučnogo citovanija*) werden die besten Fachzeitschriften in die internationale Zitationsdatenbank *Web of Science* integriert.

Die serbischen wissenschaftlichen Bibliotheken haben sich zudem Mühe gegeben, ausländische Medien verstärkt in die nationale Bildungslandschaft einzubringen und das Angebot für Studenten und Wissenschaftler zu erweitern. Zu diesem Zweck wurde das Bibliothekskonsortium KoBSON (Konzorcijum biblioteka Srbije za objedinjenu nabavku) gegründet, das u. a. den Ankauf von Nationallizenzen handhabt. Die gleichnamige Volltextdatenbank *KoBSON* ist über jede serbische Hochschuleinrichtung zugänglich und ermöglicht den freien Zugriff auf Tausende von ausländischen und inländischen Medien. Die Datenbank ist im inhaltlichen Angebot und in der Vernetzung der einzelnen Hochschulen in etwa vergleichbar mit dem deutschen *DBIS*- bzw. dem *DigiBib*-System.

Während fleißig am Ausbau von Open Access sowie des Zeitschriftenangebots gearbeitet wurde, ist im Vergleich dazu die Retrodigitalisierung von Archivbeständen bzw. von Kulturerbe vernachlässigt worden. Zwar verfügen die großen serbischen Bibliotheken über umfangreiche digitale Bestände, doch fehlt es an einer benutzerfreundlichen Infrastruktur, die die Recherche darin vereinfachen würde. Noch gibt es diesbezüglich keine Zusammenarbeit unter den serbischen Bibliotheken. Recherchierende sind daher angehalten, an verschiedenen Stellen nach Retrodigitalisaten zu suchen (siehe unten).

Tipp: Die meisten serbischen Informationsressourcen unterstützen den Einsatz der lateinischen Schrift beim Formulieren eines Suchbegriffs. Die kyrillische Form muss daher nicht zwingend verwendet werden. In der Regel werden auch keine Diakritika bei Eingabe eines Suchbegriffs benötigt.

Wer nach Volltexten aus der serbischen klassischen Literatur sucht, kann sich an zwei umfangreiche Ressourcen wenden. Die Pädagogische Fakultät der

Universität Belgrad verwaltet die *Antologija srpske književnosti* – eine ausgezeichnete Textsammlung mit ca. 130 Werken serbischer Literatur seit dem Hochmittelalter. Sehr veraltet, aber inhaltlich interessant ist das private *Projekat Rastko*. Die digitale Bibliothek vereint ein buntes Sammelsurium aus Texten serbischer Kultur und Geisteswissenschaften. Besondere Aufmerksamkeit verdienen hier die Kapitel der bilateralen Beziehung Serbiens mit anderen Ländern. Sie sammeln Nachweise zu Quellen über gemeinsame Geschichte, Kultur und Schriftgut.

Geistes- und kulturwissenschaftliche Fachbibliografien bzw. -portale gibt es am serbischen Informationsmarkt keine. Für die Suche nach Fachliteratur eignet sich als Alternative der Verbundkatalog *COBIB.sr*.

Open Access in Serbien

Serbien gehört zu den wenigen slawischen Ländern mit einer starken Open Access-Bewegung. Obwohl sich nur drei institutionelle Unterzeichner in der Berliner Erklärung finden lassen, sind fast alle serbischen Hochschulen bzw. Forschungsinstitutionen an der Gestaltung der Open Access-Landschaft beteiligt. Grund dafür ist die vom serbischen Parlament im September 2014 erlassene Vorschrift, dernach jede Hochschule über ein frei zugängliches Repositorium verfügen muss, in dem die dort verteidigten Dissertationen gespeichert werden. Seit dem Erlass der neuen Vorschrift hat sich die Zahl an serbischen Repositorien vervielfacht, wobei etwa die Hälfte aller Hochschulen noch mit dem Aufbau eines solchen beschäftigt ist. Die Dissertationen werden nicht nur lokal, sondern auch zentral über das nationale Archivsystem *doiSerbia PhD* gespeichert. Serbien gehört damit zu den wenigen Staaten, die auch Dissertationen ein Open Access-Mandat auferlegen. Die Fachportale *OpenDOAR* und *ROAR* verzeichnen momentan je neun Repositorien.

Auch serbische elektronische Fachzeitschriften sind zu einem Großteil frei zugänglich. Unter Leitung der serbischen Nationalbibliothek wurde mit Mitteln aus dem Bildungsministerium ein großes Kontingent an DOI-Identifikatoren angekauft und Fachzeitschriften öffentlicher Hochschulen und Forschungsinstitutionen (auch rückwirkend) zugeteilt. Durch die Zusammenarbeit mit der Non-Profit-Organisation CrossRef wurden die Metadaten serbischer Fachzeitschriften in anderen Ressourcen wie *Google Scholar*, *Europeana* und den großen Open Access-Portalen sichtbar. 66 Fachzeitschriften können über das Repositorium *doiSerbia* der Nationalbibliothek nun eingesehen werden. *DOAJ* verzeichnet 72 serbische Fachzeitschriften (mit und ohne DOIs). Aufgrund des großen Erfolges der Aktion kam auch die Vergabe von DOIs an serbische Dissertationen zu Stande. Neben *doiSerbia* wurde aus staatlichen Mitteln auch die nationale Zitationsdatenbank *SCIndeks* aufgebaut, deren Inhalte ebenfalls dem Open Access-Mandat unterliegen.

Tipp: Zur Open Access-Landschaft in Serbien gibt es auch online zahlreiche Informationen zu finden. Einen ersten Überblick über Fördergeber, Projekte, Ressourcen etc. gibt das Fachportal OpenAIRE (www.openaire.eu/oa-serbia). Für konkrete Angaben zu Open Access-Projekten kann man sich direkt an die Ressourcen doiSerbia und SCIndeks wenden.

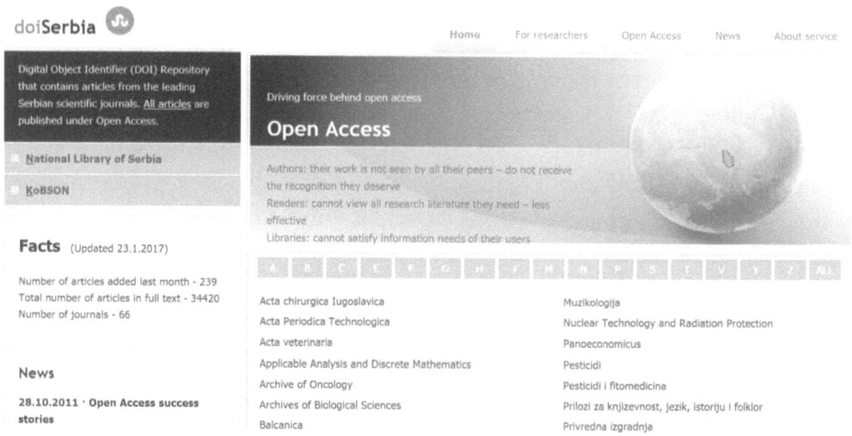

Abb. 44: Startseite von *doiSerbia* mit Zeitschriftenindex

Stand der Retrodigitalisierung

Serbiens Bibliothekswesen verfügt über einige sehenswerte digitale Bestände, allerdings sind diese auf nationaler Ebene nicht vernetzt. Anders als im Bereich des Open Access haben sich die serbischen Bibliotheken auf diesem Gebiet noch nicht zusammengeschlossen, so dass es kein zentral koordiniertes Digitalisierungsprogramm gibt. Auch ein Metasuchdienst für die verschiedenen Einzelprojekte – wie man es aus anderen Ländern wie etwa Polen, Slowenien oder Tschechien kennt – ist nicht vorhanden. Zurzeit gibt es nur drei Anbieter digitaler Bibliotheken: die serbische Nationalbibliothek, die Biblioteka Matice Srpske sowie die Univerzitetska biblioteka „Svetozar Marković" der Universität Belgrad. Die Nationalbibliothek stellt eine Ressource mit verschiedenen Digitalisaten aus den eigenen Beständen zur Verfügung sowie die digitale Bibliothek *Veliki rat*, die im Zuge des Projekts *Europeana Collections 1914–1918* kreiert wurde. Letztere ist die umfangreichste digitale Bibliothek Serbiens und insbesondere im Bereich der Periodika gut bestückt. Die Universitätsbibliothek Belgrad hat auf der eigenen Webseite ähnlich umfangreiche und interessante Digitalisate implementiert. Beide Ressourcen ergänzen sich gut und werden am besten über den Metasuchdienst *The European Library* durchsucht, da sie untereinander nicht vernetzt sind. Auch die

Biblioteka Matice Srpske verfügt über wertvolle Bestände, die im Rahmen eines eigenen Digitalisierungsprojekts online gestellt wurden. Ihre Bestände findet man außerhalb der eigenen Webseite auch im Verbundkatalog *COBIB.sr*.

Bibliografija Srbije – Die serbische Nationalbibliografie (www.nb.rs/pages/article.php?id=1384)

Die serbische Nationalbibliografie blickt auf eine lange Geschichte zurück und wird daher in mehreren chronologischen Abschnitten und Formaten herausgegeben. Die *Bibliografija Srbije* verzeichnet alle in Serbien erschienenen Publikationen seit dem Jahr 2003 – davor wurde sie noch als *Bibliografija Jugoslavije: knjige, brošure i muzikalije* geführt. Ergänzend dazu gibt es die *Bibliografija Serbika*, die für denselben Zeitraum alle ausländischen Publikationen, die Serbien zum Thema haben, referenziert. In der *Srpska Bibliografija* finden Recherchierende ältere Publikationen aus dem 18. bis 20. Jahrhundert. Auf ihrer Webseite verweist die Nationalbibliothek auch auf diverse Spezialbibliografien (hauptsächlich zu Übersetzungen fremdsprachiger Werke) – diese sind allerdings nur als Printmedien vorhanden. Benötigt man noch ältere serbische Literatur, kann man die berühmte *Srpska bibliografija za noviju književnost (1741–1867)* von Stojan Novaković konsultieren. Die Nationalbibliothek hat sich noch nicht um ihre Digitalisierung gekümmert, dafür findet man sie über den Suchdienst *Europeana* in anderen Bibliotheken als Volltext.

a) Bibliografija Srbije

Seit 2005 kann die serbische Nationalbibliografie, die nach dem Territorialprinzip erstellt wird, online konsultiert werden. Für den Zeitraum 2003 bis heute sind ca. 1,5 Millionen Einträge verfügbar, wobei der Berichtszeitraum retrospektiv erweitert wird. Da die Bibliografie nicht als Datenbank, sondern als elektronische Zusammenschrift aufgebaut wurde, gibt es keine computergestützten Rechercheoptionen – die Einträge müssen einzeln durchsucht werden. Um die Recherche zu erleichtern, gibt es innerhalb der jeweiligen Jahrgänge eine detaillierte thematische Indexierung. Aufgeteilt ist die Bibliografie in je einen Teil für Monografien, Periodika und E-Medien sowie in einen Zusatzteil aus Supplementen und unselbstständig erschienenen Artikeln.

b) Bibliografija Serbika

Die *Bibliografija Serbika* wird ergänzend zu der nach dem Territorialprinzip erstellten *Bibliografija Srbije* angeboten und nach dem Sujetprinzip zusammengestellt. Darin sind alle ausländischen und fremdsprachigen Publikationen verzeichnet, die Serbien zum Thema haben. Sie ist wie die *Bibliografija Srbije* als elektronische Zusammenschrift konzipiert und verfügt über keine computergestützten Suchoptionen. Aufgeteilt wurde sie in einen monografischen Teil und einen Teil für Periodika.

c) Srpska bibliografija. Knjige 1868–1944 und Srpska bibliografija. Periodika 1768–2005

Diese beiden retrospektiven Bibliografien wurden von der Nationalbibliothek in Form von 21 Bänden als Printmedium herausgegeben und sind mittlerweile als Digitalisate online durchsuchbar. Der Teil für periodisch erscheinende Titel besteht zurzeit nur aus der Sektion A bis G – die restlichen Sektionen sind in Arbeit. Anders als die Nationalbibliografien für zeitgenössische Medien wurden sie in eine Volltextdatenbank integriert, die über eine Feldsuche durchsuchbar ist.

3.8.1 Bibliografische Datenbanken

E-CRIS.sr – Current Research Information System in Serbia

E-CRIS.sr ist ein Dienst des serbischen *COBISS*-Systems (siehe dazu Kapitel 1.3.3) mit Informationen zur gegenwärtigen serbischen Forschungslandschaft. Die Referenzdatenbank liefert Angaben zu Forschungsinstitutionen, -projekten und -gruppen, aber auch zu einzelnen Personen, die in der serbischen Forschung tätig sind. Aktuell verzeichnet *E-CRIS.sr* über 270 Institutionen, 810 Forschungsgruppen und über 10 000 Wissenschaftler. Gesucht werden kann über eine einfache Feldsuche oder durch Browsen im Namensindex. Eine sehr gute englische Version ist vorhanden.

- Bibliografische Datenbank
- Freier Zugang
- Auch auf Englisch verfügbar
- Feldsuche: keine Diakritika notwendig
- Verlag: COBISS
- Adresse: http://e-cris.sr.cobiss.net

3.8.2 Fachportale und Metasuchdienste

COBIB.sr – Virtuelna biblioteka Srbije

COBIB.sr ist Teil des südslawischen *COBISS*-Systems (siehe dazu Kapitel 1.3.3) und umfasst mit 2,2 Millionen Titeln den Bestand von 160 serbischen Bibliotheken. Die Suchmöglichkeiten ergeben sich aus drei verschiedenen Feldsuchtypen

(*Osnovno*, *Izborno* und *Komandno*), jedes Katalogisat zeigt die Verfügbarkeit in den teilnehmenden Bibliotheken oder als E-Medium an. Verfügt man über einen Account, kann man im Verbundkatalog auch seine Bestellungen tätigen. Über die Homepage können Nutzer auf die Datenbank *COLIB.sr* zugreifen, die Daten zu den teilnehmenden Bibliotheken beinhaltet. An Personalisierungsmöglichkeiten oder weiteren Verfahrensoptionen ist der serbische Verbundkatalog nicht sehr reich, dafür verfügt er über eine sehr gute englische Version.

- Verbundkatalog
- Freier Zugang
- Auch auf Englisch verfügbar
- Feldsuche: keine Diakritika notwendig
- Verlag: COBISS
- Adresse: http://www.vbs.rs/cobiss

Jezičke tehnologije – Resursi i alati

Dieses linguistische Fachportal ist ein Projekt des Fachbereichs für Computerwissenschaften der Universität Belgrad. Es bietet angesichts der noch wenigen elektronischen Ressourcen für Linguisten eine überschaubare Liste aller serbischen Korpora und diverser Arbeitstools. Zusätzlich gibt es eine kleine Aufzählung serbischer Online-Wörterbücher. Angeboten werden nur Hyperlinks, aber keine näheren Beschreibungen. Da das Portal seit 2014 nicht mehr gewartet wird, stößt man auf den ein oder anderen defekten Link oder auf bereits beendete Projekte.

- Fachportal (Schwerpunkt Computer- und Korpuslinguistik)
- Freier Zugang
- Verlag: Katedra za računarstvo i informatiku (Univerzitet u Beogradu)
- Adresse: http://poincare.matf.bg.ac.rs/~cvetana/LT-pregled.html

3.8.3 Digitale Bibliotheken, fachspezifische Volltextdatenbanken und Textsammlungen

Antologija srpske književnosti

Diese anthologische Textsammlung serbischer Literatur ist eine Informationsressource der Pädagogischen Fakultät an der Universität Belgrad und besteht aus ca. 130 Texten von über 80 Schriftstellern. Der Berichtszeitraum beginnt zwar mit den im Hochmittelalter verfassten Werken des Heiligen Sava, doch ist die Sammlung erst mit Beginn des 19. Jahrhunderts chronologisch ausgewogen. Unter den Texten befinden sich auch Werke einiger zeitgenössischer Autoren. Die Werke können über einen Titel- und einen Autorenindex durchsucht werden. Wer sich in der serbischen Literatur erst orientieren muss, kann den sehr hilfreichen Epochenindex zu Rate ziehen. Weiß man bereits, wonach man sucht, kann stattdessen die Feldsuche unter dem Reiter *Napredna Pretraživanja* aktiviert werden. Die Texte selbst sind über einen Download-Button als Word-Dokumente einsehbar. Eine Einleitung sowie die wichtigsten Titeldaten sind auch auf Englisch vorhanden.

- Elektronische Textsammlung
- Freier Zugang
- Auch auf Englisch verfügbar
- Feldsuche: keine Diakritika notwendig
- Verlag: Učiteljski fakultet (Univerzitet u Beogradu)
- Adresse: www.antologijasrpskeknjizevnosti.rs

Digitalna biblioteka

Die Bibliothek der Univerzitet u Beogradu verfügt über eigene digitale Bestände zu historischen serbischen und fremdsprachigen Publikationen. Die Ressource ist in die bibliothekseigene Webseite integriert und umfasst über 1000 Monografien, alte Drucke und Handschriften aus dem 13. Jahrhundert aufwärts. Neben orientalischen Manuskripten befinden sich in den Beständen auch historische Kinder- und Jugendbücher, Lehrwerke sowie die Nachlässe historischer Persönlichkeiten. Die Sammlung periodisch erscheinender Titel umfasst ca. 50 verschiedene Zeitungen und Zeitschriften und komplementiert inhaltlich wie chronologisch die Angebote der digitalen Bibliothek *Veliki rat*. Alle Titel können als Bilddatei exportiert werden, es gibt jedoch keine Möglichkeit zu einer Volltextsuche. Die Feldsuche auf der rechten Seite durchsucht bei Eingabe eines Begriffs neben dem eigenen Bibliothekskatalog und den digitalen Beständen auch das Repositorium *doiSerbia* und den Metakatalog *The European Library*. Im Zuge des Projekts *Europeana Newspapers* wurden die Digitalisate für *The European Library* optimiert, so dass nun alle Bestände dort zu finden sind. Um auch die digitale Bibliothek *Veliki rat* in die Recherche miteinzubeziehen, empfiehlt sich die Suche über diesen Metasuchdienst.

- Digitale Bibliothek
- Freier Zugang
- Feldsuche: keine Diakritika notwendig
- Verlag: Univerzitetska biblioteka „Svetozar Marković“ (Univerzitet u Beogradu)
- Adresse: http://ubsm.bg.ac.rs/latinica/digitalna

Digitalna BMS

Die Biblioteka Matice Srpske in Novi Sad ist im Besitz wertvoller historischer Bestände, die seit 2006 laufend digitalisiert werden. Die dazugehörige digitale Bibliothek *Digitalna BMS* besteht aus etwa 10 000 historischen, großteils sehr wertvollen Medien, darunter alte Drucke, Handschriften, Periodika, kartografisches und Bildmaterial, Musikalien etc. aus dem 15. Jahrhundert bis heute. Der Großteil der Medien ist auf Serbisch erschienen oder besitzt einen serbischen Hintergrund. Die Recherche erfolgt über eine einfache Feldsuche, die die bibliografischen Angaben durchsucht (keine Volltextindexierung) oder über eine Browsing-Möglichkeit nach Medientypus unter dem Menüpunkt *Publikacije*. Die Bestände sind zwar nicht über internationale Suchdienste recherchierbar, dafür aber über den serbischen Verbundkatalog *COBIB.sr*. Gibt es ein Digitalisat zu dem gesuchten Titel, so kann dieses über einen Hyperlink in der Detailbeschreibung des Titels aufgerufen werden.

- Digitale Bibliothek
- Freier Zugang
- Feldsuche: keine Diakritika notwendig
- Verlag: Biblioteka Matice Srpske
- Adresse: http://digital.bms.rs

Digitalna narodna biblioteka Srbije

Die *Digitalna narodna biblioteka Srbije* ist eines der Retrodigitalisierungsprojekte der serbischen Nationalbibliothek und vereint verschiedene Medientypen. Neben den klassischen Digitalisaten von alten Drucken, Manuskripten und Tageszeitungen befinden sich in dem Bestand auch Hörbücher, Bildmaterialien, Musikalien und ephemere Medien. Die Zahl der Digitalisate der einzelnen Medientypen ist unterschiedlich hoch, jedoch immer überschaubar. Da der Bestand relativ klein ist, lohnt sich das Browsen über die Homepage, ansonsten kann auch die Feldsuche verwendet werden. Die Digitalisate sind nur über die Webseite, nicht aber über internationale Suchdienste wie *Europeana* oder *World Digital Library* zu finden.

- Digitale Bibliothek
- Freier Zugang
- Feldsuche: keine Diakritika notwendig
- Verlag: Narodna biblioteka Srbije
- Adresse: http://digitalna.nb.rs

KoBSON – Konzorcijum biblioteka Srbije za objedinjenu nabavku

KoBSON ist ein Bibliothekskonsortium, das den freien Zugang von wissenschaftlichen Informationsressourcen regelt (z. B. durch den Ankauf von Nationallizenzen) und seinen Sitz in der serbischen Nationalbibliothek hat. *KoBSON* ist auch der Name der digitalen Bibliothek mit Schwerpunkt auf internationale Fachzeitschriften und wird von der serbischen Nationalbibliothek gehostet. *KoBSON* verfügt über ein Angebot von über 35 000 ausländischen Zeitschriftentiteln und ca. 160 000 E-Books in Volltextausgabe und ist im Bereich der nationalen Vernetzung und der Nationallizenzen mit dem deutschen *DBIS* bzw. *DigiBib* zu vergleichen. Zusätzlich zu den eigenen Inhalten bietet *KoBSON* den Zugriff auf weitere lizenzierte Datenbanken wie *Web of Science*, *Scopus* oder *Medline*. Um das Angebot nutzen zu können, benötigt man einen gültigen Universitätsaccount als Studierender oder Angestellter, oder aber man nutzt den direkten Zugang über einen Computer der Nationalbibliothek. Das Konsortium arbeitet eng mit *doiSerbia* und *SCIndeks* zusammen, so dass die Bestände dieser Ressourcen auch über die digitale Bibliothek von KoBSON durchsucht werden können. Ebenso gibt es eine Schnittstelle zur Zitationsdatenbank *Web of Science*, die die Suche nach dort verzeichneten serbischen Titeln erlaubt. *KoBSON* selbst ist nur auf Serbisch verfügbar.

- Digitale Bibliothek
- Lizenzierter Zugang
- Verlag: Konzorcijum biblioteka Srbije za objedinjenu nabavku (KoBSON)
- Adresse: http://kobson.nb.rs

Abb. 45: *KoBSON*-Homepage mit ausführlicher Menüleiste

Projekat Rastko – Biblioteka srpske kulture

Das *Projekat Rastko* ist eine digitale Bibliothek mit Schwerpunkt auf Publikationen und Vermittlung serbischer Kultur und Geisteswissenschaften. Die Bibliothek umfasst mehrere hundert elektronische Textabschriften aus verschiedenen wissenschaftlichen Disziplinen und Kunstbereichen in serbischer, englischer, russischer, französischer und deutscher Sprache. Chronologisch kennt die Bibliothek keine Grenzen – so sind sowohl Texte aus dem Mittelalter als auch zeitgenössische Publikationen zu finden. Eine Besonderheit der Bibliothek sind die zweisprachigen „Regionalzentren", die Beiträge zur Geschichte bilateraler Beziehungen Serbiens mit anderen Ländern beinhalten. Zurzeit gibt es 16 solcher Zentren u. a. in Verbindung mit Polen, Slowenien, Bulgarien, der Ukraine und Montenegro. Die Sammlungen präsentieren Texte zu gemeinsamer Geschichte, Kultur und Wissenschaft sowie Referenzen zu Übersetzungen und umfassende Linksammlungen. Die Navigation innerhalb der Seite ist aufgrund des veralteten bzw. uneinheitlichen Designs etwas mühsam. Die letzte Wartung fand im Frühjahr 2013 statt. Eine englische Version ist vorhanden, allerdings nicht umfassend. Da die meisten Texte in Form elektronischer Abschriften existieren, ist bei Zitation derselben Vorsicht geboten – eine Korrektur durch Proofreading ist nicht garantiert.

- Elektronische Textsammlung
- Freier Zugang
- Auch auf Englisch verfügbar
- Verlag: unbekannt
- Adresse: www.rastko.rs

SCIndeks – Srpski citatni indeks

SCIndeks ist die nationale Zitationsdatenbank Serbiens. Sie ist ein Angebot des serbischen Instituts CEON (Centar za evaluaciju u obrazovanju i nauci). *SCIndeks* ist wie *doiSerbia* ein aus staatlichen Mitteln finanziertes Projekt, um serbische Fachzeitschriften international sichtbarer zu machen und das nationale Open Access-Angebot zu stärken. Die Datenbank indiziert die Artikel von über 200 serbischen Fachzeitschriften, wobei etwa die Hälfte im Open Access-Format publiziert wird und direkt über die Datenbank gelesen werden kann. Zeitschriften, deren Artikel nicht über Volltexte einsehbar sind, werden vollständig bibliografisch erfasst und verfügen über Abstracts und stellenweise englische Titel. Stößt man bei der Recherche auf einen solchen Zeitschriftentitel, kann dieser über einen Hyperlink auf der linken Menüseite (*u bibliotekama Srbije*) im serbischen Verbundkatalog *COBIB.sr* auf lokale Verfügbarkeiten hin überprüft werden. Fachzeitschriften werden in verschiedenen Zeiträumen erfasst: Sozialwissenschaften ab 1991, Geistes- und

Kunstwissenschaften ab 1996, alle anderen Disziplinen ab dem Jahr 2000. Aus diesen referenziert die Datenbank etwa 73 000 Beiträge mit über einer Million bibliografischen Verweisen. Jeder Artikel verfügt über genaue bibliografische Angaben sowie eine vollständige Bibliografie der verwendeten Literatur. Ist bzw. sind einer oder mehrere der verwendeten Titel online verfügbar – sei es über *CrossRef*, *KoBSON* oder *SCIndeks* – kann über einen Hyperlink (*[CR]*, *[KOB]* oder *[SC]*) darauf zugegriffen werden. Auf der linken Menüseite bekommen Recherchierende Angaben dazu, wie oft der Artikel innerhalb anderer serbischer Zeitschriften zitiert wurde. Die bibliometrische Analyse wird von CEON durchgeführt und spiegelt sich im *BIĆ* (*Bibliometrijski izveštaj o časopisima*) *Impakt Faktor* wider. Browst man durch die vorhandenen Zeitschriften über den Menüpunkt *Časopisi*, kann beim Aufruf der einzelnen Zeitschriften der *BIĆ Impakt Faktor* abgelesen werden sowie eine genaue bibliometrische Analyse der letzten Jahrgänge. Ist eine Zeitschrift besonders gefragt, wird sie von CEON für die Aufnahme in das internationale Zitationssystem *Web of Science* vorgeschlagen. Sehr informativ sind auch die vorhandenen Beschreibungen auf der Homepage zu u. a. Plagiatsprävention, Qualitätssicherung oder dem Datenmanagement. Zusätzlich ist eine sehr gute englische Version vorhanden.

- Zitations-, Referenz- bzw. Volltextdatenbank
- Freier Zugang
- Auch auf Englisch verfügbar
- Berichtszeitraum: ab 1991
- Feldsuche: keine Diakritika notwendig
- Verlag: Centar za evaluaciju u obrazovanju i nauci (CEON)
- Adresse: http://scindeks.ceon.rs

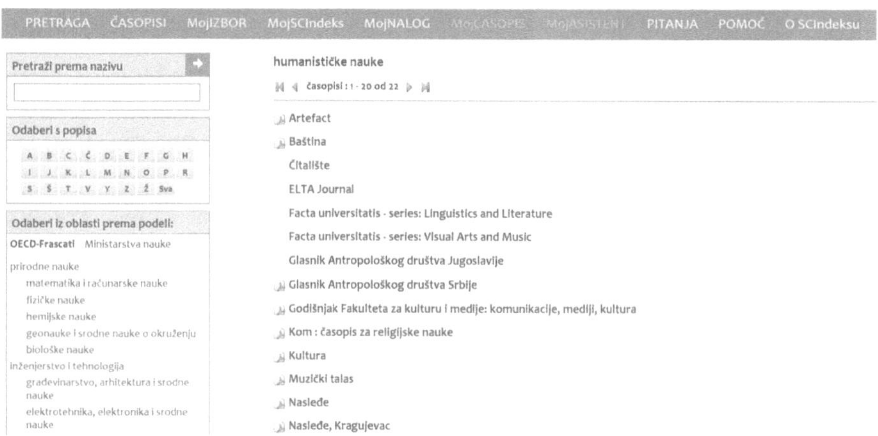

Abb. 46: Titelindex geisteswissenschaftlicher Zeitschriften auf *SCIndeks*

Veliki rat – Europeana Collections 1914–1918
Das zweite Digitalisierungsprojekt der serbischen Nationalbibliothek widmet sich der Literatur des Ersten Weltkrieges und entstand im Rahmen des Programms *Europeana Collections 1914–1918*. In dem Projekt werden alle Medien, die zur Zeit des Krieges entstanden sind und in Bibliotheken und Archiven aufbewahrt werden, schrittweise digitalisiert. Die digitale Bibliothek *Veliki rat* ist eine eigenständige Ressource mit Schnittstelle zu den Metasuchdiensten *Europeana* und *The European Library* und verfügt über ca. 1500 digitalisierte Monografien, Ausgaben von Periodika, Handschriften sowie Bild- und kartografisches Material. Auch Titel aus der Nachkriegszeit wurden aufgenommen, insofern sie den Krieg zum Inhalt haben. Mit 70 verschiedenen Tageszeitungen und Zeitschriften ist die Sammlung das bislang umfangreichste Digitalisierungsprojekt historischer serbischer Periodika. Um alle digitalisierten serbischen Periodika erfassen zu können, empfiehlt sich die Suche über *The European Library*, wo auch in den digitalen Beständen der Univerzitet u Beogradu recherchiert werden kann.

- Digitale Bibliothek
- Freier Zugang
- Feldsuche: keine Diakritika notwendig
- Verlag: Narodna biblioteka Srbije
- Adresse: http://velikirat.nb.rs

3.9 Slowakei

Die Slowakei hat sich beim Aufbau elektronischer Informationsinfrastrukturen für den Forschungs- und Bildungssektor noch nicht sonderlich hervorgetan. Das Spektrum an Dienstleistern und bestehenden Angeboten ist auch für Neueinsteiger überschaubar. Die Slowakei ist dennoch ein interessantes Beispiel für einen Vergleich mit anderen Ländern, denn aufgrund des verspäteten Einstiegs konnten slowakische Institutionen vom hohen Niveau ausländischer Märkte lernen. Bereits vorhandenes Know-how und praktische Erfahrungen im Best Practice von z. B. Retrodigitalisierung konnten genutzt und eigene Projekte bestmöglich umgesetzt werden. Somit zeigt sich das Land mit seinen wenigen elektronischen Infrastrukturen auf einem moderneren Niveau als etwa die Nachbarländer Polen und Tschechien, die wesentlich früher mit dem Aufbau derselben Infrastrukturen begonnen haben.

Die Orientierung am akademischen Informationsmarkt der Slowakei fällt zunächst leicht. Die meisten Ressourcen stammen von der slowakischen Nationalbibliothek (Slovenská národná knižnica), der Universitätsbibliothek Bratislava

(Univerzitná knižnica v Bratislave) oder anderen öffentlichen Institutionen. Nur eine Handvoll der unten angeführten Ressourcen kommt von anderen Anbietern, z. B. von Privatpersonen oder kommerziellen Verlagen. Das slowakische Bibliothekswesen ist nach wie vor sehr konservativ geprägt und öffnet sich nur zögerlich modernen Entwicklungen, die in anderen Ländern längst Fuß gefasst haben. So finden Recherchierende zwar einen umfangreichen Verbundkatalog, doch keine Open Access-Repositorien und kaum digitale Bibliotheken. Die Idee vom freien Zugang zu Forschungsergebnissen und kulturellem Erbe muss sich in der Slowakei erst flächendeckend etablieren. Dies zeigt sich nicht nur an der Ablehnung von Open Access-Medien, sondern auch an der Tatsache, dass die größte digitale Bibliothek der Slowakei – *DIKDA* – dem Closed Access-Prinzip unterliegt. Dabei ist das *DIKDA*-Projekt der slowakischen Nationalbibliothek ein vergleichsweise groß angelegtes europäisches Digitalisierungsprogramm. So wurden in die digitale Bibliothek *DIKDA* im Laufe von drei Jahren 40 Millionen Euro investiert, wobei ca. 170 neue Arbeitsplätze geschaffen und täglich 3500 Objekte digitalisiert wurden (http://dikda.eu/dikda-v-skratke, 12.01.2017). Zwei weitere digitale Bibliotheken stammen von der Slovenská národná galéria und dem Národné osvetové centrum. Beide beinhalten hauptsächlich digitalisiertes Kulturerbe und sind frei zugänglich.

Auch die slowakische Nationalbibliografie wird nach wie vor nur als Printmedium bzw. als CD-ROM herausgegeben. Besitzt man keinen Zugang zu den Printausgaben, kann man sich alternativ an den Bibliothekskatalog der Nationalbibliothek oder an den Verbundkatalog wenden, für die auch retrospektiv viele ältere Bestände aufgearbeitet wurden. Bei der Verwendung solcher klassischen bibliothekarischen Ressourcen stößt man des Öfteren auf die Bezeichnung *KIS3G* (*Knižnično-informačný systém tretej generácie*). Dabei handelt es sich um ein Projektkonsortium, das die Nutzung gemeinsamer Software bei elektronischen Informationsressourcen fördert. Auf KIS3G gehen der Verbundkatalog und das Fachportal *Memoria slovaca* zurück.

Die Univerzitná knižnica v Bratislave verfügt über eine Reihe von Referenzdatenbanken zur Geschichte des slowakischen Bildungswesens. Ansonsten gibt es am slowakischen Informationsmarkt aber keinerlei elektronischen bibliografischen bzw. biobibliografischen Ressourcen. Die Universitätsbibliothek betreibt bislang die einzige digitale Bibliothek an einer slowakischen Hochschule (*MediaInfo*). 2015 wurde die Bibliothek umstrukturiert und enthält nun neben alten Drucken und Manuskripten eine große Zahl an historischen Periodika. Für den Zugang außerhalb des Bibliotheksgeländes gibt es eine eigene Version der digitalen Bibliothek.

Abgesehen von den Adressen der oben genannten Institutionen existiert noch eine Handvoll hochwertiger Informationsressourcen anderer Anbieter. Benötigt man Informationen zum slowakischen Bibliotheks- und Informationswesen, empfiehlt sich ein Besuch auf *InfoLib.sk*. Das Fachportal bietet umfangreiche Daten zu Bibliotheks- und Archivstandorten, laufenden Projekten, bibliothekarischen Arbeitsmethoden, Retrodigitalisierung etc. Auch slowakische Kanonliteratur ist im Netz zu finden. Mit *Zlatý fond* – der Volltextdatenbank des Zeitungsverlags SME – und dem privaten Anbieter *Klasici* gibt es zwei gute Anlaufstellen für Literaturinteressierte.

Open Access in der Slowakei

Die Open Access-Bewegung hat in der Slowakei noch kaum Fuß gefasst. Zurzeit gibt es keine frei zugänglichen institutionellen oder zentralen Repositorien, dafür aber ist die Zahl an Open Access-Fachzeitschriften in den letzten Jahren leicht gestiegen. Das slowakische Urheberrecht erlaubte bis November 2013 nur beschränkte Verwendung der Creative Commons-Lizenzen, die mit der Publikation eines Werkes über ein Open Access-Format in der Regel einhergehen (http://tinyurl.com/h4ovspm, 04.09.2016). Dies war lange Zeit ein wesentlicher Stolperstein bei der Gründung von Open Access-Fachzeitschriften. Um Forschung und Wissenschaft transparenter zu machen, wurde vom slowakischen Parlament im Februar 2015 der OGP Action Plan 2015 bewilligt.[7] Dieser sieht u. a. vor, dass das slowakische Bildungsministerium in den kommenden Jahren eine landesweite Open Access-Strategie auszuarbeiten hat. Seither ist die Zahl an frei zugänglichen Periodika in der Slowakei leicht angestiegen. Seit 2016 können über den Metasuchdienst *DOAJ* 35 Fachzeitschriften samt Artikel durchsucht werden. *ROAD* verzeichnet bereits 53 Titel im Open Access-Format.

Stand der Retrodigitalisierung

Wie im Bereich des Open Access hat sich in der Retrodigitalisierung noch keine klare Aufgabenverteilung bei den slowakischen Informationsdienstleistern ergeben. Die Nationalbibliothek hat vor Kurzem ihr Digitalisierungsprojekt *DIKDA* abgeschlossen, doch gibt es landesweit kaum vergleichbare Projekte, weshalb sich ein Metasuchdienst für Retrodigitalisate, der in vielen anderen slawischen Ländern mittlerweile zur Standardinfrastruktur gehört, bislang erübrigt hat. Die Volltextbestände von *DIKDA* sind nur auf dem Gelände der Nationalbibliothek zugänglich, der Katalog mit den bibliografischen Daten kann hingegen

---

7 Open Government Partnership (OGP) ist eine Initiative zur Förderung der Transparenz in staatlichen und öffentlichen Strukturen. 2011 wurde die Initiative von den acht Gründungsmitgliedern ins Leben gerufen, seither haben sich 62 Regierungen weltweit angeschlossen. Verbesserungsmaßnahmen werden von den einzelnen Ländern in sogenannten *Action Plans* festgehalten.

auch online durchsucht werden. Laut der Projektbeschreibung von *DIKDA* sollen mindestens 30 Prozent der Titel über die digitale Bibliothek *Slovakiana* für die Öffentlichkeit frei zugänglich werden (http://dikda.eu/stav-projektu/, 12.07.2017). Diese wird allerdings erst schrittweise aufgebaut. Zusammen mit *DIKDA* ist *Slovakiana* an den Metasuchdienst *Europeana* angeschlossen. Im Bereich des digitalen Kulturerbes gibt es neben der *Slovakiana* eine weitere wichtige Adresse – die digitale Bibliothek *Web umenia*, die von slowakischen Kunstgalerien und Museen mit digitalisierten Ausstellungsstücken befüllt wird. Eine wichtige Adresse für die Recherche nach historischen Zeitungen und Zeitschriften ist *MediaInfo* – die digitale Bibliothek der Univerzitná knižnica v Bratislave. *MediaInfo* ist frei zugänglich und ist neben *DIKDA* die einzige digitale Bibliothek im slowakischen Informationswesen.

3.9.1 Bibliografische Datenbanken

Bibliografia almanachov, ročeniek a zbornikov na Slovensku 1701–1918

Diese Bibliografie ist ein Angebot der Univerzitná knižnica v Bratislave und vervollständigt das dreiteilige Datenbankprojekt zur Jahrbuchbibliografie des slowakischen Bildungswesens (*Bibliografia článkov z výročných školských správ z územia Slovenska*). Die Datenbank beinhaltet ca. 8000 Einträge aus historischen Jahrbüchern, Sammelbänden und anderen anthologischen Schriften, die im Laufe von zwei Jahrhunderten innerhalb der Grenzen des heutigen slowakischen Territoriums publiziert wurden. Herausgeber der Schriften sind Institutionen mit akademischem Einschlag, wie Berufs- und Hobbyvereine, Interessensverbände etc. Die Einträge setzen sich zusammen aus den bibliografischen Daten der Periodika (ca. 1500) und ausgewählten einzelnen Beiträgen (ca. 6500). Vertreten sind Titel in fünf Sprachen (Slowakisch, Ungarisch, Deutsch, Latein und Ruthenisch) mit verschiedener fachlicher, teils auch populärwissenschaftlicher Ausrichtung. Recherchiert wird über eine Feldsuche, einen thematischen Schlagwortindex oder eine Browsing-Funktion. Eine umfassende englische Version ist vorhanden.

- Bibliografische Datenbank
- Freier Zugang
- Auch auf Englisch verfügbar
- Berichtszeitraum: 1701–1918
- Feldsuche: keine Diakritika notwendig
- Verlag: Univerzitná knižnica v Bratislave
- Adresse: http://retrobib.ulib.sk/azr.htm

Bibliografia článkov z výročných školských správ z územia Slovenska za školské roky 1918/19–1952/53

Diese Aufsatzdatenbank ist einer von drei Teilen der elektronischen Jahrbuchbibliografien des slowakischen Schulwesens und dient als chronologische Ergänzung zur Datenbank für den Zeitraum 1701 bis 1850 (*Bibliografia výročných školských správ z územia Slovenska 1701–1850*). Die Teilbibliografie beinhaltet ca. 3500 Verweise zu Beiträgen aus slowakischen Schuljahrbüchern, in denen über einen Schlagwortindex oder eine Feldsuche recherchiert werden kann. Die Beiträge umfassen alle historischen Schultypen von Grundschule bis Fach- und Hochschule und wurden großteils auf Slowakisch verfasst. Es lassen sich Beiträge akademischer Natur (Fachartikel, Studienergebnisse, Essays etc.) und dokumentarischer Natur (Chroniken, Berichte etc.) unterscheiden. Eine deutschsprachige Einleitung mit Erklärungen zu Inhalt und Projektziel ist ebenfalls vorhanden.

- Bibliografische Datenbank
- Freier Zugang
- Auch auf Deutsch verfügbar
- Berichtszeitraum: 1918–1953
- Feldsuche: keine Diakritika notwendig
- Verlag: Univerzitná knižnica v Bratislave
- Adresse: http://retrobib.ulib.sk/clankyVSS.htm

Bibliografia výročných školských správ z územia Slovenska 1701–1850

Diese Referenzdatenbank beinhaltet 605 Verweise zu Jahrbüchern aus dem slowakischen Schul- und Hochschulwesen der Jahre 1701 bis 1850. Die Gesamtzahl der Verweise setzt sich aus den Jahrbüchern von ca. 60 verschiedenen Schulen zusammen sowie aus einer kleinen Zahl an Verweisen zu darin erschienenen Beiträgen. Vorhanden sind Jahrbücher aus allen Schulstufen von Grundschule bis Fach- und Hochschule in slowakischer, deutscher und lateinischer Sprache. Die Suchmöglichkeiten ergeben sich aus einer Indexsuche und einer Feldsuche. Eine deutschsprachige Version ist ebenfalls vorhanden

---

- Bibliografische Datenbank
- Freier Zugang
- Auch auf Deutsch verfügbar
- Berichtszeitraum: 1701–1850
- Feldsuche: keine Diakritika notwendig
- Verlag: Univerzitná knižnica v Bratislave
- Adresse: http://retrobib.ulib.sk/retro.htm

Biografia vo výročných školských správach 1918/19–1952/53

Zusätzlich zu ihrem dreiteiligen Bibliografie-Projekt zu den Schriften des slowakischen Schulwesens hat die Univerzitná knižnica v Bratislave eine gesonderte Sammlung mit biografischen Beiträgen kreiert. Alle Einträge wurden aus der *Bibliografia článkov z výročných školských správ z územia Slovenska za školské roky 1918/19–1952/53* entnommen und in eine eigene Datenbank migriert. Die Datenbank umfasst ca. 1700 Einträge zu etwa 200 verschiedenen Persönlichkeiten – darunter großteils Lehrende und Professoren aus dem Mittel- und Hochschulsektor. Recherchiert wird über einen Index zu den behandelten historischen Persönlichkeiten, wobei jeder Eintrag eine Kurzbibliografie enthält. Eine deutschsprachige Einleitung ist vorhanden.

- Biografische Datenbank
- Freier Zugang
- Auch auf Deutsch verfügbar
- Berichtszeitraum: 1918–1953
- Verlag: Univerzitná knižnica v Bratislave
- Adresse: http://retrobib.ulib.sk/biografiaVSS.htm

3.9.2 Fachportale und Metasuchdienste

InfoLib

InfoLib ist ein Fachportal mit Fokus auf Bibliotheks- und Informationswissenschaften und gibt Auskunft über angewandte Standards, aktuelle Entwicklungen, Katalogisierung, Retrodigitalisierung, Adressen und Ansprechpartner im slowakischen wissenschaftlichen und öffentlichen Informationsmanagement. Das Portal ist ein idealer Anlaufpunkt für alle Recherchierenden, die allgemeines bibliothekarisches Fachwissen benötigen. Dazu werden ausführliche Beschreibungen sowie zahlreiche Volltexte – meist in Form von PDF-Dateien – unter den entsprechenden Themenpunkten angeboten. Sehr praktisch ist die minutiöse Aufteilung der einzelnen Themenbereiche und deren Untergruppen in der linken Menüleiste. Das Portal bietet auch einen umfangreichen Veranstaltungskalender für das slowakische Bibliothekswesen an.

- Fachportal (Schwerpunkt Bibliotheks- und Informationswissenschaften)
- Freier Zugang
- Verlag: Spolok slovenských knihovníkov a knižníc
- Adresse: www.infolib.sk

Slovenská knižnica

Seit dem Jahr 2005 ist die *Slovenská knižnica* – der slowakische Verbundkatalog – im Einsatz. Der Katalog ist eine Zusammensetzung aus den verschiedenen kleineren Verbundkatalogen, die heute noch über die Webseite der Nationalbibliothek zugänglich sind (www.snk.sk/sk/katalogy.html). Neben diesen Einzelkatalogen sind auch die OPACs von ca. 30 anderen öffentlichen und wissenschaftlichen Bibliotheken, die auf der Homepage in einer Übersicht zu sehen sind, durchsuchbar. Das Anklicken eines Bibliotheksicons ermöglicht die Suche in dem dazugehörigen Katalog ohne die Webseite zu verlassen. Auf der Homepage befinden sich zudem Links zu den Suchdiensten *Europeana* und *The European Library*. Eine Vorauswahl auf der linken Menüleiste erlaubt die Suche nach speziellen Publikationstypen. Unter der Menüleiste befindet sich ein Hyperlink zum *Súborny katalóg periodík*, der von der Univerzitná knižnica v Bratislave verwaltet wird. Vor der Gründung der *Slovenská knižnica* gab es jeweils einen eigenen Verbundkatalog für Monografien, Periodika, alte Drucke, spezielle Sammlungen etc. Fast alle Datenbestände wurden in den neuen Verbundkatalog migriert, jedoch nicht jene für Periodika. Den Katalog gibt es auch in einer ausführlichen englischen Version.

- Verbundkatalog
- Freier Zugang
- Auch auf Englisch verfügbar
- Verlag: Slovenská národná knižnica (Projektleitung)
- Adresse: www.kis3g.sk

Abb. 47: Startseite und Einstieg in den Verbundkatalog *Slovenská knižnica*

3.9.3 Digitale Bibliotheken, fachspezifische Volltextdatenbanken und Textsammlungen

DIKDA – Digitálna knižnica a digitálny archív

DIKDA ist das Digitalisierungsprojekt der slowakischen Nationalbibliothek in Kooperation mit dem Nationalarchiv des slowakischen Innenministeriums. Das Ziel des Projekts ist die Retrodigitalisierung von ca. 2,5 Millionen Titeln, womit im September 2015 erfolgreich abgeschlossen wurde. Die Hälfte aller Titel stammt aus den Beständen der Nationalbibliothek, die andere Hälfte setzt sich aus Dokumenten des Nationalarchivs zusammen. Etwa 30 Prozent der Digitalisate sollen laut Projektbeschreibung online über das Projekt *Slovakiana* frei zugänglich sein – dies ist bislang aber nur teilweise der Fall. Alle Bestände innerhalb *DIKDA* unterliegen dem Closed Access-Prinzip und können nur auf dem Gelände der Nationalbibliothek sowie mit einer entsprechenden Registrierung eingesehen werden. *DIKDA* ist aufgeteilt in eine eigenständige Webseite mit umfassenden Projektinformationen (http://dikda.eu) sowie in den Online-Katalog an sich, der im Webportal der Nationalbibliothek implementiert ist (http://dikda.snk.sk). In der rechten Menüleiste der Projektwebseite finden Recherchierende unter *Kategórie* Beiträge zu verschiedenen Themen, die Auszüge aus dem digitalen Bestand sowie Beschreibungen beinhalten.

- Digitale Bibliothek
- Freier Zugang zum Katalog (Einsicht in die Volltexte nur auf dem Gelände der SNK)
- Verlag: Slovenská národná knižnica; Slovenský narodný archív
- Adresse: http://dikda.snk.sk und http://dikda.eu/

Klasici

Klasici ist eine Textsammlung zu bekannten historischen und literarischen Texten aus der Geschichte der Slowakei. Die Kollektion ist ein privates Projekt und beinhaltet etwa 90 Texte in elektronischer Abschrift aus dem Zeitraum 900 bis 1940. Alle Beiträge gibt es in slowakischer Originalsprache oder slowakischer Übersetzung. Gegliedert werden sie über die Menüpunkte *Historické texty* und *Klasici*. Letzteres umfasst auch die Werke einiger tschechischer Autoren. Unter *Rozpravky* befinden sich – von der kanonisierten Literatur getrennt – slowakische und tschechische Erzählungen. Bei Verwendung der Abschriften für wissenschaftliche Zwecke bzw. Zitationen sind diese eventuell gegenzuprüfen, da ein professionelles Proofreading nicht garantiert ist.

- Elektronische Textsammlung
- Freier Zugang
- Verlag: unbekannt
- Adresse: www.klasici.sk

MediaInfo

Digitale Bibliotheken werden im Regelfall von National- und Staatsbibliotheken bzw. von Fachinstitutionen mit der nötigen Infrastruktur betrieben. Die Univerzitná knižnica v Bratislave verfügt über ein eigenes Digitalisierungszentrum und gehört damit zu den wenigen slawischen Hochschulbibliotheken, die zwar kein Open Access-Repositorium verwalten, dafür aber einen großen Bestand an Retrodigitalisaten. Die digitale Bibliothek *MediaInfo* enthält um die 60 000 Titel, wobei ein Großteil des Bestandes aus slowakischen Zeitungs- (ca. 45 000 Titel) und Zeitschriftenausgaben (betrifft literarische und künstlerische, Fach- und populärwissenschaftliche Periodika; ca. 10 000 Titel) besteht. Enthalten sind auch alte Drucke und Manuskripte. Gesucht werden kann über eine Schnellsuche oder über ein Drill-down-Menü, das die Trefferliste, welche in Blogformat angezeigt wird, nach verschiedenen Kriterien einschränkt.

- Digitale Bibliothek
- Freier Zugang
- Feldsuche: keine Diakritika notwendig
- Verlag: Univerzitná knižnica v Bratislave
- Adresse: http://digitalna.kniznica.info/browse

Pramene k dejinám vedy na Slovensku

Diese Volltextdatenbank ist ein Projekt der Univerzitná knižnica v Bratislave und besteht großteils aus geografischen, historischen und zoologischen Artikeln aus ungarischen Periodika. Zwar finden sich auch Beiträge in slowakischer und deutscher Sprache, doch sind diese eher selten. Insgesamt befinden sich in der Datenbank 550 Titel in Volltexten aus dem 19. Jahrhundert. Die Suchoptionen ergeben sich aus einer Feldsuche, einem Titel-, Autoren- und Schlagwortindex.

- Volltextdatenbank
- Freier Zugang
- Feldsuche: Verwendung von Diakritika notwendig
- Verlag: Univerzitná knižnica v Bratislave
- Adresse: http://retro.kniznica.info

Slovakiana

Die *Slovakiana* ist ein Teil des staatlichen Programms zur Digitalisierung des nationalen Kulturerbes und wird vom Národné osvetové centrum in Bratislava betreut. Seit November 2015 stellt die digitale Bibliothek ca. 10 000 Digitalisate sowie audiovisuelle Materialien aus verschiedenen Kunstsparten online zur Verfügung. Zu diesen zählen Gemälde, Kurz- und Spielfilme, Fotografien slowakischer Tracht, Architektur und museale Objekte. Eine Besonderheit der Bibliothek ist, dass sie auch Fotomaterial von Naturerbe (hauptsächlich Gestein und Mineralien) beinhaltet. Die digitalisierten Werke stammen aus den Fundus öffentlicher Institutionen wie der Slovenská národná knižnica, der Slovenská národná galéria, dem Slovenský národný archív, verschiedener Museum, Filmarchive etc. Etwa 30 Prozent des lizenzierten Bestandes von *DIKDA* sollen über die *Slovakiana* im Laufe der Zeit frei zugänglich werden. Die Bibliothek kann auch über den Suchdienst *Europeana* durchsucht werden.

- Digitale Bibliothek
- Freier Zugang
- Feldsuche: keine Diakritika notwendig
- Verlag: Národné osvetové centrum
- Adresse: www.slovakiana.sk

Web umenia

Web umenia ist ein Projekt der Slovenská národná galéria in Bratislava in Kooperation mit sechs anderen slowakischen Galerien. Die digitale Bibliothek präsentiert über 100 000 Digitalisate von Werken slowakischer und ausländischer Künstler. Aufgenommen wurden Gemälde, Fotografien, grafische Designs, Skizzen und Kunstobjekte. Zu jedem Werk gibt es die dazugehörigen bibliografischen Daten und Metadaten einschließlich Verschlagwortung und Standortangabe. Alle Einträge können auch nach Künstler sowie im Rahmen der von der Galerie zusammengestellten Themensammlungen durchsucht werden. Unter dem Menüpunkt *Články* befinden sich Einträge zu Ausstellungen, kurze Essays und Videomaterialien zu verschiedenen Themen aus der slowakischen Kunstszene.

- Digitale Bibliothek
- Freier Zugang
- Feldsuche: Verwendung von Diakritika notwendig
- Verlag: Slovenská národná galéria (Projektleitung)
- Adresse: www.webumenia.sk

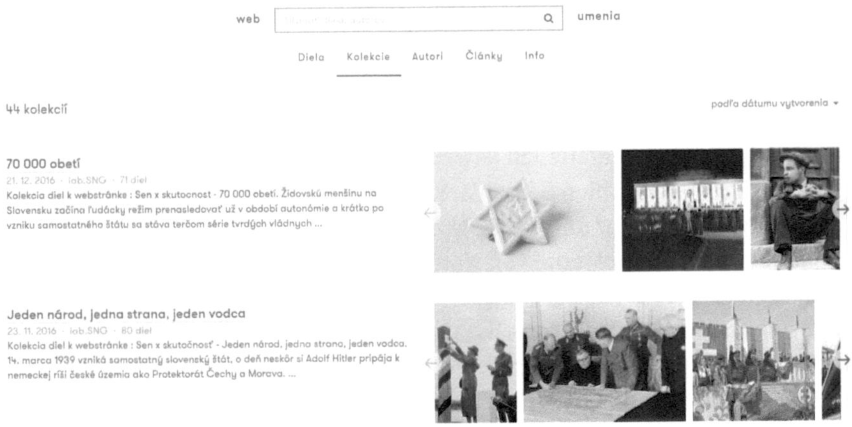

Abb. 48: Suchfunktion, Anzeige und Beschreibung digitaler Sammlungen auf *Web umenia*

Zlatý fond

Diese elektronische Textsammlung umfasst ca. 1900 Titel slowakischer klassischer Literatur. Die Sammlung ist die einzige am slowakischen Informationsmarkt, die nicht von einer Bibliothek oder privat geleitet wird, sondern von der Tageszeitung SME. Der Großteil der Beiträge ist über Crowdsourcing entstanden, wobei die Wahrung von Urheberrechten sowie das Proofreading der elektronischen Texte von SME sichergestellt werden. Wer zur Digitalisierung slowakischer Literatur beitragen möchte, kann dies wie bereits viele andere User im Rahmen des von der Webseite empfohlenen Best Practice tun. Gesucht werden kann über alphabetische Indizes zu Autor, Werk und Erscheinungsdatum. Eine Tag-Cloud unter dem Menüpunkt *Katalóg diel* gibt Auskunft über die gefragtesten Autoren. Alle Werke können online als Abschrift gelesen oder in Form des Gesamtwerks des Autors heruntergeladen werden. Auch kurze Autorenbiografien können nachgeschlagen werden.

- Elektronische Textsammlung
- Freier Zugang
- Verlag: SME
- Adresse: http://zlatyfond.sme.sk

3.10 Slowenien

Wer in Slowenien eine wissenschaftliche Recherche betreibt, profitiert von einem sehr gut strukturierten und ausgebauten Informationsmarkt. Gemessen an der Zahl der Ressourcen und deren technischen und inhaltlichen Qualität gehört

Slowenien zu den führenden Informationsmärkten in Europa. Die dortigen Informationsinfrastrukturen zeichnen sich nicht nur durch eine Vielzahl an qualitativ hochwertigen Ressourcen aus, sondern auch durch eine hohe Benutzerfreundlichkeit, Mehrsprachigkeit und eine klare Rollenverteilung bei den einzelnen Dienstleistern. Letzteres hat in Slowenien zu einem interessanten Phänomen geführt – so beteiligen sich künstlerische und kulturelle Institutionen in großem Maße an der Gestaltung wissenschaftlicher Informationsressourcen. Zusätzlich zur eigenen Webpräsenz bieten sie hochwertige Datenbanken und Fachportale an, die die Recherche im slowenischen Kunst- und Kultursektor ermöglichen. Eine solch intensive Beteiligung ist auf den zumeist naturwissenschaftlich und technisch geprägten akademischen Informationsmärkten eher selten. Als Beispiel vorweggenommen sei hier der Metasuchdienst *Kulturnik*. Dieser ist ein Angebot des Ljudmila Art and Science Laboratory in Ljubljana und verbindet alle wichtigen Informationsressourcen aus dem Bibliotheks- und Kultursektor.

Wichtigster Informationsdienstleister ist das staatliche Bibliothekswesen unter der Führung der slowenischen National- und Universitätsbibliothek in Ljubljana (Narodna in univerzitetna knjižnica). Diese stellt für die Literaturrecherche klassische bibliothekarische Informationsressourcen zur Verfügung u. a. einen nationalen Verbundkatalog, eine digitale Bibliothek und eine Online-Version der slowenischen Nationalbibliografie. Alle größeren öffentlichen und wissenschaftlichen Bibliotheken einschließlich Schul- und Fachbibliotheken sind in das slowenische *COBISS*-System eingebunden (siehe dazu Kapitel 1.3.3). Dieses besteht aus dem Verbundkatalog *COBIB.si*, der Forschungsdatenbank *SICRIS* sowie aus einigen kleineren Datenbanken wie *COLIB.si*, die Informationen zu den beteiligten Bibliotheken speichert. Mit insgesamt 430 teilnehmenden Bibliotheken ist die slowenische Variante des *COBISS*-Systems die umfangreichste im südslawischen Raum. Der Vertrieb und die Wartung des *COBISS*-Systems ist im Übrigen heute noch Aufgabe des Institut informacijskih znanosti in Maribor, wo das System vor mehreren Jahrzehnten seinen „Siegeszug“ angetreten hat. Ebenfalls zentralisiert sind die Digitalisierungsaktivitäten, die allein von der National- und Universitätsbibliothek gehandhabt werden. Zum Vorteil der Nutzer gibt es für alle wichtigen bibliothekarischen Informationsressourcen – Verbundkatalog, digitale Bibliothek und Nationalbibliografie – somit nur einen Anbieter.

Eine weitere Besonderheit des slowenischen Informationsmarktes sind die Initiativen ländlicher Bibliotheken und Archive, um ebenfalls Ressourcen für die Öffentlichkeit bzw. für die Forschung anbieten zu können. Zu diesem Zweck wurden die digitale Bibliothek *Kamra* und der Suchdienst *SIRAnet* erstellt. Auch diese regional bedeutsamen Informationsressourcen sind über den Metasuchdienst *Kulturnik* konsultierbar.

Open Access in Slowenien

Wie in vielen slawischen Ländern muss sich in Slowenien eine einheitliche nationale Open Access-Strategie erst herausbilden. Nichtsdestotrotz gibt es von staatlicher Seite einige gute Ansätze, um die Nutzung von Open Access an den Hochschulen und unter Wissenschaftlern und Studierenden zu fördern. Die Umsetzung solcher Initiativen ist zumeist Aufgabe der wissenschaftlichen Bibliotheken und Verlage. Das Fachportal *DOAJ* verzeichnet insgesamt 47 slowenische Zeitschriften, *ROAD* 42. Alle staatlich unterstützten Open Access-Periodika müssen in der digitalen Bibliothek *d.Lib* der slowenischen National- und Universitätsbibliothek hinterlegt werden. *OpenAIRE* schätzt die Zahl solcher staatlich geförderten Fachzeitschriften auf ca. 140 (www.openaire.eu/oa-slovenia). Somit gehört Slowenien zu den wenigen Ländern, die Open Access-Periodika zentral speichern und durchsuchbar machen. Um alle verfügbaren Zeitschriften bei der Recherche zu erfassen, empfiehlt sich die Suche über die digitale Bibliothek *d.Lib* anstatt über internationale Suchdienste.

OpenAIRE und *ROAR* verzeichnen insgesamt zehn institutionelle Repositorien, die hochschulspezifische Publikationen im Open Access-Format speichern. Obwohl frei zugängliche Medien und Infrastrukturen mittlerweile zum Hochschulalltag gehören, gibt es keinen einzigen slowenischen Unterzeichner auf der Budapester oder Berliner Erklärung. Dafür ist mit Unterstützung des slowenischen Wissenschaftsministeriums ein eigenes Fachportal zu Stande gekommen, in dem wichtige Forschungseinrichtungen und Bibliotheken über Vorteile und Nutzung von Open Access informieren (www.openaccess.si). Das Portal beinhaltet auch passende Sekundärliteratur.

Tipp: Auf der Suche nach slowenischen Open Access-Repositorien konsultiert man am besten das Fachportal OpenAIRE (www.openaire.eu/oa-slovenia), da es noch keinen nationalen Metasuchdienst für Repositorien gibt. Dort findet man auch eine detaillierte Beschreibung zum Stand des Open Access in Slowenien. Alle Zeitschriften findet man auf dem Fachportal DOAJ, vollständiger ist jedoch die digitale Bibliothek d.Lib.

Stand der Retrodigitalisierung

Das slowenische Bibliothekswesen betreibt keine landesweiten Digitalisierungsinitiativen wie es etwa in Polen oder Tschechien der Fall ist. Die Digitalisierung von wertvollen Handschriften oder seltenen Buchausgaben zur Langzeitarchivierung und leichterem Zugriff für die Öffentlichkeit obliegt der slowenischen

National- und Universitätsbibliothek. Diese leitet dazu die digitale Bibliothek *d.Lib*, die großteils Digitalisate von eigenen Beständen beinhaltet, aber auch von anderen wertvollen Titeln, die in Archiven oder Museen außerhalb verwahrt werden. Das Digitalisierungsprogramm der Nationalbibliothek umfasst auch große historische Zeitschriftenbestände, die in *d.Lib* neben Monografien und Open Access-Zeitschriften (siehe oben) zu finden sind. Insgesamt beinhaltet die Bibliothek über 600 000 Titel. Alle elektronischen Bestände werden somit über eine einzige Datenbank verwaltet, wobei Studenten und Forschern die Suche in vielen einzelnen Ressourcen erspart bleibt. Die National- und Universitätsbibliothek war im Übrigen intensiv am Aufbau des Metasuchdienstes *Europeana* beteiligt. Alle Bestände sind über *Europeana* zu finden.

Neben *d.Lib* gibt es noch eine weitere Anlaufstelle auf der Suche nach Volltexten bzw. Retrodigitalisaten: *Kamra*. Diese digitale Bibliothek ist ein Angebot verschiedener kleiner Regionalbibliotheken und -archive, deren Bestände nicht in *d.Lib* aufgenommen wurden. Durch einen Zusammenschluss haben diese Einrichtungen ihr eigenes Digitalisierungsprogramm erstellt. In *Kamra* findet man keine wertvollen Kulturgüter oder umfangreiche Zeitungsbestände, dafür aber Bücher, Bildmaterialien und Tonaufnahmen von regionaler Bedeutung. Auch *Kamra* ist an *Europeana* angebunden. Möchte man *d.Lib* und *Kamra* gleichzeitig durchsuchen, empfiehlt sich die Recherche über den Metasuchdienst *Kulturnik*.

Slovenska bibliografija – Die slowenische Nationalbibliografie (http://sb.nuk.uni-lj.si)

Seit 2006 gibt es eine Online-Version der slowenischen Nationalbibliografie (*Slovenska bibliografija*), die einmal im Jahr von der National- und Universitätsbibliothek als Printmedium herausgegeben wird. Um der zeitaufwändigen Retrokatalogisierung alter Bibliografien zu entgehen, wurden alle Monografien vor 1988 digitalisiert. Mittels einer Volltextindexierung können diese nun durchsucht und alle erfassten Publikationen ab dem Jahr 1907 online nachgeschlagen werden. Alle Titel nach 1988 werden nicht über Digitalisate, sondern wie in einer bibliografischen Datenbank über manuell angelegte Datensätze gespeichert. Diese stammen aus dem Online-Katalog der Nationalbibliothek (*KatNUK*). Die slowenische Nationalbibliografie wird nach dem Territorial- und Nationalitätsprinzip erstellt – wie genau diese ausgelegt werden, kann in der Einleitung zur Nationalbibliografie nachgelesen werden. Die Gliederung der Bibliografie ist siebenteilig. So gibt es je eine eigene Teilbibliografie für Monografien, Periodika, Musikalien, Tonaufnahmen, kartografische Materialien, Bildmaterialien und einzelne Artikel. Gleich beim Einstieg in die Webseite kann der Nutzer die Suche in den einzelnen Teilbibliografien wählen oder über eine Schnellsuche die komplette Datenmenge abfragen. Zwei Treffermengen organisieren den Bestand an Katalogisaten (alle Titel nach 1988) und Digitalisaten (alle Titel vor 1988). Eine Einführung in die Datenbank gibt es auch auf Englisch.

3.10.1 Bibliografische Datenbanken

Arhitekturni vodnik

Arhitekturni vodnik ist eine Datenbank mit Text- und Bildmaterialien zu Bauten in ganz Slowenien. Die Datenbank umfasst etwa 250 Gebäude von 130 verschiedenen Architekten, wobei der Großteil in oder in der Gegend um Ljubljana zu finden ist. Chronologisch beginnen die Einträge mit der Antike, doch eignet sich die Datenbank insbesondere für die Recherche zur städtischen Architektur ab dem 20. Jahrhundert. Einträge werden laufend hinzugefügt. Die Datenbank verfügt über ein einfaches Suchfeld und Pull-down-Menüs zu Architekt, Objekttypus, Region und Epoche. Die Treffer geben Bilder und Grunddaten der Bauten wieder sowie eine kurze Erklärung zu deren Baugeschichte. Erstellt und verwaltet wird die Datenbank von der Organisation Trajekt, die sich für die Erhaltung städtischer und ländlicher Architektur in Slowenien einsetzt.

- Bibliografische bzw. Bilddatenbank
- Freier Zugang
- Auch auf Englisch verfügbar
- Berichtszeitraum: ab Antike
- Feldsuche: Verwendung von Diakritika notwendig
- Verlag: Trajekt
- Adresse: www.arhitekturni-vodnik.org

Museums

Museums ist der offizielle Webauftritt slowenischer Museen und Galerien. Das Portal indiziert nicht nur 50 verschiedene museale Einrichtungen in ganz Slowenien, sondern stellt unter dem Reiter *Zbirke* auch eine Datenbank zu deren Sammlungen zur Verfügung. Verzeichnet werden aber nicht ganze museale Repertoires, sondern etwa 50 ausgewählte Sammlungen einzelner slowenischer Künstler oder Objekttypen. Die Sammlungen können dabei je nach Projektumfang groß (bis zu 1000 Objekten) oder eher klein ausfallen. Die Kollektionen zu den diversen Objekttypen decken ein weites Feld von antiken Fundstücken bis zu zeitgenössischer Kunst ab. Jeder Objekteintrag enthält eine Bilddatei sowie Grunddaten und Angaben zum Standort. Gesucht werden kann über eine klassische Feldsuche. Unter dem Reiter *Avtorji* können die Biografien internationaler Künstler nachgelesen werden. Fachspezifische Literatur, Kommentare und Bildbeschreibungen befinden sich unter dem Reiter *Prispevki*.

- Bibliografische bzw. Bilddatenbank
- Freier Zugang
- Berichtszeitraum: ab Antike
- Feldsuche: Verwendung von Diakritika notwendig
- Verlag: Museums
- Adresse: www.museums.si

SICRIS – Slovenian Current Research Information System

SICRIS ist die zentrale Referenzdatenbank zur Dokumentation der slowenischen Forschungslandschaft. Die Datenbank ist Teil des slowenischen *COBISS*-Systems und Vorlage für alle südslawischen CRIS-Datenbanken. Der Dienst liefert Angaben zu Forschungsinstitutionen, -projekten und -gruppen, aber auch zu einzelnen Personen, die in der slowenischen Forschungslandschaft tätig sind. Aktuell verzeichnet *SICRIS* über 1000 Institutionen, 1600 Forschungsgruppen und über 14 000 Wissenschaftler. Wie alle CRIS-Datenbanken ist *SICRIS* nicht nur für die wissenschaftliche Recherche gedacht, sondern auch zur Dokumentation von Forschungsleistungen, welche so von öffentlicher Seite eingesehen werden können. Gesucht wird über eine klassische Feldsuche oder über den Schlagwortindex. Jeder Eintrag enthält die wichtigsten Grunddaten zur gesuchten Person, zu Projekt oder Institution.

- Bibliografische Datenbank
- Freier Zugang
- Feldsuche: keine Diakritika notwendig
- Verlag: Institut informacijskih znanosti; Agencija za raziskovalno dejavnost republike Slovenije
- Adresse: www.sicris.si

SIGIC – Slovenski glasbenoinformacijski center

Seit etwa zehn Jahren gibt es das Slovenski glasbenoinformacijski center – das slowenische Musikinformationszentrum. SIGIC ist Teil der Organisation International Association of Music Information Centres, die sich um die Bekanntmachung zeitgenössischer Musik bemüht. Zu diesem Zweck verzeichnet jedes Informationszentrum Entwicklungen am nationalen Musikmarkt, insbesondere zu ernster und funktionaler sowie zu Unterhaltungsmusik. Mit SIGIC gibt es nun auch in Slowenien eine Informationsstelle rund um zeitgenössische Musik. Das Zentrum stellt dafür auf seiner Webseite umfangreiche Informationen für internationales Publikum bereit. Das Portal bietet Artikel zur nationalen Musikgeschichte, zur Entwicklung und nationalen Vertretung diverser Musikgenres sowie zu aktuellen Veranstaltungen im Land. Wie von vielen slowenischen Kulturplattformen ist ein Teil von SIGIC eine fachspezifische Referenzdatenbank. Zu dieser kann man sich über den Menübutton des Portals rechts oben durch Anklicken von *Baza podatkov o glasbenikih in institucijah* weiterleiten lassen. Die Datenbank beinhaltet Daten zu slowenischen Musikern, Ensembles und Musikinstitutionen und besteht aus mehreren hundert Einträgen. Die Datenbank ist noch im Aufbau befindlich, weshalb die einzelnen Treffer nicht immer umfangreiche Informationen liefern. Gesucht werden kann über eine Schnellsuche oder einen Künstler- bzw. Titelindex. Auch eine gute englische Version ist vorhanden.

- Biobibliografische Datenbank
- Freier Zugang
- Auch auf Englisch verfügbar
- Feldsuche: keine Diakritika notwendig
- Verlag: Slovenski glasbenoinformacijski center (SIGIC)
- Adresse: www.sigic.si und http://sigic.nuk.uni-lj.si/baza-podatkov

---

Situla – Register nepremične kulturne dediščine

Die Datenbank *Situla* wird vom slowenischen Kulturministerium betrieben und enthält Informationen zu materiellem slowenischem Kulturerbe wie historischen Stätten, Denkmälern oder Architektur. Seit 1991 werden diese in einem Register systematisch erfasst, welches laufend erweitert wird. Die Applikation ist etwas veraltet, doch referenziert sie nach eigenen Angaben ausnahmslos jedes materielle Kulturerbe. Über die Formularsuche auf der Homepage gelangt man zu den etwa 30 000 Einträgen. Jeder Treffer liefert Angaben zur Identifikationsnummer des Erbes, zu Objektbeschreibungen, Architekt bzw. Künstler, Denkmalschutzrichtlinien etc. Die Datenbank war auch zur Dokumentation von beweglichem und immateriellem Kulturgut gedacht, doch befinden sich diese Register noch im Aufbau. Gesucht werden kann über eine interaktive Karte, die Kulturerbe mittels verschiedener Filter anzeigt. Die Applikation ist jedoch nicht mit jedem Browser kompatibel und benötigt mitunter eine lange Ladezeit. Treffer liefern die Informationen aus der Datenbank und verlinken zu Beschreibungen auf dem Fachportal *dediščina.si* (www.eheritage.si) bzw. auf der Seite des Ministeriums. Dort sind bisweilen auch Fotomaterialien und nähere Beschreibungen zu finden. Der Filter *Podlage* wurde eigens für den

Immobiliensektor angelegt, um bei Bau- oder Renovierungsvorhaben schneller über materielles Kulturerbe in der Nähe informieren zu können. Auf der Suche nach immateriellem slowenischem Kulturerbe kann auch die Webseite der Koordinationsstelle für immaterielles Kulturerbe *Koordinator varstva žive kulturne dediščine* konsultiert werden, die ein eigenes Register führt (www.nesnovnadediscina.si/sl/register).

- Bibliografische Datenbank
- Freier Zugang
- Feldsuche: Verwendung von Diakritika notwendig
- Verlag: Ministrstvo za kulturo
- Adresse: www.rkd.situla.org

Slovenska Biografija

Die Datenbank *Slovenska Biografija* ist ein Personenregister bekannter slowenischer Wissenschaftler und wird von der Slowenischen Akademie der Wissenschaften betrieben. Für die inhaltliche Zusammenstellung der Datenbank wurden drei biografische Lexika verwendet: *Slovenski biografski leksikon* (1925–1991), *Primorski slovenski biografski leksikon* (1974–1994) und *Novi Slovenski biografski leksikon*, 1. Band (2013). Alle Einträge in den Nachschlagewerken wurden für die Datenbankrecherche elektronisch aufgenommen und neue Einträge hinzugefügt. Gesucht werden kann über eine Schnell- und Formularsuche sowie über alphabetische Indizes zu Person, Fachgebiet und beruflicher Funktion. Jeder Personeneintrag enthält biografische Daten, eine Beschreibung der beruflichen Laufbahn sowie umfassende bibliografische Referenzen.

- Biografische Datenbank
- Freier Zugang
- Feldsuche: keine Diakritika notwendig
- Verlag: Slovenska akademija znanosti in umetnosti
- Adresse: www.slovenska-biografija.si

Slovenski filmski center

Für alle Filminteressierten bietet die Institution Slovenski filmski center auf seiner Webseite eine Datenbank mit Kurztiteln und -beschreibungen zu über hundert Jahren slowenischer Filmgeschichte an. Die Ressource ist auf der Webseite unter dem Reiter *Film v Sloveniji* zu finden. Mit ihren mehreren tausend Einträgen zu slowenischen Filmen ist die Datenbank besonders umfangreich. Sie enthält dabei nicht nur Klassiker, sondern u. a. auch studentische Kurzfilmprojekte und Werbeclips. Der dazugehörige Themenindex besteht aus 90 verschiedenen

Filmtypen. Auch nach Rollen am Filmset sowie nach Erscheinungsjahr kann gesucht werden. Jeder Eintrag besteht aus einer kurzen Inhaltsangabe, Daten zu Produzenten, Künstlern, Filmcrew und verwendeter Technik.

- Bibliografische Datenbank
- Freier Zugang
- Berichtszeitraum: ab 1905
- Feldsuche: Verwendung von Diakritika notwendig
- Verlag: Slovenski filmski center
- Adresse: www.film-center.si/sl/film-v-sloveniji

3.10.2 Fachportale und Metasuchdienste

COBIB.si – Virtualna knjižnica Slovenije

COBIB.si ist der Verbundkatalog des slowenischen *COBISS*-Systems und gleichzeitig Vorlage für alle anderen südslawischen *COBISS*-Bibliothekskataloge (siehe dazu Kapitel 1.3.3). Vereint werden in dem Verbundkatalog über vier Millionen Medien von 430 slowenischen Bibliotheken. Zu diesen gehören neben der National- und den wissenschaftlichen Bibliotheken auch Stadt-, Schul- und Spezialbibliotheken. Mit einer Recherche über *COBIB.si* lässt sich ein Großteil des nationalen Bibliotheksbestandes erfassen. Für nähere Informationen zu den teilnehmenden Institutionen gibt es auf der Homepage einen Hyperlink zur Datenbank *COLIB.si*, die Angaben zu Standorten, Kontaktdaten etc. enthält. Die Suchmöglichkeiten ergeben sich aus zwei verschiedenen Suchformularen (*Izbirno* und *Ukazno*), jeder Treffer bietet zudem weitere Verfahrensoptionen. So gibt es die Möglichkeit einer Anschlussrecherche über *WorldCat*, einer Verfügbarkeitsrecherche mit dem SFX-Linkresolver und der direkten Bestellung. Weitere Services bietet *COBIB.si* in Form von fachlicher Hilfestellung über einen Live-Chat und Personalisierungsfunktionen an. Für eine weiterführende Recherche nach Volltexten kann man sich auf der Homepage von *COBIB.si* zum Suchformular der Datenbank *ELINKS.si* weiterleiten lassen. Diese beinhaltet Referenzen zu öffentlichen sowie lizenzierten Volltexten. Die Datenbank eignet sich auch zur Recherche von Werken, die für die digitale Bibliothek *d.Lib* digitalisiert wurden.

- Verbundkatalog
- Freier Zugang
- Auch auf Englisch verfügbar
- Feldsuche: keine Diakritika notwendig
- Verlag: COBISS
- Adresse: www.cobiss.si/scripts/cobiss?ukaz=getid&lani=si

Fran – Slovarji Inštituta za slovenski jezik Frana Ramovša

Eine wichtige slowenische Adresse für Sprachwissenschaftler ist das Portal *Fran* des Inštitut za slovenski jezik Frana Ramovša mit einer umfangreichen Wörterbuchsammlung zur slowenischen Sprache. Alle der etwa 20 Wörterbücher werden nicht nur referenziert, sondern sind auch über eine Datenbank mit Volltextfunktion direkt durchsuchbar. Enthalten sind allgemeine, bilinguale und zahlreiche Fachwörterbücher sowie Rechtschreibhilfen, Sprachatlanten und Verweise auf die Textkorpora des Instituts. Eine Schnellsuche mit Drill-down-Funktion sortiert nach Wörterbuch ermöglicht eine effiziente Recherche.

- Fachportal (Schwerpunkt Sprachwissenschaft und Lexikologie)
- Freier Zugang
- Verlag: Inštitut za slovenski jezik Frana Ramovša
- Adresse: www.fran.si

Kulturnik

Kulturnik ist ein Metasuchdienst des Ljudmila Art and Science Laboratory – einer Organisation, die sich um die Verflechtung von Kunst, Technik und Open Science bemüht. Der Metasuchdienst ist im slawischen Sprachraum typologisch einzigartig und zeigt den hohen Stellenwert von Kunst und Kultur in Slowenien. Insgesamt werden ca. 20 slowenische Informationsressourcen aus verschiedenen Bereichen mit *Kulturnik* zusammengefasst. Zu diesen zählen digitale Bibliotheken, Fachportale, Zeitschriften und Enzyklopädien, aber auch einzelne Datenbanken von Kulturplattformen aus dem kunsthistorischen, kinematografischen oder Musikbereich. So sind dort sowohl umfangreiche Ressourcen wie *COBISS* oder *d.Lib* zu finden, als auch kleinere Angebote wie *Arhitekturni vodnik* oder *SIGIC*. Hat man es mit der Recherche eilig, kann man sich durchaus auf den Metasuchdienst beschränken. Die Liste aller Ressourcen zeigt ein Abbild des slowenischen Kultur- und Bibliothekswesens, zusätzlich werden alle wichtigen kulturellen Fachzeitschriften und Blogs angeführt. *Kulturnik* verfügt über ein alternatives Design zu den gängigen bibliothekarischen Metasuchdiensten: Recherchiert wird über eine Schnellsuche, die die einzelnen Treffer nach Quelle und in Blogformat gliedert. Handelt es sich bei der Quelle um eine Bilddatenbank, wird auch das dazugehörige Bild in der Treffermenge angezeigt. Empfehlenswert ist auch die Nachrichtenübersicht (*Novice*). Dort werden täglich aktuelle Meldungen zu 20 verschiedenen Kulturzweigen gesammelt. Jeder Eintrag leitet auf den Publikationsort weiter. Unter *Dogodki* finden Kulturinteressierte einen ausführlichen Veranstaltungskalender.

- Metasuchdienst
- Freier Zugang
- Verlag: Ljudmila Art and Science Laboratory
- Adresse: www.kulturnik.si

Abb. 49: Trefferanzeige im Metasuchdienst *Kulturnik*

SIRAnet

SIRAnet ist ein Metakatalog sechs verschiedener slowenischer Regionalarchive. Am dazugehörigen Verbund Consortium SIRAnet sind die Archive von Maribor, Koper, Nova Gorica, Celje, Ljubljana und Ptuj beteiligt, die mit 2009 ihre Bestände über einen gemeinsamen Metakatalog zusammengeschlossen haben. Nicht beteiligt ist das Nationalarchiv der slowenischen Republik, das über einen eigenen Online-Katalog verfügt. Über *SIRAnet* lassen sich die Bestände der einzelnen Regionalarchive und ihre Beschreibungen einsehen. Zusätzlich zu verschiedenen Spracheinstellungen bietet der Katalog Recherchierenden auch diverse Suchmöglichkeiten an. So sind neben der klassischen Feldsuche (ohne Volltextindexierung) auch die Suche mit Hilfe von Deskriptoren (Schlagwörtern) und Archivplänen möglich. Gleich beim Einstieg in die Seite werden die Suchmöglichkeiten kurz vorgestellt. Über den Metakatalog können die gewünschten Titel direkt bestellt oder in einer Favoritenliste gespeichert werden. Nicht ersichtlich ist allerdings, wie gut die einzelnen Archive ihre Bestände elektronisch aufgearbeitet haben. Daher ist es bei einer erfolglosen Suche ratsam, die Archive auf etwaige nicht erfasste Restbestände anzuschreiben.

- Metakatalog
- Freier Zugang
- Verlag: Consortium SIRAnet
- Adresse: www.siranet.si

Slovenščina.eu

Dieses Fachportal zur slowenischen Sprache ist das Ergebnis des Projekts *Sporazumevanje v slovenskem jeziku*, das vom slowenischen Wissenschafts- und Bildungsministerium ins Leben gerufen wurden. Das Portal besteht aus mehreren Informationsressourcen und Tools, die bei der Erforschung der slowenischen Sprache helfen sollen. Einfach, aber prägnant sind diese auf der Homepage mittels einer Grafik zusammengefasst, was den Überblick über das große Angebot erleichtert. Größter Baustein sind die vier Textkorpora, die zusammen über eine Milliarde Wörter enthalten. Neben diesen gibt es auch ein kleines Angebot an Datenbanken und Webportalen zu slowenischer Lexik, Orthografie und Grammatik. Besonders hervorzuheben sind die Analysetools, die im Rahmen des Projekts entwickelt wurden. Das Fachportal gehört zu den wichtigsten slowenischen Angeboten im Bereich der geisteswissenschaftlichen elektronischen Forschungsinfrastruktur. Fast alle Angebote sind Teil des Portals, nutzen dasselbe Design und dieselbe Funktionsweise. Einige können eingeschränkt heruntergeladen werden. Unter dem Reiter *Objave* ist Sekundärliteratur zu den Angeboten des Portals zusammengefasst. Das Portal verfügt über eine sehr gute englische Version.

- Fachportal bzw. elektronische Forschungsinfrastruktur
- Freier Zugang
- Auch auf Englisch verfügbar
- Feldsuche: keine Diakritika notwendig
- Verlag: Ministrstvo za izobraževanje, znanost in šport Republike Slovenije
- Adresse: www.slovenscina.eu

3.10.3 Digitale Bibliotheken, fachspezifische Volltextdatenbanken und Textsammlungen

d.Lib – Digitalna knjižnica Slovenije

d.Lib ist der Name der digitalen Bibliothek der slowenischen National- und Universitätsbibliothek. Sie wurde für die Langzeitarchivierung und bessere öffentliche Zugänglichkeit von wertvollem Text- und Quellenmaterial erstellt. Die Bibliothek ist seit 2005 online zugänglich und enthält etwa 600 000 Titel –

einen Großteil davon machen historische Periodika aus. Neben diesen findet man jedoch auch wertvolle Schriftdenkmäler, Fotografien und Plakate. Die Bibliothek wurde auf Basis der bibliothekseigenen Bestände aufgebaut, etwa ein Viertel der Medien stammt jedoch von anderen Institutionen wie Museen oder Archiven. Eine genaue Auflistung der Inhalte findet man unter dem Reiter *Za Medije*. Da es im slowenischen Bibliothekswesen kein landesweites Digitalisierungsprogramm und kein zentrales Open Access-Repositorium gibt, müssen alle staatlich finanzierten slowenischen Fachzeitschriften in *d.Lib* hinterlegt werden. Somit ist ein Großteil aller digitalen slowenischen Bestände über *d.Lib* durchsuchbar. Für Werke, die vor 1945 erschienen und nicht in der Datenbank verfügbar sind, bietet die Bibliothek einen E-book on Demand-Service an. Gut ausgebaut sind auch die Suchmöglichkeiten. So kann die Recherche über eine bibliografische oder eine Volltextsuche verlaufen und auch mit dem Suchdienst *Europeana* verknüpft werden. Treffer können zudem über ein ausführliches Drill-down-Menü eingeschränkt werden. Das Anlegen eines Accounts erlaubt die Verwendung der Favoritenliste. Wie viele digitale Bibliotheken beschränkt sich *d.Lib* nicht auf die Retrodigitalisierung, sondern verfügt auch über interaktive Elemente wie eine News-Kolumne, virtuelle Ausstellungen und eine Kommentarfunktion für seine Nutzer. Zwar gibt es eine englische Version, doch ist diese unvollständig und teils fehlerhaft.

- Digitale Bibliothek
- Freier Zugang
- Auch auf Englisch verfügbar
- Feldsuche: Verwendung von Diakritika notwendig
- Verlag: Narodna in univerzitetna knjižnica
- Adresse: www.dlib.si

Abb. 50: Homepage der digitalen Bibliothek *d.Lib*

Kamra

Kamra ist nach *d.Lib* die zweitgrößte digitale Bibliothek Sloweniens. Wie *SIRAnet* spezialisiert sich *Kamra* auf die Einbindung kleinerer regionaler Bibliotheken und Kulturinstitutionen in die Retrodigitalisierung. Seit 2005 können Regionalbibliotheken, Archive und Museen dort ihre Digitalisate online stellen. Zwar ist *Kamra* bei Weitem nicht so umfangreich wie die digitale Bibliothek *d.Lib*, doch aufgrund ihrer Inhalte für bestimmte Forschungsfelder besonders interessant. Der Fokus liegt nicht auf dem Aufbau möglichst umfangreicher Medienbestände von nationalem Interesse, sondern auf dem Speichern von Schrift- und Kulturgütern aus den ländlichen Regionen. Zu diesen zählen u. a. die Werke regionaler Autoren, altes Schriftgut wie Postkarten oder Briefe, Audiofiles zu lokalen Dialekten oder folkloristische Inhalte. *Kamra* ist ein gutes Beispiel für die Bewahrung von regionalem Kulturerbe und liefert dazu ausführliche Informationen zu Teilnehmern, Inhalten und Zielen. Die Ressource ist auch auf Englisch, Italienisch und Ungarisch verfügbar. Ähnlich wie bei *d.Lib* wurde die Homepage um eine News-Kolumne und eine Bildgalerie erweitert. Gesucht werden kann über eine Schnellsuche. Der Inhalt der Bibliothek ist auch auf *Europeana* verfügbar.

- Digitale Bibliothek
- Freier Zugang
- Auch auf Englisch, Italienisch und Ungarisch verfügbar
- Feldsuche: Verwendung von Diakritika notwendig
- Verlag: Osrednja knjižnica Celje
- Adresse: www.kamra.si

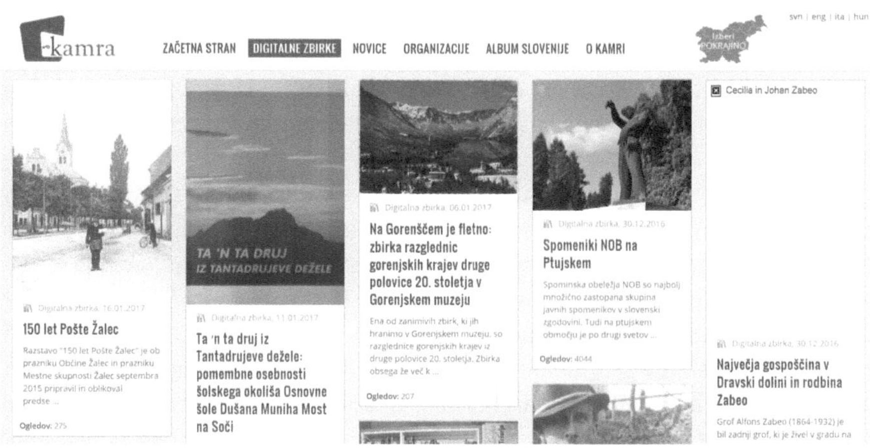

Abb. 51: Anzeige und Beschreibung digitaler Sammlungen in *Kamra*

3.11 Tschechien

Am tschechischen akademischen Informationsmarkt sind einige sehr gute elektronische Ressourcen zu finden, die Recherchierende mit bibliografischen Angaben, Volltexten und Forschungsdaten versorgen. Auch im Bereich des Open Access und der elektronischen Forschungsinfrastruktur werden laufend neue Angebote erstellt. An anderen Stellen sind noch Verbesserungen nötig. Besonders hervorgetan hat sich der tschechische Informationsmarkt im Bereich der Retrodigitalisierung. In den frühen Jahren der „digitalen Revolution" gehörten tschechische Informationsdienstleister zu den wichtigsten Akteuren in der europäischen Digitalisierungsbewegung. So wurde der tschechischen Nationalbibliothek 2005 der jährliche Preis des UNESCO-Digitalisierungsprogramms *Memory of the World* verliehen. Heute gibt es in der Republik eine landesweite Digitalisierungsinitiative, über die bereits mehrere Millionen Buchseiten von Manuskripten, alten Drucken und historischen Periodika online gestellt wurden. Die tschechische Nationalbibliothek betreibt zudem die digitale Bibliothek *Manuscriptorium*, in der weltweit Bibliotheken und Archive Retrodigitalisate wertvoller Handschriften ablegen können. Auch die Tschechische Akademie der Wissenschaften hat in diesem Bereich einige interessante Projekte durchgeführt.

Während das tschechische Bibliothekswesen bekannt ist für seine Fortschritte in der Retrodigitalisierung, mangelt es anderswo an bibliothekarischen Serviceleistungen. So gibt es etwa keinen öffentlichen Verbundkatalog für die Bestände der tschechischen Bibliotheken und kein einheitliches Datenbankinformationssystem. Um die Konsultation der einzelnen OPACs bzw. Bibliotheksportale kommt man in der Literaturrecherche oft nicht herum. Die tschechische Nationalbibliothek (Národní knihovna ČR) referenziert auf ihrer Webseite unter dem Reiter *Katalogy a databáze* einige der unten genannten bibliografischen Ressourcen und bietet auf Basis der eigenen Bestände selbst Datenbanken an. Fachliteratur kann man am tschechischen Informationsmarkt aber auch an anderen Stellen suchen.

Neben Volltextressourcen aus dem Bibliothekswesen findet man am tschechischen Informationsmarkt noch andere umfassende Ressourcen. Besonders groß ist das Angebot an elektronischen Fachbibliografien – kein anderes slawisches Land verfügt über so viele Adressen zur Recherche von fachspezifischer Literatur. Vor allem philologische und geschichtswissenschaftliche Datenbanken sind gut gewartet und sehr umfangreich. Die fachliche Betreuung erfolgt zumeist durch die Abteilungen der Tschechischen Akademie der Wissenschaften (Akademie věd České republiky, Abk. AV ČR), die schon früh begonnen haben, ihre bibliografischen Jahrbücher online zu stellen bzw. elektronisch aufzuarbeiten.

Während sich in den meisten slawischen Ländern die Wissenschaftsakademien am Ausbau der elektronischen Informationsinfrastrukturen eher zurückhalten, ist die AV ČR in Tschechien der wichtigste Informationsdienstleister neben dem klassischen Bibliothekssektor. Einige Forschungsinstitutionen außerhalb der Akademie der Wissenschaften haben sich von diesem „Trend" inspirieren lassen und ebenfalls Fachdatenbanken erstellt. Zu diesen Einrichtungen gehören u. a. die Kultureinrichtung Institut umění – Divadelní ústav und das Institut für Denkmalschutz Národní památkový ústav.

Zusätzlich zu den zahlreichen bibliografischen Datenbanken stellen die einzelnen Institute der Akademie der Wissenschaften auch fachspezifische Volltextdatenbanken und Repositorien zur Verfügung. Besonders hervorzuheben ist hier das Textkorpus für Literaturwissenschaftler *Korpus českêho verše* mit vielen Tools zur computergestützten Gedichtinterpretation. Tschechische Kanonliteratur und historische Periodika sind durch die Angebote des Ústav pro českou literaturu AV ČR sehr gut erschlossen. Für Linguisten wird ein Fachportal (*Vokabulář Webový*) mit zahlreichen unterschiedlichen Ressourcen zur Entwicklung der tschechischen Sprache geboten. Wer fachspezifische Ressourcen zusammen mit den Beständen des nationalen Digitalisierungsprogramms konsultiert, kann im Laufe seiner Recherche viel wertvolles Text- und Datenmaterial anhäufen.

Einziger Nachteil der Angebotsfülle liegt in ihrer mangelhaften Strukturierung. Während es relativ einfach ist, Volltexte bzw. Retrodigitalisate zu finden, gibt es für die bibliografischen Datenbanken keinen Metasuchdienst und kein zentrales Verzeichnis. Von den vielen einzelnen Ressourcen, die eine Institution in ihrem Angebotsspektrum verwalten kann, sollte man sich allerdings nicht verwirren lassen. Hier lohnt es sich im Zweifelsfall alle Angebote Schritt für Schritt durchzugehen.

Open Access in Tschechien

Wie in den meisten slawischen Ländern muss sich in Tschechien eine nationale Open Access-Strategie erst herausbilden. Von staatlicher Seite wurde bislang wenig unternommen, um die Verbreitung von Open Access-Formaten an den Hochschulen zu fördern. So gibt es etwa kaum Anreize durch finanzielle Förderungen. Auch die Beteiligung tschechischer Hochschulen und Wissenschaftsverbände an internationalen Open Access-Initiativen ist mäßig – nur sieben Hochschulen und Forschungsverbände befinden sich bislang auf der Liste der Berliner Erklärung. Open Access ist in Tschechien ein Aufgabenfeld der wissenschaftlichen Bibliotheken und Verlage. Trotz mangelhafter

Beteiligung an internationalen Projekten ist durch lokale Einzelinitiativen bereits eine relativ hohe Zahl an frei zugänglichen Repositorien und Fachzeitschriften entstanden. Ein besonderer Impuls kam dabei von der Tschechischen Akademie der Wissenschaften, die 2010 das erste Open Access-Mandat für seine Mitglieder eingeführt hat. Das Fachportal *OpenAIRE* verzeichnet insgesamt zehn tschechische Open Access-Repositorien, welche großteils von staatlichen Universitäten betrieben werden. *ROAR* registriert 13 institutionelle Repositorien.

Auch im Bereich der Fachzeitschriften löst das Open Access-Prinzip langsam die konventionellen Printmedien ab. Der Suchdienst *DOAJ* verzeichnet immerhin 85 frei zugängliche Fachzeitschriften. *ROAD* zählt bereits 175 Periodika, wobei zahlreiche Titel in englischer Sprache erscheinen.

Tipp: Auf der Suche nach tschechischen Open Access-Repositorien konsultiert man am besten das Fachportal OpenAIRE (www.openaire.eu/oa-czech), da es bislang keinen nationalen Metasuchdienst gibt. Dort findet man auch eine detaillierte Beschreibung zum Stand des Open Access in Tschechien. Alle registrierten Zeitschriften findet man über die Fachportale DOAJ und ROAD.

Stand der Retrodigitalisierung

Kramerius ist der Name des landesweiten Digitalisierungsprogramms in Tschechien, an dem über 80 Bibliotheken teilnehmen. Zu diesen zählen auch viele wissenschaftliche Informationsdienstleister wie Universitätsbibliotheken, Archive und Museen. Ziel des Projekts ist die bessere Zugänglichkeit und die Langzeitarchivierung von tschechischer Primär-, Sekundärliteratur und Quellenmaterialien aus dem 19. und frühen 20. Jahrhundert. Projektkoordinator ist die tschechische Nationalbibliothek, die selbst bereits mehrere Millionen Seiten digitalisiert hat. Jede Bibliothek stellt aber eigene Zugangsbedingungen zu ihren Digitalisaten, nutzt eigene Software und verfolgt ein anderes Digitalisierungsschema. So sind die Volltexte oft nur vor Ort einsehbar, während einige wenige teilnehmende Bibliotheken diese als frei zugängliche Online-Dokumente anbieten. Für einen Überblick über die einzelnen Digitalisierungsleistungen können auf der Homepage des Metasuchdienstes *Registr Digitalizace* alle teilnehmenden Bibliotheken eingesehen und deren Bestände gleichzeitig durchsucht werden. Nicht erfasst werden die forschungsbezogenen Digitalisierungsprojekte der einzelnen Institute der Akademie der Wissenschaften, die zumeist als Textsammlungen konzipiert wurden. Auf der Suche nach Quellenmaterialien kann man auch diese Ressourcen zu Rate ziehen. Als Alternative zu *Registr Digitalizace* bietet sich die digitale Bibliothek *Manuscriptorium* unter der Leitung der tschechischen Nationalbibliothek an. *Manuscriptorium* gehört zu den wenigen internationalen Projekten, die von einer slawischen Institution betrieben werden. Ähnlich wie in der *World Digital Library* können dort ausgewählte Retrodigitalisate gespeichert und veröffentlicht werden. Eine Vielzahl tschechischer und anderer slawischer Institutionen nimmt daran teil.

Česká národní bibliografie – Die tschechische Nationalbibliografie (https://www.nkp.cz/o-knihovne/odborne-cinnosti/zpracovani-fondu/ceska-narodni-bibliografie)

Über die Webseite der Nationalbibliothek ist die Online-Version der tschechischen Nationalbibliografie zugänglich. Inhalt und Funktionsweise der Datenbank sind schnell erklärt. Die Bibliografie verzeichnet selbstständige wie unselbstständige Titel nach dem Territorialprinzip – also ausschließlich Werke, die auf tschechischem Territorium erschienen sind. Dazu zählen Monografien, Periodika, Musikalien, kartografische Materialien, Tonaufnahmen und diverse elektronische Medien. Eine Besonderheit ist die Aufnahme von ephemeren Medien wie Kalendern oder Postkarten. Für die Suche nach tschechischer Literatur aus dem Ausland (z. B. Exilliteratur) eignen sich die Fachdatenbanken des Ústav pro českou literaturu AV ČR (siehe unten).

Rückwirkend werden in der tschechischen Nationalbibliografie noch einige Jahrgänge aufgearbeitet. So findet man eine vollständige Liste selbstständiger Literatur ab dem Jahr 1901, Periodika sind erst ab dem Zeitraum 1990 einigermaßen komplett erfasst. Die kleine Anzahl an slowakischen Titeln, die in der Datenbank noch zu finden ist, wird schrittweise aus der Bibliografie entfernt. Gesucht werden kann über eine klassische Feld- und Indexsuche und auch eine Tag-Cloud mit den häufigsten Suchanfragen ist vorhanden. Da die Nationalbibliografie in das Katalogsystem der Nationalbibliothek eingebunden ist, erspart man sich eine anschließende Verfügbarkeitsrecherche.

3.11.1 Bibliografische Datenbanken

Bibliografie české lingvistiky

Das linguistische Institut der Tschechischen Akademie der Wissenschaften ist bekannt für seine hochwertigen Online-Wörterbücher zur tschechischen Sprache. Aus dem Sprachunterricht kennt man eventuell die Nachschlagewerke *Internetová jazyková příručka*, *Slovník spisovného jazyka českého* oder *Český jazykový atlas*, die über die Webseite des Instituts frei zugänglich sind. Neben diesen findet man dort auch mehrere Informationsressourcen, die sich für die linguistische Literaturrecherche eignen – darunter die vom Institut erstellte Fachbibliografie

Bibliografie české lingvistiky. Die elektronische Textsammlung besteht aus allen bibliografischen Jahrbüchern seit 1945 und ist die umfassendste sprachwissenschaftliche Referenzsammlung in der Bohemistik. Für die Digitalisierung wurden die Jahrbücher eigens in PDF-Dokumente umgewandelt. Da die einzelnen Bände unregelmäßig und in größeren Zeitabständen retrospektiv publiziert werden, gibt es noch keine neuere Ausgabe als für das Jahr 2001. Für die quantitative Sprachwissenschaft ist eine eigene bibliografische Sektion aus den Jahren 1967 bis 1982 vorhanden. Inhaltsverzeichnisse werden auf Tschechisch und Englisch erstellt.

- Fachbibliografie (elektronische Textsammlung)
- Freier Zugang
- Berichtszeitraum: 1937–2001
- Verlag: Ústav pro jazyk český AV ČR
- Adresse: http://bibliografie.ujc.cas.cz/

Bibliografie dějin českých zemí

Seit einigen Jahren betreibt das geschichtswissenschaftliche Institut der Tschechischen Akademie der Wissenschaften ein Portal mit verschiedenen bibliografischen Datenbanken zu Sekundärliteratur und Quellenmaterialien. Für dieses Projekt wurden die Bibliografien des Instituts in Datenbankform gebracht und stehen Recherchierenden seitdem kostenlos zur Verfügung. Gesucht werden kann in folgenden Datenbanken: *Historická bibliografie od r. 1990*, *Český časopis historický 1895–2012* und *Excerpované dokumenty*. Mit über 300 000 Verweisen ist die *Bibliografie dějin českých zemí* die größte bibliografische Sammlung in den tschechischen Geschichtswissenschaften. Sie ist auch Teil des Projekts der Berlin-Brandenburgischen Akademie der Wissenschaften *European Historical Bibliografies* (www.histbib.eu). Das Portal bietet neben umfangreichen Informationen zu den einzelnen Datenbankangeboten auch die Möglichkeit zur Erstellung eines Benutzerkontos mit Personalisierungsfunktionen (z. B. für die Erstellung einer Favoritenliste) sowie diverse Indizes zu Personennamen, Toponymen, Schlagwörtern etc. als Suchhilfe. Eine hohe Benutzerfreundlichkeit ist durch die verschiedenen Suchfunktionen gegeben sowie durch die Bereitstellung weiterer Materialien – so findet man u. a. Inhaltverzeichnisse, Hyperlinks zu Volltextversionen und Möglichkeiten zur anschließenden Verfügbarkeitsrecherche. Zudem gibt es eine umfangreiche (jedoch nicht vollständige) Version des Portals auf Deutsch und Englisch.

- Bibliografische Datenbank
- Freier Zugang

- Auch auf Deutsch und Englisch verfügbar
- Berichtszeitraum: ab 1895 (Zeitschriften) bzw. 1945 (selbstständige Literatur)
- Feldsuche: keine Diakritika notwendig
- Verlag: Historický ústav AV ČR

Abb. 52: Startseite der *Bibliografie dějin českých zemí* mit Suchfunktionen für die einzelnen Datenbanken

Bibliografie památková péče

Das Institut für Denkmalschutz Národní památkový ústav stellt seit 1994 jährlich eine eigene Bibliografie aus selbstständiger und unselbstständiger Fachliteratur zusammen. Zugänglich sind die Jahrbücher über zwei Wege. Unselbstständige Publikationen können über den institutseigenen Bibliothekskatalog *Carmen* durchsucht werden (http://iispp.npu.cz/carmen/). Dieser beinhaltet auch alle anderen Bestände der Bibliothek, die elektronisch erfasst wurden. Die einzelnen Jahrbücher stehen jedoch auch als Textsammlung auf der Webseite des Instituts zur Verfügung – diese enthalten zusätzlich alle selbstständigen Publikationen (http://tinyurl.com/jdh2jc5). Zur weiteren Literaturrecherche eignet sich auch die Bibliografie der institutseigenen Zeitschrift, die seit dem Jahr 1937 regelmäßig herausgegeben wird. Diese ist zusammen mit der Fachbibliografie auf der Webseite zu finden. Da die Bibliografien retrospektiv in einem größeren, unregelmäßigen Zeitabstand herausgegeben werden, gibt es keine aktuellere Ausgabe als für das Jahr 2007 (erschienen 2015).

- Fachbibliografie (elektronische Textsammlung)
- Freier Zugang
- Berichtszeitraum: 1994–2007
- Verlag: Národní památkový ústav
- Adresse: http://iispp.npu.cz/carmen/

Česká literární bibliografie

Das Literaturinstitut der Tschechischen Akademie der Wissenschaften verfügt über ein großes Angebot an elektronischen Services und stellt mehrere fachspezifische Informationsressourcen für Literaturwissenschaftler zur Verfügung. Bekannt ist das Institut für seine hochwertigen Online-Nachschlagewerke, darunter die Wörterbücher *Slovník české literatury po roce 1945* oder *Slovník českých nakladatelství 1849–1949*. Zusätzlich zu diesen findet man auf seiner Webseite mehrere Volltextressourcen und Textkorpora. Am umfangreichsten sind jedoch die bibliografischen Datenbanken des Instituts, die aufgrund ihrer großen Zahl auf einer eigenen Webseite betrieben werden. Die Bibliografien sind chronologisch und thematisch aufgespalten und eignen sich zur Suche nach Sekundärliteratur und Quellenmaterialien. Gesucht werden kann in folgenden Datenbanken: *Retrospektivní bibliografie do roku 1945*, *Bibliografie české literární vědy (období 1945–1960 a od 1. srpna 2012)*, *Bibliografie české literární vědy (1961–červenec 2012)*, *Bibliografie česká literatura v exilu (1948–1989)*, *Biografická databáze České literární osobnosti*, *Databáze excerpovaných časopisů* und *Databáze literárních cen*. Der technische Aufbau der Datenbanken ist stellenweise etwas unlogisch und wurde in den vergangenen Jahren einige Male geändert, zudem muss jede Datenbank einzeln durchsucht werden. Nichtsdestotrotz sind die Inhalte zu einem großen Teil vollständig. Unter dem Reiter *Sbírky* finden Recherchierende ein biografisches Autorenverzeichnis (*Biografický archiv*). Die Datenbank beinhaltet Angaben zu tschechischen Schriftstellern, Verlegern, Rezensenten, Wissenschaftlern etc. Sie umfasst ohne zeitliche Einschränkung etwa 16 000 Einträge (Stand 2012) von ca. 32 000 archivarisch erfassten Personen. Die Einträge beinhalten großteils das jeweilige Geburts- und Sterbedatum, Angaben zur beruflichen Tätigkeit und gegebenenfalls Pseudonyme. Leider bietet die Datenbank aufgrund fehlender Literaturreferenzen keine wirkliche Hilfestellung bei Personenrecherchen. Gesucht wird in jeder Datenbank über eine klassische Feldsuche mit Indexfunktion. Möchte man mit Trunkierung oder Boolescher Algebra arbeiten, sollten zuerst unter *Nápověda* die dafür zu verwendenden Zeichen bzw. Operatoren genauer angesehen werden. Die Titeleinträge bieten fallweise Referenzen auf Rezensionen oder kurze Exzerpte. Interessante Titel können in einer Favoritenliste kurzfristig gespeichert werden. Unter *Databáze* findet man eine Beschreibung der einzelnen Datenbanken einschließlich des jeweiligen Umfangs.

- Bibliografische Datenbank
- Freier Zugang
- Berichtszeitraum: ab 1945
- Feldsuche: Verwendung von Diakritika notwendig
- Verlag: Ústav pro českou literaturu AV ČR
- Adresse: http://clb.ucl.cas.cz/cs-cz/

Česká uměleckohistorická bibliografie

Das kunsthistorische Institut der Tschechischen Akademie der Wissenschaften führt seit einigen Jahren eine eigene Datenbank zur Erfassung tschechischer Fachliteratur. Aufgenommen wurde dabei selbstständig und unselbstständig erschienene Literatur nach dem Territorial- und Nationalitätsprinzip aus den Jahren 1988 bis 1991 und 1994 bis 2003. Zudem können digitalisierte kunsthistorische Jahrbücher aus dem Zeitraum 1971 bis 1987 und 1992 bis 1993 eingesehen werden. Leider gibt es für den Nutzer keinen Hinweis, um welche Jahrbücher es sich dabei handelt. Für inhaltliche Auskünfte bietet das Institut jedoch ein eigenes Kontaktformular an.

- Bibliografische Datenbank
- Freier Zugang
- Berichtszeitraum: 1988–2003
- Feldsuche: Verwendung von Diakritika notwendig
- Verlag: Ústav dějin umění AV ČR
- Adresse: http://www.udu.cas.cz/cs/bibliografie/#anchor-975

České knihy – Databáze vydaných titulů

Diese Referenzdatenbank ist ein Dienst des Verlagsverbundes Svaz českých knihkupců a nakladatelů und indiziert Neuerscheinungen am tschechischen Buchmarkt. Präsentiert wird Sach- wie belletristische Literatur aus Tschechien und tschechischsprachige Übersetzungen ausländischer Werke. Die Datenbank verfügt über eine Schnellsuche und einen Alert-Dienst. Besonders hilfreich ist die Verfügbarkeitsanzeige bei jedem Treffer, die Auskunft gibt, in welchen Formaten (Printformat, elektronisch, Audiofile etc.) das Werk publiziert wurde.

- Bibliografische Datenbank
- Freier Zugang
- Berichtszeitraum: Neuerscheinungen der letzten zwei Jahre
- Feldsuche: keine Diakritika notwendig
- Verlag: Svaz českých knihkupců a nakladatelů
- Adresse: www.sckn.cz/ceskeknihy

Kdo je kdo v české slavistice

Mit dieser biografischen Datenbank bietet die tschechische Nationalbibliothek eine Anlaufstelle zur besseren Vernetzung von und für tschechische Slawisten. Recherchiert werden können Publikationslisten, aktuelle Dienststelle, Telefonnummer und gegebenenfalls auch Adresse der gesuchten Person. Zudem bietet die Datenbank ein Register aller Einsatzstellen, an denen tschechische Wissenschaftler zurzeit tätig sind sowie einen Hyperlink zum Nachschlagewerk *Slovník osobností jazykovědné bohemistiky.*

- Biografische Datenbank
- Freier Zugang
- Auch auf Englisch verfügbar
- Feldsuche: keine Diakritika notwendig
- Verlag: Slovanská knihovna (Národní knihovna ČR)
- Adresse: www.slaviste.cz

Lexikální databáze humanistické a barokní češtiny

Diese lexikografische Informationsressource ist ein Angebot des linguistischen Instituts der Tschechischen Akademie der Wissenschaften und ist eine Mischung aus Online-Wörterbuch und linguistischem Textkorpus. Die Datenbank soll mit ihren ca. 750 000 Lemmata einen Überblick über den tschechischen Wortschatz aus dem Zeitraum 1500 bis 1780 geben und das berühmte Wörterbuch *Slovník česko-německý* von Josef Jungmann ergänzen. Jedes Lemma verfügt neben dem elektronischen Eintrag über eine eingescannte Katalogkarte, die sowohl diverse Metadaten als auch die Quelle des Lemmas angibt. Der Wortschatz wurde von Linguisten im Zuge ihrer Forschung aufgebaut und kann von allen registrierten Usern über ein Vorschlagssystem erweitert werden. Gesucht werden kann über eine Schnellsuche oder mittels einer erweiterten Feldsuche unter *Doklady.* Hilfreich für die Recherche ist die separate Suchoption nach Titel und Autoren der Quellen, die auch über eine Indexfunktion in Form eines Drop-down-Menüs verfügt. Die Datenbank wird ergänzt durch eine umfangreiche Beschreibung zur Entstehung und Handhabung. Möchte man die Ressource nutzen, muss man sich mit einer akademischen E-Mail-Adresse registrieren lassen.

- Lexikografische Datenbank
- Freier Zugang bei Registrierung
- Feldsuche: Verwendung von Diakritika notwendig
- Verlag: Ústav pro jazyk český AV ČR
- Adresse: http://madla.ujc.cas.cz

Staročeská sbírka

Zu den zahlreichen unterschiedlichen Informationsressourcen des Literaturinstituts der Tschechischen Akademie der Wissenschaften zählt u. a. der elektronische Spezialkatalog *Staročeská sbírka*. Die Datenbank ähnelt einem Bibliothekskatalog und beinhaltet Referenzen zum institutseigenen Fundus aus Mikrofilmen und Fotokopien historischer tschechischer und lateinischer Dokumente (insbesondere der Schriften von Jan Hus und Jan Amos Komenský). Der digitalisierte Zettelkatalog ist über eine Volltextsuche durchsuchbar. Erschwert wird die Recherche durch das Fehlen einer Fuzzy-Suche, so dass eventuell mit mehreren Schreibvarianten (mit oder ohne Diakritika, lateinische Namensform) gesucht werden muss. Möchte man die Ressource nutzen, muss man sich mit einer akademischen E-Mail-Adresse registrieren lassen.

- Bibliografischer Spezialkatalog
- Freier Zugang bei Registrierung
- Feldsuche: Verwendung von Diakritika notwendig
- Verlag: Ústav pro českou literaturu AV ČR
- Adresse: http://starocech.ucl.cas.cz/retrobi

3.11.2 Fachportale und Metasuchdienste

Culturenet

Zu den wenigen wissenschaftlichen Informationsressourcen im Bereich Kunst und Kultur zählt das Fachportal *Culturenet* der Kultureinrichtung Institut umění, das nicht nur Webseiten und Datenbanken aus Tschechien, sondern auch aus EU-Ländern referenziert. Im Portal findet man eine Zusammenfassung wichtiger Informationen rund um den Kunst- und Kultursektor wie ausgeschriebene Stipendien, Publikationen oder einen ausführlichen Eventkalender. Das Datenbankangebot ist nach zwölf verschiedenen Kulturbereichen sortiert – jede Datenbank besteht dabei aus einem Indexverzeichnis zu Künstlergruppen, akademischen Institutionen, Fachportalen etc. Treffer liefern Kurzinformationen sowie die entsprechenden Hyperlinks. Auch über eine Schnellsuche kann recherchiert werden. Unter dem Menüpunkt *Kulturní politika* finden Nutzer eine Fachbibliografie mit ca. 620 Referenzen zu zeitgenössischen Publikationen aus ganz Europa, vorwiegend jedoch in tschechischer und englischer Sprache. Gesucht wird über eine Feldsuche mit Schlagwortfunktion oder über ein Drill-down-Menü. Jeder Treffer liefert eine inhaltliche Zusammenfassung, Metadaten sowie gegebenenfalls weiterführende Hyperlinks. Recherchiert man lieber im Rahmen einzelner Kulturbereiche, können ganz am Ende der Seite die Referenzen zu weiteren Fachportalen durchsucht werden. Das Portal ist in einer sehr guten englischen Version verfügbar.

- Fachportal (Schwerpunkt Kunst und Kultur)
- Freier Zugang
- Auch auf Englisch verfügbar
- Feldsuche: Verwendung von Diakritika notwendig
- Verlag: Institut umění (Divadelní ústav)
- Adresse: www.culturenet.cz/databaze

Portal české literatury

Das *Portal české literatury* soll tschechische Literatur der Gegenwart im In- und Ausland bekannt machen. Die Ressource verzeichnet Neuerscheinungen im Bereich der fiktiven Literatur und fachspezifischen Sachliteratur und verfügt über einen Autorenindex mit ca. 250 Einträgen. Zu jedem Autor gibt es eine kurze biobibliografische Beschreibung sowie Leseproben. Unter *Bibliografie* befindet sich eine Datenbank zu internationalen Übersetzungen und Bucherscheinungen tschechischer Autoren. Umfangreich sind die Hyperlinks rund um den Literaturmarkt – so verzeichnet das Portal Verweise zu Literaturpreisen, Fördermöglichkeiten, Rezensionen, Literaturfestivals, Antiquariaten etc. Um auf dem Laufenden zu bleiben, kann man einen Newsletter abonnieren. Das Portal ist auch in einer englischen Version vorhanden.

- Fachportal (Schwerpunkt Literatur)
- Freier Zugang
- Auch auf Englisch verfügbar
- Feldsuche: Verwendung von Diakritika notwendig
- Verlag: Czech Literature Online; Institut umění (Divadelní ústav)
- Adresse: www.czechlit.cz

Registr Digitalizace

Der Metakatalog *Registr Digitalizace* ist eine der wichtigsten Anlaufstellen auf der Suche nach tschechischen Retrodigitalisaten bzw. historischen Quellenmaterialien. Er wurde von der tschechischen Nationalbibliothek für die Recherche in der landesweiten Digitalisierungsinitiative *Kramerius* erstellt und indiziert die digitalen Bestände von über 80 teilnehmenden Bibliotheken. Zu diesen gehören neben den Hochschul- und wissenschaftlichen Fachbibliotheken auch zahlreiche Archive, Museen und Stadtbibliotheken. Aufgenommen werden ausschließlich Titel, die im Zuge des *Kramerius*-Projekts digitalisiert wurden. Ausgeschlossen sind dabei elektronische Erstveröffentlichungen bzw. E-Books sowie individuelle Digitalisierungsprojekte einzelner Forschungsinstitutionen (so etwa die Textsammlungen der einzelnen Institute der AV ČR, siehe unten). Das *Registr Digitalizace* ermöglicht nicht nur die Recherche in den digitalen Beständen der jeweiligen Bibliotheken, sondern führt auch einige Statistiken zu den Teilnehmern und ihren Fortschritten im Bereich der Retrodigitalisierung. Alle Bibliotheken digitalisieren ein festgelegtes Bücher- bzw. Zeitschriftenkontingent, so dass die bibliografischen Angaben aller Dokumente bereits online zu finden sind. Je nach Fortschritt des Projekts kann es jedoch sein, dass einige von ihnen noch nicht als Volltexte verfügbar sind. Eine farbige Statistik informiert über Dokumente, die bereits digitalisiert wurden oder (soeben) werden. Über jeden Treffer gelangt man zum Digitalisat der jeweiligen Bibliothek. Recherchiert wird über diverse Indizes oder über eine klassische Feldsuche. Hilfreich sind die Auflistung aller teilnehmenden Bibliotheken sowie die Statistik nach Erscheinungsdaten aller verfügbaren Werke. Auch eine englische Version ist vorhanden.

- Metakatalog
- Freier Zugang
- Auch auf Englisch verfügbar
- Verlag: Národní knihovna ČR; Knihovna AV ČR
- Adresse: www.registrdigitalizace.cz

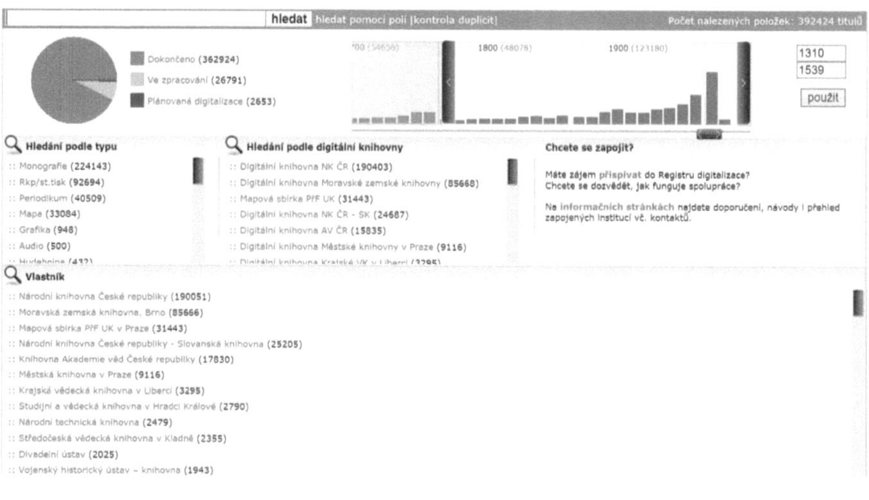

Abb. 53: Startseite und Einstieg in den Metasuchdienst *Registr Digitalizace*

Vokabulář Webový

Wer zur Geschichte und Entwicklung der tschechischen Sprache forscht, sollte sich das Fachportal des linguistischen Instituts der Tschechischen Akademie der Wissenschaften genauer ansehen. Das Institut ist bekannt für seine zahlreichen Online-Wörterbücher und Fachbibliografien, die über die institutseigene Webseite zugänglich sind. Alle Informationsressourcen zur historischen Linguistik werden hingegen im Fachportal *Vokabulář Webový* zusammengefasst. Das Portal umfasst neben elektronischen und digitalisierten Nachschlagewerken des Alttschechischen auch ein Textkorpus, eine Liste mit Fachliteratur, Audiodateien und weiterführende Verweise. Jede Informationsressource ist dabei über einen eigenen Reiter zugänglich, was die Orientierung im Fachportal erleichtert. Die sieben historischen Wörterbücher (unter *Výhledavání*) sind über eine Feldsuche sowie einen Lemmataindex parallel durchsuchbar. Unter dem Reiter *Textové banky* finden Nutzer zwei Textsammlungen historischer Quellen, die zu Textkorpora zusammengefasst wurden. Unter *Mluvnice* befinden sich über 70 Volltextversionen historischer Sprachlehrgebäude (u. a. von Jan Hus und Josef Dobrovský). Etwas spärlicher bestückt ist die Rubrik der Audiodateien, die zurzeit nur zwei Elemente umfasst. Um eine bessere Verarbeitung der Textdateien zu ermöglichen, bietet das Portal unter *Nástroje* Verweise auf Angebote geeigneter elektronischer Forschungsinfrastruktur u. a. die Applikation *TranScriptorium*. Zu jedem Tool existieren Informationen zu Installation, Handhabung und Nutzungsrecht.

- Fachportal (Schwerpunkt Linguistik)
- Freier Zugang
- Feldsuche: Verwendung von Diakritika notwendig
- Verlag: Ústav pro jazyk český AV ČR
- Adresse: http://vokabular.ujc.cas.cz

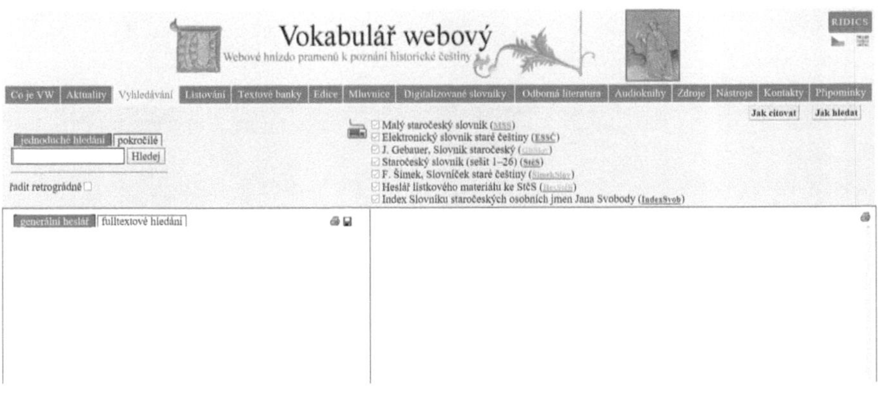

Abb. 54: Wörterbuchsuche in *Vokabulář Webový*

3.11.3 Digitale Bibliotheken, fachspezifische Volltextdatenbanken und Textsammlungen

Centrum medievistických studií

Diese elektronische Textsammlung präsentiert Nachdrucke und Kommentare zur Geschichte des tschechischen Mittelalters. Zurzeit befinden sich in der Sammlung ca. 500 Volltexte im PDF-Format. Zu finden sind keine Originalausgaben, sondern vorwiegend Abschriften und Faksimiles aus der Neuzeit und der frühen Moderne. Neben tschechischen Werken ist eine größere Zahl an deutschen und lateinischen Texten zu finden, weshalb sich die Sammlung auch für Germanisten und Historiker empfiehlt. Trotz der großen Zahl an Medien ist die Strukturierung der Sammlung sehr übersichtlich: Alle Texte sind nach Zeitschriftentitel, Autor oder Thema alphabetisch angeordnet. Bei der Digitalisierung der Werke wurde auf optimale Lesbarkeit Acht gegeben. Ein Inhaltsverzeichnis ermöglicht pro Digitalisat den Sprung zwischen den Kapiteln, eine Volltextsuche gibt es aber nicht.

- Elektronische Textsammlung
- Freier Zugang
- Verlag: Centrum medievistických studií
- Adresse: http://147.231.53.91/src/index.php

Česká elektronická knihovna – Poezie 19. a počátku 20. století

Das Literaturinstitut der Tschechischen Akademie der Wissenschaften bietet für Recherchierende zahlreiche Hilfestellungen in Form von Online-Wörterbüchern sowie ein Fachportal mit mehreren bibliografischen Datenbanken für die Literaturrecherche (siehe oben). Neben diesen verfügt sie jedoch auch über einige Volltextressourcen mit bekannter tschechischer Primärliteratur und Quellentexten. Zu diesen gehört die Volltextdatenbank *Česká elektronická knihovna*, die etwa 1700 Digitalisate lyrischer Werke des 19. und frühen 20. Jahrhunderts enthält. Vorhanden sind u. a. die vollständig gesammelten Werke bekannter Schriftsteller wie Jan Erben, Karel H. Mácha oder Otokar Březina. Die Datenbank ist eine der wenigen, für die Kanonliteratur gesammelt und hochwertig digitalisiert wurde. Zusätzlich zur Volltextsuche bietet die Datenbank statistische Analysetools und ein Frequenzwörterbuch. Für den Zugang zu den Volltexten ist eine Registrierung notwendig.

- Volltextdatenbank
- Freier Zugang bei Registrierung

- Berichtszeitraum: ca. 1800–1950
- Feldsuche: Verwendung von Diakritika notwendig
- Verlag: Ústav pro českou literaturu AV ČR
- Adresse: http://www.ceska-poezie.cz/cek/

Digitalizovaný archiv časopisů

Das Literaturinstitut der Tschechischen Akademie der Wissenschaften verfügt insgesamt über drei Ressourcen, die Volltexte zu Primär-, Sekundärliteratur und historischem Quellenmaterial beinhalten. Für die elektronische Textsammlung *Digitalizovaný archiv časopisů* wurden insgesamt 48 historische Zeitungen und Zeitschriften verschiedener Lebensbereiche (Politik, Wirtschaft, Kultur etc.) digitalisiert. Nicht alle Jahrgänge sind vorhanden. Gesucht werden kann über einen chronologischen Index zum Erscheinungsverlauf. Leider fehlt die Möglichkeit zur Volltextsuche, was die Datenbank nur eingeschränkt nutzbar macht, wenn man nicht gerade auf der Suche nach einer speziellen Ausgabe ist. Möchte man sich das mühsame Durchforsten der Textsammlung ersparen, kann man über den Metasuchdienst *Registr Digitalizace* die Bestände der tschechischen digitalen Bibliotheken auf etwaige Paralleldigitalisierungen durchsuchen. Diese sind meist mit einer Volltextindexierung ausgestattet.

- Elektronische Textsammlung
- Freier Zugang
- Verlag: Ústav pro českou literaturu AV ČR
- Adresse: http://archiv.ucl.cas.cz

Digitální archiv populární literatury

Das *Digitální archiv populární literatury* ist die jüngste der drei Volltextressourcen des Literaturinstituts der Tschechischen Akademie der Wissenschaften. Für die Textsammlung wurde tschechische Unterhaltungsliteratur aus dem Zeitraum 1900 bis 1945 digitalisiert, die für diverse Forschungsprojekte des Instituts benötigt wurde. Schwerpunkt der Sammlung liegt dabei auf Buchreihen mit Detektiv- oder Abenteuerromanen und Heftserien aus dem tschechischen Alltag. Alle Volltexte sind thematisch und nach Zeitschriftentitel bzw. Verlag gereiht. Ein Reiter für Monografien ist in Planung.

- Elektronische Textsammlung
- Freier Zugang
- Verlag: Ústav pro českou literaturu AV ČR
- Adresse: http://dapl.ucl.cas.cz

Korpus českého verše

Dass Textkorpora nicht unbedingt ein reines Anwendungsgebiet für Linguisten sind, zeigt dieses Angebot des Literaturinstituts der Tschechischen Akademie der Wissenschaften. Das tschechische Textkorpus für Literaturwissenschaftler *Korpus českého verše* umfasst ca. 77 000 tschechische Gedichte aus dem 19. und frühen 20. Jahrhundert. Alle Inhalte wurden für den literaturwissenschaftlichen Zweck annotiert und lemmatisiert sowie mit einem Verweis zum entsprechenden Metrum und Versmaß versehen. Auf größeren Textebenen werden u. a. auch Stilmittel wie Reimpaare angegeben. Eine grafische Statistik und eine umfangreiche Projektbeschreibung geben Auskunft über den genauen Inhalt und dessen Aufarbeitung. Genauer ansehen sollte man sich auch die Analysetools, die eigens für die Arbeit mit dem Korpus entworfen wurden. So findet man unter *Online nástroje* das Recherche- und Analysetool *Babel* (SQL-Kenntnisse erforderlich), die *Databáze českých meter* für die syntaktische Recherche, das *Eufonometr* zur Feststellung euphonischer Koeffizienten und ein Frequenzwörterbuch. Auch auf Englisch und Russisch verfügbar.

- Textkorpus bzw. elektronische Forschungsinfrastruktur
- Freier Zugang bei Registrierung
- Auch auf Englisch und Russisch verfügbar
- Verlag: Ústav pro českou literaturu AV ČR
- Adresse: www.versologie.cz/kcv.html

3.12 Ukraine

Die Ukraine ist international bekannt für ihre vielfältige, wenn auch noch junge Bibliothekskultur. Ähnlich wie in Russland und Weißrussland verwalten ukrainische Bibliotheken und Archive zahlreiche wertvolle Schriftdenkmäler und historische Quellen, zudem nehmen sie in der internationalen Zusammenarbeit wichtige Aufgaben wahr, wie etwa das Sammeln moderner Medien aus dem Ausland. Zusätzlich dazu hat sich das Bibliothekswesen in den letzten zehn Jahren in der Open Access-Bewegung einen Namen gemacht. Wie in Polen wird in der Ukraine eine Vielzahl an Repositorien und frei zugänglichen Fachzeitschriften betrieben, so dass die beiden Länder im europäischen Vergleich knapp hinter Spitzenreitern wie Deutschland, Spanien oder Frankreich liegen und damit vor allen anderen slawischen Staaten. Der ukrainische Informationsmarkt verfügt aber auch über einige Schwachstellen. Dazu gehören u. a. die mangelhafte innerstaatliche Zusammenarbeit im Bereich der

Retrodigitalisierung sowie die große Zahl an privaten und Crowdsourcing-Ressourcen, die den richtigen Umgang mit Urheberrechten oftmals vernachlässigen.

In der Ukraine gibt es zwei Nationalbibliotheken: die Vernads'kyj-Nationalbibliothek (Nacional'na biblioteka Ukraïny imeni V. I. Vernads'koho) und die Parlamentsbibliothek der Ukraine (Nacional'na parlaments'ka biblioteka Ukraïny). Erstere wurde im Jahr 1918 gegründet und zählt heute sowohl architektonisch als auch ihren Beständen nach zu den wertvollsten Bibliotheken der Welt. Durch das Erstarken des Kommunismus in der ersten Hälfte des 20. Jahrhunderts konnte das ukrainische öffentliche Bibliothekswesen, das bis dahin dem Namen nach kaum existierte, seinen Rückstand aufholen und schnell an Form und Inhalt gewinnen (siehe dazu Kapitel 1.3.2). Heute ist die Vernads'kyj-Nationalbibliothek im Besitz der größten Sammlung altkirchenslawischer Schriften sowie einer bedeutenden Kollektion jüdischer Folkloremusik. Sowohl die Vernads'kyj-Nationalbibliothek als auch die Parlamentsbibliothek betreiben digitale Bibliotheken, für die eine große Zahl dieser wertvollen Kulturgüter digitalisiert wurde.

Die Bedeutung kleinerer ländlicher Bibliotheken und Archive hingegen ist in der Ukraine eher gering. Dies liegt – wie es in ostslawischen Ländern oft der Fall ist – an mangelnder technischer Ausstattung und fehlendem Internetzugang in abgelegenen Regionen (Vorona 2014, 19.01.2017). Außerhalb des wissenschaftlichen Bibliothekswesens, das aufgrund seines Anschlusses an Hochschuleinrichtungen zumeist in Städten zu finden ist, gibt es daher wenig flächendeckende Partizipation an Projekten in der Retrodigitalisierung und im Open Access. Elektronische Informationsressourcen werden zumeist in Eigeninitiative von einzelnen Institutionen getragen, weshalb es keinen nationalen Verbundkatalog oder einen Metasuchdienst für digitale Bestände gibt. Eine Ausnahme ist hier das Projekt der Parlamentsbibliothek *Kul'tura Ukraïny*, das die Digitalisate von etwa 80 ukrainischen Bibliotheken und Archiven vereint und damit zu den wenigen zentralen Anlaufpunkten für eine wissenschaftliche Recherche zählt. Gerade in der Retrodigitalisierung nimmt die Ukraine eine schwierige „bibliothekspolitische" Position ein. Wie in vielen anderen Bereichen müssen sich öffentliche und wissenschaftliche Institutionen für eine pro-europäische oder eine pro-russische Linie entscheiden. Anders als etwa in Weißrussland findet man die Bestände digitaler Bibliotheken sowohl in europäischen Projekten wie etwa *Europeana*, *The European Library* und *Manuscriptorium* als auch in dem GUS-Projekt *Zolotaja kollekcija Evrazii*. Sprachlich wird dem Ukrainischen bei der Erstellung von Informationsressourcen der Vorzug gegeben, jedoch gibt es fast immer eine russischsprachige Version.

Bibliografische Datenbanken gibt es am wissenschaftlichen Informationsmarkt der Ukraine kaum. Möchte man sich trotzdem nach Fachliteratur zu einem bestimmten Thema erkundigen, empfiehlt sich der Suchdienst *Tematyčnyj internet-navihator* (http://tinyurl.com/zeyqqt5) der Vernads'kyj-Nationalbibliothek, der zahlreiche ukrainische Fachportale, Sonderkollektionen, Nachschlagewerke etc. referenziert. Da der Datenbestand aber nicht regelmäßig aktualisiert wird, kann man mitunter auch auf ältere oder defekte Links stoßen. Für eine bibliografische Recherche können zudem die Kataloge der Nationalbibliotheken konsultiert werden oder die Nationalbibliografie, die von der ukrainischen Buchkammer herausgegeben wird. Diese existiert auch in einer Online-Version (siehe unten).

Der ukrainische Informationsmarkt zeichnet sich durch eine besonders hohe Anzahl an Crowdsourcing- und privaten Ressourcen aus. Auch viele ausländische Fachportale referenzieren diverse Informationsressourcen, die keinem Fachverlag und keiner akademischen Institution entspringen. Da die meisten dieser Ressourcen im Literaturbereich mit elektronischen Abschriften arbeiten, ist bei der Verwendung der Inhalte Vorsicht geboten. Qualitätskontrollen wie ein strenges Proofreading durch eine unabhängige Redaktion werden dort selten angewandt und auch die Wahrung von Urheberrechten bei Bildmaterial oder moderner Literatur ist in den meisten Fällen fragwürdig. Bei thematischen Online-Recherchen über eine Suchmaschine wird es jedoch oft passieren, dass man auf solche privaten Ressourcen stößt.

Open Access in der Ukraine

Zusammen mit Polen gehört die Ukraine zu den östlichen Vorreitern in der europäischen Open Access-Bewegung. Aufgrund von Initiativen auf staatlicher wie fachlicher Ebene gibt es seit über zehn Jahren ein hohes Bewusstsein für die Vorteile von Open Access-Publikationen unter Forschern und Wissenschaftlern. Dementsprechend hoch ist auch die Zahl der ukrainischen Unterzeichner der Berliner Erklärung. Gründe für diese Vorreiterrolle finden sich in Initiativen im Bibliotheks- und Verlagswesen wie dem Crimea Open Access Manifesto aus 2012 (http://tinyurl.com/gwkz7wq), aber auch auf institutioneller und staatlicher Ebene. Die Koexistenz vieler Förderer hat in der Ukraine innerhalb weniger Jahre eine reiche Infrastruktur für Open Access entstehen lassen.

ROARmap verzeichnet 13 Open Access-Mandate an ukrainischen Universitäten sowie das 2007 beschlossene nationale Parlamentsmandat, demnach alle

Hochschuleinrichtungen, die staatliche Fördergelder beziehen, Open Access-Formate unterstützen und ihrerseits fördern müssen. Dies hat zu einer hohen Zahl an Repositorien und frei zugänglichen Fachzeitschriften an ukrainischen Hochschulen geführt. So verzeichnet *OpenDOAR* 71, *ROAD* 55 institutionelle Repositorien im tertiären Bildungswesen, das etwa 350 Hochschulen umfasst. Die Zahl an ukrainischen Organisationen mit Repositorium ist damit etwas geringer als in Polen, Frankreich, Spanien und Italien, die nach Deutschland und Großbritannien über die meisten Repositorien in Europa verfügen (http://tinyurl.com/h8n5ws6, 19.01.2017). Betreibt eine Universität in der Ukraine kein eigenes Repositorium, können deren Angehörige das nationale Repositorium *ELibUkr-OA* verwenden. Um die zahlreichen Repositorien auf nationaler Ebene durchsuchen zu können, wurde der Metasuchdienst *Simple Search Metadata in Open Ukraine Archives* entworfen. Fachzeitschriften hingegen sucht man am besten über internationale Suchportale. Die Zahl an frei zugänglichen Zeitschriften beläuft sich im Suchdienst *DOAJ* auf über 80, in *ROAD* auf etwa 260 (zur Erklärung der zahlenmäßigen Unterschiede in Open Access-Registern slawischer Länder siehe Kapitel 1.2.2).

Tipp: Im Internet finden sich zahlreiche Informationen zur Open Access-Bewegung in der Ukraine. Hilfreich ist auch die bibliografische Zusammenfassung von passender Sekundärliteratur auf der Webseite der UNESCO (http://tinyurl.com/hz3a7u2).

Stand der Retrodigitalisierung

Anders als im Bereich des Open Access gibt es noch keine landesweiten Initiativen zur Digitalisierung von Literatur und Kulturerbe. Während der Hochschulsektor, der in größeren Städten angesiedelt ist, über eine relativ gute Informationsinfrastruktur verfügt, haben viele öffentliche Bibliotheken und Archive in den ländlichen Regionen keinen Anschluss ans Internet. Auch die technische Ausstattung ist oftmals mangelhaft. Somit gestaltet sich die Zusammenarbeit im Hochschulbereich bzw. in der Open Access-Bewegung einfacher und homogener. Projekte zur Retrodigitalisierung von wertvollem Schriftmaterial und Kulturgut findet man nur in den großen, städtischen Institutionen wie in den beiden Nationalbibliotheken oder diversen Universitätsbibliotheken. Einen Metasuchdienst oder ein Verzeichnis aller bislang durchgeführten Projekte gibt es nicht, weshalb es von Vorteil ist, die wichtigsten einzelnen Informationsressourcen zu kennen.

Die Vernads'kyj-Nationalbibliothek, die viele wertvolle Archivalien besitzt, verfügt über ein eigenes Portal, in dem einzelne digitale Kollektionen durchsucht werden können. Auf einer Übersichtsseite können Recherchierende die verschiedenen Kollektionen einsehen und sich dann zur entsprechenden Suchfunktion weiterleiten lassen (http://nbuv.gov.ua/data_base). Die Übersicht umfasst auch Sammlungen zu modernen Medien und Neuzugängen, wissenschaftlicher Literatur, historischen Persönlichkeiten, einzelnen Bibliothekskatalogen und Fachbibliografien. Die Sammlungen können dabei mehr oder weniger umfangreich sein. Interessante Projekte im Bereich der Retrodigitalisierung sind unter anderem:

a) Cyfrova biblioteka istoryko-kul'turnoï spadščyny
Die Sammlung umfasst wertvolle Literatur – darunter Monografien, einzelne Zeitschriftenausgaben sowie Manuskripte – aus den Archiven der Nationalbibliothek. Chronologisch reicht die Kollektion vom 15. Jahrhundert bis in die 1980er Jahre, sie umfasst etwa 1500 Titel.

b) Elektronna kolekcija hazet Ukraïny
Die Vernads'kyj-Nationalbibliothek verfügt über eine große digitale Zeitschriftenkollektion, die auch zahlreiche deutsch- und russischsprachige Titel umfasst. Die Teilsammlung *Elektronna kolekcija hazet Ukraïny* beinhaltet etwa 20 ukrainische Zeitschriftentitel mit je mehreren Ausgaben, es werden jedoch auch parallel die Bestände der anderen Zeitschriftenkollektionen *Hazety Rosiï 1732–1916 rokiv*, *Hazety Ukraïny 1818–1940 rokiv* und *Hazety Ukraïny 1946–1950 rokiv* durchsucht.

c) KODEKS (Rukopisni knihi)
Diese Kollektion umfasst eine kleine Zahl an wertvollen Manuskripten aus den Archiven der Vernads'kyj-Nationalbibliothek. Enthalten sind geistliche Schriften aus dem 15. bis 16. Jahrhundert wie Messbücher, Hagiografien oder Psalmen.

Neben den Beständen der Vernads'kyj-Nationalbibliothek können Recherchierende auf die digitale Bibliothek der ukrainischen Parlamentsbibliothek zurückgreifen. Die Ressource *Kul'tura Ukraïny* umfasst die Digitalisate von ca. 80 teilnehmenden öffentlichen wie Hochschulbibliotheken und ist damit das umfangreichste Gemeinschaftsprojekt in der Retrodigitalisierung. Für Studenten und Wissenschaftler, die sich mit ukrainischer Exilliteratur befassen, lohnt sich ein Blick in die sehr umfangreiche Volltextdatenbank *Diasporiana*.

Beide Nationalbibliotheken sind mit ihren Digitalisierungsprogrammen in internationalen Ressourcen vertreten. Dazu zählen die digitalen Bibliotheken *Zolotaja kollekcija Evrazii* und *World Digital Library*. Die Vernads'kyj-Nationalbibliothek stellt zudem einige Titel für die Suchdienste *The European Library* und *Europeana*.

Nacional'na bibliohrafija Ukraïny – Die ukrainische Nationalbibliografie (http://ukrbook.net/litopysy.html)

Die ukrainische Buchkammer (Knyžkova palata Ukraïny imeni Ivana Fedorova) wurde kurz nach der Vernads'kyj-Nationalbibliothek im Jahr 1919 gegründet und gibt seit 1924 die ukrainische Nationalbibliografie heraus. Zuvor gab es keine eigene Nationalbibliografie, stattdessen wurden ukrainische Werke – wenn überhaupt – in polnischen, russischen oder österreichischen Bibliografien indexiert. Wichtig für die Zeit vor 1924 sind die *Bibliografia Polska* von Karol Estreicher (siehe Kapitel 3.6), die Werke aus der Westukraine verzeichnet, die Bestände der Österreichischen Nationalbibliothek sowie die Aufzeichnungen von V. I. Mežov für den östlichen Teil der Ukraine (eine kurze Einführung in die Mežov-Kataloge findet man auf dem Fachportal *Slavic Information Resources*: http://tinyurl.com/z4enqoa, 19.01.2017).

Herausgegeben wird die ukrainische Nationalbibliografie – wie es in ostslawischen Ländern üblich ist – von der nationalen Buchkammer, bei der alle Pflichtexemplare ukrainischer Verlage sowie Hochschularbeiten eingehen. Aufgeteilt wird die Bibliografie heute in acht Teile, die verschiedene Medientypen beinhalten. Noch gibt es keine eigene Datenbank, in der Titel elektronisch erfasst werden, jedoch sind die Printformate als PDF-Dokumente für verschiedene Zeiträume (zumeist zwischen 2000 und 2016) auf der Webseite der Buchkammer zu finden.

Nicht zu verwechseln sind die Aufgaben der Buchkammer mit denen der bibliografischen Abteilung der Nationalbibliothek (Viddil nacional'noï bibliohrafiï). Die Abteilung wurde nach dem Zerfall der Sowjetunion gegründet, um eine retrospektive Nationalbibliografie der Ukraine zu erstellen und die Ansprüche an eine moderne Nationalbibliografie unabhängig von der früheren politischen Ideologie zu definieren. Auf der Webseite der Nationalbibliothek gibt es eine Liste mit Forschungspublikationen der Abteilung (www.nbuv.gov.ua/node/1265).

a) Litopys knyh

Der älteste Teil der ukrainischen Nationalbibliografie beinhaltet monografische Titel. Indexiert werden Sachbücher, Belletristik, wissenschaftliche Arbeiten, amtliche und gewerbliche Publikationen sowie Kinder- und Jugendliteratur.

b) Litopys avtoreferativ dysertacij

Abstracts von Dissertationen fallen seit 1999 unter das Pflichtexemplarrecht. Eingereicht werden müssen Abstracts von Dissertationen, die an ukrainischen Hochschulen verfasst wurden.

c) Litopys žurnal'nych statej

Diese Teilbibliografie geht bis zum Jahr 1936 zurück und erfasst wissenschaftliche wie künstlerische Zeitschriftenartikel in allen Sprachen.

d) Litopys hazetnych statej

In dieser Teilbibliografie werden seit 1937 Zeitungsartikel aufgenommen. Es werden dabei landesweit wie regional erscheinende Zeitungen einbezogen, die in ukrainischer oder russischer Sprache verfasst sind.

e) Litopys not

Erfasst werden Musikalien, die in national wie regional erscheinenden Monografien oder Periodika abgedruckt werden. Erscheint einmal jährlich.

f) Litopys obrazotvorčych vydan'

Diese Teilbibliografie enthält Daten zu grafischen Printformaten wie Comics, Kalendern und künstlerischen Werken, aber auch zu ephemeren Formaten wie Postern und Postkarten.

g) Litopys kartohrafičnych vydan'

Erfasst werden kartografische Materialien wie Landkarten, Atlanten etc. Erscheint einmal jährlich.

h) Litopys recensij

Die Teilbibliografie *Litopys recensij* erfasst Rezensionen und Kritiken zu Druckwerken, die im In- oder Ausland veröffentlicht werden. Titel können dabei sowohl in ukrainischen wissenschaftlichen Periodika als auch in Zeitungen und Zeitschriften erscheinen.

3.12.1 Fachportale und Metasuchdienste

Archivy Ukraïny

Für eine lokale Suche in den ukrainischen Staatsarchiven empfiehlt sich wie überall im ostslawischen Raum eine genaue Vorabrecherche über Zugangsmöglichkeiten und Bestände. *Archivy Ukraïny* ist der offizielle Webauftritt der über 700 staatlichen Archive und beinhaltet zu diesem Zweck zahlreiche Informationen zu deren Organisationsstruktur, Kontaktdaten, Ausstellungstätigkeiten etc. Über den Reiter *Archivni ustanovy* kommt man zu der systematischen Aufstellung aller Archive. Eine nähere Beschreibung der einzelnen Archivbestände wie auf weißrussischen oder russischen Webportalen ist nicht vorhanden, jedoch existieren zahlreiche Hyperlinks zu den Webseiten der einzelnen Institutionen. Das Portal legt zudem einen Schwerpunkt auf die Beschreibung archivarischer Normen und Praxen (siehe etwa die Reiter *Normatyvna baza* oder *Rehuljatorni dijal'nist'*). Besonders empfehlenswert ist ein Blick in den Menüpunkt *Archivna ukraïnika*, der Sekundärliteratur zu den ukrainischen Medienbeständen im Ausland, darunter Österreich, Russland und Polen referenziert. Einige der Titel können über einen Hyperlink online eingesehen werden.

- Fachportal (Schwerpunkt Archive)
- Freier Zugang
- Verlag: Deržavna archivna služba Ukraïny
- Adresse: www.archives.gov.ua

---

e-Catalog

Der Metasuchdienst *e-Catalog* macht die OPACs von ca. 90 ukrainischen wissenschaftlichen Bibliotheken durchsuchbar. Auf der Homepage des Dienstes sind alle Kataloge viermal hintereinander aufgelistet, damit Recherchierende noch vor Eintritt in die Suchfunktion einen Index definieren können (Titel, Autor, Erscheinungsjahr oder Schlagwort). Der Metasuchdienst ist insofern praktisch, als es keinen öffentlichen Verbundkatalog für alle ukrainischen Bibliotheken gibt. Wer sich die Liste durchsuchbarer Kataloge genauer ansieht, wird jedoch feststellen, dass weder die Bestände der Nationalbibliothek noch der Buchkammer vertreten sind. Möchte man vorab keinen Index definieren, kann man rechter Hand oben über den Punkt *Načat' poisk* die Suche starten. Diese funktioniert etwas anders als es bei Metasuchdiensten üblich ist, da es keine übergreifende Suchmöglichkeit für alle Kataloge gibt. Über eine Feldsuche müssen die Kataloge separat durchsucht werden, wobei im linken Menü die gewünschte Bibliothek ausgewählt wird. Möchte man nicht die Feldsuche, sondern lieber die Drill-down-Funktion verwenden, kann man auf der Homepage den gewünschten Index wählen. Dieser kann dann über eine lateinische und kyrillische Alphabetleiste nochmals eingeschränkt werden.

- Metasuchdienst
- Freier Zugang
- Verlag: library24.us (Saveliy Rudzsky)
- Adresse: www.e-catalog.name

Instytut Istoriï Ukraïny NAN Ukraïny

Die Webseite des geschichtswissenschaftlichen Instituts der Ukrainischen Akademie der Wissenschaften (Instytut Istoriï Ukraïny NAN Ukraïny) ist ein umfangreiches Fachportal mit vielen Angeboten zur Literaturrecherche. Auf der Homepage oder unter dem Reiter *Resursy* sehen Recherchierende die vielfältigen Angebote auf einen Blick. So wird u. a. die kürzlich fertiggestellte zehnteilige *Encyklopedija istoriï Ukraïny* im PDF-Format angeboten sowie eine große Auswahl an Reihen, Periodika und Monografien, die über das Institut veröffentlicht werden. Ein Klick auf den gewünschten Medientypus führt zu einer Textsammlung, die über ein umfangreiches Drill-down-Menü verschiedenartig angeordnet und eingeschränkt werden kann. Unter dem Menüpunkt *Elektronna biblioteka* sind alle Publikationen noch einmal zu finden. Auch eine biobibliografische Sammlung ist vorhanden – so enthält der Reiter *Istoryky Ukraïny* Einträge zu in der Ukraine tätigen Geschichtswissenschaftlern. Für Referenzen zu anderen geschichtswissenschaftlichen Informationsressourcen lohnt sich ein Blick in den Menüpunkt *Internet-resursy.* Die äußerst umfangreiche Linksammlung zu elektronischen Ressourcen, Forschungsinstituten, Archiven etc. lässt sich ebenfalls nach verschiedenen Kriterien einschränken.

- Fachportal bzw. elektronische Textsammlung
- Freier Zugang
- Verlag: Instytut Istoriï Ukraïni NAN Ukraïny
- Adresse: www.history.org.ua

Abb. 55: Übersicht der Informationsressourcen des Instytut Istoriï Ukraïny mit Kurzbeschreibung

Simple Search Metadata in Open Ukraine Archives

Dieser Metasuchdienst ist eine der wichtigsten Open Access-Adressen in der Ukraine und ermöglicht die gleichzeitige Recherche in ca. 50 verschiedenen Repositorien sowie in einer Handvoll Open Access-Fachzeitschriften. Unter den Abfragemöglichkeiten befinden sich u. a. das Repositorium der Nationalbibliothek, das überregionale Repositorium von ELibUkr sowie alle größeren institutionellen Repositorien von Forschungsinstitutionen und Hochschulen, wodurch ein Großteil aller ukrainischen Angebote abgedeckt ist. Für eine flächendeckende Recherche empfiehlt sich aber ein Vergleich mit den über 70 Referenzen in *OpenDOAR*. Unter dem Menüpunkt *Browse* können alle Ressourcen in einer unsortierten Liste eingesehen werden. Unter *Search* oder der Schnellsuche im oberen rechten Eck kann gleich mit der Recherche begonnen werden. Eine kurze Einführung in die Verwendung von Groß- und Kleinbuchstaben, Operatoren, Trunkierungssymbolen etc. ist unter der Formularsuche zu finden. *SSM* ergänzt inhaltlich den Metasuchdienst *e-Catalog*, über den die Bestände von ca. 90 wissenschaftlichen Bibliotheken abgefragt werden können.

- Metasuchdienst
- Freier Zugang
- Verlag: Žytomyrs'kyj deržavnyj universytet imeni Ivana Franka
- Adresse: http://oai.org.ua/

3.12.2 Digitale Bibliotheken, fachspezifische Volltextdatenbanken und Textsammlungen

Acta Diurna

Acta Diurna ist ein kleines Zeitschriftenrepositorium unter der Leitung der Bibliothek der L'vivs'kyj nacional'nyj universytet imeni Ivana Franka und beinhaltet historische ukrainisch- und polnischsprachige Periodika aus dem Zeitraum 1919 bis 1943. Das Repositorium umfasst sechs verschiedene Zeitschriftentitel mit insgesamt 99 Ausgaben in hoher Auflösung. Eine Volltextindexierung ist vorhanden, weshalb alle Zeitschrifteninhalte komplett durchsucht werden können. Jeder Titel ist sowohl als Digitalisat als auch als elektronische Abschrift vorhanden, die nach Aktivierung der Feldsuche unter dem Reiter *Tekst* zum Vorschein kommt. Unter dem Reiter *Zmist* sind alle Texte der Ausgabe in einem Inhaltsverzeichnis angelegt und können dort auch ausgewählt werden. Bei Verwendung der Volltextsuche ist auf die richtige Eingabe des Suchbegriffs Acht zu geben – so müssen polnische Titel mit Hilfe polnischer Begriffe gesucht werden, ukrainische Titel auf Ukrainisch. Es empfiehlt sich, auf die Verwendung von Metadaten (z. B. Schlagwörtern) zu verzichten.

- Digitale Bibliothek
- Freier Zugang
- Berichtszeitraum: 1919–1943
- Feldsuche: nur Originalsprache (keine Transliteration) möglich
- Verlag: L'vivs'kyj nacional'nyj universytet imeni Ivana Franka
- Adresse: http://ad.lnu.edu.ua/index.php/lang/en

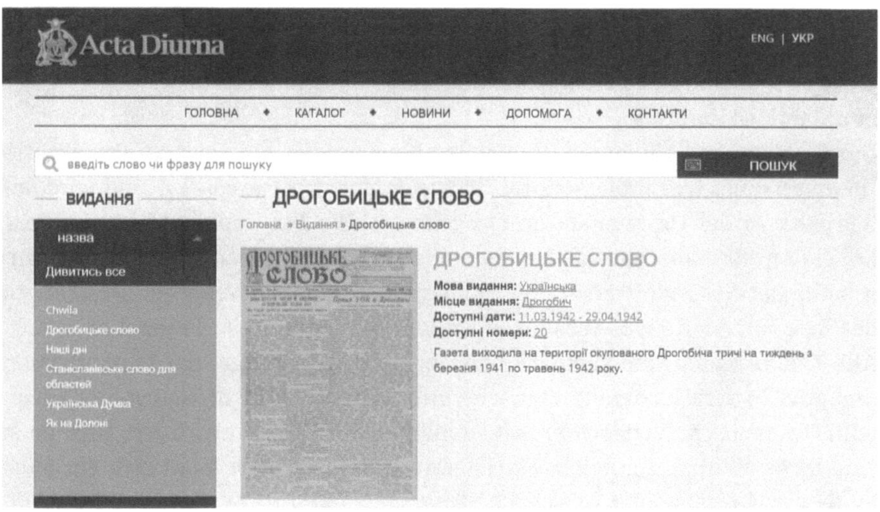

Abb. 56: Die Zeitung *Drohobic'ke slovo* in *Acta Diurna*

Diasporiana – Elektronna biblioteka

Diasporiana ist eine mehrsprachige digitale Bibliothek zur Literatur der ukrainischen Diaspora. Sie enthält über 10 000 im Ausland erschienene Titel ukrainischer Autoren, wobei sich etwa die Hälfte des Bestandes aus Periodika (Zeitungen, Zeitschriften, Almanache, Bulletins etc.) zusammensetzt. Die Bibliothek bietet historische wissenschaftliche Sekundärtexte sowie Quellenmaterialien aus dem späten 19. bis 20. Jahrhundert. Durch den Bestand führt ein 17-teiliger Menübaum, der alle Werke nach Thema oder Publikationstyp einteilt. Die Bibliothek wird laufend erweitert, alle Neuzugänge werden dabei im Blogformat auf der ersten Seite des jeweiligen Menüpunkts angezeigt. Da die einzelnen Reiter teils mehrere tausend Titel zusammenfassen, ist man mit der Schnellsuche am oberen linken Seitenbeginn gut beraten. Jeder Titel muss in der Originalsprache – am besten über Sachtitel oder Autor – recherchiert werden, denn die einzelnen Werke werden mit nur wenigen bibliografischen Daten beschrieben. Eine Verschlagwortung wurde nicht durchgeführt, was die Suche in dem umfangreichen Bestand etwas erschwert. Ist das Werk auf Englisch erschienen, werden auch die bibliografischen Daten auf Englisch angegeben. Jeder Titel ist zumindest entweder im PDF- oder DjVu-Format verfügbar. Abgesehen von einer kleinen Projektbeschreibung stellt die Bibliothek keine weiteren Informationen oder Funktionen zur Verfügung.

- Digitale Bibliothek
- Freier Zugang
- Berichtszeitraum: 19.–20. Jahrhundert
- Feldsuche: nur Originalsprache (keine Transliteration) möglich
- Verlag: Oleh Bohuslavs'kyj (Akademija nauk vyščoï osvity Ukraïny)
- Adresse: http://diasporiana.org.ua

Elektronnaja biblioteka ukraïns'koï literatury – Electronic Library of Ukrainian Literature

Die *Elektronnaja biblioteka ukraïns'koï literatury* ist ein privates Projekt des US-amerikanischen Professors für Slawistik Maksym Tarnavs'kyj und wird auf den Servern der Universität Toronto gehostet. Die Textsammlung ist eine lose Kollektion ukrainischer historischer wie zeitgenössischer Literatur, wissenschaftlicher Sekundärwerke, von Bibliografien, Kommentaren etc. Das Design der Ressource ist etwas veraltet, doch wird die Sammlung laufend erweitert. Alle Titel befinden sich in einer Übersicht auf der Homepage der Textkollektion und sind in verschiedene literarische und wissenschaftliche Kategorien eingeteilt. Die englische Version der Seite umfasst alle englischsprachigen Titel, doch sind diese nicht so zahlreich. Für Literaturwissenschaftler lohnt sich ein Blick in die vier Ausgaben der Zeitschrift *Ukrainian Literature – A Journal of Translations*, die zahlreiche kleinere Übersetzungen ukrainischer Werke beinhalten. Eine

Übersicht über in Englisch erschienene Werke ukrainischer Autoren liefert die Bibliografie *Ukrainian Literature in English* von Marta Tarnavs'kyj.

- Elektronische Textsammlung
- Freier Zugang
- Verlag: Maksym Tarnavs'kyj
- Adresse: http://sites.utoronto.ca/elul/Main-Ukr.html

Internet Encyclopedia of Ukraine

Die *Internet Encyclopedia of Ukraine* ist ein Projekt des Canadian Institute of Ukrainian Studies und umfasst Einträge zur ukrainischen Geschichte, Kultur, Sprache etc. Die Enzyklopädie wurde ursprünglich als fünfteiliges Nachschlagewerk im Laufe der 1980er und 1990er Jahre herausgegeben und existiert nun als aktualisierte Version im Internet. Über den Themenindex auf der linken Seite kommen Recherchierende zu umfangreichen Texteinträgen, die wiederum thematisch unterteilt sind. Über Hyperlinks in den einzelnen Einträgen lässt sich durch die gesamte Enzyklopädie browsen. Ergänzt werden die Einträge durch Bildmaterial und bibliografische Angaben zu Sekundärliteratur. Gesucht wird über eine Schnellsuche oder einen alphabetischen Index zu den Lemmata.

- Fachportal bzw. Nachschlagewerk
- Freier Zugang
- Verlag: Canadian Institute of Ukrainian Studies
- Adresse: http://www.encyclopediaofukraine.com

Kultura Ukraïny

Unter der Ägide der ukrainischen Parlamentsbibliothek ist diese digitale Bibliothek mit insgesamt 79 partizipierenden Institutionen entstanden. Trotz der zahlreichen Teilnehmer umfasst die Bibliothek nur etwa 8000 Titel zu Kultur und Ethnografie des Landes. Durch den Bestand führt ein Themenindex zu den Punkten Kultur, Kunst, Ethnografie, kulturelle Institutionen und Ausstellungen, die jeweils detailliert in Untergruppen aufgespalten wurden. Auch eine kleine Zahl russischsprachiger Titel ist vorhanden. Für Recherchierende besonders spannend ist die Tatsache, dass der Bestand zwar nicht sehr groß ist, dafür relativ viele Neuerscheinungen beinhaltet. Unter dem Reiter *Novi Nadchodžennja* sind diese aufgelistet. Jedes Digitalisat verfügt über eine Menüleiste mit dem Inhaltsverzeichnis. Außer dem thematischen und alphabetischen Index sowie einer Schnellsuche verfügt die Bibliothek über keine weiteren Funktionen. Bei Eingabe eines Suchbegriffs ist zu beachten, dass ukrainischsprachige Titel auf Ukrainisch, russischsprachige Titel auf Russisch gesucht werden müssen.

Letztere sucht man am besten über den jeweiligen Sachtitel, da alle anderen bibliografischen Daten sowie Metadaten auf Ukrainisch eingetragen wurden. Die Ressource gibt es auch in einer russisch- und einer englischsprachigen Version.

- Digitale Bibliothek
- Freier Zugang
- Auch auf Russisch und Englisch verfügbar
- Feldsuche: nur Originalsprache (keine Transliteration) möglich
- Verlag: Nacional'na parlaments'ka biblioteka Ukraïny (Projektleitung)
- Adresse: http://elib.nplu.org

Mapa

Eine besonders interessante Informationsressource ist *Mapa* vom Harvard Ukrainian Research Institute. Anhand drei verschiedener Projekte (*The Great Famine*, *Independent Ukraine* und *Rus' Genealogy*) wurde hier kartografisches Material gesammelt, das in interaktiven Webmaps zusammengefügt wurde. Je nach Projekt werden zudem verschiedene Materialien online zur Verfügung gestellt u. a. auch Fotomaterial. Die Webmaps verfolgen ebenfalls verschiedene Prinzipien – es sind jedoch alle mit interaktiven Elementen ausgestattet. Während im Projekt *The Great Famine* mit Kartenebenen gearbeitet wird, funktionieren die Webmaps in *Rus' Genealogy* und *Independent Ukraine* über ein Timeline-Prinzip. Die Seite ist in mehrere Sprachen automatisch übersetzbar.

- Fachportal (Schwerpunkt Kartografie)
- Freier Zugang
- Verlag: Harvard Ukrainian Research Institute
- Adresse: http://gis.huri.harvard.edu/about-mapa/description.html

---

3.12.3 Private und Crowdsourcing-Ressourcen

Čtyvo – Elektronna biblioteka

Čtyvo ist eine digitale Crowdsourcing-Bibliothek, die verschiedenste textuelle Medien beinhaltet. Der Bestand setzt sich aus über 30 000 Titeln zusammen und wird laufend erweitert. Die Bibliothek kennt keine thematischen oder chronologischen Schwerpunkte, weshalb dort sowohl wissenschaftliche als auch belletristische Literatur zu finden ist. Das eigentliche Ziel der Bibliothek ist die Verbreitung ukrainischer Literatur, jedoch sind auch einige ausländische Werke in ukrainischer Übersetzung vorhanden. Die Navigation durch die Seite ist nicht immer schlüssig, aber einfach: Der alphabetische Autorenindex *Teka avtoriv* ermöglicht die Suche über den Nachnamen des Autors, wobei Titel von Periodika in der

Trefferliste mitangezeigt werden. Alternativ gibt es einen 14-teiligen Themenindex zum Browsen. Hier ist allerdings zu beachten, dass zwischen Medientypus, literarischer Gattung und akademischen Fachdisziplinen nicht unterschieden wurde. Vorhanden sind auch eine Schnell- und eine Formularsuche. Unter dem Menüpunkt *Dovidka* finden Recherchierende Anleitungen zur Funktionsweise der Bibliothek sowie FAQs zur Teilnahme am Bestandsaufbau.

- Digitale Bibliothek
- Freier Zugang
- Feldsuche: nur Originalsprache (keine Transliteration) möglich
- Verlag: unbekannt
- Adresse: http://chtyvo.org.ua

Čytanka

Čytanka ist eine private digitale Bibliothek und besteht aus ca. 2000 Volltexten zu ukrainischer und internationaler Kinderliteratur. Etwa ein Viertel des Bestandes widmet sich letzterem, wobei die Anzahl west- und zentraleuropäischer Texte überwiegt. Liegt eine Übersetzung ins Ukrainische vor, wird diese für den Bestand vorgezogen, ansonsten wurde das Original verwendet. Russische Kinderliteratur ist mit ca. 150 Titeln vertreten. Die Navigationsmöglichkeiten setzen sich aus einem schlichten Themen-, Titel-, Autoren- und Illustratorenindex zusammen. Für eine gezielte Recherche nach einem bestimmten Titel kann die Formularsuche unter dem Menüpunkt *Pošuk* verwendet werden – hier ist jedoch zu beachten, dass nicht alle Autoren- und Titelnamen in lateinischer und kyrillischer Version vorliegen und nur wenige bibliografische Daten vorhanden sind. Alle Titel liegen als exportierbare DjVu-Dokumente vor, manche auch als elektronische Abschrift. Viele der vorhandenen Titel umfassen eine kurze Inhaltsangabe sowie einen Auszug aus dem DjVu-Format.

- Digitale Bibliothek
- Freier Zugang
- Feldsuche: nur Originalsprache (keine Transliteration) möglich
- Verlag: unbekannt
- Adresse: http://chytanka.com.ua

Izbornyk

Izbornyk ist ein Fachportal mit Inhalten zum ukrainischen Schrifttum des 9. bis 18. Jahrhunderts. Zu finden sind Primär- und Sekundärtexte sowie kartografisches und enzyklopädisches Material zu Geschichtsschreibung, Sprach- und Literaturwissenschaft. Die Homepage des Portals zeigt die behandelten Themen bzw. Literaturepochen als übersichtlich geordnete Menüpunkte an, wobei Punkte entweder Primärliteratur oder reine Sekundärliteratur beinhalten. Unter *Litopysy* finden Interessierte eine kleine Kollektion ostslawischer Chroniken (u. a. den Laurentian-Kodex), die als elektronische Abschriften zur Verfügung stehen. Alle Schriftdenkmäler wurden nach einer Gesamtedition des historischen Instituts der Wissenschaftlichen Akademie der UdSSR samt Glossen und Kommentaren transkribiert, die bibliografischen Angaben dazu sind vorhanden. Ukrainische Texte aller Gattungen vom 11. bis 18. Jahrhundert finden Recherchierende unter *Davnja ukraïns'ka literatura*. Hier sind auch die ukrainischen Chroniken zu finden. Wer sich für alte Grammatiken und Lexika interessiert, findet eine kleine Auswahl unter dem entsprechenden Themenpunkt. Ansehen sollte man sich auch die ebenso überschaubare, aber im Großformat angelegte Kartensammlung. Die Seite verfügt über eine Google-Suchfunktion, aufgrund des detailliert angelegten Themenindexes ist diese aber fast nicht nötig.

- Fachportal bzw. elektronische Textsammlung
- Freier Zugang
- Berichtszeitraum: ca. 9.–18. Jahrhundert
- Verlag: unbekannt
- Adresse: www.izbornyk.org.ua

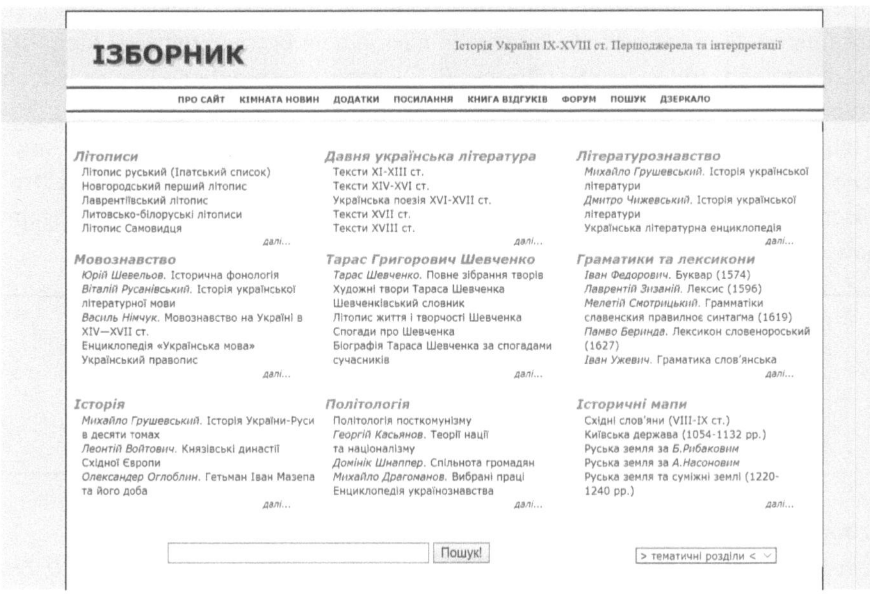

Abb. 57: *Izbornyk*-Homepage mit Themenübersicht

Medijevist – Latynomovna ukraïns'ka literatura

Eine besondere Adresse für alle Mediävisten ist dieses Fachportal, das sich mit der lateinischen Literatur der Ukraine des 15. bis 19. Jahrhunderts auseinandersetzt. Das Fachportal liefert Informationen und Analysen zu Primärquellen, Übersetzungen, Buchbesprechungen und eine kleine Kollektion von Fotokopien. So interessant und professionell redigiert die Inhalte sind, ist die Navigation durch das Portal relativ mühsam – zahlreiche Menüpunkte und fehlende Indizes erschweren die Recherche. Unter den Reitern *Knyharnja* und *Starodruky* finden Nutzer Besprechungen von Sekundär- und Primärliteratur. Die Menüpunkte *Teksty* und *Pereklady* beinhalten ebenfalls Primärliteratur sowie gegebenenfalls Analysen, doch finden sich dort auch elektronisch transkribierte Ausschnitte. Unter *Fotokopiï* befinden sich großteils unkommentierte Abbildungen von ca. 30 Werken in einem schlecht digitalisierten Format. Möchte man sich über die Autoren des Portals informieren, kann dies unter dem Punkt *Personaliï* geschehen, wo deren Biografien mit denen historischer Persönlichkeiten vermischt sind. Für alle, die gezielt nach einem Titel oder einer Person suchen, empfiehlt sich die Schnellsuche im rechten oberen Eck. Beim Scrollen durch die Seite wird man noch einige Zusatzfunktionen in *Medijevist* entdecken, so u. a. eine News-Kolumne, das Facebook-Profil der Seite, eine Tag-Cloud, ein Kontaktformular etc.

- Fachportal (Schwerpunkt Slawistische Mediävistik)
- Freier Zugang
- Berichtszeitraum: ca. 15.–19. Jahrhundert
- Verlag: Kostjantyn Balašov
- Adresse: http://www.medievist.org.ua/

Poetyka

Poetyka ist eine digitale Bibliothek für klassische und gegenwärtige ukrainische Lyrik. Sie wird zwar seit 2007 nicht mehr gewartet, ist jedoch mit mehreren tausend Werken von über 330 Autoren nach wie vor die umfangreichste Informationsressource auf diesem Gebiet. Der Berichtszeitraum erstreckt sich offiziell vom 17. bis zum 21. Jahrhundert, doch wird der Bestand erst mit Beginn des 19. Jahrhunderts repräsentativ. Besonders zahlreich sind die Einträge für die Lyrik der Moderne, die im Themenindex nach Dekaden aufgespalten sind. Alle Titel sind als elektronische Abschriften vorhanden. Durch den Bestand führen ein Autoren- sowie ein Themenindex, die auf der Homepage aufgelistet sind. Eine Google-Suchfunktion finden Recherchierende unter dem Menüpunkt *Šukaty*. In den letzten beiden Punkten des Themenindexes (*Narodni pisni* und *Sučasni pisni*) befindet sich eine beachtliche Sammlung mit Transkriptionen ukrainischer

Volks- und Popmusiktitel. Da keine Wartung mehr stattfindet, sind viele der sonstigen Features veraltet oder defekt.

- Digitale Bibliothek
- Freier Zugang
- Berichtszeitraum: ab ca. 17. Jahrhundert
- Verlag: unbekannt
- Adresse: http://poetry.uazone.net

Ukraïnci v sviti

Ukraïnci v sviti ist eine Mischung aus historisch-biobibliografischer Enzyklopädie und Who-is-who-Datenbank der zeitgenössischen Ukraine. Der Informationsdienst umfasst über 3500 Einträge, wobei ein Großteil der Biografien auf historische Persönlichkeiten entfällt. Der Berichtszeitraum erstreckt sich vom 2. Jahrhundert n. Chr. bis heute, doch sind umfassende Einträge erst mit dem 10. Jahrhundert vorhanden. Je nach Beleg fallen die Biografien sehr knapp oder umfangreich aus, teilweise liegen auch Nachweise zu Primär- und Sekundärliteratur vor. Weniger zahlreich sind die Beiträge zu zeitgenössischen Persönlichkeiten – hier fehlen u. a. wichtige Einträge aus der modernen ukrainischen Politik- und Medienlandschaft. Durch die Webseite führen eine Schnellsuche sowie ein chronologischer, thematischer und geografischer Index. Metadaten und Verschlagwortung fehlen, weshalb nach dem genauen Namen der Person gesucht werden muss. Neben der Datenbank bietet die Webseite zusätzliche Inhalte an, denen es jedoch an wissenschaftlicher Aufarbeitung fehlt. So gibt es etwa eine umfangreiche Auflistung von Zitaten und Bonmots der behandelten Persönlichkeiten, jedoch keine dementsprechenden Nachweise. Unter dem Reiter *Stari Svitlyny* finden Recherchierende eine Sammlung historischer Fotografien (ebenfalls ohne Quellenangaben). Eine russische sowie eine kleine englische Version sind vorhanden.

- Biobibliografische Datenbank bzw. Bilddatenbank
- Freier Zugang
- Auch auf Englisch und Russisch verfügbar
- Berichtszeitraum: ab ca. 200
- Feldsuche: nur Ukrainisch (keine Transliteration) möglich
- Verlag: unbekannt
- Adresse: www.ukrainians-world.org.ua

UkrLib – Biblioteka ukraïns'koï literatury

UkrLib ist eine digitale Bibliothek mit Titeln zu ukrainischer, russischer und internationaler Literatur. Die Bibliothek beinhaltet Volltexte von insgesamt 170 verschiedenen Autoren und ist damit eine der ergiebigsten Ressourcen für Recherchierende, die nach ukrainischen oder ins Ukrainische übersetzten Literaturklassikern suchen oder sich Werke gegenwärtiger Autoren ansehen möchten. Ersteres findet sich unter dem Menüpunkt *Ukraïns'ka literatura* wieder, wo Recherchierende nochmal zwischen verschiedenen Unterpunkten wie moderner Literatur oder Sekundärliteratur wählen können. Alle Werke sind als elektronische Abschriften verfügbar – ein professionelles Proofreading ist nicht garantiert. Unter dem Reiter *Svitova literatura* befindet sich eine etwas kleinere Auswahl hauptsächlich westeuropäischer, ins Ukrainische übersetzter Literatur. Sowohl zu ukrainischen als auch ausländischen Autoren liefert die Bibliothek Biografien oder Lebensläufe mit. Möchte man gekürzte oder kommentierte Literaturausgaben lesen, kann man unter dem Menüpunkt *Navčannja* in einer relativ umfangreichen Sammlung für Schulliteratur stöbern. Unter *Literaturoznavstvo* finden Recherchierende Nachschlagewerke zu den wichtigsten Literaturepochen und -termini – wirklich neu sind aber nur die Beiträge zu gegenwärtigen ukrainischen Werken und Autoren. Die Bibliothek ist hauptsächlich für die Browsing-Recherche optimiert, wem diese aber zu mühsam ist, der kann die Schnellsuche verwenden.

- Digitale Bibliothek
- Freier Zugang
- Feldsuche: nur Ukrainisch (keine Transliteration) möglich
- Verlag: Evhen Vasil'jev
- Adresse: www.ukrlib.com.ua/books

3.13 Weißrussland

Wie in Russland und der Ukraine baut das weißrussische Informations- und Bibliothekswesen auf alte Strukturen und Traditionen aus der sowjetischen Ära auf. Moderneren Entwicklungen wie etwa Open Science oder der Digitalisierung von Literatur und Kulturerbe steht man noch skeptisch gegenüber. Dies hat dazu geführt, dass der weißrussische akademische Informationsmarkt nur über wenige moderne Infrastrukturen verfügt, die sich in westlicheren Ländern bereits als De-facto-Standards etabliert haben. Recherchierende können daher lediglich auf einzelne Ressourcen zurückgreifen, anstatt auf ein landesweites Ressourcennetzwerk – eine analoge Recherche ist für intensive Forschungsvorhaben daher meist unumgänglich. Die Gründe für diesen Umstand sind vielfältig und in einem erstarrten postsowjetischen Bibliothekssystem, in mangelnden Fördermitteln und Internetzugängen am Land zu finden. Eine Recherche vor Ort hat nichtsdestotrotz seine Reize, denn das weißrussische Bibliothekssystem profitiert heute noch von einem außergewöhnlich hohen Stellenwert in der Gesellschaft und wird dementsprechend gepflegt. Dass analoge Ressourcen – die „Schätze" der Archive und Bibliotheken – nicht sofort über das Internet zugänglich gemacht und dass Trends wie Open Access skeptisch hinterfragt werden, wird dadurch verständlicher. Während das öffentliche und wissenschaftliche Bibliothekswesen hier zögerlich agiert, haben viele private Anbieter Online-Ressourcen zu weißrussischer Literatur, Kultur und Geschichte kreiert. Wie in Russland und der Ukraine ist bei der Konsultierung solcher Ressourcen Vorsicht geboten, da man aus kommunistischen Zeiten eine Geringschätzung wissenschaftlicher Genauigkeit und des Urheberrechts beibehalten hat.

Die osteuropäischen Nationalbibliotheken und Buchkammern zählen aufgrund ihrer großen Bestände und ihrer oftmals beeindruckenden Architektur zu den bedeutendsten bibliothekarischen Einrichtungen der Welt – so auch die weißrussische Nationalbibliothek (Nacional'naja biblioteka Belarusi). Die Nationalbibliothek – ihrer extravaganten Form wegen manchmal als „Wissensdiamant" bezeichnet – wurde im Jahr 1924 gegründet, gemeinsam mit der weißrussischen Buchkammer (Nacional'naja knižnaja palata Belarusi), die seither für die Erstellung der Nationalbibliografie und die Archivierung aller Pflichtexemplare verantwortlich ist. Die Nationalbibliothek verfügt über den drittgrößten Bestand an russischsprachigen Büchern – nach der Russischen Staats- und der Russischen Nationalbibliothek. Dies liegt einerseits an ihrer Entstehungsgeschichte (da man zum Zeitpunkt ihrer Gründung nur wenige weißrussische Bücher parat hatte, wurden die Regale kurzerhand mit Dubletten aus den beiden vorhin genannten Bibliotheken bestückt), andererseits an der Wichtigkeit der russischen Sprache für den tertiären Bildungssektor (Kunz 2005: 53). Die Nationalbibliothek betreut einen noch sehr jungen Verbundkatalog sowie mehrere bibliografische Datenbanken zum weißrussischen Bibliotheks- und Hochschulwesen. Um zu diesem interessanten Datenbankangebot zu kommen, browst man am besten durch die offizielle Webseite (www.nlb.by), die sehr umfangreich ist und viele Informationen und Hyperlinks bereithält. Anders als in russischen und ukrainischen Bibliotheken finden sich dort auch zahlreiche ausländische Datenbanken – insbesondere aus dem angloamerikanischen Raum – wieder. Die Nationalbibliothek kooperiert mit den internationalen Projekten *Zolotaja kollekcija Evrazii*, *Manuscriptorium* und *World Digital Library*, verfügt selbst aber über keine nennenswerten digitalen Bestände. Hier wurde mehr Energie in virtuelle Ausstellungen einzelner Kollektionen investiert, die ebenfalls über die Webseite zu finden sind.

Freie bibliografische Fachdatenbanken gibt es im weißrussischen Informationsraum so gut wie keine. Eine weitere wichtige Einrichtung – die Hauptbibliothek der Weißrussischen Akademie der Wissenschaften (Central'naja naučnaja biblioteka NAN Belarusi) – betreut einige geistes- und kulturwissenschaftliche Referenzdatenbanken, bietet diese aber zumeist nur als lokale Campusressourcen an. Für Informationen zum wirtschaftlichen oder rechtlichen Sektor Weißrusslands empfiehlt sich das Datenbankangebot der Präsidentenbibliothek (Prezidentskaja biblioteka Respubliki Belarus'). Diese beiden Bibliotheken sowie die Nationalbibliothek und die Respublikanskaja naučno-techničeskaja biblioteka in Minsk sind die größten weißrussischen Bibliotheken und nehmen am Verbundkatalog teil. Die Bestände aller anderen Bibliotheken müssen nach wie vor über die regionalen Verbundkataloge durchsucht werden. Einen Überblick über diese findet man auf der Webseite des neuen Verbundkatalogs.

Die weißrussische Archivlandschaft stellt für Recherchierende ein detailliertes Fachportal zur Verfügung. Wie beim russischen und ukrainischen Pendant enthält dieses umfangreiche Beschreibungen zu Standorten, Beständen, Kontaktadressen etc. Ein weiteres empfehlenswertes Fachportal ist *Kamunikat*. Das polnisch-weißrussische Projekt ist eine umfangreiche digitale Bibliothek mit hochwertigen, modernen Literatur- und Multimedia-Inhalten zu allen Aspekten der weißrussischen Kultur, Sprache und Geschichte. Die Projektbetreiber sind drei weißrussische Institutsbibliotheken in Warschau und Białystok.

Tipp: Aufgrund der Amtssprachenregelung gibt es von fast allen wissenschaftlichen Informationsressourcen sowohl eine weißrussische als auch russischsprachige Version. Da das Russische im tertiären Bildungswesen aber dominanter ist, werden Eigennamen hier (soweit sie nicht explizit weißrussisch sind) auf Russisch wiedergegeben. Bevorzugt man die Arbeit mit der weißrussischen Sprachversion, stellt dies aber keinen Nachteil für die Recherche dar.

Bei allen bibliothekarischen und nichtbibliothekarischen Ressourcen ist vor der eigentlichen Recherche ein Browsing durch den Bestand zu empfehlen, um sich die Verwendung von Metadaten (z. B. Schlagwörtern) anzusehen und wie diese sprachlich umgesetzt wurden. In vielen Fällen werden Einträge unter Verwendung des Russischen angelegt, allerdings kann es sein, dass Angaben zu Titel, Verlag, Erscheinungsort etc. nur auf Weißrussisch existieren. Auch auf die unterschiedliche Verwaltung lateinisch geschriebener und fremdsprachiger Titel ist Acht zu geben.

Open Access in Weißrussland

Im Bereich des Open Access und Open Science gibt es bislang keine nennenswerte Infrastruktur. Zusammen mit der Organisation EIFL (Electronic Information for Libraries) wurde Anfang der 2010er Jahre eine Reihe von Initiativen umgesetzt, darunter eine nationale Open Access-Webseite (ehemals www.openaccess.by), ein nationales Repositorium für Fachzeitschriften sowie eine Reihe von Weiterbildungsveranstaltungen zur Förderung der Bekanntheit von Open Access-Formaten unter Wissenschaftlern. All diese Initiativen sind mittlerweile im Sand verlaufen. Ein bleibendes Ergebnis der Bemühungen ist lediglich eine relativ große Zahl an Repositorien an weißrussischen Hochschulen und Forschungsinstitutionen, doch haben diese kein einheitliches Auftreten und keine Art von interregionaler Vernetzung wie etwa einen gemeinsamen Metasuchdienst oder eine zentrale Koordinationsstelle. Der Suchdienst *OpenDOAR* verzeichnet momentan 21 dieser institutionellen Repositorien. Auf nationaler Ebene gibt es kein übergeordnetes Repositorium für Dissertationen, Fachzeitschriften etc. Obwohl weißrussische Hochschulen und Bibliotheken durchaus Schritte zur Verbreitung von Open Access setzen (so verzeichnet *ROARmap* immerhin drei lokale Open Access-Mandate), fehlt es von nationaler Seite an Anreizen und Fördermittel. Einziger Unterzeichner der Berliner Erklärung ist bislang die Belorusskij gosudarstvennyj universitet in Minsk. Auch frei zugängliche Fachzeitschriften gibt es in Weißrussland bislang wenige. So verweist *DOAJ* auf nur fünf Open Access-Periodika, *ROAD* hingegen immerhin auf 14.

Tipp: Da es keine nationale Informationsstelle zu Open Access gibt, empfiehlt sich die Suche über OpenDOAR, wo die meisten Ressourcen verzeichnet werden. Die Seite wurde aber zuletzt 2014 aktualisiert. Für direkte Anfragen kann man sich an die Servicestellen von EIFL wenden.

Stand der Retrodigitalisierung

Auch in der Digitalisierung des Kulturerbes hat sich Weißrussland bislang nicht sonderlich hervorgetan. Weder gibt es ein landesweites Programm zur Koordination von Digitalisierungsaktivitäten noch existieren nennenswerte Einzelinitiativen auf regionaler bzw. lokaler Ebene. Die weißrussische Nationalbibliothek hat aus ihren eigenen Archiven wertvolle Monografien im Rahmen des Projekts *Kniga Belarusi XIV–XVIII vekov* digitalisiert – dies ist bislang das einzige größere Projekt zur Langzeitarchivierung von Kulturerbe. Die analoge Bibliothekskultur genießt im ostslawischen Raum nach wie vor einen hohen Stellenwert, weshalb man bei der Umsetzung von elektronischen Ressourcen mit Exportfunktionen eher zaghaft agiert. Auch die beeindruckende

Archivlandschaft gibt ihre Medien ungern preis. Prinzipiell kennt man in Weißrussland den Stellenwert, den digitale Bibliotheken im europäischen und angloamerikanischen Raum genießen und auch die Vorteile, die damit einhergehen. Pro forma hat man daher den einen oder anderen Schritt in Richtung internationaler Zusammenarbeit getan, doch sind die Ergebnisse im Vergleich zu europäischen Digitalisierungsprogrammen sehr bescheiden. So sind Teile der digitalen Bestände aus der Nationalbibliothek in *World Digital Library*, im tschechischen *Manuscriptorium* und im GUS-weiten Projekt *Zolotaja kollekcija Evrazii* zu finden, jedoch nicht mehr in europäischen Ressourcen wie *Europeana* oder *The European Library.* Abgesehen von der Nationalbibliothek gibt es keine anderen weißrussischen Bibliotheken, deren Bestände über internationale Suchdienste auffindbar wären.

Auf nationaler Ebene bieten sich zur Recherche der weißrussische Verbundkatalog *Svodny ėlektronnyj katalog bibliotek Belarusi* sowie die regionalen Verbundkataloge an, jedoch ist nicht garantiert, dass die digitalen Bestände aller Bibliotheken dort zu finden sind. So betreuen viele Bibliotheken und Archive ihre Digitalisate nicht mit Hilfe von Volltextdatenbanken, sondern integrieren diese in virtuelle Ausstellungen, die zumeist in der Bibliothekswebseite implementiert sind. Zu solchen Institutionen gehört neben der Nationalbibliothek auch die Bibliothek der Akademie der Wissenschaften. Letztere führt auf ihrer Webseite eine Auflistung digitaler Bestände in Weißrussland (http://tinyurl.com/zsmh75m), jedoch ist diese nicht vollständig und vermischt Repositorien, einzelne Zeitschriften und digitale Bibliotheken mit Kulturerbe (die Bezeichnung *ėlektronnaja biblioteka* wird im ostslawisch Raum nicht einheitlich verwendet). Möchte man sich die Mühe machen, einzelne digitale Bestände auf lokaler Ebene – z. B. von Stadtbibliotheken – zu finden und zu durchforsten, eignet sich dafür die Datenbank *Biblioteki Respubliki Belarus' i zarubežnych stran* der Nationalbibliothek (http://interlib.nlb.by/bb/index/index.php), in der alle 7500 öffentlichen Bibliotheken Weißrusslands referenziert werden.

Private und Crowdsourcing-Ressourcen sind im ganzen ostslawischen Raum zahlreich – so auch in der weißrussischen Domain. Sie ersetzen zu einem gewissen Teil das fehlende Engagement des öffentlichen und wissenschaftlichen Bibliothekswesens hinsichtlich Bereitstellung digitaler Literatur, Kulturerbe und Forschungsoutput. Während solche Ressourcentypen in anderen slawischen Ländern nicht ganz so zahlreich sind, florieren vor allem in Russland private Fachportale zu Kommunismus, Militärgeschichte, klassischer Literatur etc. Auch in Weißrussland stößt man bei der Recherche früher oder später auf solche Angebote. Da der Wahrung der Urheberrechte in der kommunistischen

Ära wie auch heute nicht immer Genüge getan wurde bzw. wird, ist bei der Verwendung solcher Quellen Vorsicht geboten. Dies trifft insbesondere auf Ressourcen zu, die urheberrechtlich geschützte Literatur in Form von elektronischen Abschriften anbieten. Auch ein professionelles Proofreading ist nicht immer gegeben.

Letopis' pečati Belarusi – Die weißrussische Nationalbibliografie (http://be.natbook.org.by/letopis-pechati-belarusi und http://natbook.org.by/gosudarstvennaya-bibliografiya)
Die weißrussische Nationalbibliografie wurde gemeinsam mit der Buchkammer im Jahr 1924 ins Leben gerufen – davor wurden weißrussische Publikationen in russischen und polnischen Bibliografien erfasst. Zwei wichtige Anlaufstellen für solche historischen Werke sind der Sopikov-Katalog (siehe eine Beschreibung der analogen Ausgabe auf dem Fachportal *Slavic Information Resources*, http://tinyurl.com/zhz7gbw, 19.01.2017) und die *Bibliografia Polska* von Karol Estreicher (siehe Kapitel 3.6). Wie im ostslawischen Raum üblich, wurde und wird seit der kommunistischen Zeit die Nationalbibliografie von der Buchkammer herausgegeben. Dies geschieht heute noch über verschiedene Teilbibliografien, deren aktuelle Zahl sich auf zehn beläuft. Seit ihrer Umstrukturierung 2016 listet die neue Webseite der Buchkammer allerdings nicht mehr alle Teile explizit auf. Die Teilbibliografien kommen durch die unterschiedlichen Medientypen zu Stande, wobei es eine eigene Bibliografie für die retrospektive Aufarbeitung weißrussischer Publikationen vor 1924 gibt. Diese sollen den Sopikov-Katalog und die *Bibliografia Polska* langfristig ersetzen. Bei der Arbeit mit den Teilbibliografien ist die gemischte Verwendung des Russischen und des Weißrussischen zu beachten. Die Buchkammer verfügt seit 2016 über eine sehr gute weißrussisch-, russisch- und englischsprachige Webseite mit detaillierten Informationen zu den wichtigsten sechs Teilbibliografien. Diese werden zum Teil als PDF-Dokumente online gestellt, sind aber auch in der zugehörigen Datenbank *IS GBI* (*Informacionnaja sistema gosudarstvennoj bibliografičeskoj informacii*) – dem Online-Katalog der Buchkammer – zu finden. Dort können alle Monografien seit 1970 und alle Periodika, kartografischen Materialien, Dissertationen etc. seit etwa 2002 gesucht werden. Wer Titel vor 1970 benötigt, aber keine Printbibliografien konsultieren möchte, für den sind die elektronischen Kataloge und Fachdatenbanken der Nationalbibliothek die hilfreichsten Informationsressourcen. Die Teilbibliografien orientieren sich am Territorialprinzip, mit Ausnahme von *Belarus' u susvetnym druku*.

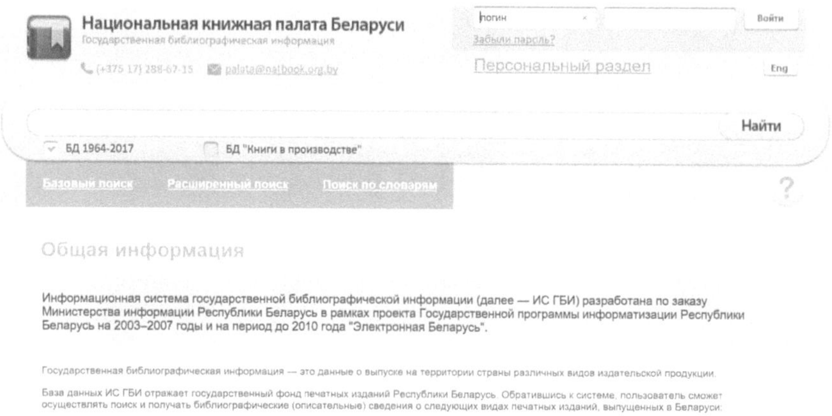

Abb. 58: Einstieg in den Bibliothekskatalog der weißrussischen Buchkammer

a) Knižny letapis

Diese Teilbibliografie enthält eine Auflistung aller in Weißrussland erschienenen bzw. von weißrussischen Auslandsverlagen herausgegebenen Monografien. Wird monatlich und einmal im Jahr als Gesamtedition herausgegeben. Auf der Webseite der Buchkammer sind PDF-Ausgaben der Teilbibliografie seit 2003 zu finden.

b) Letapis hazetnych artykulaŭ

Der *Letapis hazetnych artykulaŭ* verzeichnet Zeitungsartikel seit 1937 und erscheint monatlich. Die Teilbibliografie nimmt eine strikte Trennung zwischen u. a. nationalen und regionalen Zeitungen und deren Zielgruppen vor, weshalb es hilfreich ist, sich die Informationen über die genaue Zusammenstellung der Titel durchzulesen.

c) Letapis časopisnych artykulaŭ

Enthält eine Auflistung aller wissenschaftlichen Fachartikel und erscheint monatlich.

d) Letapis aŭtarėferataŭ dysertacyj

Dieser Teil ist die Dissertationssektion der Nationalbibliografie. Er wurde 1999 zum ersten Mal erstellt und erscheint seither einmal jährlich.

e) Letapis peryjadyčnych vydannjaŭ Belarusi

Ergänzend zu *Letapis časopisnych artykulaŭ* werden hier die Gesamttitel der Periodika verzeichnet. Erscheint jährlich seit 1925. Erfasst werden alle Periodika in weißrussischer und anderen Sprachen, die auf dem Gebiet Weißrusslands erscheinen.

f) Letapis notnych vydannjaŭ

Die Bibliografie weißrussischer Musikdrucke erscheint einmal jährlich.

g) Letapis vyjaulenčych vydannjaŭ

Dies ist ein eher ungewöhnlicher Teil für eine Nationalbibliografie. Verzeichnet werden seit 1955 verschiedene ephemere Medien wie etwa Poster, Postkarten, Porträts, Bilderbücher, Comics etc.

h) Letapis kartahrafičnych vydannjaŭ

Das Verzeichnis kartografischen Materials erscheint seit 1994 einmal jährlich.

i) Belarus' u susvetnym druku

Die einzige Teilbibliografie, die nach dem Nationalitäts- und Sujetprinzip verfasst wird. Verzeichnet werden ausländische Titel über Weißrussland, Titel in weißrussischer Sprache oder von weißrussischen Autoren verfasst, die im Ausland erschienen sind. Wird seit 1946 vierteljährlich herausgegeben.

j) Rėtraspektyŭnyja biblijahrafičnyja pakazal'niki

Umfasst die verschiedenen Teile der retrospektiven Nationalbibliografie, die nach dem Territorial- und Nationalitätsprinzip zusammengestellt wurden. Deren bibliografische Daten können auf der Webseite unter dem Menüpunkt *Gosudarstvennaja bibliografija* nachgelesen werden. Sie existiert bislang nur als Printausgabe, wobei der Teil *Gazety Belarusi 1776–1975* als PDF-Dokument zusammen mit der laufenden Nationalbibliografie auf der Webseite der Buchkammer zu finden ist.

3.13.1 Bibliografische Datenbanken

Baza dannych učenye Belarusi

Die Referenzdatenbank weißrussischer Wissenschaftler und Institutionen wird von der Nationalbibliothek verwaltet und enthält etwa 4300 Einträge.

Aufgenommen werden in Weißrussland geborene und/oder dort tätige Personen, Organisationen bzw. Forschungseinrichtungen sowie Verbände. Zu jeder Person existieren die wichtigsten biografischen Daten sowie ein kurzer Lebenslauf, ein Abriss der Forschungstätigkeiten und bibliografische Angaben. Jeder Eintrag kann dabei über die russische oder weißrussische Namensvariante gesucht werden. Für weitere Informationen kann man sich über einen Hyperlink zur jeweiligen Forschungseinrichtung weiterleiten lassen oder über den weißrussischen Verbundkatalog nach der erwähnten Literatur suchen. Recherchiert wird in der Datenbank über eine detaillierte Formularsuche. Für weitere Anweisungen zur erfolgreichen Recherche kann man bei der ausgegebenen Trefferliste nach Eingabe des Suchbegriffs auf das Fragezeichen rechts oben klicken, das zu einer ausführlichen Beschreibung für die Anwendung Boolescher Operatoren, Trunkierungen etc. führt.

- Biobibliografische Datenbank
- Freier Zugang
- Feldsuche: Weißrussisch und Russisch (keine einheitliche Transliteration) möglich
- Verlag: Nacional'naja biblioteka Belarusi
- Adresse: http://unicat.nlb.by/scient/auth_e.html

Biblijahrafičnaja baza danych „Movaznaŭčnaja belarusistyka"

Die Weißrussische Akademie der Wissenschaften verfügt über einige sehr gute Referenz- und Forschungsdatenbanken – allerdings nur als lokale Ressourcen. Eine von zwei Ausnahmen ist die Datenbank *Movaznaŭčnaja belarusistyka*, die über 10 000 Einträge zu linguistischen Werken zur weißrussischen Sprache enthält. Aufgenommen wird selbstständig wie unselbstständig erschienene Literatur ab dem Jahr 2004, darunter auch Dissertationen, Enzyklopädien, bibliografische Nachschlagewerke etc. Thematisch gibt es keine Einschränkungen. Gesucht wird über verschiedene Varianten der Formularsuche. Vor der Eingabe kann rechts oben auf die russischsprachige Version gewechselt werden – recherchiert wird jedoch mit weißrussischen Begriffen. Wer für die Eingabe Hilfe benötigt, kann bei Ausgabe der Trefferliste rechts oben auf das Fragezeichen klicken. Dort finden Nutzer eine detaillierte Beschreibung zur Verwendung Boolescher Operatoren, Trunkierungen etc. Jeder Eintrag enthält die wichtigsten bibliografischen Daten sowie eine weißrussische Verschlagwortung.

- Bibliografische Datenbank
- Freier Zugang
- Berichtszeitraum: ab 2004

- Feldsuche: nur Weißrussisch (keine Transliteration) möglich
- Verlag: Central'naja naučnaja biblioteka NAN Belarusi
- Adresse: http://libcat.bas-net.by/belmova/

3.13.2 Fachportale und Metasuchdienste

Archivy Belarusi

Auch in Weißrussland empfiehlt es sich, bei einer lokalen Archivrecherche vorab gut über Standorte und Bestände Bescheid zu wissen. *Archivy Belarusi* ist der offizielle Webauftritt der weißrussischen Staatsarchive, wo alles Nötige für eine zufriedenstellende Recherche zusammengefasst wurde. Das Fachportal enthält grundlegende Informationen zu Anschrift, Geschichte, Ausstellungstätigkeiten, Zusammenarbeit etc. weißrussischer archivarischer Institutionen. Ausführliche Angaben finden Recherchierende unter den dementsprechenden Punkten im linken Menüband, darunter auch Zusammenfassungen historischer Ereignisse und soziokultureller Einflüsse auf die Herausbildung der weißrussischen Archivlandschaft. Die Navigation durch das Portal ist einfach und erfolgt durch Browsing. Alle Inhalte sind nach Themen und Unterthemen im Menüband aufgeteilt. Die Seite ist nur auf Russisch vorhanden sowie in einer kleiner gefassten englischen Version. Sie wird laufend gewartet.

- Fachportal (Schwerpunkt Archive)
- Freier Zugang
- Verlag: Belorusskij naučno-issledovatel'skij centr ėlektronnoj dokumentacii (BelNICĖD)
- Adresse: http://archives.gov.by

Svodny ėlektronnyj katalog bibliotek Belarusi

Bis vor Kurzem war der weißrussische Verbundkatalog nur in einer Beta-Version zugänglich – 2016 kam dann das erste offizielle Release heraus. Vier Teilnehmer sind bislang am Verbundkatalog beteiligt: die Nationalbibliothek, die Bibliothek der Akademie der Wissenschaften (Central'naja naučnaja biblioteka NAN Belarusi), die Prezidentskaja biblioteka Respubliki Belarus' und die Respublikanskaja naučno-techničeskaja biblioteka. Die gesamte obere Menüleiste der Seite befasst sich mit den verschiedenen Suchmöglichkeiten: So gibt es von *Bazovyj poisk* zu *Rasširennyj poisk* und *Professionalam* mehrere Arten der Feld- und Formularsuche sowie die Möglichkeit, über Indizes bzw. einen Thesaurus zu suchen (*Slovari* und *GRNTI*). In der nachfolgenden Trefferliste wird auch die Verfügbarkeit des Titels in den vier teilnehmenden Bibliotheken angezeigt. Für die Bestellung wird man zum jeweiligen Bibliothekskatalog weitergeleitet, wobei der Titel aber aufs Neue gesucht werden muss. Die Homepage des Verbundkatalogs beinhaltet neben den Webadressen der teilnehmenden Bibliotheken u. a. auch Hyperlinks zu den regionalen Verbundkatalogen sowie zur weißrussischen Nationalbibliografie. Bei Verwendung der Feld- oder der Formularsuche müssen Titel in weißrussischer Sprache auf Weißrussisch, Titel in russischer Sprache auf Russisch gesucht werden.

- Verbundkatalog
- Freier Zugang
- Feldsuche: nur Originalsprache (keine Transliteration) möglich
- Verlag: Nacional'naja biblioteka Belarusi (Projektleitung)
- Adresse: http://unicat.nlb.by

Abb. 59: Homepage des Verbundkatalogs mit Auflistung verschiedener Bibliothekskataloge

3.13.3 Digitale Bibliotheken, fachspezifische Volltextdatenbanken und Textsammlungen

Kamunikat – Belaruskaja Intėrnėt-Biblijatėka

Kamunikat ist ein gemeinschaftliches polnisch-weißrussisches Webprojekt mit digitalen Inhalten zu weißrussischer Kultur, Literatur und Presselandschaft. Die Ressource ist ein klassisches Beispiel für eine Internetbibliothek mit vielfältigen, thematisch unsortierten Titeln, Social Media-Zügen, Mehrsprachigkeit und zahlreichen Multimedia-Inhalten. Eine Herausforderung stellt mitunter die Navigation durch die Seite dar, da diverse Menüpunkte sich inhaltlich nicht von selbst erklären. Von besonderem Interesse für jene, die nach Sekundärliteratur oder Quellentexten suchen, sind die beiden Menüpunkte *Knihi* und *Pėryёdyka*, die über 7000 Volltexte bzw. 300 verschiedene Zeitungs- und Zeitschriftentitel verfügen. Die Inhalte stammen großteils aus den letzten fünfzehn Jahren, beinhalten eine kurze Beschreibung und sind als PDF-Dokumente exportierbar. Mitunter finden sich auch polnische Titel samt Beschreibung. Je nach Reichweite des Mediums liegt dieses in verschiedenen Sprachversionen auf. Sehr ergiebig sind auch die Menüpunkte *Aŭdyёknihi*, *Muzyka* und *Vidėa*, die sowohl Inhalte wissenschaftlicher, literarischer als auch künstlerischer Natur umfassen. Die nicht weiter erklärten Kataloge *BHT*, *EEDC* und *MiOKV* umfassen digitale Bestände der drei polnisch-weißrussischen Einrichtungen Belaruskae Histaryčnae Tavarystva (Białystok), East European Democratic Center (Warschau) und Muzej Staražytnabelaruskaj kul'tury (Białystok). Über den Menüpunkt *Belaruskija ėmihracyjnyja kalekcyi* kommt man zum eigenständigen Webprojekt des Belaruski Instytut Navuki i Mastactva (New York). Möchte man nicht browsen und lieber mit einer Feldsuche arbeiten, können unter *Pošuk / Katalёh* alle Inhalte samt Volltext durchsucht werden. Zu beachten ist die gemischte Verwendung des Russischen und des Weißrussischen. Die kleine Zahl russischsprachiger Titel muss über die Schnellsuche auf Russisch gesucht werden. Eine Registrierung ermöglicht die Verwendung der Bookshelf-Funktion. Die Bibliothek ist in einer weißrussischen, polnischen und englischen Sprachversion vorhanden.

- Digitale Bibliothek
- Freier Zugang
- Auch auf Polnisch und Englisch verfügbar
- Feldsuche: nur Originalsprache (keine Transliteration) möglich
- Verlag: Belaruskae Histaryčnae Tavarystva (Projektleitung)
- Adresse: http://kamunikat.org

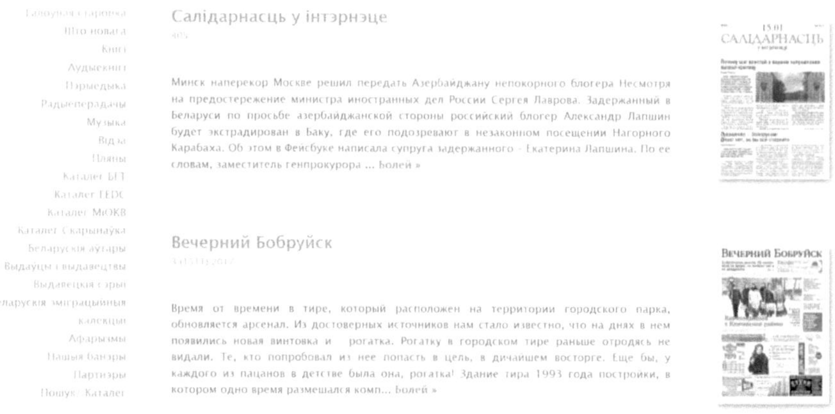

Abb. 60: Menüleiste und Anzeige kürzlich hinzugefügter Titel auf *Kamunikat*

Kniga Belarusi XIV–XVIII vekov

Diese Ressource gehört zu den wenigen weißrussischen digitalen Bibliotheken, die sich der Speicherung und Veröffentlichung von Kulturerbe widmen. Betrieben wird *Kniga Belarusi* von der weißrussischen Nationalbibliothek, die aus ihren Fundus ca. 140 Werke zur Digitalisierung ausgewählt hat. Alle Titel sind der Herkunft, Sprache oder dem Inhalt nach der weißrussischen Kultur zuzuordnen. In der Sammlung befinden sich nur monografische Werke, dazu gehören Manuskripte, alte und seltene Drucke. Da diese in verschiedenen Sprachen vorhanden sind und neben kyrillisch verfassten Titeln auch eine größere Zahl polnischer Bücher aufgenommen wurde, empfiehlt sich die Suche über Browsing. Bei Verwendung der Feldsuche muss der Titel in der Originalsprache eingegeben werden, das gilt teilweise auch für die bibliografischen Daten. Metadaten werden auf Russisch und Weißrussisch erfasst. Über eine interaktive Karte können die Werke ihrem Ursprungsort nach zugeordnet bzw. gesucht werden. Die Sammlung wird laufend erweitert.

- Digitale Bibliothek
- Freier Zugang
- Feldsuche: nur Originalsprache (keine Transliteration) möglich
- Verlag: Nacional'naja biblioteka Belarusi
- Adresse: http://belbook.nlb.by

3.13.4 Private und Crowdsourcing-Ressourcen

Belaruskaja palička

Belaruskaja palička ist eine Textsammlung mit unterschiedlichsten Primär- und Sekundärmaterialien zu weißrussischer und teils internationaler Literatur. Auf der Homepage finden Recherchierende mittig die 25 verschiedenen Themenpunkte, die über Browsing durchsucht werden können. Interessant ist *Belaruskaja palička* insbesondere für jene, die nach zeitgenössischer weißrussischer Literatur suchen, die in den ersten drei Kollektionen (*Proza*, *Paėzija* und *Dramaturhija*) reichlich vorhanden ist. Alle anderen Punkte beinhalten unsortierte Sekundärliteratur oder ausländische Literatur in weißrussischer Übersetzung.

- Elektronische Textsammlung
- Freier Zugang
- Verlag: unbekannt
- Adresse: www.knihi.com

Belhistory – Belorusskij istoričeskij portal

Belhistory ist ein Fachportal mit verschiedenen Multimedia-Inhalten zur Geschichte Weißrusslands. Unter dem Menüpunkt *Katalog+* finden Nutzer populärwissenschaftliche Fachartikel zu verschiedenen Epochen, unter dem Menüpunkt *Biblijatėka* ca. 40 Monografien aus den 1970er bis 2000er Jahren. Die Monografien sind im PDF-Format downloadbar. Unter dem Subreiter *Medyja* befindet sich Bildmaterial zu historischen Persönlichkeiten samt Kurzbeschreibung. Eine Filmkollektion bietet ca. 60 Dokumentarfilme in Kurz- und Spielfilmlänge zu diversen Themen, Persönlichkeiten und Epochen in der weißrussischen Geschichte. Das Portal wird regelmäßig erweitert bzw. umstrukturiert, weshalb auch die Inhalte nicht konstant verfügbar sind.

- Elektronische Text- bzw. Multimedia-Sammlung
- Freier Zugang
- Verlag: unbekannt
- Adresse: www.belhistory.com

Biblioteka.by

Diese Ressource ist eine der größten literarischen Crowdsourcing-Bibliotheken Osteuropas, in denen bekannte wie noch unbekannte Autoren ihre Werke online stellen können. Die Bibliothek umfasst die Werke von mehr als 2000 weißrussischen Autoren in elektronischer Abschrift. Gesucht wird über den Autorenindex oder die Google-Suchfunktion auf der Homepage.

- Digitale Bibliothek
- Freier Zugang
- Feldsuche: nur Russisch (keine Transliteration) möglich
- Verlag: unbekannt
- Adresse: www.biblioteka.by

Library.by – Belorusskaja cifrovaja biblioteka

Library.by ist eine Online-Bibliothek, in der Autoren, Wissenschaftler und Hobbyforscher alle Arten von Bild- und Textmaterialien hochladen können. Bislang beinhaltet die Bibliothek über 200 000 Materialien und gehört damit zu den umfangreichsten Crowdsourcing-Ressourcen in Weißrussland. Die Betreiber der Plattform versprechen einen Metadatenaustausch u. a. mit *Google Scholar* und *WorldCat*, was jedoch nicht der Fall sein dürfte. Nur über das russische Pendant *Libmonstr* funktioniert eine Suche in den Beständen von *Library.by*.

- Digitale Bibliothek
- Freier Zugang
- Feldsuche: nur Russisch (keine Transliteration) möglich
- Verlag: unbekannt
- Adresse: www.library.by

3.14 Slawistik allgemein – Deutschsprachige Ressourcen

Der deutschsprachige Informationsmarkt bietet weltweit die meisten und umfangreichsten Ressourcen zu Osteuropa und der Slawistik. Nicht einmal der angloamerikanische Raum verfügt über so viele Möglichkeiten, Recherche zu den östlichen Nachbarn bzw. zur slawischen Fremdsprachenphilologie zu betreiben. Bezeichnend für die deutschsprachigen Informationsinfrastrukturen ist das Verständnis von Osteuropa als eine große Region. Ressourcen stehen dabei nicht im Zeichen einzelner Länder oder Disziplinen, sondern bearbeiten Osteuropa bzw. die slawische Philologie als ein ganzheitliches Thema. Alle Angebote zeichnen sich folglich durch zwei Eigenschaften aus: Interdisziplinarität und Interregionalität. Der deutschsprachige Informationsmarkt unterscheidet sich dadurch wesentlich von den slawischsprachigen, welche zumeist fach- und länderspezifische Ressourcen vorweisen.

Durch die große Zahl an verschiedenen Informationsdienstleistern fällt eine Orientierung zuerst nicht leicht, doch ist das deutschsprachige Angebot in seiner Gesamtheit sehr ausgewogen. So gibt es ein gutes Gleichgewicht aus Referenz- und Volltextdatenbanken sowie Fachportalen mit zumeist sehr guter technischer und inhaltlicher Qualität. Magerer ist die Angebotslage für Korpus- und Computerlinguisten, die auf dem angloamerikanischen sowie auf den slawischen Informationsmärkten bessere Chancen auf eine zufriedenstellende Recherche haben. Fast alle der unten aufgezählten Angebote befinden sich in der Domain der Bundesrepublik Deutschland. Österreich und die Schweiz haben bislang kaum nennenswerte Projekte auf die Beine gestellt. Auffallend ist auch, dass alle Informationsressourcen aus dem akademischen Feld stammen und zumeist von bekannten slawistischen Institutionen angeboten werden. Privatpersonen oder Anbieter aus dem Kulturbereich – wie sie etwa in Polen oder in der Slowakei häufig vorkommen – findet man unter den Informationsdienstleistern kaum. Das Bibliothekswesen hingegen ist stark vertreten – so werden viele wichtige Bibliografien, Fachportale und digitale Bestände von fachlich spezialisierten Bibliotheken getragen.

Die Deutsche Forschungsgemeinschaft (DFG) hat den Ankauf von Nationallizenzen für einige besonders umfangreiche slawistische Volltextdatenbanken gefördert (siehe dazu Kapitel 2.1.3). Diese sind über alle deutschen Hochschulbibliotheken frei zugänglich. Zugänge für Recherchierende aus Österreich oder der Schweiz werden nach wie vor über Einzel- oder Konsortiallizenzen erschlossen. Einen weiteren disziplinären Angebotsservice bieten deutsche Hochschulbibliotheken über die Erschließung von Printmedien im Rahmen sogenannter *Sondersammelgebiete*. Das Sondersammelgebiet bzw. der Fachinformationsdienst für Slawistik wird zurzeit von der Staatsbibliothek zu Berlin betreut (siehe Kapitel 2.1.1).

Studiert oder lehrt man Slawistik bzw. Osteuropawissenschaften, sollte man zumindest die zwei größten slawistischen Fachportale kennen: die *Virtuelle Fachbibliothek Osteuropa* (*ViFa Ost*) und das *Slavistik-Portal*. Hier wird vieles referenziert, was der digitale Osten zu bieten hat. Für alle, die rasch deutschsprachige Literatur recherchieren müssen, empfiehlt sich der Metasuchdienst des *Slavistik-Portals*, der als einzige Informationsressource alle slawistischen Bibliografien beinhaltet und parallel durchsuchbar macht. Auf der Suche nach fremdsprachiger Fachliteratur sollte man sich hingegen *ViFa Ost* ansehen, das eine große Zahl an nationalen und internationalen Informationsressourcen auflistet. Da die einzelnen Fachportale sehr umfangreich und nicht immer optimal strukturiert sind, sind spezielle Teile des Datenbankangebots unten individuell angeführt und beschrieben.

Gute Angebote gibt es auch für Studierende und Forscher, die sich mit den deutschsprachigen Minderheiten im Osten auseinandersetzen. Hier lohnt sich der Blick in den *Verbundkatalog östliches Europa*, in das *Digitale Forum Mittel- und Osteuropa* oder in *Fokus Ost-Südost*.

3.14.1 Bibliografische Datenbanken

Aufsatzdatenbank Osteuropa – Virtuelle Fachbibliothek Osteuropa

Diese interdisziplinäre Referenzdatenbank ist ein Bestandteil der *Virtuellen Fachbibliothek Osteuropa* und beinhaltet Nachweise zu etwa 49 000 Artikeln aus über 80 historischen Fachzeitschriften und 250 Sammelbänden. Sie ist über den Metasuchdienst des Portals zugänglich. Erstellt wird die Bibliografie von der Bibliothek des Instituts für Ost- und Südosteuropaforschung in Regensburg. Bei der Recherche in der Datenbank wird auch die *Internationale Bibliografie zum vorpetrinischen Russland* mit durchsucht. Diese enthält etwa 3000 selbstständig wie unselbstständig erschienene Titel zur ostslawischen Geschichte vor 1700. Erfasst wird Literatur seit 1993. Als Hilfestellung bei der Formulierung der Suchanfrage wird ein virtuelles Keyboard in verschiedenen Sprachen angeboten, auch eine automatische Transliterationsfunktion ist vorhanden. Sucht man nach kyrillisch geschriebenen Titeln, sollte dies jedoch über einen kyrillischen Suchbegriff passieren, da die Treffermenge dann wesentlich größer ausfällt.

- Bibliografische Datenbank
- Freier Zugang
- Feldsuche: keine Diakritika notwendig; Verwendung der kyrillischen Schreibweise empfohlen
- Verlag: Institut für Ost- und Südosteuropaforschung (Universität Regensburg)
- Adresse: www.vifaost.de/zeitschriften/aufsatzdatenbank

BibDatSlav – Bibliografie der deutschsprachigen Slavistik (1983–1992) – Slavistik-Portal

BibDatSlav ist die Online-Version der 2002 erschienenen *Bibliografie slawistischer Veröffentlichungen aus Deutschland, Österreich und der Schweiz 1983/1987–1992*. Enthalten sind ca. 10 000 Einträge zu selbstständig wie unselbstständig erschienener Literatur. Wer die Datenbank gesondert durchsuchen möchte, muss über die Metasuche des *Slavistik-Portals* einsteigen und kann dann über ein Drill-down-Menü die Treffer innerhalb der Datenbank einsehen.

- Bibliografische Datenbank
- Freier Zugang
- Feldsuche: keine Diakritika notwendig; Transliteration nach DIN 1460:1982 möglich
- Verlag: Staatsbibliothek zu Berlin
- Adresse: www.slavistik-portal.de

Bibliografieportal zur Geschichte Ostmitteleuropas

Das *Bibliografieportal zur Geschichte Ostmitteleuropas* ist ein Teil der Webseite des Marburger Herder-Instituts und besteht aus zwei gesonderten Ressourcen: einer Referenzdatenbank (*Literaturdatenbank*) mit ca. 733 000 internationalen geschichtswissenschaftlichen Titeln und einer Auflistung bibliografischer Werke zu einzelnen osteuropäischen Regionen bzw. Ethnien (*Jahresbibliografien*). Die Referenzdatenbank beinhaltet selbstständig wie unselbstständig erschienene Literatur in ca. 20 verschiedenen Sprachen aus dem Bereich der Geschichtswissenschaften. Der Großteil des Inhalts setzt sich aus deutschsprachigen Titeln zusammen. Die Suchfunktionen der *Literaturdatenbank* sind mit einer umfangreichen Feld- und Indexsuche gut ausgebaut, kennen jedoch ihre eigenen Regeln und werden mitunter zur kreativen Herausforderung – so werden u. a. Suchparameter selbstständig ausgefüllt oder die Suchmaschine ist mit einfachen und komplexen Feldeingaben überfordert. Über die sogenannte *Geografica* wird eine Recherchemöglichkeit nach Orten und Regionen angeboten. Einzelne Treffer können in zehn verschiedenen Sprachen angezeigt werden, was angesichts der statischen deutschsprachigen Webseite aber wenig nützlich erscheint.

- Bibliografische Datenbank
- Freier Zugang
- Feldsuche: keine Diakritika notwendig
- Verlag: Herder-Institut Marburg
- Adresse: www.litdok.de/cgi-bin/litdok

BibSlavArb – Bibliografie slavistischer Arbeiten aus deutschsprachigen Fachzeitschriften (1876–1983) – Slavistik-Portal

Auf der Suche nach älterer slawistischer Literatur ist man bei *BibSlavArb* an der richtigen Stelle. Die bibliografische Datenbank referenziert mit 17 000 Einträgen unselbstständig erschienene Literatur der Jahre 1876 bis 1983. Die zwischen 1965 und 1989 als dreiteiliges Printmedium herausgegebene Bibliografie ist nun über das *Slavistik-Portal* online zugänglich. Wer die Datenbank gesondert durchsuchen möchte, muss über die Metasuche des *Slavistik-Portals* einsteigen und kann dann im Anschluss über ein Drill-down-Menü die Treffer innerhalb der Datenbank einsehen.

- Bibliografische Datenbank
- Freier Zugang
- Feldsuche: keine Diakritika notwendig; Transliteration nach DIN 1460:1982 möglich

- Verlag: Staatsbibliothek zu Berlin
- Adresse: www.slavistik-portal.de

BibSlavKon – Bibliografie der Internationalen Slavistenkongresse 1929–2008 – Slavistik-Portal

BibSlavKon ist ein gemeinsames Projekt der Berliner Staatsbibliothek und der Slovanská knihovna (Národní knihovna České republiky) und beinhaltet alle 14 Referatsbände, die im Zuge der Internationalen Slavistenkongresse herausgegeben wurden. Die Bände bestehen aus Beiträgen zu den klassisch philologischen Disziplinen der Slawistik und wurden vom *Slavistik-Portal* in eine Referenzdatenbank überführt. Insgesamt sind dort ca. 7300 Einträge zu finden. Wie für alle eigenen Datenbanken des Portals gilt, dass *BibSlavKon* nur über die Metasuchmaschine (also mit Einbindung anderer Informationsressourcen) durchsuchbar ist. Treffer aus der Datenbank können dann über ein Drill-down-Menü separat ausgewählt werden.

- Bibliografische Datenbank
- Freier Zugang
- Feldsuche: keine Diakritika notwendig; Transliteration nach DIN 1460:1982 möglich
- Verlag: Staatsbibliothek zu Berlin; Slovanská knihovna (Národní knihovna ČR)
- Adresse: www.slavistik-portal.de

MatSlavBib – Materialien zu einer slavistischen Bibliografie 1945–1983 – Slavistik Portal

Die *Materialien zu einer slavistischen Bibliografie 1945–1983* bestehen aus insgesamt drei Bänden, deren Inhalt für das *Slavistik-Portal* digital erfasst wurde. Die Bibliografie wurde retrospektiv im Abstand von zehn Jahren herausgegeben und umfasst selbstständige wie unselbstständige Werke deutschsprachiger Slawisten aus der BRD, Österreich und der Schweiz.

- Bibliografische Datenbank
- Freier Zugang
- Feldsuche: keine Diakritika notwendig; Transliteration nach DIN 1460:1982 möglich
- Verlag: Staatsbibliothek zu Berlin
- Adresse: www.slavistik-portal.de

OlBiSlav – Die Online-Bibliothek der deutschsprachigen Slavistik

Diese Informationsressource der Universität Potsdam versteht sich als Fortsetzung der *Bibliografie der deutschsprachigen Slavistik* (*BibDatSlav*) und verzeichnet hauptsächlich unselbstständig erschienene Literatur der Jahre 1993 bis 2006. Mittlerweile besteht die Datenbank aus ca. 5000 allgemein slawistischen Titeln, ist jedoch keineswegs vollständig. Die Recherche erfolgt über diverse

Feldsuchfunktionen zu Autor, Titel oder Schlagwort. Unter *Profisuche* gelangt man zu einer „Volltextsuche" – diese meint jedoch nur die Suche in den Metadaten der Titel. Vor der Recherche sollte man sich unbedingt die Hilfestellung zur Verwendung von Diakritika und Transliteration ansehen. Benötigt man Literatur aus einem größeren Berichtszeitraum, sollte man sich an den Metakatalog des *Slavistik-Portals* wenden, der *OlBiSlav* miteinschließt.

- Bibliografische Datenbank
- Freier Zugang
- Feldsuche: Verwendung von Diakritika oder Transliteration je nach Suchoption
- Verlag: Universität Potsdam
- Adresse: www.slavistik.uni-potsdam.de/cfdocs/bibliografie und www.slavistik-portal.de

---

Online Contents Sondersammelgebiet Slavistik (OLC SSG Slavistik) und Online Contents Sondersammelgebiet Osteuropa (OLC SSG Osteuropa)

Die Aufsatzdatenbanken *OLC SSG Slavistik* und *OLC SSG Osteuropa* sind Auszüge aus der Datenbank *Online Contents* des Aggregators Swets Information Services. Bis 2001 wurden die Inhaltsverzeichnisse wissenschaftlicher Zeitschriften gesammelt in Printformat herausgegeben, nun gibt es dafür eine sehr viel praktischere Datenbank. Der Gesamtbestand der Datenbank wird dabei je nach Fach aufgespaltet und vom zuständigen Betreuer des jeweiligen Sondersammelgebiets ergänzt. Die *OLC SSG Slavistik* umfasst zurzeit etwa 380 weltweit erscheinende slawistische Fachzeitschriften – diese sind auch in der *OLC SSG Osteuropa* enthalten, die insgesamt ca. 600 Zeitschriften verzeichnet. Der Zugang ist weltweit für alle Hochschulen und Bibliotheken frei. Recherchierende ohne institutionellen Zugriff können auf die Metasuche des *Slavistik-Portals* oder der *Virtuellen Fachbibliothek Osteuropa* ausweichen, welches die bibliografische Recherche in mehreren lizenzierten Datenbanken ermöglicht. Beide Portale bieten auch eine Auflistung der in den Datenbanken enthaltenen Zeitschriften an.

- Bibliografische Datenbank
- Freier Zugang
- Feldsuche: keine Diakritika aber Transliteration nach DIN 1460:1982 notwendig
- Verlag: Universität Potsdam
- Adresse: http://www.slavistik-portal.de/olc-slav.php

OstNet – Virtuelle Fachbibliothek Osteuropa

OstNet ist anders als die meisten bibliografischen Informationsressourcen keine reine Literaturdatenbank, sondern beinhaltet ein buntes Gemisch aus einzelnen Textsammlungen, Webseiten von Institutionen, Biobibliografien, Fachportalen, einzelnen Open Access-Dokumenten etc. mit osteuropäischem Themenschwerpunkt (ca. 17 000 Referenzen). Die Datenbank eignet sich weniger zur konkreten Literatursuche, vielmehr verzeichnet sie viele kleine E-Medien, die bei der Recherche oftmals vernachlässigt werden. Möchte man sich zur Themenfindung inspirieren lassen oder benötigt man ergänzende Informationen, können über eine vorweggenommene Drill-down-Funktion die E-Medien zu einer bestimmten Epoche, Region etc. eingesehen werden.

- Bibliografische Datenbank
- Freier Zugang
- Feldsuche: keine Diakritika notwendig; Transliteration nach DIN 1460:1982 möglich
- Verlag: Bayerische Staatsbibliothek; Herder-Institut Marburg
- Adresse: www.vifaost.de/internetressourcen

3.14.2 Fachportale und Metasuchdienste

Kodeks

Kodeks ist ein Fachportal der Universität Bamberg und bietet Informationen, Arbeitshilfen und Literatur zur slawistischen Mediävistik. Über drei Menüpunkte auf der Homepage können Materialien zur Kulturgeschichte und zu slawischem Schrifttum eingesehen und exportiert werden. Die Ländersystematik im ersten Menüpunkt (*Kulturgeschichte der slavischen Länder und Völker, Südosteuropas und des Balkanraumes*) ermöglicht eine Auswahl nach Region, wobei die gesammelten Materialien unterschiedlichen Typs sein können – vorhanden sind Digitalisate von Faksimiles, Reisebroschüren, Präsentationen, kartografischen Materialien etc. Für Historiker besonders interessant ist der Menüpunkt *Slawistische Mediävistik*, der viele Beiträge und Arbeitsmaterialien zu diversen historischen Fonts, Übersetzungen, Grammatik usw. beinhaltet. Weitere Informationen rund um das Thema finden Recherchierende in der Webgallerie mit Multimedia-Inhalten und digitalisierten Faksimiles.

- Fachportal (Schwerpunkt Slawistische Mediävistik)
- Freier Zugang
- Verlag: Sebastian Kempgen (Universität Bamberg)
- Adresse: www.kodeks.uni-bamberg.de

Slavische Online-Wörterbücher

Dieses im deutschen Sprachraum einzigartige Projekt der Ruhr-Universität Bochum bietet eine umfangreiche Auflistung lexikalischer Online-Nachschlagewerke slawischer Sprachen und Dialekte. Vorhanden sind bislang Beiträge zum Russischen, Polnischen, Sorbischen, Kaschubischen und Slowenischen. Wer Online-Wörterbücher zu diesen Sprachen sucht, kann dazu je eine Auflistung verschiedener Wörterbuchtypen einsehen (mono- und multilingual, Fachwörterbücher, Frequenzwörterbücher, phraseologische, onomastische Wörterbücher u. a.). Hilfreich sind auch die kurzen Angaben zu Verlag, Umfang des Werks und Suchoptionen.

- Fachportal (Schwerpunkt Nachschlagewerke und Lexikografie)
- Freier Zugang
- Verlag: Ruhr-Universität Bochum
- Adresse: www.ruhr-uni-bochum.de/wwwoerterbuch

Slavistik-Portal

Mit dem *Slavistik-Portal* (auch *Virtuelle Fachbibliothek Slavistik*) hat sich das Angebot der slawistischen Fachportale in zwei Anlaufstellen aufgeteilt. Das *Slavistik-Portal* möchte nach eigenen Angaben den geschichtswissenschaftlichen Schwerpunkt der *Virtuellen Fachbibliothek Osteuropa* ausgleichen und referenziert daher hauptsächlich Informationsressourcen mit sprach- und literaturwissenschaftlichem Fokus. Das Portal ist um einiges kleiner als die *ViFa Ost*, doch hat es einen entscheidenden Vorteil: Fast alle wichtigen deutschsprachigen slawistischen Bibliografien wurden hier digitalisiert (siehe dazu u. a. *BibSlavKon*, *BibSlavArb* oder *OlBiSlav*). Diese sind über einen praktischen Metasuchdienst auf der Homepage des Portals parallel durchsuchbar und somit ein idealer Einstieg in die Literaturrecherche. Über die Metasuchfunktion kann auch in den Beständen anderer Datenbanken recherchiert werden (eine gute Quellenübersicht ist vorhanden), da sie aber nur aus einer einfachen Feldsuche besteht, muss die oft relativ große Treffermenge über ein Drill-down-Menü zugeschnitten werden. Das Datenbankangebot umfasst auch lizenzierte Ressourcen wie *OLC SSG Slavistik*, *UDB-EDU Russian Social Science & Humanities Journals Online* oder *BrillOnline*

Primary Sources. Hier können deren bibliografische Nachweise durchsucht werden – für den Volltext ist aber nach wie vor eine Lizenz vonnöten. Wie auch bei *ViFa Ost* gilt, dass die angebotenen Informationsressourcen keineswegs den osteuropäischen Informationsraum vollständig repräsentieren. Neben der Metasuchmaschine bietet das Portal noch Referenzen zu diversen Zeitschriftendatenbanken und eine Auflistung akademischer und populärwissenschaftlicher Internetquellen im Rahmen des sogenannten *Slavistik-Guides* (*Fachinformationsführer für Slavistik*). Für rein akademische Quellen steht ein eigenes *DBIS*-Angebot zur Verfügung.

- Fachportal (Schwerpunkt Slawistik allgemein)
- Auch auf Russisch und Englisch verfügbar
- Verlag: Staatsbibliothek zu Berlin
- Adresse: www.slavistik-portal.de

Abb. 61: Homepage des *Slavistik-Portals* mit Suchfunktion und Auflistung der dursuchbaren Datenbanken

Virtuelle Fachbibliothek Osteuropa

Die *Virtuelle Fachbibliothek Osteuropa* (*ViFa Ost*) ist das größte deutschsprachige Online-Portal im Bereich der Osteuropawissenschaften und Teil des Projekts zur Erstellung eines Netzes von fachspezifischen Online-Portalen (*Virtuelle Fachbibliotheken*) des Vascoda-Verbundes. Die Bayerische Staatsbibliothek hat damit in Kooperation mit namhaften slawistischen Institutionen eine umfangreiche Plattform mit Referenzen, eigenen Datenbankangeboten und Online-Tools für alle Osteuropainteressierten geschaffen. Besitzt man bereits Erfahrungen in der Online-Recherche, ist hier der ideale Ausgangspunkt. Im Gegensatz zu den *LOTSE*-Projekten der Universität Münster (https://www.ulb.uni-muenster.de/ulb-tutor/lotse/) legt die *ViFa Ost* ihren Schwerpunkt auf Vermittlung einzelner Informationsressourcen und nicht auf die praktische Anwendung derselben. Über das *ViFa Ost*-Portal bietet die Bayerische Staatsbibliothek zusätzlich eigene Online-Dienste wie etwa das Fachrepositorium *OstDok*, die Referenzdatenbank *OstNet* oder den wissenschaftlichen Blog *OstBib* an. Obwohl das Angebot groß ist, ist die Präsentation desselben nicht immer optimal. Die Strukturierung der Webseite über Reiter mit mehrdeutiger Bezeichnung ist verwirrend, auch werden einzelne E-Medien ohne nachvollziehbare Systematik gesondert hervorgehoben. Beim Durchsuchen des Datenbankangebots ist zweierlei zu beachten: *ViFa Ost* bietet neben rein slawistischen Datenbanken auch interdisziplinäre Ressourcen an, die Osteuropa als Teil ihres Angebots sehen. Ebenso sind trotz der großen Zahl an Referenzen viele osteuropäische (oftmals qualitativ hochwertige) Informationsressourcen nicht verzeichnet.

- Fachportal (Schwerpunkt Slawistik allgemein)
- Freier Zugang
- Auch auf Russisch und Englisch verfügbar
- Verlag: Bayerische Staatsbibliothek (Projektleitung)
- Adresse: www.vifaost.de

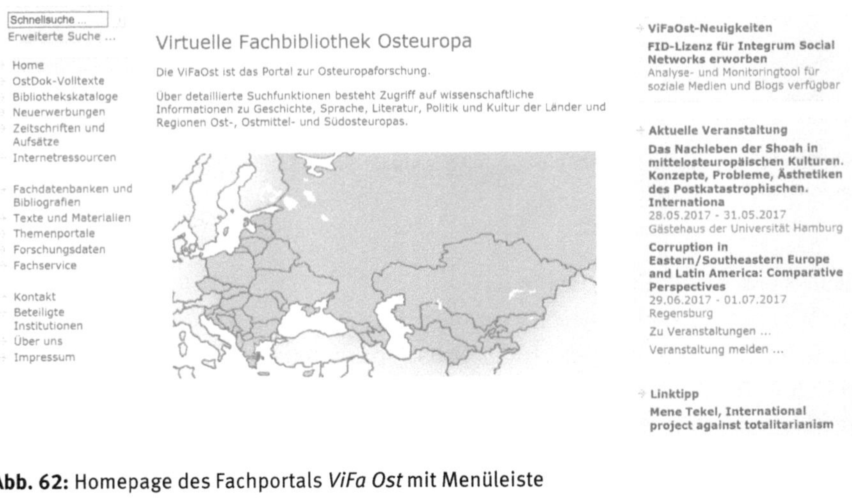

Abb. 62: Homepage des Fachportals *ViFa Ost* mit Menüleiste

VOE – Verbundkatalog östliches Europa

Dieser Verbundkatalog ist einer der wenigen Bibliothekskataloge mit geografischem und fachlichem Schwerpunkt und daher besonders interessant für alle Osteuropawissenschaftler, die Literatur zu bzw. aus einer speziellen Region benötigen. Der Katalog ist ein Projekt der Martin-Optiz-Bibliothek in Herne und fasst die Kataloge von ca. 20 Bibliotheken aus Deutschland, Polen und Tschechien zusammen. Der Verbundkatalog umfasst nur Bibliotheken und Institutionen, die sich fachlich mit Kultur und Geschichte der Deutschen in Osteuropa auseinandersetzen. Insgesamt sind mit dem Katalog eine Million Titel (Stand Oktober 2015) durchsuchbar. Der Name des Projekts hat weniger mit den eigenen geografischen Standorten der Teilnehmer zu tun, als mit dem Umstand, dass die darin durchsuchbaren Titel sich mit einer speziellen Region auseinandersetzen. Die Suche im Katalog ist auf alle oder einen einzelnen Bibliotheksbestand beschränkt.

- Verbundkatalog
- Freier Zugang
- Auch auf Polnisch verfügbar
- Feldsuche: Verwendung von Diakritika notwendig
- Verlag: Martin-Opitz-Bibliothek
- Adresse: http://katalog.martin-opitz-bibliothek.de/voe/

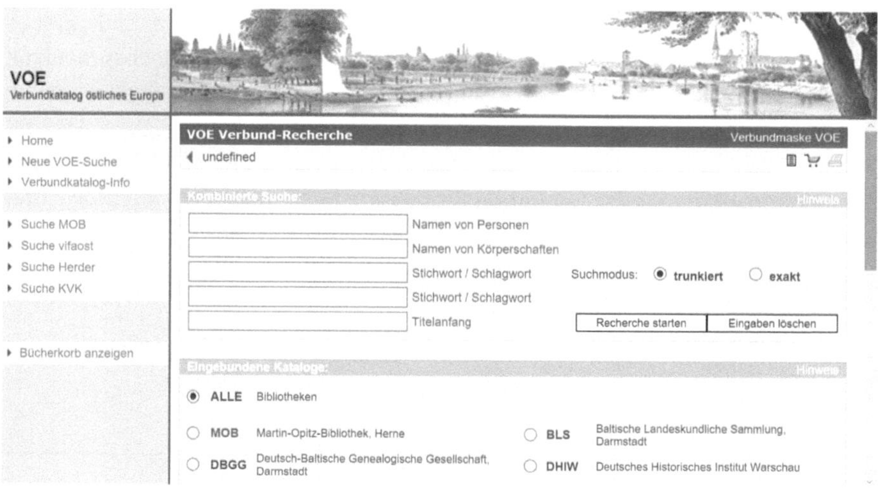

Abb. 63: Einstieg in den *Verbundkatalog östliches Europa*

3.14.3 Digitale Bibliotheken, fachspezifische Volltextdatenbanken und Textsammlungen

Deutsche Welle: Fokus Ost-Südost – Virtuelle Fachbibliothek Osteuropa

Die Bayerische Staatsbibliothek bietet über das *ViFa Ost*-Portal Zugriff auf den Newsletter *Fokus Ost-Südost* der Deutschen Welle – dem Auslandsrundfunk der Republik Deutschland. Recherchierende, die sich mit aktuellen Themen auseinandersetzen oder (etwa zusätzlich zu einschlägiger Fachliteratur) nach älteren Presseberichten bzw. -stimmen suchen, sind mit dieser Volltextdatenbank gut beraten. Über eine Volltextindexierung sind alle Newsletter seit der Erstausgabe im Jahr 2005 durchsuchbar. Die Recherche über ein einziges Suchfeld ist einfach und effizient.

- Volltextdatenbank
- Freier Zugang
- Berichtszeitraum: ab 2005
- Verlag: Bayerische Staatsbibliothek; Deutsche Welle
- Adresse: www.vifaost.de/texte-materialien/aktuelle-berichte/dw-ostfokus

---

Digitales Forum Mittel- und Osteuropa – Archiv

Das elektronische Archiv des *Digitalen Forums Mittel- und Osteuropa* ist eine ideale Anlaufstelle für die Recherche in alten Zeitungen der deutschsprachigen Minderheiten in Ostmitteleuropa. Zuzüglich zum Zeitschriftenarchiv gibt es eine kleine Textsammlung bestehend aus Bibliografien und deutschsprachigen Kalendern. Im Rahmen der Digitalisierungsprojekte der ostmitteleuropäischen Länder liefert dieses elektronische Archiv einen wichtigen Beitrag zur Veröffentlichung und Bewahrung deutschsprachiger Medien aus dem heutigen Ausland, die im Rahmen des modernen Nationalitätsprinzips oftmals nicht mehr beachtet werden – auch nicht von deutschen oder österreichischen Bibliotheken.

- Elektronische Textsammlung
- Freier Zugang
- Berichtszeitraum: ca. 1770–1940
- Verlag: Digitales Forum Mittel- und Osteuropa
- Adresse: www.difmoe.eu

Enzyklopädie des Europäischen Ostens

Nicht leicht verständlich, aber eine zitationsfähige Alternative zu *Wikipedia*, ist die *Enzyklopädie des Europäischen Ostens* der Alpe-Adria-Universität Klagenfurt.

Die *Enzyklopädie* ist kein reines Nachschlagewerk, sondern beinhaltet neben einem solchen auch drei digitalisierte Sammelwerke zu den Themen *Europa und die Grenzen im Kopf*, *Kontinuität und Brüche* sowie zu osteuropäischen Sprachen. Das Lexikon enthält Einträge zu 23 Ländern Osteuropas und kann durch eine Volltextsuche oder einen Schlagwortindex durchsucht werden. Nicht zu verwechseln ist das eigentliche Lexikon mit dem dazugehörigen digitalisierten Sprachenlexikon. Nützlich ist auch die digitale Bilder- und Kartensammlung, die eigens für die Ressource zusammengestellt wurde.

- Nachschlagewerk bzw. elektronische Text- und Bildsammlung
- Freier Zugang
- Feldsuche: Verwendung von Diakritika und Transliteration notwendig
- Verlag: Alpe-Adria-Universität Klagenfurt
- Adresse: www.eeo.uni-klu.ac.at

OstDok – Osteuropa-Dokumente online – Virtuelle Fachbibliothek Osteuropa

OstDok ist ein gemeinsames Projekt aller größeren bayerischen Institutionen mit Osteuropa-Schwerpunkt (u. a. des Collegium Carolinum und des Herder-Instituts in Marburg) und wurde als eine Erweiterung des *ViFa Ost*-Portals umgesetzt. *OstDok* ist Volltextdatenbank und disziplinäres Repositorium zugleich und beinhaltet ca. 3200 Publikationen. Das Repositorium steht allen offen, die eine Abschlussarbeit mit osteuropäischem Themenschwerpunkt veröffentlichen möchten. Diese kann nach Begutachtung durch die Redaktion in einer von zwei digitalen Buchreihen (*DigiOst* und *Digitale Reihe der Graduierungsschriften*) erscheinen. Zusätzlich beinhaltet das Repositorium die Online-Versionen mehrerer Schriftenreihen sowie Monografien einschlägiger slawistischer Verlage. *OstDok* ist eine ideale Anlaufstelle für Nutzer ohne Kenntnisse slawischer Sprachen, da in die Datenbank fast ausschließlich Publikationen aus dem deutschsprachigen Raum aufgenommen werden. Wer sich vorab über die Schwerpunkte der Datenbank informieren möchte, kann dies über integrierte Tag-Clouds oder eine eigene Übersichtsseite tun.

- Fachrepositorium bzw. Volltextdatenbank
- Freier Zugang
- Verlag: Bayerische Staatsbibliothek (Projektleitung)
- Adresse: www.vifaost.de/ostdok

Wiener Slawistischer Almanach

Über die Retrodigitalisierung hat die Bayerische Staatsbibliothek sämtliche Bände des *Wiener Slawistischen Almanachs* seit dem erstmaligen Erscheinen im Jahr 1978 online zugänglich gemacht (mit Ausnahme der Ausgaben der letzten fünf Jahre). Die Informationsressource ist als Textsammlung konzipiert, wobei jeder Artikel separat digitalisiert wurde und über den entsprechenden Band einsehbar ist. Leider gibt es keine Volltextsuche, daher ist eine Recherche über die jeweiligen Inhaltsverzeichnisse nötig.

- Elektronische Textsammlung
- Freier Zugang
- Berichtszeitraum: ab 1978
- Verlag: Bayerische Staatsbibliothek
- Adresse: www.periodika.digitale-sammlungen.de/wsa/start.html

3.15 Slawistik allgemein – Englischsprachige Ressourcen

Wer für seine Recherche englischsprachige Titel benötigt und dazu genuin englischsprachige Informationsressourcen konsultiert, wird feststellen, dass der angloamerikanische Informationsmarkt etwas andere Eigenschaften besitzt als der europäische. Die Slawistik und die Osteuropawissenschaften betreffend bedeutet dies, dass slawistische Ressourcen generell seltener und in den meisten Fällen kostenpflichtig sind. Auch in Typologie und inhaltlicher Schwerpunktsetzung kann man Unterschiede zu europäischen Informationsmärkten erkennen. Mit ein Grund für diese Verschiedenheit ist, dass Information im angloamerikanischen Raum – insbesondere im Forschungs- und Bildungssektor der Vereinigten Staaten – als gewinnbringend zu vermarktendes Gut gilt. In Europa hat sich hingegen weitgehend die Ansicht durchgesetzt, dass Forschungsinstitutionen ihre Leistungen der Öffentlichkeit frei zur Verfügung stellen sollten. Diese Ansicht findet man auch in der Bewerbung von Open Access bzw. Open Science wieder, die fordert, dass öffentlich subventionierte Stellen ihren Output nicht an private Zwischenhändler „abliefern", bevor sie wieder von öffentlicher Hand zurückgekauft werden (siehe Kapitel 1.2.2). Obwohl angloamerikanische Länder mittlerweile weltweit die größten Zuwächse bei Open Access-Medien und -Infrastrukturen verzeichnen, kann man gleichzeitig einen starken Trend zur Kommerzialisierung von Information und Wissen beobachten. Ähnliches gilt auch für die Russische Föderation.

Um am angloamerikanischen Informationsmarkt erfolgreich recherchieren zu können, ist es wichtig, einen kurzen Blick auf die sogenannten *Aggregatoren* zu werfen. Dabei handelt es sich um Informationsdienstleister in Form von Großkonzernen, die (wissenschaftliche) Information kommerziell vertreiben.

Die größten und umsatzstärksten Aggregatoren sind in den USA angesiedelt – zu ihnen gehören u. a. EBSCO Information Services und ProQuest Company. Auch in den universitären Datenbankmanagementsystemen *DBIS* oder *DigiBib* stößt man regelmäßig auf diese Namen. Aggregatoren bündeln die Medien verschiedener Partner in einer oder mehreren Datenbanken und stellen den Gesamtinhalt ihren Kunden zur Verfügung. In den meisten Fällen handelt es sich dabei um Volltextdatenbanken, aber auch Referenzdatenbanken werden angeboten. Aggregatordatenbanken sind umfangreiche Wissensspeicher und besitzen aufgrund ihrer kommerziellen Natur eine ausnehmend hohe Qualität, Aktualität sowie einen hohen Servicestandard. Ein für Osteuropa wichtiger Aggregator ist East View, der mit der Volltextdatenbank *East View Information Services* russische Tageszeitungen, Zeitschriften und sogar die russische Nationalbibliografie online anbietet. Für Slawisten besonders interessant ist auch die große Referenzdatenbank *ABSEES*, die von EBSCO Information Services angeboten wird. Sie referenziert alle in den USA und Kanada erschienenen slawistischen Publikationen und sammelt die Inhaltsverzeichnisse aller aktuellen englischsprachigen Periodika. Zum Kundenkreis der Aggregatoren zählen neben angloamerikanischen Klienten auch viele europäische Hochschulen, Bibliotheken und Organisationen. Diese wiederum bieten ihren Angehörigen Zugriff auf zumeist ausgewählte Teile des Datenbankangebots, indem eine Einzel- oder Konsortiallizenz gekauft wird. Ob die eigene Hochschule oder Forschungsinstitution über eine solche Lizenz verfügt, kann leicht über *DBIS* oder *DigiBib* recherchiert werden. In vielen Ländern – so auch in Deutschland – ist man dazu übergegangen, sogenannte *Nationallizenzen* einzukaufen. Diese ermöglichen landesweit und unabhängig von einer Institution den Zugriff auf Aggregator- und Volltextdatenbanken (zur Auflistung slawistischer Nationallizenzen siehe Kapitel 2.1.3). In Europa finden sich kaum kommerzielle Aggregatoren. Ein Beispiel aus dem deutschsprachigen Raum ist die in den Sozial- und Wirtschaftswissenschaften sehr beliebte Datenbank *WISO* von GBI-Genios.

Neben der kommerziellen Informations- und Wissensvermarktung stößt man im angloamerikanischen Raum häufig auf die Begriffe *Information Literacy* und *Information Competency* – zu Deutsch *Informationskompetenz* (siehe Kapitel 1.1.1). Die Informationswissenschaften haben sich in den USA als wichtiger Wissenschaftszweig etabliert, in dem auch der effektive Umgang mit Informationsressourcen gelehrt wird. Viele US-amerikanische Bibliotheken sehen es als ihre Aufgabe, Informationskompetenz in den jeweiligen Fächern zu fördern und bieten dazu online zahlreiche Adressen an. Hier gibt es im deutschsprachigen Raum noch ein großes Desiderat. Die Fachportale der University of Illinois und der University Library of Arizona sind speziell der Informationskompetenz für den osteuropäischen Raum gewidmet.

Abgesehen von den oben genannten kommerziellen und universitären Anbietern gibt es noch ein paar wenige europäische englischsprachige

Informationsressourcen, die sich deutlich in Qualität und Umfang von den ersten unterscheiden. *EBSEES* – das europäische Pendant zu *ABSEES* – wurde mit 2007 abgeschlossen. Somit gibt es zurzeit keine Adresse, die slawistische Publikationen aus Europa einheitlich sammelt. Dem am nähesten kommt *C.E.E.O.L.* – eine kostenpflichtige Aufsatzdatenbank, die den Vorteil hat, dass man gebührenfrei den Bestand durchsuchen darf und erst für den Volltext zahlt. Auch die deutschsprachige Aufsatzdatenbank *OLC SSG Osteuropa* kann als Ersatz hergenommen werden, jedoch verzeichnen beide Ressourcen keine bzw. kaum Monografien, Sammel- und Tagungsbände.

Für deutsche Muttersprachler oder Personen mit guten Deutschkenntnissen ist die Konsultation von slawistischen Fachportalen aus England oder den USA nicht unbedingt lohnenswert. Deutschsprachige Fachportale wie die *Virtuelle Fachbibliothek Osteuropa* oder das *Slavistik-Portal* sind in ihrer Strukturierung und ihrem Umfang besser ausgebaut und vollständiger. Erwähnt seien hier nur die Fachportale *REESWeb* und *Slavic Information Resources*. Letzteres ist ein besonders guter Ausgangspunkt auf der Suche nach alten slawischen Bibliografien im Printformat.

3.15.1 Bibliografische Datenbanken

ABSEES – American Bibliography of Slavic and East European Studies

ABSEES ist die umfangreichste englischsprachige Bibliografie für Slawistik und Baltistik und wurde von 1956 bis 1994 als Periodikum von der University of Illinois herausgegeben. Mittlerweile existiert die Bibliografie nur noch als elektronische Datenbank, wobei alle Titel ab dem Erscheinungsjahr 1989 aufgenommen wurden. Indiziert werden neben selbstständiger wie unselbstständiger Literatur auch Dissertationen, Buchrezensionen und E-Medien, die in den Vereinigten Staaten oder Kanada publiziert wurden. Derzeit umfasst die Bibliografie über 132 000 Einträge (Stand Juli 2016). Besonders praktisch ist die Indexierung der sogenannten *Core Journals* – amerikanischer und kanadischer Periodika, deren Inhaltsverzeichnisse wie bei einer Current-Contents-Datenbank für die Nutzer einsehbar gemacht werden. *ABSEES* wird mittlerweile vom US-amerikanischen Informationskonzern EBSCO Information Services betrieben und ist damit nur über einen institutionellen Abonnenten verfügbar. Im deutschsprachigen Raum wird die Datenbank von einer Handvoll Hochschulbibliotheken abonniert, die in *DBIS* oder *DigiBib* nachgeschlagen werden können.

- Bibliografische Datenbank
- Lizenzierter Zugang
- Berichtszeitraum: ab 1989
- Verlag: EBSCO Information Services
- Adresse: www.ebscohost.com/academic/american-bibliography-of-slavic-eastern-european-studies

---

CEJSH – Central European Journal of Social Sciences and Humanities

Anders als der Name vermuten lässt, handelt es sich bei dem *Central European Journal of Social Sciences and Humanities* nicht um eine Fachzeitschrift, sondern um eine Datenbank für zentral- und osteuropäische Periodika. Die frei zugängliche Datenbank ist ein gemeinsames Projekt der Akademien der Wissenschaften in Tschechien, Polen, der Slowakei und Ungarn unter polnischer Koordination. Ziel des Projekts ist die verbesserte Sichtbarkeit nationaler Fachzeitschriften, die am europäischen Informationsmarkt aufgrund von Sprachbarrieren und anderen Hindernissen meist wenig wahrgenommen werden. Zu diesem Zweck listet die Datenbank Fachzeitschriften aus den Teilnehmerländern auf und liefert dazu laufend Abstracts der erschienenen Artikel sowie Rezensionen. Zurzeit enthält die Datenbank etwa 1700 Zeitschriften. Der fachliche Schwerpunkt umfasst die Sozial-, Geistes- und Kulturwissenschaften. Gesucht werden kann über eine Feldsuche (nur Artikel) sowie über einen Autoren-, Zeitschriften- und einen kleinen Themenindex.

- Bibliografische Datenbank
- Freier Zugang
- Feldsuche: keine Diakritika notwendig
- Verlag: Polska Akademia Nauk (Projektleitung)
- Adresse: http://cejsh.icm.edu.pl

Abb. 64: Anzeige der Treffermenge in *CEJSH*

EBSEES – European Bibliography of Slavic and East European Studies

EBSEES ist das europäische Pendant zu *ABSEES* und wird elektronisch sowie im Printformat von der Berliner Staatsbibliothek herausgegeben. *EBSEES* verzeichnet slawistische und baltistische selbstständige wie unselbstständige Literatur aus folgenden Ländern: Belgien, Deutschland, Finnland, Frankreich, Großbritannien, den Niederlanden, Österreich und der Schweiz. Der Berichtszeitraum beschränkt sich mit ca. 85 000 Titeln auf die Jahre 1991 bis 2007. Für die Jahre 1975 bis 1990 ist die Bibliografie nur als Printmedium verfügbar. Die Suchmöglichkeiten sind vielfältig: Von der Feldsuche bis zum Schlagwortindex und der Tag-Cloud haben Recherchierende viel Auswahl. Aufgrund der veralteten Strukturen kann sich die Navigation durch die Treffermenge jedoch als mühsam erweisen. Auf der Homepage von *EBSEES* wird die Möglichkeit zur Verfügbarkeitsrecherche in europäischen Bibliothekskatalogen aufgezeigt, diese fehlt jedoch bei den meisten Titeln. Aufgrund der multinationalen Beteiligung ist die Datenbank nur auf Englisch verfügbar.

- Bibliografische Datenbank
- Freier Zugang
- Berichtszeitraum: 1991–2007
- Feldsuche: keine Diakritika aber wissenschaftliche Transliteration notwendig
- Verlag: Staatsbibliothek zu Berlin
- Adresse: http://ebsees.staatsbibliothek-berlin.de/

Slavic Humanities Index

Diese kanadische bibliografische Datenbank ist neben *Central European Journal of Social Sciences and Humanities* eine der wenigen Ressourcen, die ausschließlich slawische Fachzeitschriften und -artikel referenzieren. Mit 220 Periodika und über 215 000 Einträgen umfasst der *Slavic Humanities Index* ein weites interdisziplinäres Feld mit Schwerpunkt auf klassische philologische Disziplinen. Zuzüglich zu Fachartikeln werden in die Datenbank auch Dissertationen, Rezensionen, Konferenzmaterialien, öffentliche Dokumente etc. aufgenommen. Der Großteil der Periodika ist seit dem Jahr 1994 indexiert. Die Datenbank ist kostenpflichtig und kann nur über einen institutionellen Abonnenten durchsucht werden. Leider wird die Datenbank in Europa kaum, und im angloamerikanischen Raum noch selten abonniert. Daran hat bislang auch die kürzlich hinzugefügte deutsche bzw. französische Sprachversion der Webseite nicht viel geändert. Wer seiner Bibliothek den Ankauf einer Lizenz nahelegen möchte, der findet auch auf der deutschsprachigen Version eine hervorragende Beschreibung zu Umfang und Ziel der Datenbank. Die 220 Zeitschriftentitel sind über den Reiter *Periodical titles* zudem kostenfrei einsehbar.

- Bibliografische Datenbank
- Lizenzierter Zugang (Zeitschriftentitel frei)
- Berichtszeitraum: ab 1994
- Verlag: Slavus (privat)
- Adresse: www.slavus.ca

3.15.2 Fachportale und Metasuchdienste

Directory of Internet Resources on Central and Eastern Europe and Russia

Mit dem *Directory of Internet Resources* hat die *SSEES Library* in London eines der umfangreichsten Verzeichnisse osteuropäischer Internetressourcen erstellt. Das *Directory* beinhaltet – nach Ländern eingeteilt – zahlreiche Links zum jeweiligen nationalen Parteienspektrum, zur Kultur- und Medienlandschaft, zu wichtigen akademischen Institutionen, Sprache und Literatur etc. Anlässlich international verfolgter Ereignisse wie Parlamentswahlen, Naturkatastrophen oder politische Krisen stellt die Bibliothek zusätzlich einen Pressespiegel mit weltweiten Meldungen zur Verfügung. Das *Directory* ist Teil der bibliothekseigenen Webseite und wird seit Mai 2015 nicht mehr gewartet.

- Fachportal (Schwerpunkt Osteuropäische Informationsressourcen)
- Freier Zugang
- Verlag: UCL School of Slavonic and East European Studies Library
- Adresse: www.ssees.ucl.ac.uk/library/directory/index.htm

Open Access in Central and Eastern Europe

Dieses Fachportal der Berkley Library an der University of California thematisiert anschaulich die Verbreitung von Open Science- bzw. Open Access-Ressourcen in Zentral- und Osteuropa. Das Portal besteht aus mehreren Verzeichnissen, die die wichtigsten frei zugänglichen Open Access-Adressen nach Ländern zusammenfassen. Die einzelnen Verzeichnisse erheben keinen Anspruch auf Vollständigkeit, werden jedoch regelmäßig aktualisiert und nach bestimmten Qualitätskriterien erweitert. Auf der Homepage finden Recherchierende eine kleine Auflistung von Repositorien und Adressen, die Auskunft über das Thema Open Access in Europa geben. Die Verzeichnisse sammeln alle hochwertigen wissenschaftlichen Adressen ohne Einschränkung auf Ressourcentyp oder disziplinären Schwerpunkt. Neben den slawischen Staaten werden auch alle Balkanländer und die baltischen Staaten miteinbezogen.

- Fachportal (Schwerpunkt Osteuropäische Informationsressourcen)
- Freier Zugang
- Verlag: Berkley Library (University of California)
- Adresse: http://guides.lib.berkeley.edu/c.php?g=386223

REESWeb

REESWeb gehört zu den wenigen slawistischen Fachportalen im angloamerikanischen Raum und besteht aus einem simplen Verzeichnis einzelner Webressourcen. Zu diesen zählen akademische Ressourcen, einzelne Zeitschriftentitel, staatliche sowie institutionelle Webseiten, Webseiten einzelner Ausstellungen oder Buchtitel etc. Über die Homepage lässt sich das Verzeichnis nach Kategorien wie Länder, Thema oder Berichtszeitraum ordnen, wobei die Treffermenge über ein Drill-down-Menü noch verfeinert werden kann. Zwar ist die Navigation durch das Portal sehr handlich, doch fehlen aufgrund der mangelnden Spezialisierung viele wertvolle Informationsressourcen. Wer auch mit deutschsprachigen Fachportalen umgehen kann, sollte sich an diese wenden.

- Fachportal (Schwerpunkt Osteuropäische Informationsressourcen)
- Freier Zugang
- Verlag: Center for Russian and East European Studies (University of Pittsburgh)
- Adresse: www.ucis.pitt.edu/reesweb

Slavic Information Literacy

Die Bibliothek der University of Arizona verwaltet dieses slawistische Fachportal, das sich anders als *REESWeb* nicht auf elektronische Ressourcen, sondern auf Informationen aus dem akademisch-professionellen Bereich konzentriert. Das Portal ist unterteilt in verschiedene „Kompetenzgattungen“: *professional, technical, library* und *cultural literacy.* Hier finden Studenten und Forscher einerseits Auflistungen slawistischer Fachbereiche, Stipendien, Berufszweige etc., andererseits auch Informationen zu Publikationsmöglichkeiten, Copyright oder dem richtigen Umgang mit Online-Ressourcen. Über ein thematisches Browsing wird man durch das Portal geleitet.

- Fachportal (Schwerpunkt Slawistische Informationskompetenz)
- Freier Zugang
- Verlag: University of Arizona Library
- Adresse: www.intranet.library.arizona.edu/users/brewerm/sil

---

Slavic Information Resources

Dieses Fachportal des Slavic Reference Service der University of Illinois ist vergleichbar mit den deutschsprachigen *LOTSE*-Projekten der Universität Münster. Der Schwerpunkt des Portals liegt auf der Optimierung von Recherchestrategien und auf der Vermittlung wichtiger slawistischer bzw. osteuropawissenschaftlicher Informationsressourcen. Ein signifikanter Unterschied zu *LOTSE* und anderen Fachportalen besteht jedoch darin, dass die Redaktion auch Bibliografien und Recherchehilfen in Form von Printmedien referenziert (auch in deutscher Sprache). Das Fachportal verfügt über informative Artikel zu allen Arten von Bibliografien (Bibliografien zu Bibliografien, National- und Regionalbibliografien, elektronischen Bibliografien etc.) und Katalogen. Gesucht werden kann über ein Themen- und Ländermenü, wobei letzteres auch fachspezifische Ressourcen referenziert. Nicht alle Länder sind gleich gut ausgebaut, doch besitzt jedes Land eine einigermaßen repräsentative Beschreibung seiner elektronischen Informationsressourcen, fallweise auch eine Aufstellung einzelner digitaler Bibliotheken. Einziger Nachteil ist die etwas wirre Auflistung der Ressourcen pro Land, insbesondere, wenn diese sehr zahlreich sind. Interessiert man sich nicht für Printmedien, sondern sieht sich nach elektronischen Ressourcen um, empfiehlt sich stattdessen das Fachportal *REESWeb* oder das *Directory of Internet Resources.*

- Fachportal (Schwerpunkt Slawistik allgemein)
- Freier Zugang
- Verlag: Slavic Reference Service (University of Illinois)
- Adresse: www.library.illinois.edu/spx/webct

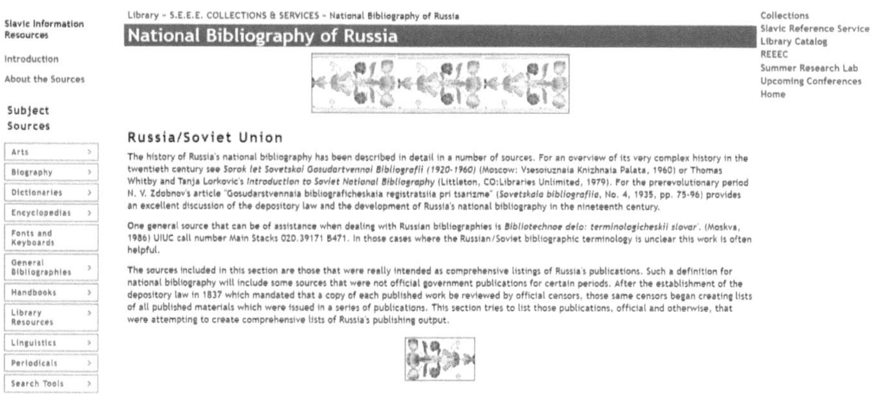

Abb. 65: Beschreibung der Geschichte der russischen Nationalbibliografie auf Slavic Information Resources

3.15.3 Digitale Bibliotheken, fachspezifische Volltextdatenbanken und Textsammlungen

BrillOnline Primary Sources (Slavic and Eurasian Studies)
Der niederländische Wissenschaftsverlag Brill ist in der Slawistik für seine umfangreiche *Bibliography of Slavic Linguistics* sowie für seine zahlreichen slawistischen Publikationen bekannt, die mittlerweile auch online eingesehen werden können. Seit 2013 hat Brill sein Online-Angebot um die digitale Bibliothek *Primary Sources* erweitert, die seltene Quellendokumente als Retrodigitalisate zur Verfügung stellt. Das Besondere an der Bibliothek ist die Bündelung der Dokumente in sogenannte *Collections*. Dabei werden die Digitalisate in thematische Sammlungen zusammengefasst, um das Angebot der Bibliothek inhaltlich kongruent zu halten. Die *Primary Sources* im Bereich der Slawistik umfassen zurzeit 19 verschiedene Sammlungen aus den Kunst-, Kultur- und Politikwissenschaften sowie der Ethnologie. Eine Sammlung kann dabei wenige einzelne bis mehrere hunderte Dokumente beinhalten. Die Quellenmaterialien sind je nach Thema verschieden geartet – von Korrespondenzen, Manuskripten, Frühdrucken bis hin zu historischen Zeitschriften, Broschüren etc. ist alles vorhanden. Die Sammlungen wurden großteils aus den Fundus der russischen Nationalbibliotheken zusammengetragen und digitalisiert, weshalb Russisten bei der Bibliothek eher auf ihre Kosten kommen als andere Slawisten. In Deutschland können auf die 19 Sammlungen über eine Nationallizenz der Deutschen Forschungsgemeinschaft zugegriffen werden, in Österreich und der Schweiz hingegen braucht es dazu einen institutionellen Abonnenten.

- Digitale Bibliothek
- Lizenzierter Zugang (deutsche Nationallizenz vorhanden)
- Verlag: Brill
- Adresse: www.primarysources.brillonline.com/subject/Slavic%20and%20Eurasian%20Studies

---

C.E.E.O.L. – Central and Eastern European Online Library
Die inhaltliche Basis dieser Datenbank wurde in den 1990er Jahren von dem Frankfurter Eastern/Western European Cultural Center Palais Jalta erarbeitet und ist nun die größte interdisziplinäre Volltextressource mit osteuropäischem Themenschwerpunkt im englischsprachigen Raum. Sie beinhaltet über 360 000 Artikel und 1500 Zeitschriften zu allen geisteswissenschaftlichen Disziplinen, aber auch nichtwissenschaftliche Titel aus dem politischen und kulturellen

Sektor sowie zahlreiche Autorenbiografien. Ähnlich wie bei einer Nationalbibliografie erfolgt die Aufnahme nach dem Territorial- und Sujetprinzip, d. h. alle Publikationen stammen aus Osteuropa oder sind für diese Region relevant. Seit einiger Zeit werden in die Datenbank auch Monografien in Form von E-Books aufgenommen – deren Zahl beläuft sich auf etwa 530. Auch eine kleine Zahl an Open Access-Dokumenten ist mittlerweile zu finden. Für den Download ist allerdings eine Registrierung notwendig. Die Datenbank kann kostenlos durchsucht werden, jedoch ist für Recherchierende aus Österreich und der Schweiz für die Volltextansicht der Zugang über einen institutionellen Abonnenten nötig oder eine individuelle Registrierung mit Pay-per-View. Sachtitel, Verlag und Inhaltsverzeichnisse werden in der Originalsprache (gegebenenfalls in kyrillischer Schreibweise) erschlossen, die Metadaten allerdings auf Englisch. Sucht man keinen bestimmten Titel, ist daher die Suche über Schlagwörter zu empfehlen.

- Volltextdatenbank
- Lizenzierter Zugang (Pay-per-View)
- Feldsuche: keine Diakritika notwendig; Transliteration möglich; englische Verschlagwortung vorhanden
- Verlag: Central and Eastern European Online Library GmbH
- Adresse: www.ceeol.com

Abb. 66: Homepage von *C.E.E.O.L* mit Suchfunktion und Themenindex

Central and East European Academic Source

Unter den zahlreichen themenorientierten Datenbankangeboten des Informationskonzerns *EBSCO Information Services* befindet sich neben *ABSEES* noch eine zweite spezielle Ressource für Recherchierende mit Osteuropa-Fokus – die Volltextdatenbank *Central and East European Academic Source*. Die Datenbank bündelt etwa 700 akademische Zeitschriften aus allen zentral-, südost- und osteuropäischen Ländern. Vereinzelt sind auch Konferenzmaterialien, Monografien und populärwissenschaftliche Publikationen zu finden. Fachlich kennt die Datenbank keine Einschränkungen – neben den klassischen philologischen und sozialwissenschaftlichen Disziplinen finden sich auch Zeitschriften aus der Medizin oder der Computerwissenschaft. Die Datenbank wird im deutschsprachigen Raum bislang kaum abonniert. Ein Pay-per-View-Verfahren gibt es (noch) nicht, dafür kann man ein zeitlich limitiertes, kostenloses Probeabo anfordern.

- Volltextdatenbank
- Lizenzierter Zugang
- Feldsuche: keine Diakritika notwendig; Transliteration möglich
- Verlag: EBSCO Information Services
- Adresse: www.ebscohost.com/academic/central-eastern-european-academic-source-ceeas

East View Information Services

East View Information Services ist eine der drei Plattformen des East View-Konzerns und bietet über 50 verschiedene interdisziplinäre Volltext- und Bilddatenbanken zu Russland, China und dem Mittleren Osten an. Unter *Social Sciences/ Humanities* finden Nutzer alle gesellschaftswissenschaftlichen Datenbanken in Länderunterteilung. Einfacher ist es jedoch, die *Titel List* unter *Learn more* zu konsultieren, wo sämtliche Datenbanken und die darin enthaltenen Titel in einem Excel-Sheet zu finden sind. Besonders zahlreich sind die Ressourcen zu Russland, die sich hauptsächlich aus Zeitschriften- und Aufsatzdatenbanken zusammensetzen. Darunter befinden sich bekannte Titel wie *Argumenty i fakty* und *Vestnik Evropy*, aber auch über 100 Regionalzeitschriften und -zeitungen. *East View* hat in Kooperation mit der Russischen Buchkammer die russische Nationalbibliografie von 1998 bis 2014 digitalisiert und bietet diese über eine eigene Datenbank an. Da *East View* zu den kommerziellen Anbietern zählt, ist der Zugang über einen institutionellen Abonnenten notwendig oder die individuelle Registrierung mit Pay-per-View. Wer den Dienst zuvor ausprobieren möchte, kann einen Probezugriff anfordern. Inhaltlich überschneidet sich das Angebot von *East View Information Services* mit dem des russischen Pendants *Integrum*

World Wide. Wer keinen Zugang zu den Datenbanken von *East View* besitzt, kann sich an *Integrum* wenden, für welches eine deutschlandweite Nationallizenz gilt.

- Volltextdatenbank
- Lizenzierter Zugang (Pay-per-Use)
- Feldsuche: nur Russisch (Transliteration möglich)
- Verlag: East View
- Adresse: www.eastview.com

Glossar

***Aggregatordatenbank*:** kommerzielle, gebührenpflichtige Volltextdatenbank, in der E-Medien unterschiedlicher Verlage gesammelt und vertrieben werden. Die weltweit größten Aggregatoren kommen aus dem angloamerikanischen Raum. Zu den Marktführern gehören u. a. EBSCO Information Services, ProQuest Company und Integrum World Wide.

***Aufsatzdatenbank*:** a. bibliografische Datenbank, die Zeitschriftenaufsätze bzw. Fachartikel nachweist, b. Volltextdatenbank (auch *Zeitschriftenarchiv, digitales Archiv*).

***Bibliografische Datenbank* (auch *Literaturdatenbank*):** Referenzdatenbank, die Nachweise zu verschiedenen Publikationstypen (Monografien, Aufsätzen, Rezensionen, Abschlussarbeiten etc.) unabhängig von Standort und Verfügbarkeit indiziert. Eine bibliografische Datenbank verzeichnet a. eine bestimmte Art von Literatur (z. B. unselbstständig erschienene Literatur wie die *Aufsatzdatenbank*) oder b. jede Art von Literatur mit Einschränkung auf ein bestimmtes Themenfeld (sogenannte *Fachbibliografien*). Größere bibliografische Datenbanken bieten dem Nutzer zusätzlich zu den einzelnen Nachweisen weiterführende Informationen in Form von Abstracts, Rezensionen, passenden Verweisen etc. oder Möglichkeiten zur anschließenden Verfügbarkeitsrecherche und Datenexport, Personalisierungsfunktionen etc.

***Bibliometrie*:** misst die Bedeutung bzw. Reichweite einer wissenschaftlichen Publikation oder eines Forschers mit Hilfe statistischer Verfahren. Bekannte bibliometrische Maßstäbe sind u. a. der *Journal Impact Factor*, der *h-Index* oder nationale Analyseverfahren wie der *BIĆ Impakt Faktor* (Serbien). Solche bibliometrischen Maße lassen sich am besten über die Recherche in einer *Zitationsdatenbank* herausfinden.

***Bibliothekskatalog, elektronischer* bzw. *OPAC (Online Public Access Catalog)*:** Referenzdatenbank, die den Medienbestand einer Bibliothek indiziert. Jeder Titel besitzt ein *Katalogisat*, das Auskunft über Autor, Verlag, Erscheinungsjahr etc. gibt. Auch Standort und Verfügbarkeit werden anzeigt. Ein OPAC zeigt den lokalen Bestand an und in der Regel keine unselbstständig erschienene Literatur (z. B. Zeitschriftenartikel) – dafür braucht es eine *bibliografische Datenbank* oder eine *Current-Contents-Datenbank*. Für Informationen zu weiteren Katalogtypen siehe *Verbundkatalog* oder *Metasuchdienst*.

***Biografische Datenbank*:** Referenzdatenbank für die Personensuche. Sind zusätzlich zu den biografischen Angaben auch von der Person verfasste Werke angegeben, spricht man von einer *biobibliografischen Datenbank*. Biografische Datenbanken eignen sich besonders für die Suche nach weniger bekannten Personen, nach Pseudonymen und Namensvariationen.

***Boolesche Algebra*:** ermöglicht die logische Verknüpfung mehrerer Suchbegriffe innerhalb der klassischen Feldsuche. Die Boolesche Algebra kann in fast allen relationalen Datenbanksystemen eingesetzt werden. Die *Booleschen Operatoren* erlauben dem Nutzer dabei die Kombination von Suchbegriffen, um in einem sonst unüberschaubaren Datenpool eine nützliche Treffermenge zu erzielen.

***Boolescher Operator*:** stellt innerhalb der *Booleschen Algebra* eine logische Verknüpfung zweier Suchbegriffe her. Der AND-Operator ist die unsichtbare Standardverknüpfung in jedem Suchfeld (etwa „Puškin" AND „Lyrik" zur Ermittlung der Schnittmenge). Alle anderen Operatoren müssen

DOI 10.1515/9783110521276-004

manuell hinzugefügt werden (etwa „Puškin“ NOT „Lyrik“ für die Ausschlussmenge). Die meistverwendeten Operatoren sind AND, OR, NOT, NEAR.

CRIS (Current Research Information System)*:** siehe ***Forschungsinformationssystem

***Current-Contents-Datenbank*:** macht für seine Nutzer die Inhaltsverzeichnisse von Periodika einsehbar. Current-Contents-Dienste werden üblicherweise von kommerziellen, englischsprachigen Groß- und Dachverlagen angeboten und sind daher zahlungspflichtig.

***Datenbank* (bzw. *Datenbanksystem*):** System zur elektronischen Datenverwaltung, das aus einer Verwaltungssoftware und der zu verwaltenden Datenmenge besteht. Gängigstes technisches Modell ist die relationale Datenbank. Trotz der terminologischen Vielfalt gibt es nur drei Typen von Datenbanken im Bibliothekswesen: *Volltextdatenbanken*, *Referenzdatenbanken* und *Faktendatenbanken*.

***Datenbankinformationssystem*:** ermöglicht den Einstieg in das Datenbankangebot einer Bibliothek. Im deutschen Sprachraum besonders häufig verwendet werden die Systeme *DBIS* (*Datenbank-Infosystem*) und *DigiBib*.

***Digital Cultural Heritage* (auch *digitales Kulturerbe*):** bezeichnet einen globalen Trend zur Langzeitarchivierung und digitalen Zugänglichkeit von Kulturgut. Die Digitalisierung von sogenanntem *Kulturerbe* wurde erstmals von der UNESCO unter dieser Bezeichnung in die Wege geleitet. Aufgrund eingeschränkter technischer Möglichkeiten beschränkt sich die Digitalisierung bislang weitgehend auf Schriftgut, Bild- und audiovisuelles Material. Neben zahlreichen Projekten wie *Manuscriptorium* oder *Europeana* bemühen sich auch viele Nationalbibliotheken um die Digitalisierung ihrer wertvollen Bestände. Das „Erbe“ ist allerdings undefiniert und hat auch für das Informationsmanagement keine größere funktionelle Bedeutung. So gibt es auch private Anbieter, die einen eigenen „Kulturerbe“-Begriff führen.

Digitales Archiv*:** siehe ***Textsammlung, elektronische bzw. ***Aufsatzdatenbank***

***Digitalisat* (auch *Retrodigitalisat*):** digitalisierte Version eines Printmediums zumeist in Form einer Bilddatei, falls das Aussehen des Dokuments von Bedeutung ist. Digitalisate gibt es auch als Textdateien, wobei der ursprüngliche Text in einen Zeichensatz verwandelt wurde.

***DjVU*:** ist ein alternatives Dateiformat zu PDF, um eingescannte Dokumente (z. B. *Retrodigitalisate*) abzubilden. Das DjVU-Format ist insbesondere in Osteuropa sehr beliebt.

***DOI (Digital Object Identifier)*:** ist ein sogenannter *Persistent Identifier*, der Medien eine weltweit einzigartige Signatur gibt. Dies kann Webseiten, Fachzeitschriften oder einzelne Zeitschriftenartikel betreffen. Gibt man den DOI in einen DOI-Resolver oder in die Adressleiste des Browsers ein, wird man zum betreffenden Medium weitergeleitet. DOIs werden bevorzugt im Verlagsbereich vergeben.

***Fachbibliografie*:** sammelt Nachweise zu fachbezogener selbstständiger wie unselbstständiger Literatur unabhängig von Standort und Verfügbarkeit. Früher als Printmedium erschienen, machen Fachbibliografien heute einen Großteil des Angebots an bibliografischen Datenbanken aus. Fachbibliografien werden in der Regel von anerkannten Forschungsgemeinschaften oder -institutionen publiziert. Vorteil einer solchen Bibliografie ist, dass nur fachrelevante Publikationen mit wissenschaftlichem Anspruch verzeichnet werden.

Fachdatenbank*:** siehe ***Fachbibliografie

Fachportal **(auch *Gateway* oder *Clearinghouse*):** Anwendungssystem in Form einer umfangreichen Webseite, die Informationsressourcen wie Datenbanken, Mailinglisten, Metasuchmaschinen etc. sammelt und nachweist. Im deutschsprachigen Raum besonders bekannt sind die *Virtuellen Fachbibliotheken* (*ViFas*), die als Fachportale Informationsressourcen für bestimmte wissenschaftliche Zweige verzeichnen.

***Faktendatenbank*:** enthält im Gegensatz zur *Referenzdatenbank* Primärdaten (z. B. Statistiken, naturwissenschaftliche Formeln, Firmennamen). Hauptsächlich im naturwissenschaftlichen oder technischen Kontext genutzt.

***Feldsuche*:** ist eine der bekanntesten Suchoptionen, die von elektronischen Informationsressourcen angeboten werden. Klassische Feldsuchen sind oftmals mit Drop-down- oder Pull-down-Menüs ausgestattet, in denen man sogenannte *Felder* wie Autor, Sachtitel, Erscheinungsjahr etc. definieren kann. Die Recherche nach dem Suchbegriff wird dann auf dieses Feld eingeschränkt und die Treffermenge wird dadurch wesentlich reduziert. Die nicht feldbezogene Suche (oftmals als *einfache Suche* oder *Schnellsuche* bezeichnet) respektiert bei der Recherche alle Felder.

***Formularsuche*:** ist eine umfassende Feldsuche, wo mehrere Felder gleichzeitig angegeben werden können oder bereits vordefiniert sind. Die Formularsuche eignet sich durch die Möglichkeit zur präzisen Angabe von Titeldaten vor allem für die Recherche nach bestimmten und bereits bekannten Titeln.

Forschungsinformationssystem **(auch *CRIS – Current Research Information System*):** ist eine Datenbank, in der der Forschungsoutput eines Landes bzw. einer Hochschule verzeichnet wird. In der Regel werden dort verschiedene Informationen zu Forschungsprojekten, -organisationen, Forschern und ihren wissenschaftlichen Tätigkeiten, Forschungsprofile einzelner Abteilungen etc. eingetragen. In vielen Ländern ist das Betreiben eines Forschungsinformationssystems Pflicht für alle Hochschulen. Für die einheitliche Gestaltung der Einträge wird gerne das *CERIF*-Datenmodell von euroCRIS verwendet. Im englischsprachigen Raum hat sich daraufhin die Bezeichnung *CRIS* für solche Systeme durchgesetzt.

Fuzzy-Suche **(auch *unscharfe Suche*):** ermöglicht die Suche nach einer Zeichenkette (z. B. einem Wort) innerhalb eines Texts. Der Vorteil der Fuzzy-Suche liegt darin, dass das gesuchte Wort nicht exakt eingegeben werden muss, da auch ähnliche Zeichenfolgen gefunden werden. So ermöglicht sie etwa die Suche nach der phonetischen Darstellung eines Wortes. Aufgrund ihrer Nützlichkeit in der Alltagsrecherche (meistens in Form von Tippfehlerkorrektur) findet man die Fuzzy-Suche vor allem bei gängigen Suchmaschinen oder kommerziellen Webseiten. Die meisten wissenschaftlichen Datenbanken bieten diese Suchhilfe nicht an.

Gesamtkatalog*:** siehe ***Verbundkatalog

Hinterlegungspflicht*:** siehe ***Pflichtexemplargesetz

***Indexsuche*:** ermöglicht die Durchsicht des Indexes einer Datenbank, in dem alle vorkommenden Namen und Begriffe enthalten sind. Die Indexsuche ist empfehlenswert, wenn eine vorhergegangene Feldsuche fehlgeschlagen ist. Im Index ist überprüfbar, ob der Suchbegriff richtig geschrieben wurde oder ob er überhaupt existiert.

***Informationsinfrastruktur*:** gibt es in analoger (z. B. Hochschulbibliothek), elektronischer und hybrider Form. Die Gesamtheit der vorhandenen Informationsinfrastruktur formt den wissenschaftlichen Informationsmarkt eines Landes.

***Informationsressource, elektronische*:** ist gleichbedeutend mit *Informationsdienst*, *Informationsdienstleistung*, *E-Ressource* oder *Online-Ressource*. Darunter fallen *Referenzdatenbanken*, *digitale Bibliotheken*, *Metasuchdienste* etc.

Impact Factor*:** siehe ***Bibliometrie

Katalog*:** siehe ***Bibliothekskatalog, elektronischer

***Katalogisat* (auch *Retrokatalogisat*):** Datensatz, der alle Angaben zu einem Titel enthält. Die Menge an Katalogisaten bildet die Datenmenge eines Katalogs bzw. einer bibliografischen Datenbank. Zur Erfassung eines neu erschienenen Titels wird eine Katalogisatschablone verwendet, die im Rahmen verschiedener Regelwerke (meist getrennt nach Sprachraum) ausgefüllt, im Katalog gespeichert wird und dann für den Nutzer einsehbar ist.

Literaturdatenbank*:** siehe ***bibliografische Datenbank

Maskierung*:** siehe ***Trunkierung

***Metadaten*:** sind „Zusatzdaten", die bei der Erschließung von Medien zum Einsatz kommen. Bei der Katalogisierung eines Titels werden nicht nur primäre Angaben (sogenannte *bibliografische Daten*) wie Autor, Sachtitel oder Verlag aufgenommen, sondern z. B. auch inhaltliche Beschreibungen (Schlagwörter), wissenschaftliche Klassifikationen oder Identifikatoren wie *ISBN*, *ISSN*, *DOI* oder *URN*. Solche Metadaten erlauben die erweiterte, kontextbezogene Suche nach einem Titel.

Metakatalog*:** siehe ***Metasuchdienst

***Metasuchdienst* (auch *Metasuchmaschine*, *Metakatalog* oder *virtueller Katalog*):** ermöglicht die Recherche in verschiedenen Typen von Informationsressourcen (z. B. Bibliothekskatalogen, Volltextdatenbanken, Fachbibliografien) mit einer einzigen Suchanfrage. Muss man umfassend recherchieren und kennt man die Metasuchdienste seines Faches, erspart man sich viel Zeit bei der Suche in einzelnen Ressourcen. Die Metasuche ist vielseitig einsetzbar, so kann sie etwa Teil eines Fachportals sein oder als selbstständige Informationsdienstleistung im Internet angeboten werden. Zu beachten ist, dass nicht jede abgefragte Informationsressource die gewünschte Suchanfrage unterstützen muss (z. B. in der Verwendung von kyrillischen Schriftzeichen). *Virtuelle Kataloge* werden oft separat genannt. Diese existieren meist selbstständig und beschränken sich nur auf die Abfrage von Bibliothekskatalogen (wie z. B. *Karlsruher Virtueller Katalog*).

***Nationalbibliografie* (bzw. *Regionalbibliografie*):** interdisziplinäre Bibliografie, die alle Publikationen verzeichnet, die dem Territorial-, Nationalitäts- oder Sujetprinzip entsprechen. Referenziert werden im Wesentlichen alle Publikationen, die innerhalb einer staatlichen Entität erschienen sind, in Landessprache verfasst oder von staatsangehörigen Autoren im Ausland geschrieben wurden (auch im Rahmen größerer kultureller Kontexte). In der genauen Interpretation der Prinzipien kann es aber zu Abweichungen kommen. Nationalbibliografien werden in der Regel von den jeweiligen Nationalbibliotheken oder Buchkammern herausgegeben, eine derartige Bibliografie zu erstellen ist aber optional.

***Nationallizenz*:** Nutzungsrecht für eine Informationsressource, meistens für eine Datenbank oder Online-Zeitschrift. Die Nationallizenz ermöglicht in Deutschland auch Privatpersonen die Nutzung der freigeschaltenen Ressource, für den Zugriff muss man sich jedoch registrieren. In Deutschland übernimmt den Ankauf der Lizenz die Deutsche Forschungsgemeinschaft (DFG), in Österreich hingegen sind Nationallizenzen wenig verbreitet. Auch die meisten slawischen Länder kaufen solche Lizenzen in mehr oder weniger großem Umfang ein.

OPAC (Online Public Access Catalog): siehe ***Bibliothekskatalog, elektronischer***

Open Access: die Open Access-Bewegung setzt sich für die freie, unbeschränkte und kostenlose Verfügbarkeit von Literatur im Internet ein. Dies betrifft vor allem Erstveröffentlichungen, wobei man gemeinhin zwischen einem Grünen und einem Goldenen Weg der Veröffentlichung unterscheidet. Typische Open Access-Ressourcen sind Fachzeitschriften und digitale Repositorien. Unter die engere, forschungsorientierte Definition von Open Access fallen keine literarischen und künstlerischen Medien, Retrodigitalisate oder Blogs.

Open Science: meint die allgemeine freie Zugänglichkeit von Wissenschaft. Ziele der Open Science-Bewegung sind u. a. die kostenlose Verfügbarkeit von Forschungsoutput im Internet (z. B. in Form von *Open Access* oder *Open Data*) oder die Einbindung der Bevölkerung in Forschungsprojekte (*Citizen Science*).

Pay-per-Use: ein Zahlungsmodell, über das sich Privatpersonen Zugang zu lizenzierten Datenbanken verschaffen können. Gezahlt wird zumeist ein Pauschalbetrag für zeitlich beschränkte Nutzungsrechte, seltener für eine gewisse Zahl an Suchanfragen. Da viele lizenzierte Datenbanken über die deutsche *Nationallizenz* zugänglich sind, ist die Zahl an Informationsressourcen, die ein Pay-per-Use anbieten, relativ gering.

Pay-per-View: ein Zahlungsmodell ähnlich dem *Pay-per-Use*-Modell, bei dem man pro gelesenen bzw. exportierten Titel bezahlt. Viele kommerzielle Datenbanken erlauben das Durchsuchen des Bestandes, wobei Nutzer im Ende für die Einsicht in einzelne interessante Titel zahlen.

***Pflichtexemplargesetz* (auch *Pflichtexemplarrecht*)**: verpflichtet den Verleger eines oder mehrere Exemplare (sogenannte *Pflichtexemplare*) einer neuerschienenen Publikation an die Nationalbibliothek bzw. Buchkammer des Landes zu schicken. Dies kann neben analogen und textbasierten Titeln z. B. auch elektronische oder ephemere Medien betreffen. Die eingelangten Publikationen werden archiviert und in die Nationalbibliografie aufgenommen. Auch akademische Abschlussarbeiten sind in der Regel von dieser sogenannten *Hinterlegungspflicht* des Verlegers betroffen.

Phrasensuche: die Suche von festen Wortkombinationen, meist mit Hilfe von Anführungszeichen (z. B. „alleinerziehende Mütter", „český slovník").

Proofreading: spielt nicht nur bei wissenschaftlichen Arbeiten, sondern auch bei elektronischen Informationsressourcen eine wichtige Rolle. Sowohl Retrodigitalisate mit Volltextindexierung als auch elektronische Abschriften bzw. Transkriptionen benötigen eine professionelle Revision, um Fehler bei der Verarbeitung ausschließen zu können. Handelt es sich bei dem Anbieter der Informationsressource um Personen oder Institutionen aus dem akademischen Sektor, ist ein solches Proofreading in der Regel garantiert. Bei privaten Anbietern und Crowdsourcing-Ressourcen ist dies nur selten der Fall (siehe z. B. *Project Gutenberg*, wo eine eigenständige Firma für die Textrevision zuständig ist).

Referenzdatenbank: indiziert die bibliografischen Angaben sowie auch Metadaten zu verschiedenen Medien. Alle Arten von Datenbanken, die keine Primärinformationen (siehe *Faktendatenbank*) oder Volltexte (siehe *Volltextdatenbank*) enthalten, sind gleichermaßen Referenzdatenbanken. Zur besseren Unterscheidung der vielseitigen Verwendung von Referenzdatenbanken hat sich im Informationsmanagement aber folgende Unterteilung etabliert: a. *bibliografische Datenbanken* (im Sinne von *Fachbibliografien*) und b. *elektronische Bibliothekskataloge* (*OPACs*).

Repositorium, digitales: Dokumentenserver, der wissenschaftliche Publikationen im Volltext zugänglich macht (ähnlich einer *Volltextdatenbank*). Es gibt institutionelle Repositorien, meist in Form von Hochschulservern, die ihren Mitgliedern die Möglichkeit zur elektronischen Publikation im Open Access-Format anbieten. Disziplinäre Repositorien hingegen sind nicht an eine spezielle Institution gebunden, sondern beinhalten Werke zu einem bestimmten Fachgebiet. Repositorien schließen oftmals eine inhaltliche Lücke im Angebot digitaler wissenschaftlicher Literatur, da sie im Gegensatz zu konventionellen Datenbanken auch Hochschulabgängern die Möglichkeit zur kostenfreien Publikation ihrer Abschlussarbeiten geben.

Retrodigitalisierung: rückwirkende Digitalisierung von analogen Medien wie z. B. Büchern, Zeitungen, Tonaufnahmen etc. Ist zumeist Aufgabe von Bibliotheken und Museen.

Schlagwortsuche **(auch *Deskriptorensuche*)**: ermöglicht die Recherche zum Inhalt eines Titels, meist in Form einer alphabetischen Schlagwortliste. Schlagwörter werden bei der Katalogisierung eines Titels vergeben und beschreiben anders als die bibliografischen Angaben (Autor, Sachtitel, Verlag etc.) dessen Inhalt. Dazu wird ein festdefiniertes Vokabular verwendet, das auch der Nutzer bei seiner Suche einsetzen würde, sollte er den genauen Sachtitel oder den Verfassernamen nicht kennen. Die Schlagwortsuche empfiehlt sich daher bei groben, thematischen Recherchen.

SFX: ist ein sogenannter *Linkresolver* des Markführers für Bibliothekssoftware Ex Libris Group. Ein SFX-Button ist oftmals bei *Referenzdatenbanken* zu finden, da der Nutzer so die Möglichkeit einer schnellen Verfügbarkeitsrecherche hat. Der SFX-Dienst verlinkt entweder direkt zum Volltext – falls ein solcher vorhanden und die Ausgangsressource lizenzberechtigt ist – oder zu Ressourcen, die über eine solche Lizenz verfügen.

Stichwortsuche: ermöglicht anders als die *Schlagwortsuche* die Recherche in den bibliografischen Angaben eines Titels (Verfasser, Sachtitel, Verlag etc.). Eingesetzt wird die Stichwortsuche insbesondere dann, wenn eine oder mehrere dieser Angaben bekannt sind – dies erlaubt die Recherche nach speziellen Titeln.

Tag-Cloud **(auch *Schlagwortwolke*)**: ist eine Methode zur komprimierten Informationsvisualisierung. Dabei werden wichtige Schlagwörter meist alphabetisch in einem Textfeld aufgelistet und nach Zahl des vorhandenen Materials oder der Aufrufe durch Nutzer etc. unterschiedlich groß dargestellt. Durch die Tag-Cloud erfährt der Nutzer schnell und zusammengefasst die thematischen Bereiche, die eine Informationsressource bedient.

Teaching Library: ist eine Entwicklung im wissenschaftlichen Bibliothekswesen, bei dem einzelne Bibliotheken Workshops oder Lehrveranstaltungen organisieren, um die Informationskompetenz ihrer Nutzer zu steigern. Da die Informationsrecherche zunehmend komplexer wird, sehen sich viele Informationsdienstleister veranlasst, Angebote zu Literatursuche, -verwaltung und -präsentation zu vermitteln und zu erklären.

Textsammlung, elektronische: Volltextsammlung, die im Unterschied zur konventionellen Volltextdatenbank keine oder nur eingeschränkte Suchfunktionen besitzt. Elektronische Textsammlungen sind inhaltlich wie technisch weniger umfangreich als Volltextdatenbanken und daher eine beliebte Alternative bei finanzschwachen Institutionen bzw. Projekten. Auch sind sie informationstechnisch verschiedenartig gestaltbar, weshalb sie eine weniger einheitliche Erscheinungsform als Volltextdatenbanken besitzen.

***Thesaurus* (Informationstechnologie):** ermöglicht die intelligente Schlagwortsuche. In einem Thesaurus werden Schlagwörter – meist lexikalisch-semantisch – miteinander in Beziehung gesetzt. Hat die Recherche über Schlagwörter keine nützlichen Ergebnisse gebracht, kann man hier Homo-, Hypo- und Synonyme nachschlagen. Ist ein Thesaurus in eine Datenbank integriert, erleichtert er auch die Recherche nach Titeln, indem er einen Begriff mit allen anderen Begriffen desselben Wortfeldes bei der Suche berücksichtigt (und somit mehr Treffer liefert). Bei großen Datenbanken mit mehrsprachigem Inhalt kommen oft multilinguale Thesauri zum Einsatz. Es gibt keinen vorgegebenen Standard bei der Erstellung eines Thesaurus, weshalb jeder Thesaurus einzigartig ist.

***Titel* (auch *Medium*):** ist ein Begriff aus der Bibliotheks- und Informationswissenschaft und bezeichnet jede Art von Publikation. Dies kann eine Monografie, eine Zeitschrift, ein Audiofile, eine DVD oder anderes sein.

***Trunkierung*:** dient als Platzhalter für ein Zeichen oder eine Zeichenkette und ermöglicht die Suche nach mehreren Wortvarianten. So werden bei der Eingabe von *slaw** in die Suchfunktion die Worte *Slawen*, *Slawistik*, *slawistisch* etc. gesucht. Es gibt eine rechtsseitige Trunkierung (siehe Beispiel zuvor) und eine linksseitige Trunkierung. Der Suchbegriff **slawisch* würde dann auch die Worte *südslawisch* oder *urslawisch* finden. Fügt man einen Platzhalter in der Mitte des Wortes ein, spricht man von einer *Maskierung*. Bei einer solchen findet man über die Eingabe von *Sla*istik* die Begriffe *Slawistik* und *Slavistik*.

***Verbundkatalog* (auch *Gesamtkatalog*):** weist den Bestand eines Bibliotheksverbundes nach und zeigt die Verfügbarkeit eines Titels in verschiedenen Bibliotheken an. Der Verbundkatalog verfügt über eine eigene Datenbank, in der die teilnehmenden Bibliotheken Titel- und Metadaten verwalten. So beinhaltet etwa der *BVB*-Verbundkatalog die Bibliotheksbestände Bayerns. Während es in Österreich nur einen Verbundkatalog für das ganze Land gibt (den *OBV*-Gesamtkatalog), sind die Verbünde Deutschlands und der Schweiz regional strukturiert. In seltenen Fällen sind Bibliotheksverbünde fachlich organisiert (wie etwa der Verband katholischer Kirchenbibliotheken in Polen), so dann auch der Verbundkatalog. Der Unterschied zu *virtuellen Katalogen* bzw. *Metasuchdiensten* besteht darin, dass diese die Suchanfrage an mehrere Datenbanken bzw. OPACs weiterschicken, anstatt in einem eigenen Datenpool zu recherchieren. Aus Sicht des Nutzers gibt es im Grunde keinen Unterschied zwischen Verbundkatalog und virtuellem Katalog.

***Virtuelle Fachbibliothek* (*ViFa*):** Online-Portal mit fachspezifischer Ausrichtung, das Informationsressourcen (z. B. Bibliothekskataloge, Datenbanken, Neuerscheinungen) sammelt und präsentiert, jedoch ohne Gewähr auf Vollständigkeit. An sich kein fachterminologischer Begriff, sondern ein Projektname des Vascoda-Verbundes. Ziel des Projekts ist die Etablierung von Fachportalen (u. a. *ViFa Recht*, *ViFa Altertumswissenschaften*, *ViFa Kunstgeschichte*), die von einzelnen Bibliotheken mit passendem disziplinärem Schwerpunkt betreut werden.

Virtueller Katalog*:** siehe ***Metasuchdienst

***Volltextdatenbank*:** bietet im Gegensatz zur *bibliografischen Datenbank* das gesuchte Werk als Volltext – oft in Form eines PDF-Dokuments – an. Durch den hohen Kostenaufwand, der bei der Digitalisierung der Werke anfällt, gibt es sehr viel weniger Volltextdatenbanken als bibliografische Datenbanken. Oft fällt daher eine Gebühr für die Verwendung an. In Deutschland wird diese oftmals in Form von *Nationallizenzen* bezahlt, einzelne Bibliotheken zahlen etwa über ein Abonnement, einzelne User über *Pay-per-Use* oder *Pay-per-View*.

Volltextindexierung: erschließt den Inhalt eines Textdokuments in einer Volltextdatenbank. Durch die Volltextindexierung wird die Volltextsuche – also die Suche im Text des Dokuments – möglich. Nicht alle Volltextdatenbanken aber bieten eine Volltextindexierung an, weshalb oftmals nur die Suche in den bibliografischen Angaben des Titels möglich ist.

Zeitschriftenarchiv: siehe ***Aufsatzdatenbank (Volltextdatenbank)***

***Zeitschriftendatenbank* (auch *Zeitschriftenverzeichnis*)**: ist eine *bibliografische Datenbank* mit Titelnachweisen zu Periodika. Verzeichnet werden zumeist Zeitschriften, Zeitungen, Jahrbücher und Schriftenreihen. Besonders bekannt sind im deutschsprachigen Raum die *ZDB* (*Zeitschriftendatenbank*) und die *EZB* (*Elektronische Zeitschriftenbibliothek*).

Zeitschrifteninhaltsverzeichnis: siehe ***Current-Contents-Datenbank***

***Zitationsdatenbank* (auch *Zitationsindex* oder *Zitationssystem*)**: sammelt bibliografische Nachweise (manchmal auch Volltexte) von Fachartikeln, aber auch die Zahl deren Zitationen. Über eine Zitationsdatenbank lässt sich herausfinden, welche Titel im Artikel zitiert werden bzw. wie viele andere Titel diesen Artikel zitieren. Aus der Zahl der Zitationen ergibt sich für die Zeitschrift bzw. für den Autor ein *bibliometrisches Maß* (z. B. der *Journal Impact Factor* oder *h-Index*). Zitationsdatenbanken können lizenziert (z. B. *Scopus* oder *Web of Science*) oder frei zugänglich (z. B. *Google Scholar* oder *SCIndeks*) sein, im nationalen oder internationalen Rahmen betrieben werden.

Literaturverzeichnis

Bakaršić, Kemal: Back Where We Started: Bosnia's Digital Archives. In: *Slavic and East European Information Resources* (2002). H. 2–3. S. 55–79.

Baumann, Frank: Das Informations- und Bibliothekswesen in Bosnien-Herzegovina: Stand und Perspektiven. Berlin: Institut für Bibliothekswissenschaft der Humboldt-Universität zu Berlin 2005 (Berliner Handreichungen zur Bibliothekswissenschaft, H. 143).

Bauer, Reinhard: Die digitale Bibliothek von Babel : Über den Umgang mit Wissensressourcen im Web 2.0. Boizenburg: Hülsbusch 2010.

Bornmann, Lutz u. Rüdiger Mutz: Growth Rates of Modern Science. A Bibliometric Analysis Based on the Number of Publications and Cited References. In: *Journal of the Association for Information Science and Technology* (2015). H. 11. S. 2215–2222.

Buckminster Fuller, Richard: *The Critical Path*. New York: St Martin's Press 1982.

Chadnova, Irene: Library Services to Multicultural Communities: Russian Best Practice. In: *Slavic and East European Information Resources* (2012). H. 4. S. 239–244.

Franke, Fabian: Schlüsselkompetenzen: Literatur recherchieren in Bibliotheken und Internet. 2. Aufl. Stuttgart [u. a.]: Metzler 2014.

Gantert, Klaus: Elektronische Informationsressourcen für Historiker. Berlin [u. a.]: De Gruyter Saur 2011.

Haug, Jochen: Erfolgreich recherchieren – Anglistik und Amerikanistik. Berlin [u. a.]: De Gruyter Saur 2012.

Howanitz, Gernot: Slavische Suchkulturen – Die Suchmaschinen Yandex.ru und Seznam.cz. In: Suchmaschinen. Hrsg. von H. Krah und R. Müller-Terplitz. Berlin: Logos 2013 (Passauer Schriften zur interdisziplinären Medienforschung, Bd. 4). S. 127–145.

Komen, Lizzy, Georgia Angelaki u. Tiziana Fazio: FUMAGABA – Final Narrative Report. 2009.

Kunz, Norbert: Die Nationalbibliotheken im ostslawischen Raum und die Entwicklung ihrer Funktion und Aufgaben in der postsowjetischen Ära. Berlin: Institut für Bibliothekswissenschaft der Humboldt-Universität zu Berlin 2005 (Berliner Handreichungen zur Bibliothekswissenschaft, H. 170).

Lewandowski, Dirk: Suchmaschinen verstehen. Berlin [u. a]: Springer Vieweg 2015.

Melentieva, Julia P.: Das Bibliothekswesen in Russland: Aktueller Zustand und Entwicklungstendenzen. Ein Überblick. In: *Bibliothek* (2006). H. 1. S. 20–43.

Millward, Michael: Accessing and Disseminating Scientific Information in South Eastern Europe. Venedig: UNESCO Regional Bureau for Science and Culture in Europe 2006.

Mikhailov, O. V.: Russian Science Citation Index – The Opinion of an Interested User. In: *Herald of the Russian Academy of Science* (2013). H. 3. S. 292–296.

Müller, Ursula M.: Von der UdSSR zur GUS – Bibliotheken auf dem Weg in eine neue Zukunft. In: *Bibliothek* (1998). H. 2. S. 163–191.

Poynder, Richard: The OA interviews: Mikhail Sergeev, Chief Strategy officer at Russia-based CyberLeninka (January 2016). http://www.richardpoynder.co.uk/CyberLeninka.pdf (23.01.2017)

Poynder, Richard: Open Access in Serbia: Interview with Biljana Kosanović (September 2013). http://poynder.blogspot.co.at/2013/09/open-access-in-serbia-interview-with.html (26.09.2016).

DOI 10.1515/9783110521276-005

Sandbothe, Mike: Hypertextualität im World Wide Web. http://www.sandbothe.net/38.html (30.01.2017).
Sukhorukov, Konstantin M.: Russian Book Chamber: Past, Present and Future. In: Bibliothek in Forschung und Praxis (2012). H. 1. S. 131–135.
Tasić, Tanja: Retrospektivna bibliografija Republike Srpske. In: *Čitalište* (2012). H. 20. S. 111.
Vorona, Timur: V 2013 godu auditorija uaneta vyrosla na 1,5 mln i sostavila 17,5 mln čelovek – issledovanie. http://ain.ua/v-2013-godu-auditoriya-uaneta-vyrosla-na-15-mln-i-sostavila-175-mln-chelovek-issledovanie (19.01.2017)
Weinl, Kerstin: Erfolgreich recherchieren – Informatik. Berlin [u. a.]: De Gruyter Saur 2013.

Webadressen

DELOS: DL.org Reference Model. www.dlorg.eu/index.php/outcomes/reference-model (13.3.2016)
Deutsche Bibliotheksstatistik 2015. https://wiki1.hbz-nrw.de/pages/viewpage.action?pageId=78577673 (08.02.2017)
DIKDA: Národný projekt Digitálna knižnica a digitálny archív (DIKDA) bol k 30. septembru 2015 úspešne ukončený. http://dikda.eu/stav-projektu/ (26.01.2017)
Directory of Open Access Journals: DOAJ to remove approximately 3300 journals. https://doajournals.wordpress.com/2016/05/09/doaj-to-remove-approximately-3300-journals/ (04.11.2016)
Elsevier: Scopus Content Coverage Guide: Updated January 2016. https://www.elsevier.com/__data/assets/pdf_file/0007/69451/scopus_content_coverage_guide.pdf (27.01.2017)
Finding Heros: https://findingheroes.co.nz/ (30.01.2017)
IFLA/UNESCO Manifesto on Digital Libraries. www.ifla.org/publications/iflaunesco-manifesto-for-digital-libraries (30.01.2017)
Nacionalna i univerzitetska biblioteka „Sv. Kliment Ohridski" – Istorija. http://nubsk.edu.mk/za-nas/istorija (18.01.2017)
Open Access – Der freie Zugang zu wissenschaftlicher Information: Gründe und Vorbehalte. https://open-access.net/AT-DE/informationen-zu-open-access/gruende-und-vorbehalte/ (30.01.2017)
OpenDOAR: Proportion of Repository Organisations by Country – Worldwide. http://opendoar.org/onechart.php?cID=&ctID=&rtID=&clID=&lID=&potID=&rSoftWareName=&search=&groupby=c.cCountry&tallyby=DISTINCT(o.oID)&orderby=Tally%20DESC&charttype=pie&width=600&height=300&caption=Proportion%20of%20Repository%20Organisations%20by%20Country%20-%20Worldwide (19.01.2017)
Prezidentskaja biblioteka imeni B. N. El'zina: About the library. www.prlib.ru/en-us/Pages/about_new.aspx (05.01.2017)
Ranking Web of Repositories: Top Portals. http://repositories.webometrics.info/en/top_portals?sort=asc&order=World%20Rank (23.01.2017)
Slavic Information Resources: Development of Belorussian Bibliography. http://www.library.illinois.edu/spx/webct/nationalbib/natbibbelorchron.html (19.01.2017)
Slavic Information Resources: National Bibliography of Russia. http://www.library.illinois.edu/spx/webct/nationalbib/natbibrussia2.html (08.01.2017)
Slavic Information Resources: National Bibliography of Ukraine. http://www.library.illinois.edu/spx/webct/nationalbib/natbibukraine2.html (19.01.2017)

The European Library: National and University Library in Zagreb. http://www.theeuropeanlibrary.org/tel4/contributor/collections/P01258 (07.02.2017)
Thomson Reuters: Web of Science Brochure (May 2016). http://thomsonreuters.com/content/dam/openweb/documents/pdf/scholarly-scientific-research/fact-sheet/wos-next-gen-brochure.pdf (08.02.2017)
Universität Hamburg – Webis: Slawistik (7.39). https://wikis.sub.uni-hamburg.de/webis/index.php/Slawistik_(7.39) (08.02.2017)
Wikipedia : Europeana. https://de.wikipedia.org/wiki/Europeana (02.05.2016)
Wikipedia : Europeana. https://en.wikipedia.org/wiki/Europeana (02.05.2016)

Abbildungsnachweis

Alle Abbildungen sind Ausschnitte aus dem Angebot der jeweils behandelten elektronischen Informationsressource.

Register

Aggregator Siehe Aggregatordatenbank 14
Aggregatordatenbank 11, 22, 44, 65, 68, 91, 179, 198–200, 304
Altkirchenslawisch 141, 181, 184, 206, 260
Aufsatzbibliografie Siehe Aufsatzdatenbank 63
Aufsatzdatenbank 11, 14, 63–65, 80, 95, 293, 306

Berlin Declaration on Open Access to Knowledge in the Sciences and Humanities 26
Bibliografische Datenbank 11, 13, 15, 98
Bibliothekskatalog Siehe Online Public Access Catalog 52
Bibliotheksportal 18, 55, 85
BIĆ Impakt Faktor 80, 128, 219
Biografische Datenbank 316
BOAI Siehe Budapest Open Access Initiative 26
Boolesche Algebra 250, 285
Boolescher Operator Siehe Boolesche Algebra 285
Born Digitals 20, 22, 65, 137
Bosnienkrieg 103
Buchkammer 40, 42, 44, 61, 177, 278, 319
Buchpiraterie 181
Buckminster Fuller, Richard 2
Budapest Open Access Initiative 26, 27

Catalog Enrichment 55
Cataloging in Publication 106, 115, 131
CENL Siehe Conference of European National Libraries 21
CERL Siehe Consortium of European Research Libraries 20
CIP Siehe Cataloging in Publication 106
CLARIN Siehe Common Language Resources and Technology Infrastructure 34
Closed Access 24, 29, 179, 221, 227
COBISS 12, 40, 47, 48, 57
Common Language Resources and Technology Infrastructure 34, 35, 158
Conference of European National Libraries 21, 77
Consortium of European Research Libraries 20, 36
CrossRef 210, 219
Crowdsourcing 77, 85, 181, 261
Current Research Information System Siehe Forschungsinformationssystem 29
Current-Contents-Datenbank 53, 205, 306, 316, 317, 323

DARIAH Siehe Digital Research Infrastructure for the Arts and Humanities 35
Datenbank 317
Datenbankinformationssystem 18, 85, 94, 95, 317
Deep Web 89, 90
Deutsche Forschungsgemeinschaft 69, 72, 179, 203, 292, 312, 319
DFG Siehe Deutsche Forschungsgemeinschaft 69
Diakritika 58, 90, 296
Diaspora Siehe Exilliteratur 82
Digital Cultural Heritage Siehe Digitales Kulturerbe 17
Digital Humanities 17, 33, 34
Digital Object Identifier 209, 317
Digital Research Infrastructure for the Arts and Humanities 35
Digitale Bibliothek 13, 55, 65, 72, 77, 96
Digitale Geisteswissenschaften Siehe Digital Humanities 34
Digitales Kulturerbe 13, 21, 26, 66, 87, 317
Digitales Repositorium 14, 18, 28, 51, 55, 69, 321
DOI Siehe Digital Object Identifier 209, 317
Dokumentenserver Siehe Digitales Repositorium 14
DSpace 71

East View Information Services 12, 22, 44, 45, 179, 187, 305, 314
EBLIDA Siehe European Bureau of Library, Information and Documentation Associations 20
EBSCO Information Services 22, 49, 68, 305, 314

DOI 10.1515/9783110521276-006

EIFL Siehe Electronic Information for Libraries 280
Electronic Information for Libraries 280
Elektronische Forschungsinfrastruktur 4, 17, 20, 33, 34
Elektronische Textsammlung 14, 69, 321
ERIC Siehe European Research Infrastructure Consortium 34
ESFRI Siehe European Strategy Forum for Research Infrastructures 34
Estreicher, Karol 40, 151, 162, 264, 282
European Bureau of Library, Information and Documentation Associations 20
European Research Infrastructure Consortium 34
European Strategy Forum for Research Infrastructures 34, 35
Exilliteratur 82, 247, 263, 270

Fachdatenbank 11, 15, 317
Fachinformationsdienst Siehe Sondersammelgebiet 54
Fachportal 16, 18, 27, 29, 57, 66, 71, 97, 318
Fachrepositorium 18, 23, 70, 73, 96, 303, 321
Fachterminologie 4, 10–12, 59
Faktendatenbank 11, 318, 320
Feldsuche 318
FIDKAR 161
Formularsuche 318
Forschungsinformationssystem 18, 29
FUMAGABA 21
Fuzzy-Suche 89, 253, 318

Goldener Weg 23, 26, 320
Graue Literatur 91, 95, 132
Grüner Weg 23, 26, 32, 180, 320

h-Index 102, 316
Hinterlegungspflicht Siehe Pflichtexemplarrecht 44
Hrvatska kulturna baština 128, 130, 137, 139–141
Hybride Bibliothek 8, 9, 66
Hypertext 3, 8–10, 73

IFLA Siehe International Federation of Library Associations and Institutions 22
Impact Factor 25, 88, 97, 102, 129, 138, 316, 319, 323
Indexsuche 318
Information Competency Siehe Informationskompetenz 5
Information Literacy Siehe Informationskompetenz 5
Information Overload Siehe Informationsexplosion 2
Informationsexplosion 2
Informationsflut Siehe Informationsexplosion, Siehe Informationsexplosion 2, 3
Informationskompetenz 1, 2, 5, 7, 10, 12, 72, 74, 305, 310, 321
Informationsräume 7–10
Integrum 14, 22, 45, 68, 69, 179, 203, 314, 316
International Federation of Library Associations and Institutions 22, 66
Invisible Web Siehe Deep Web 89

Jugoslawien 44, 45, 49, 57, 208
Jugoslawienkriege 39, 48, 103
Jungmann, Josef 252

Katalogisat 319
Kirchenslawisch Siehe Altkirchenslawisch 111
KIS3G 221
Kommunismus 38, 39, 41, 117, 260, 281
Kramerius 41, 246, 255
Kyrillische Zeichen 90

LIBER Siehe Ligue des Bibliothèques Européennes de Recherche 20
Ligue des Bibliothèques Européennes de Recherche 20
Literaturdatenbank 11, 14, 15
LOTSE 300, 310

Maskierung 322
Metadaten 54, 91, 319
Metakatalog 16, 57, 58, 73, 95
Metasuchdienst 13, 16, 18, 29, 55, 57, 73, 84, 96, 319
Metasuchmaschine Siehe Metakatalog 16
Mežov, Vladimir Izmailovič 264
MLA Siehe Modern Language Association 76
Modern Language Association 76

Nationalbibliografie 18, 40, 42–44, 46, 61, 73, 83, 95, 319
Nationalitätsprinzip 62
Nationallizenz 49, 65, 69, 179, 203, 209, 305, 312, 319
Novaković, Stojan 212

OGP Siehe Open Government Partnership 143
Online Public Access Catalog 52–55, 95, 316
OPAC Siehe Online Public Access Catalog 18
Open Access 17, 20, 22, 23, 51, 69, 80, 86, 96, 309, 320
Open Access-Mandat 31, 105, 182, 261, 280
Open Data 29, 45, 80, 180, 320
Open Government Partnership 222
Open Science 320

Pay-per-Use 320
Pay-per-View 320
Perestrojka und Glasnost 43
Persistent Identifier 317
Pflichtexemplarrecht 42–44, 46, 48, 62, 178
PHAIDRA 71
Phrasensuche 320
Proofreading 67, 320
ProQuest Company 12, 22, 68, 77, 305
Publikationsgebühr 25

Referenzdatenbank 11, 13, 27, 49, 58–60, 71, 80, 86, 146, 147, 154, 167, 173, 186, 199, 213, 251, 284, 300, 305, 320
Regionalbibliografie 18
Retrodigitalisierung 13, 17, 20, 21, 27, 44, 84, 181, 317, 321

Samizdat Siehe Untergrundliteratur 191
Schattenbibliothek 181
Schlagwortsuche 321, 322
SFX-Linkresolver 55, 321
SHERPA/RoMEO 23
Sondersammelgebiet 16, 54, 72, 95, 292
Sopikov, Vasilij Stepanovič 282
Sorbisch 41
Sowjetunion 39, 42, 44, 46, 177, 181, 185, 186, 264, 277

Stichwortsuche 321
Suchmaschine Siehe Wissenschaftliche Suchmaschine 88
Sujetprinzip 62
Swets Information Services 296

Tag-Cloud 321
Teaching Library 5, 52, 321
Territorialprinzip 62
Thesaurus 322
Trunkierung 250, 322

Umgebungssuche 55, 199
UNESCO 66, 75, 78, 94, 116, 144, 176, 244, 317
Unscharfe Suche Siehe Fuzzy-Suche 318
Untergrundliteratur 163, 164, 191
Urheberrecht 20, 22, 45, 85, 181, 278
Usability 8

Vascoda-Verbund 299
Verbundkatalog 16, 18, 55, 56, 58, 95, 322
Virtuelle Bibliothek Siehe Fachportal 16
Virtuelle Fachbibliothek 15, 72, 298, 299, 322
Virtuelle Forschungsumgebung Siehe Elektronische Forschungsinfrastruktur 33
Virtueller Katalog Siehe Metakatalog 16
Visible Web 89
Volltextdatenbank 11–14, 65, 68, 85, 322
Volltextindexierung 323

Wikipedia 11, 88, 148, 302
Wissenschaftliche Suchmaschine 95
Wissensmanagement 10

Zawazki, Konrad 173
Zeitschriftenbibliografie Siehe Zeitschriftendatenbank 63
Zeitschriftendatenbank 11, 18, 63, 85, 95, 127, 129, 134, 138, 183, 205, 323
Zitationsdatenbank 32, 45, 49, 91, 97, 180, 182, 209, 218, 323
Zitationssystem Siehe Zitationsdatenbank 32

www.ingramcontent.com/pod-product-compliance
Ingram Content Group UK Ltd.
Pitfield, Milton Keynes, MK11 3LW, UK
UKHW041844031026
15587UKWH00003B/1009

9 783110 518740